全国教育科学"十三五"规划项目"利益相关者视角下我国幼儿园'小学化'治理研究"（BHA180143）成果

科学幼小衔接的促进研究
基于利益相关者视角

李 娟 等◎著

科学出版社

北 京

内 容 简 介

本书遵循科学研究的原则，融合了最新教育理念和方法展开研究，首先，围绕幼小衔接介绍了基本概念和基础理论，让读者有总体的认识和整体概念，明晰幼小衔接的目的、现实困境及今后的方向；其次，采用实证研究方法，建构了幼儿园"小学化"的评判标准体系，进行幼儿园"小学化"的现状研究，呈现幼儿园"小学化"的危害，强调幼儿园"小学化"治理的必要性；再次，调查了幼小衔接阶段不同利益相关者的利益诉求与冲突，为协调其利益奠定基础；最后，在拓展和提升部分，通过借鉴国际经验、总结国内典型案例，拓展了教育者和家长的思路，帮助其走出认知的误区，找准促进幼小衔接的切入点和可行的实施路径。

本书可供教育学和社会学的专家、学者，以及关心中国教育发展与改革的工作人员参阅，也可供家长和对幼小衔接感兴趣的读者阅读。

图书在版编目（CIP）数据

科学幼小衔接的促进研究：基于利益相关者视角 / 李娟等著. --北京：科学出版社，2024.11. --ISBN 978-7-03-079883-1

I. G612

中国国家版本馆 CIP 数据核字第 20241B7A65 号

责任编辑：崔文燕　张春贺 / 责任校对：王晓茜
责任印制：徐晓晨 / 封面设计：润一文化

科学出版社 出版
北京东黄城根北街 16 号
邮政编码：100717
http://www.sciencep.com
北京建宏印刷有限公司印刷
科学出版社发行　各地新华书店经销

*

2024 年 11 月第　一　版　　开本：720×1000　1/16
2024 年 11 月第一次印刷　　印张：19 1/2
字数：336 000
定价：118.00 元
（如有印装质量问题，我社负责调换）

序 一
衔接的核心是科学理念的确立

李娟教授的《科学幼小衔接的促进研究：基于利益相关者视角》终于出版了，这是她长期深入研究"科学幼小衔接"取得的成果，也是当今幼小衔接研究中的一个新视角，是对幼小衔接理论和实践的丰富与充实，可喜可贺。

幼小衔接是指儿童在幼儿园与小学之间的平稳过渡和顺利适应，是由幼儿转化为学生的过程，也是两个教育机构相互呼应和协作的过程，其中包含幼儿园的入学准备和小学的入学适应。做好幼小衔接，是实现基础教育高质量发展的关键之一。良好的幼小衔接具有促进"双降"的效应：一是降低幼儿学习的压力和减少家庭的经济投入，二是降低小学生的入学压力和减少家长的焦虑。"科学幼小衔接"是人们一直努力的方向。幼小衔接之所以成为一个社会问题，主要是因为在各利益相关方之间没有形成真正的共识。幼儿园与小学的共同教育价值是促进儿童的健康成长。他们聚焦的焦点是儿童发展，儿童是这两个机构共同的核心价值主体，理解并且确认幼儿和小学生关联的发展历程和不同的发展需求与规律是形成正确的价值观的根本。知识导向、升学导向的价值观与全面和谐发展的价值观是相互冲突的。因此，家长、幼儿园和小学教师如何看待儿童的发展是影响幼小衔接的关键因素。从这个意义上说，幼小衔接，首先是观念的衔接与协调。幼小衔接需要政府、幼儿园、学校和家庭协力配合、共同努力，让幼小衔接回归常态。让儿童有时间成为儿童，让儿童有机会品味童年。

学前教育是国际社会高度关注的一个领域，也是很多国家积极投入和深入研究的重点领域。在建设高质量教育体系的进程中，学前教育不能缺席，不能掉队。《中国教育现代化 2035》指出，要普及有质量的学前教育。《中共中央 国务院关于学前教育深化改革规范发展的若干意见》中指出，"到 2035 年，全面普及学前三年教育，建成覆盖城乡、布局合理的学前教育公共服务体系，形成完善的学前教育管理体制、办园体制和政策保障体系，为幼儿提供更加充裕、更加普惠、更加优质的学前教育"。幼小衔接是一个很多国家都要面对的共同的教育问题。美国也出现了"幼儿园游戏消失了！""让 3 岁儿童为大学做准备"的报道和争议。20 世纪 80 年代以来，美国出现了课程下移的现象，而且趋势越来越明显。之前只有在小学能看到的"长时间全班集体教学""书面教学及等级评分"等现象在幼儿园也随处可见。人们正在用一种不适合儿童天性的教学方式揠苗助长。东亚、非洲也有类似的情况。因此，幼小衔接是一个复杂的问题，涉及众多的因素，要系统思考。

李娟教授关注了幼小衔接中不同的利益相关者的价值立场、思想方法和行为举措，用系统的视野进行了深度的分析和讨论，既关注了国内的相关研究，也关注了国际的研究趋势，尤其是关注了一些具有影响的幼小衔接实证研究，能结合一些区域实践案例进行深度的分析和提升，形成了指导幼小衔接的一些理念和策略，对于全面理解科学的幼小衔接具有一定的指导意义，也能在一定程度上推动幼小衔接的科学化。

中国学前教育研究会原理事长

南京师范大学 教授 博导

2024 年 11 月

序 二
协同·融合，促进科学幼小衔接

幼小衔接是儿童成长过程中的一个关键阶段，它不仅关系到儿童的学业成绩，还深刻地影响着他们的社会情感发展和自我认同等。这一过渡期的体验，对儿童如何适应新的学习环境、建立人际关系以及形成自我认知具有重要作用。如果幼小衔接处理得当，儿童能够顺利适应小学生活，将为他们未来的可持续发展奠定坚实的基础。反之，如果幼小衔接不顺畅，可能会导致儿童在学习上遇到困难，影响他们的学习兴趣和自信心，甚至可能出现社交障碍和情感问题。因此，幼小衔接对于儿童个体的全面发展具有深远的影响，它是当下我国建设高质量教育体系的应有之议题。

然而，目前幼小衔接尚面临着不小的挑战。有些幼儿园和家长会提前教授幼儿小学课程内容，导致"小学化"现象，让儿童过早承受学业压力，泯灭孩子的学习兴趣，损害其创造力、想象力、社会性情感等方面的发展；幼儿园和小学在课程内容和教学方法上存在显著差异，教育者在设计更加平滑过渡、一体贯通的课程方面显得力不从心；行政推动、教科研支持、教育机构和家长共同参与的机制还不健全……

李娟教授的这本著作较好地聚焦了以上现实问题，通过扎实的实证研究和行动研究的探索，为探析问题成因、寻找突破路径提供思考、方案和建议。总体上体现了以下几个特点。

利益相关者视角：深入理解幼小衔接的多维需求。从利益相关者的视角出发，该书深入探讨了儿童、家长、教师、教育政策制定者以及社会其他成员在幼小衔接过程中的角色和需求。这一视角认为，幼小衔接不仅是教育系统内部的事务，而且是一个涉及广泛社会参与者的复杂过程。书中揭示了不同利益相关者之间的互动和影响，以及他们的利益如何冲突或协调。例如，家长可能期望孩子在学业上取得早期优势，教师可能更关注孩子的全面发展和适应能力。政策制定者可能面临资源分配和政策执行的挑战，而社会文化因素可能影响家长和教师的教育观念。这种视角有助于我们更全面地理解幼小衔接的复杂性，并为制定更有效的教育政策和实施实践活动提供了新的视角。它强调了在幼小衔接过程中，需要考虑到所有利益相关者的需求和期望，并通过对话和合作来寻找满足这些需求的最佳途径。

实证研究：突显对幼小衔接现象的剖析与理性思考。该书对实证研究方法的应用，为幼小衔接领域的研究提供了坚实的数据支持。作者通过系统地收集和分析定量与定性数据，对幼儿园"小学化"现象及其对儿童发展的影响进行了深入的考察；既从理论层面建构了幼儿园"小学化"的评判标准，又分析了教育实践中"小学化"对儿童发展、师幼互动的负面影响；探讨了不同利益相关者在幼小衔接过程中的期望、挑战和冲突点，以及这些因素如何影响儿童的过渡体验等。这种基于证据的研究方法极大地提升了书中论点的学术性和可信度，为教育政策制定者、教育实践者和研究人员提供了有意义的思考、具体的指导和建议，为幼小衔接领域的学术对话和实践改进提供了宝贵的洞见。

融合对话：聚焦国际视野与本土实践的多维结合。该书的另一个显著特点是其对国际经验与国内做法的综合考量。在全球化背景下，教育领域的交流与合作日益频繁，不同国家和地区在幼小衔接方面的政策和实践成果提供了丰富的素材，这些国际经验为我国幼小衔接的实践提供了宝贵的借鉴和启示。与此同时，书中并未忽视本土化的重要性：一方面，作者从理论上梳理了国内外幼小衔接教育政策；另一方面，也从实践层面呈现了我国各省（自治区、直辖市）关于幼小衔接的实践行动以及地区样板，深入挖掘和总结了国内在幼小衔接方面的典型案例和成功经验，这些案例不仅展示了本土化的教育实践，还为其他地区提供了可操作的参考模式。国际视野与本土实践的结合，可以为我国幼小衔接的教育改革提供一个更加多维化的分析框架，进一步深化我们对幼小衔接的价值认识，并推动教育实践的顺利开展。

综上，该书不仅为幼小衔接领域的学术研究提供了宝贵的资源，也为教育实践者和政策制定者提供了实用的指导与建议。展望未来，期待该书的出版能够激发更多的学术讨论和实践探索，进一步聚焦和深化幼小衔接的追踪研究、教育干预研究、教育政策评估研究等，推动幼小衔接政策与实践中的机制建设、资源开发、课程贯通等重难点突破，助力支持幼儿的顺利过渡与可持续发展。

黄瑾

中国教育学会学前教育专业委员会理事长

华东师范大学 教授 博导

2024年11月

前言

幼小衔接是幼儿园和小学两个教育阶段的平稳过渡阶段，对儿童成长过程具有重大意义。幼儿园主要以游戏为基本活动，而小学教育则更加注重对正规课业和静态知识的学习。这种教育方式的转变需要儿童进行身心的调整来适应，而幼小衔接正是帮助儿童完成这一适应过程的关键阶段。幼小衔接对于儿童的成长和发展的重要性体现在多个方面。它不仅有助于儿童顺利过渡到小学阶段的学习和生活，还能够促进儿童后续身心的健康发展、提升他们的学习能力和社交能力，增强他们的自信心和自尊心。因此，家长和教育工作者应该充分重视幼小衔接工作，为儿童未来的学习和生活奠定良好的基础。

目前，关于幼小衔接的研究缺乏实证范式，经验总结式的呼吁居多；缺乏协同的视角，割裂式考察家长、教师、幼儿的研究居多；缺乏整合的视角，仅仅聚焦教育教学层面的研究较多。本书采用实证研究范式，基于利益相关者视角，协同考察家长、教师、幼儿等不同利益相关者的利益诉求与冲突，并尝试从教育教学、教育政策、研究文献等角度寻求利益协调的策略，是对以往研究的深化与拓宽。

本书从幼小衔接不同利益相关者的利益诉求出发，运用利益相关者理论，探寻在利益驱动下，面对多元主体利益冲突时，找到不同主体利益诉求的根源、冲突的化解方法，厘清不同主体保护自身利益应有的途径，进而挖掘与幼小衔接相关的利益冲突的策略，有效保障不同主体的利益实现。基于这一思想，本书首先对"小学化"的危害进行了考察，这能够让家长和教师充分认识到"小学化"的危害，扭转其错误的观念，为利益协调奠定基础；其次对幼儿、家长、教师在幼小衔接上的不同认识进行了考察，这能够让利益相关者相互了解，建立彼此对话的基础；最后，从教育教学、教育政策、研究文献等角度尝试寻求利益协调的策略，为政府、家长、教师提供参照，促使其行为发生改变。

具体来说，本书内容主要包括：①幼儿园"小学化"对学前教育的负面影响。用实证研究的范式，考察幼儿园"小学化"对儿童的发展、幼儿园的教育到底存在何种负面影响，以便使得幼儿园"小学化"的治理得到各利益相关者的一致认同。②"小学化"治理不同利益相关者的诉求与冲突。幼儿园"小学化"治理涉及的利益相关者包括政府、幼儿园、小学、儿童和家长，那么在这个问题上，这些主体的利益诉求是什么，又存在怎样的冲突呢？对这一问题的厘清是解决冲突的前提。③总结促进科学幼小衔接的国际经验。通过梳理近十年国外在幼小衔接方面的研究成果，提取值得我们借鉴的经验。一方面，梳理各国政府在促进科学幼小衔接方面的有效措施；另一方面，梳理国际上各位学者关于科学幼小衔接的实证干预研究。④促进科学幼小衔接的本土探索。从广角和长焦两个方面来介绍我国的实践探索。在广角层面，介绍与分析一些省份出台的政策和实际的做法。在长焦方面，介绍浙江在科学幼小衔接方面的具体经验，让读者能够看到幼小衔接的近景，为其提供参照。

本书难免存在疏漏之处，恳请读者批评指正。

目　录

序一　衔接的核心是科学理念的确立（虞永平）

序二　协同·融合，促进科学幼小衔接（黄瑾）

前言

| 第一章　绪论 | 1 |

第二章　"小学化"对学前教育的负面影响 ··········· 10
    第一节　幼儿园教育"小学化"评判指标构建研究 ··········· 10
    第二节　幼儿园教育"小学化"对儿童学习观的影响 ··········· 19
    第三节　"小学化"对教师、家长、幼儿数学学习观的影响 ··········· 32
    第四节　幼儿园教育"小学化"对师幼互动的影响 ··········· 47

第三章　"小学化"不同利益相关者的诉求、冲突与协调 ··········· 67
    第一节　客观基本项的结果与分析 ··········· 67
    第二节　"小学化"利益相关者的诉求 ··········· 71
    第三节　"小学化"利益相关者之间的利益冲突 ··········· 79
    第四节　"小学化"利益相关者的利益协调 ··········· 92
    第五节　本章小结 ··········· 99

第四章　幼小衔接不同利益相关者的诉求、冲突与协调 ··········· 101
    第一节　儿童眼中幼儿园与小学：一年级"过来人"的看法 ··········· 101

  第二节　不同利益相关者的入学准备观 …………………………………… 113
  第三节　基于《指导意见》的幼小衔接舆论分析 ……………………… 136

第五章　促进科学幼小衔接的国际政策和实证干预 …………………………… 151
  第一节　国外促进科学幼小衔接所采取的措施 ………………………… 151
  第二节　促进科学幼小衔接的国际实证干预 …………………………… 176

第六章　广角：各地幼小衔接的实践探索 ……………………………………… 194
  第一节　政策先行：各地幼小衔接政策文本分析 ……………………… 194
  第二节　落地行动：各地幼小衔接的实际行动 ………………………… 214

第七章　长焦：浙江幼小衔接的经验样本 ……………………………………… 233
  第一节　幼儿园去"小学化"的基础：幼儿表现性评价项目介绍 …… 233
  第二节　去"小学化"教育策略研究：以数运算教育为例 …………… 247
  第三节　浙江省小学一年级入学季活动 ………………………………… 257
  第四节　多方协同，和谐推进"双向衔接"的实践探索 ……………… 280

后记 …………………………………………………………………………………… 296

第一章 绪 论

一、促进科学幼小衔接研究的意义

（一）需关注：科学幼小衔接意义重大

幼小衔接是针对幼儿园与小学两个学段的衔接，指的是为促进儿童的健康成长，幼儿园和小学通过创造良好的条件及开展一系列的工作，帮助儿童实现从幼儿教育阶段到小学教育阶段的顺利过渡，并取得良好教育效果的过程。幼小衔接的主体涉及幼儿、家庭、幼儿园、小学、社区、政府等多方利益相关者，其内容不仅包括学习内容上的衔接，还包括幼儿生活习惯、生活环境等全方位的衔接。

幼小衔接的顺利过渡对幼儿的终身发展具有重要的现实意义。幼儿从幼儿园升入小学的过程，是从一种生活或学习环境到另一种环境的转换，幼儿在新环境中不可避免地要对自我形象进行重新评估，这种评估往往会影响到幼儿日后的发展。Alexander 等的研究表明，孩子在小学期间的成就是判断其从幼儿园成功过渡的程度的一个重要标志。他们的研究还显示，幼小衔接过渡平稳和早期教育成功的孩子，日后往往具有更高水平的社会能力。而那些难以顺利过渡到小学的孩子，因为他们无法掌握阅读等基本技能或无法适应课堂上的行为期望，这很可能形成一种失败的模式，并贯穿他们的整个学习生涯[1]。

但是，在促进科学幼小衔接的路上，仍然存在"小学化"这一"绊脚石"。学前教育"小学化"是指在学龄前阶段，违背幼儿的身心发展规律和学习特点，以教育小学生的方式对幼儿进行教育的一种现象。这种超前教育严重影响着幼儿的身心健康发展，不利于幼儿今后更好地学习。我国在 1952 年出台的《幼儿园暂

---

[1] Alexander K L, Entwisle D R, Doris C, et al. Getting ready for first grade: Standards of deportment in home and school[J]. Social Forces, 1987(1): 57-84.

行规程（草案）》中就明确提出幼儿园不能进行识字教育和测验，在随后的 70 多年又相继出台多项政策法规防止和纠正"小学化"现象，包括《国家中长期教育改革和发展规划纲要（2010—2020 年）》《教育部关于规范幼儿园保育教育工作 防止和纠正"小学化"现象的通知》《关于开展幼儿园"小学化"专项治理工作的通知》等，这些文件都明确指出幼儿园严禁教授小学课程内容，纠正"小学化"教育方式，整治"小学化"教育环境，解决教师能力不合格的问题，并强调小学坚持零起点教学是专项治理幼儿园"小学化"的重要任务。

提供高质量的托幼机构教育，做好适宜的入学准备与幼小衔接，不仅是学前教育领域的问题，更是涉及教育公平、社会和谐的政治经济问题。从"小学化"的治理到科学幼小衔接，一方面体现出了政府对这一问题的持续关注，另一方面表明对这一问题的治理已经进入了一个新的阶段，即从原来的单纯治理"小学化"开始思考如何实现真正的科学幼小衔接。

（二）路漫漫：破解这一社会问题仍需努力

近十几年，学术界对"小学化"的治理、入学准备和幼小衔接一直非常关注，产出了大量具有参考价值的研究成果。但是，通过梳理我们发现，仍然有很大空间可以把此问题的研究向前推进。

1. 幼儿园"小学化"方面的研究：描述化、经验化，即是什么？为什么？怎么办？

2010 年后，我国关于幼儿园教育"小学化"的研究快速增多，主要集中在以下几个方面：①"小学化"概念的界定和表现特征。这些研究者多从教育内容、教育形式、教育方法、教育环境、课堂管理、教育评价等方面进行了阐述[1][2][3]，但是并没有形成一致认可的评判标准。②"小学化"的危害。这些研究指出，"小学化"会让幼儿丧失对学习的兴趣、破坏儿童的快乐、制约儿童思维的发展、导致儿童身心发展具有片面性、束缚幼儿个性和社会性的发展等。[4][5]但是，这些研究并没有实证研究的有力支撑，只是研究者根据教育学和心理学研究的相关理论，进行的演绎与推理。③"小学化"的原因。这些研究主要将师资水平、

---

[1] 黄绍文. 幼儿教育小学化现象辨析[J]. 学前教育研究，2005（9）：10-11.
[2] 虞永平. "小学化"现象透视[J]. 幼儿教育，2011（10）：6-7.
[3] 严仲连, 盖笑松. 论治理幼儿教育小学化的合理路径[J]. 东北师大学报（哲学社会科学版），2014（1）：150-154.
[4] 程秀兰. 多学科视野中幼儿园教育"小学化"现象透视[J]. 教育研究，2014，35（9）：69-76.
[5] 叶平枝, 赵南. 学前教育"小学化"的危害、原因及对策[J]. 广州大学学报（社会科学版），2013，12（8）：70-74.

办园主体的利益驱动、家长观念、应试教育压力的前移及政府部门管理不到位等归结为"小学化"的主要原因。①②④"小学化"的应对策略。与"小学化"的原因相对应，这些研究者基本上从转化教育观念、完善幼儿园教师的职前与职后培养模式、禁止小学面试、加大政府的督导力度等方面提出应对策略。③④但是，这些研究基本上是从已有经验出发进行的理论探讨，并没有在实践中进行干预、验证。

综上所述，我国对幼儿园"小学化"的研究，具有描述化和经验化的特点，缺乏深入一线的实证研究，缺乏经过实践验证的干预项目研究。

国外基本没有关于幼儿园教育"小学化"方面的研究成果。但是在治理"小学化"方面，美国的做法值得借鉴。20世纪70—80年代，美国的"回归基础"教育运动使幼儿园充斥着读写算的教学内容，学前教育领域出现了"小学化"的倾向，全美幼儿教育协会（National Association for Education of Young Children，NAEYC）颁布了《0—8岁儿童发展适宜性教育》，并提出要从教育机构、师资力量、教育环境和课程标准四个方面做好幼小衔接。

2. 入学准备方面的研究：过于关注儿童的准备，缺乏生态系统的视角

研究表明，入学准备会显著影响学生的学校适应质量并能够预测儿童将来的学业成绩、影响其社会情感调节能力。⑤⑥⑦因此，有大量研究考察儿童在认知与一般知识、情绪与社会性、学习方式、语言能力、身体健康与运动机能等方面的入学准备状况，考察的方式主要是个别测试。⑧⑨还有研究者从关注弱势群体的角度出发，考察了留守儿童的入学准备状况，城乡儿童入学准备状况的差异，他们指出，农村幼儿的入学准备不足，需要我们给予更多的关注。⑩⑪

---

① 虞永平. "小学化"现象透视[J]. 幼儿教育，2011（10）：6-7.
② 李瑞竹. 民办幼儿园课程小学化倾向及其对策研究[D]. 锦州：渤海大学，2016.
③ 石建伟. 童年多样性对幼儿园"小学化"治理的冲击与调解[J]. 教育理论与实践，2022，42（23）：17-20.
④ 刘磊，刘瑞. 民办园教育"小学化"的治理困境：新制度主义的视角[J]. 教育科学，2022，38（3）：83-89.
⑤ 王元. 入学准备、学习品质与课堂参与：一项追踪研究[J]. 上海教育科研，2021（9）：34-37.
⑥ 王亚鹏，董奇. 入学准备性研究及其对早期教育的启示[J]. 中国教育学刊，2018（2）：39-44.
⑦ Eisenberg N, Valiente C, Eggum N D. Self-regulation and school readiness[J]. Early Education and Development, 2010, 21(5): 681-698.
⑧ Amukune S, Barrett K C, Jozsa K. Game-based assessment of school readiness domains of 3-8-year-old-children: A scoping review[J]. Journal of New Approaches in Educational Research, 2022, 11(1): 146-166.
⑨ Potmesilova P, Potmesil M. Temperament and school readiness-A literature review[J]. Frontiers in Psychology, 2021, 12: 1-15.
⑩ Leblanc M M, Cosgrove S J, David K B. Social skills and school readiness in young children exposed to violence[J]. Violence and Victims, 2017, 32(2): 265-278.
⑪ 周欣，宋兵，陈学锋，等. 广西农村壮族儿童的入学准备状况[J]. 学前教育研究，2010（12）：7-14.

以上这些研究都是单纯关注儿童自身的准备，但是已有研究表明，社会支持水平、父母特征与参与度、幼儿园的教育质量等都会对儿童的入学准备产生重要影响。[①]所以，近年来生态学的"入学准备"概念得到越来越多人的认可，美国国家教育目标委员会（National Education Goals Panel，NEGP）也提出了儿童入学准备的生态化模型，包括儿童个体的准备、学校的准备、家庭支持和社区服务，但是对家庭、社区和学校的评估与儿童个体评估相比，还很薄弱。[②③]

我国对入学准备的干预研究还较为缺乏。国外则设立了"儿童作为主要干预对象的教育项目"[④]、"生态化定向的干预"项目[⑤]及"基于大众媒体的早期促进项目"[⑥]。

3. 幼小衔接方面的研究：更加注重生态理论，但是缺乏对不同利益相关者的综合考察，缺乏实践干预项目

近些年来，研究者越来越从生态学理论出发来考虑幼小衔接问题，比较有代表性的是 Dunlop 和 Fabian 于 2002 年提出的幼小衔接生态学模式图，他们认为儿童、学校、家庭、社区、政府及其之间的联系与互动都影响着幼小衔接。基于生态学理论，国外很多研究者对以下几个方面进行了考察。①家长对幼小衔接的看法，包括家长的关注点，家长对幼小衔接的情感态度和参与愿望。[⑦]②关于幼小衔接，教师认为社会性方面的衔接比认知方面的衔接更为重要，且某些教师衔接教育胜任力不足。[⑧]③儿童对幼小衔接的看法，研究指出，儿童对入学既有积极情感，又有消极情感；[⑨]多数儿童认为与同伴的关系、了解学校的规则等最为

---

① Kriebel D K, Brown E D. Parent teaching, cumulative instability and school readiness for children attending head start preschool[J]. Early Child Development and Care, 2020, 190(6): 911-920.

② 邱宇. 儿童入学准备研究进展[D]. 长春：东北师范大学，2010.

③ Apriningsih A, Madanijah S, Dwiriani C M, et al. Improving school readiness for weekly iron folic acid supplementation program through school readiness training and technical assistance intervention[J]. Jurnal Gizi Dan Pangan, 2021, 16(1): 139-146.

④ Apriningsih A, Madanijah S, Dwiriani C M, et al. Improving school readiness for weekly iron folic acid supplementation program through school readiness training and technical assistance intervention[J]. Jurnal Gizi Dan Pangan, 2021, 16(1): 139-146.

⑤ Peterson J W, Almanzar N, Chamberlain L J, et al. School readiness coaching in the pediatric clinic: Latinx parent perspectives[J]. Academic Pediatrics, 2021, 21(5): 802-808.

⑥ Baydar N, Kuntay A C, Goksen F, et al. Effects of an educational television program on preschoolers: Variability in benefits[J]. Journal of Applied Developmental Psychology, 2008, 29(5): 349-360.

⑦ Harper L J. Supporting young children's transitions to school: Recommendations for families[J]. Early Childhood Education Journal, 2016, 44(6): 653-659.

⑧ 洪秀敏，刘倩情. 不同利益主体视域下幼小衔接的多维挑战与突围之路：基于东中西部五省的实证调查[J]. 中国教育学刊，2022（4）：1-6.

⑨ Peters S. Multiple perspectives on continuity in early learning and the transition to school[EB/OL]. (2000-09-01) [2024-05-16]. https://files.eric.ed.gov/fulltext/ED447916.pdf.

重要。①④幼小衔接项目的实施过程与效果考察。②

国内学者从家长、幼儿园教师、小学教师等角度对幼小衔接进行了研究,但国内研究更多关注家长或教师幼小衔接观念的不正确性,且缺乏大规模的调查;③④缺乏从儿童视角出发的幼小衔接考察,⑤⑥缺乏幼小衔接的实践干预项目。⑦

(三)当求索:从利益相关者视角尝试破题

"利益相关者"(stakeholders)一词最早出现在 1963 年斯坦福研究所(Stanford Research Institute,SRI)的内部备忘录中,⑧而这一词最早被正式使用出现在经济学家伊戈尔·安索夫(Igor Ansoff)在斯坦福大学研究所的工作会议记录上。后来,在众多研究者的深入探索中,利益相关者理论逐渐形成了一个较为完善的理论学说。"利益相关者"是一个经济学用语,指的是在企业中投入了一些实物资本、人力资本、财务资本或一些有价值的东西,并由此而承担了某种形式的风险的团体或个人。股东、消费者、员工、债权人、供应商和社会对组织的存在都发挥着重要作用,我们必须为每个利益相关者创造价值。

近些年,在学前教育领域也有一些学者把这一理论运用到相关研究中。比如,原晋霞发现,由于政府这一利益主体对幼儿教育资金投入的有限和教育质量监督的不力,大部分私立幼儿园以营利为目的,盲目地根据家长喜好办园。⑨刘云艳和张晋认为,学前教育发展中的利益主体包括各级政府、幼儿园管理者、教师、幼儿、家长等,他们之间的利益纵横交错、相互影响,从而形成了纷繁复杂的博弈关系网,我们只有明确各利益主体和利益诉求,才能破解当前我国学前教育利益博弈中"公共地悲剧"的问题。⑩

幼儿园"小学化"治理和科学幼小衔接不仅仅是个教育问题,还是个引起社

---

① Kay M. Transition to school. What children think about how it works and how it is going to be different things?[C]. Summary of Paper Presented at the 18th EECERA Conference, 2008.
② Bagnall C L. Talking about School Transition(TaST): An emotional centred intervention to support children over primary secondary school transition[J]. Pastoral Care in Education, 2020, 38(2): 116-137.
③ 罗向东,李佩洁. "幼小衔接"中家长"负能量"转化路径[J]. 陕西学前师范学院学报, 2017, 33(11): 54-58.
④ 杨文. 当前幼小衔接存在的问题及其解决对策[J]. 学前教育研究, 2013(8): 61-63.
⑤ 李召存. 论基于儿童视角的幼小衔接研究[J]. 全球教育展望, 2012, 41(11): 57-62.
⑥ 李娟,刘艳琨,刘渺,等. 幼儿眼中的"幼小衔接"[J]. 上海教育科研, 2015(6): 32-35.
⑦ 郇宇. 儿童入学准备研究进展[D]. 长春:东北师范大学, 2010.
⑧ 爱德华·弗里曼,杰弗里·哈里森,安德鲁·威克斯,等. 利益相关者理论:现状与展望[M]. 盛亚,李靖华,等译. 北京:知识产权出版社, 2013.
⑨ 原晋霞. 构建有质量的学前教育基本公共服务体系[J]. 教育学术月刊, 2013(1): 84-88.
⑩ 刘云艳,张晋. 学前教育发展中不同主体间利益博弈分析[J]. 现代教育管理, 2015(9): 18-23.

会广泛关注、涉及不同利益主体博弈的社会问题。要想解决这一社会问题，我们必须清楚明了这一问题涉及哪些利益主体，这些利益主体有哪些利益诉求，存在哪些利益冲突，我们又该如何协调他们的利益冲突，进而解决问题，使其达成一致与和谐。

二、核心概念

（一）幼儿园"小学化"

目前，我国对幼儿园"小学化"并无统一明确的概念界定，但是学者们对幼儿园"小学化"的表现进行了多方面的阐述。有的侧重于"小学化"的表现，如李季湄认为，幼儿园"小学化"是幼儿教师过度重视知识技能的学习，而忽视情感、学习品质和行为习惯的培养。[①]程秀兰认为，幼儿园"小学化"就是用小学的教育方式，如布置作业、抽象性较强的讲授等，将原本小学生应该学习的内容教给幼儿园的孩子。[②]金日勋认为，幼儿园"小学化"就是脱离学前儿童的身心发展规律，让幼儿提前学习小学教育的内容，并让他们以小学生的学习方式进行学习。[③]还有学者侧重于研究幼儿园"小学化"的管理方式，如郭跃进认为，幼儿园"小学化"指幼儿园将小学的办学理念、管理模式、课程资源、教育规范、评价方式、教学方法等渗透或运用到幼儿教育实践中，使之常规化、教学化，进而普遍化、趋势化的教育现象，具体体现为管理方式"有序从严"，教具"井井有条"，学生"奉公守法，坐姿端正"。[④]

基于前人的研究，本书将幼儿园"小学化"界定为：幼儿园忽视幼儿的身心发展特点，过于重视幼儿的知识学习，并将小学的办学理念、管理模式、课程资源、教育规范、教学方法、评价方式等渗透或运用于幼儿教育实践中，使之常规化、教学化、常态化，进而普遍化、趋势化的教育现象。

（二）幼小衔接

关于幼小衔接的内涵，学界上有狭义和广义两种定义。狭义上的幼小衔接是指幼儿园大班向小学一年级的过渡，还有一些研究者将幼小衔接视为一次性的、

---

① 李季湄. 对"幼儿园教育指导纲要"中的几个基本观点的理解[J]. 学前教育研究，2001（6）：6-9.
② 程秀兰. 当代幼儿教育本质研究[J]. 陕西师范大学学报（哲学社会科学版），2012，41（5）：143-148.
③ 金日勋. 幼儿教育小学化倾向的表现、原因及解决对策[J]. 学前教育研究，2011（3）：41-43.
④ 郭跃进. 幼儿园教育走出"小学化"误区的策略[J]. 学前教育研究，2013（10）：64-66.

短期的变化性事件或一个时间点,如入学的第一天,关注入学这一时间点幼儿是否做好了准备。[1]广义上的幼小衔接是指整个幼儿阶段和学龄前期的衔接。虞永平和王春燕采用广义的定义,认为幼小衔接是学龄前儿童为进入小学做好全面准备,从而较好地适应角色转换和生活转换的过程。[2]

20世纪90年代末,越来越多的研究者从生态系统理论出发来定义幼小衔接,这些研究者不再仅仅关注幼儿是否为入学做好准备,而是将幼小衔接看作一个多利益相关者参与的过程[3],是一个长期的、复杂的、多层次的过程[4],强调小学、家庭、社区根据幼儿的需求,为幼儿入学做好准备。2010年前后,研究者开始从社会文化理论的视角理解幼小衔接。[5]他们认为,幼小衔接是一个社会文化学习的过程,特定的环境、社会及文化因素发挥着重要的作用。有学者将幼小衔接定义为一个相互适应的持续过程,其中幼儿、家庭以及学校都在促进幼儿从家庭及幼儿园向小学顺利过渡。[6]

基于以上视角和定义,本书中的幼小衔接指的是幼儿、家庭、学校以及行政部门形成合力,是学龄前儿童顺利适应进入小学后的角色转换和生活转换的过程。

三、理论基础:利益相关者理论

"利益相关者"是一个经济学用语,指的是"在企业中投入了一些实物资本、人力资本、财务资本或一些有价值的东西,并由此而承担了某种形式的风险的团体或个人"[7]。股东、消费者、员工、债权人、供应商和社会对组织的存在都会产生影响,我们必须为每个利益相关者创造价值。后来,在众多研究者的深入探索中,利益相关者理论逐渐形成了一个较为完善的理论学说。利益相关者理论不仅注重要素投入,同时也注重各主体之间的关联性。还有一些专家学者认为,利益

---

[1] Petriwskyj A, Thorpe K, Tayler C. Trends in construction of transition to school in three western regions, 1990—2004[J]. International Journal of Early Years Education, 2005, 13(1): 55-69.
[2] 虞永平, 王春燕. 学前教育学[M]. 北京: 高等教育出版社, 2012.
[3] La Paro K M, Pianta R C. Predicting children's competence in the early school years: A meta-analytic review[J]. Review of Educational Research, 2000, 70(4): 443-484.
[4] Petriwskyj A, Thorpe K, Tayler C. Trends in construction of transition to school in three western regions, 1990—2004[J]. International Journal of Early Years Education, 2005, 13(1): 55-69.
[5] Crafter S, Maunder R. Understanding transitions using a sociocultural framework[J]. Educational and Child Psychology, 2012, 29(1): 10-18.
[6] Ramey S L, Ramey C T. The transition to school for "at-risk" children[C]//Pianta R C, Cox M J. The Transition to Kindergarten. Baltimore: Paul H. Brookes Publishing Co. Inc., 1999: 217-251.
[7] Freeman R E. Strategic Management: A Stakeholder Approach[M]. Boston: Pitman, 1984.

相关者理论应该强调长期价值或利益最大化，而非只注重短期效益。[①]

近些年，学前教育领域也有一些学者把这一理论运用到相关研究中，界定并剖析学前教育相关问题的利益主体及其多元利益诉求，探索问题解决的策略和路径。比如，王红蕾等认为满足多元利益相关者的诉求有助于减少改革的阻力，提升改革的可行性与有效性，于是运用问卷法和访谈法，着重探讨了公立幼儿园非在编教师、园长、举办者、教育行政部门四类核心利益相关主体对公立幼儿园非在编教师人事制度改革的主要诉求，并基于诉求，从多个方面提出改革完善公立幼儿园非在编教师人事制度的对策建议。[②]

幼儿园"小学化"治理和科学幼小衔接不仅仅是个教育问题，还是个引起社会广泛关注、涉及不同利益主体博弈的社会问题。要想解决这一社会问题，我们必须明晰这一问题涉及哪些利益主体，这些利益主体有哪些利益诉求，存在哪些利益冲突，我们又该如何协调他们之间的利益冲突，进而解决问题，使其达成一致与和谐。因此，这一问题的探讨与利益相关者理论具有较强的适用性。

四、本书研究思路

本书循着"是什么—为什么—怎么办"的思维路线展开研究（图1-1）。

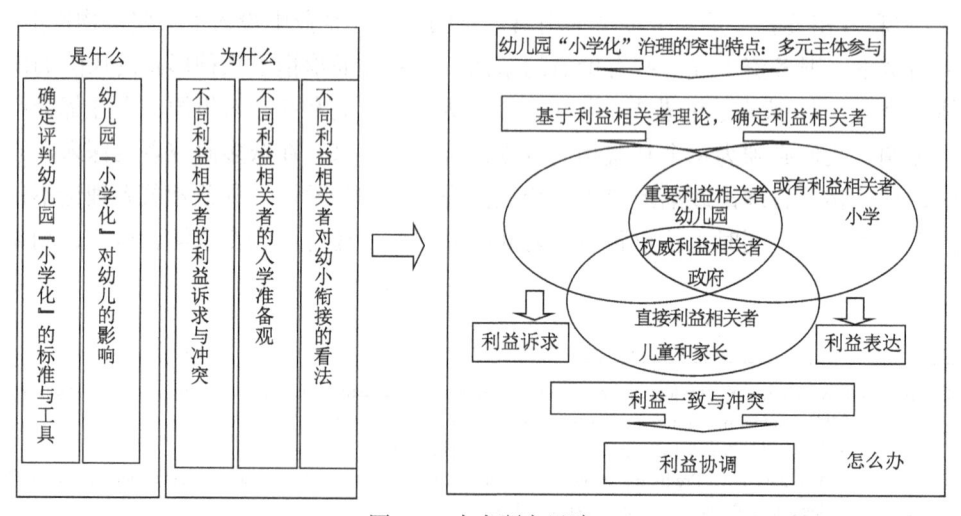

图1-1 本书研究思路

[①] 池春阳.利益相关者视角下高职教育产教融合长效机制研究[J].教育理论与实践,2021,41(33):16-20.
[②] 王红蕾,庞丽娟,冀东莹.公办园非在编教师人事制度改革:利益相关主体的诉求及对策建议[J].学前教育研究,2024(1):12-23.

1)是什么:采用实证研究方法,确定评判幼儿园"小学化"的标准与工具;揭示幼儿园"小学化"对幼儿的影响。

2)为什么:探讨不同利益相关者的利益诉求与冲突、不同利益相关者的入学准备观、不同利益相关者对幼小衔接的看法。

3)怎么办:考察政府层面在"小学化"治理和科学幼小衔接方面的行动,游戏性课程是解决此问题的重要手段,协同多元主体是解决此问题的保障。

第二章 "小学化"对学前教育的负面影响

本章将介绍"小学化"定义、评判指标及其具体表现（如教学内容、方法过度超前）。同时，尽管"小学化"被指会导致幼儿出现学习兴趣丧失、快乐受损、思维受限、身心发展片面、个性与社会性受阻等问题，但实证数据支持不足。本章将通过实证研究，直观展现其负面影响，促使利益相关方支持治理幼儿园"小学化"。

第一节 幼儿园教育"小学化"评判指标构建研究

随着我国学前教育事业的持续发展，如何科学高效地监测和评价学前教育质量已成为亟待解决的问题。不少研究表明，目前，我国幼儿园教育仍然存在比较严重的"小学化"倾向，[1][2][3]"小学化"对幼儿身心发展与学习品质的形成[4][5]、学前教育质量的提升[6][7]和小学一年级教学工作的开展[8]等都造成了不同程度的消极影响。根据《国务院关于当前发展学前教育的若干意见》、《教育部关于规范

---

[1] 彭香萍，刘紫凌，李颖. 幼儿园教师观念的"小学化"倾向及对策探讨：基于 P 市的现状调查[J]. 陕西学前师范学院学报，2021，37（12）：76-83.
[2] 钟文艳. 谈农村幼儿教育小学化的危害性及其应对策略[J]. 南昌教育学院学报，2018，33（5）：13-15.
[3] 凌丁玲. 幼小衔接过程中去"小学化"政策实施现状的研究：基于全国 411 份问卷调查[D]. 南宁：广西大学，2020.
[4] 叶平枝，赵南. 学前教育"小学化"的危害、原因及对策[J]. 广州大学学报（社会科学版），2013，12（8）：70-74.
[5] 时艳芳，吕晓炜. 错位与适应：学前教育小学化"为何"与"何为"[J]. 陕西学前师范学院学报，2020，36（1）：84-89.
[6] 钟粤妮. 学前教育"小学化"对幼儿及家长的负面影响与对策：基于贵州省 Z 市小学新生入学制度背景的个案分析[J]. 安顺学院学报，2021，23（1）：69-72，77.
[7] 元琰，席小莉. 新时代幼儿园教育"小学化"的囚徒困境[J]. 黑龙江教师发展学院学报，2020，39（8）：77-81.
[8] 聂娜，陈静. "小学化"拼音学习的后续有效性及其影响因素[J]. 学前教育研究，2020（9）：73-84.

消除了专家权威对讨论结果的影响。本书根据文献分析、现场观察与专家访谈，拟定幼儿园"小学化"的表现指标，采用德尔菲法进行专家匿名讨论并尽可能地反馈整个专家组意见的全貌。

（四）层次分析法

层次分析法的核心思想是将复杂的目标逐步分解为多个子目标或准则层，并进一步细化为具体的指标，通过模糊量化法，即用重要性比较结果的众数或者平均数，构建判断矩阵，计算最大特征根，计算出层次权重和总排序。在本书中，笔者根据专家组指出的幼儿园"小学化"表现指标，编制并发放具体指标的两两重要性比较问卷，根据专家评议结果的平均数构建判断矩阵，得到各级指标的权重系数，考虑到指标权重的实用性与可理解性，笔者将之与模糊百分制相结合，最终将各级指标的权重划归为百分制。

三、研究思路

本研究首先通过文献梳理、实地观察和专家访谈，进行幼儿园教育"小学化"评判指标初步构建，然后通过多轮德尔菲法确定指标内容，再通过层次分析法，确定评价指标的权重，形成幼儿园教育"小学化"评判指标体系。具体研究过程如图2-1所示。

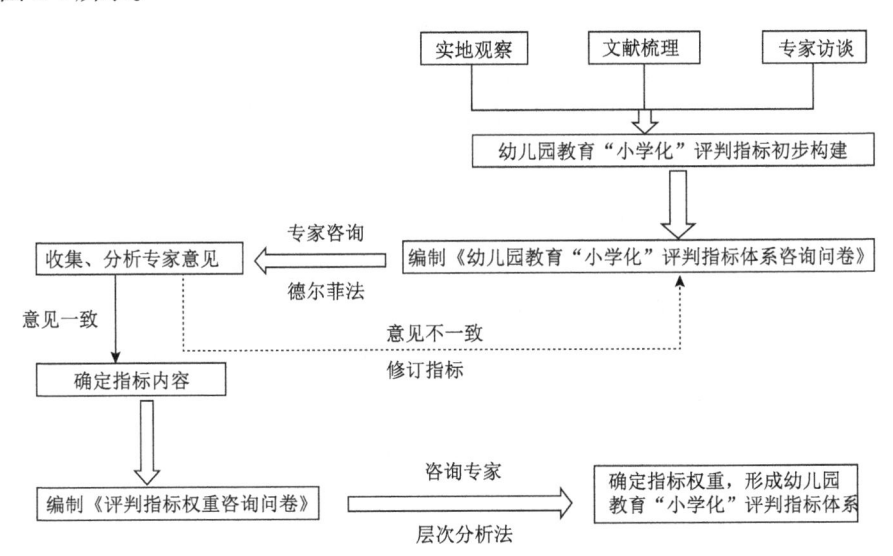

图 2-1　幼儿园教育"小学化"评判指标体系构建流程

四、幼儿园教育"小学化"评判指标的确立

(一)幼儿园教育"小学化"评判指标的初步构建

"小学化"评判指标的初步构建分三个阶段进行。第一阶段,以"小学化""入学准备""幼小衔接"为检索词,对2007—2022年的相关研究进行回溯,筛选并整理出核心概念的内涵与"小学化"的表现,将其归类,纳入评判指标体系,作为具体指标内容。第二阶段,实地观察。采用随机抽样的方式,选取4所幼儿园(公立省级示范园1所,公立、私立一级园各1所,私立无级别园1所)作为观察对象,按照幼儿园一日生活、活动类型和环境氛围进行为期3天(平均每个年龄段1天)的跟班观察,将观察到的与"小学化"表现、"小学化"倾向有关的"动作"和"状态"记录下来,作为指标体系的补充内容。第三阶段,访谈。选取7名幼儿园一线工作者作为访谈对象,其中4名幼儿园园长(工作年限在19—29年,3名是本科学历,1名是博士研究生)、1名幼儿园课程教研组组长(工作年限17年,硕士研究生)、2名幼儿园优秀教师(工作年限分别为6年、11年,1名本科学历、1名硕士研究生),且这些受访者均有学前教育专业的学习经历。通过对不同岗位工作者的深度访谈,挖掘去"小学化"执行主体对"小学化"的理解以及幼儿园工作现场隐形"小学化"的表现。最后,登录编码归纳,将其作为指标修正与补充的内容。

在整合上述三个阶段成果的基础上,初步形成了幼儿园教育"小学化"评判指标体系,根据具体指标的指向,最终确定了物质环境和教育过程2个维度,涵盖室内外环境创设、一日生活、集体教学活动、师幼互动、作业练习与评价、儿童评价、家园合作7个方面,共计60个三级指标。

(二)第一轮德尔菲法

本研究秉承理论与实践并重原则,选取了10位高校学前教育领域研究者、9位一线幼儿园工作者和1位市级幼教处干部,成立了"小学化"评判指标调查专家组。专家具体信息见表2-1。

表2-1 专家列表

专家编号	所学专业	学历/教龄	单位与职务	职称
P1	学前教育	博士	南京师范大学博士研究生导师	教授
P2	学前教育	博士	河南大学硕士研究生导师	副教授

续表

专家编号	所学专业	学历/教龄	单位与职务	职称
P3	学前教育	博士	福建师范大学硕士研究生导师	教授
P4	学前教育	博士	广州大学硕士研究生导师	教授
P5	学前教育	博士	吉林师范大学教师	讲师
P6	学前教育	博士	浙江师范大学杭州幼儿师范学院教师	讲师
P7	学前教育	博士	湖南师范大学硕士研究生导师	讲师
P8	学前教育	博士	温州大学硕士研究生导师	副教授
P9	学前教育	博士	河南大学教育学在站博士后	讲师
P10	学前教育	博士	苏州科技大学教师	讲师
P11	学前教育	29 年	保定市某幼儿园园长	小教高级
P12	学前教育	26 年	保定市某幼儿园园长	小教高级
P13	学前教育	18 年	保定市幼儿园教务主任	小教高级
P14	学前教育	26 年	保定市某县幼儿园园长	小教高级
P15	学前教育	30 年	温州市某幼儿园园长	中教高级
P16	学前教育	29 年	温州市某幼儿园园长	中教高级
P17	学前教育	29 年	保定市幼教处干部	中教高级
P18	学前教育	29 年	保定市某幼儿园园长	中教高级
P19	学前教育	32 年	保定市某县幼儿园园长	教授
P20	学前教育	30 年	保定市某县幼儿园园长	中教高级

第一轮德尔菲专家咨询包括两部分：一是对"小学化"评判指标的相关度采用利克特五级量表计分，设置"很不相关"到"非常相关"5个等级，高分高相关。二是通过开放式问题修改补充指标框架和维度。我们通过电子邮箱发放、回收问卷并进行电话回访，20份问卷全有效，过半专家接受了回访。结果显示，90%的指标为"非常相关""相关"，6.67%为"一般"，3.33%为"不相关""很不相关"，7位专家提出修改意见。总体认可度高但需修订，我们据此进行了指标调整。

1. 删除平均分低于 3.90 分的 20 个指标

专家指出，"小学化"评判需注意两点：一要避免将低质量教育现象误判为

"小学化"，二要聚焦"小学化"理念和实践，而非其影响因素。因此，首轮德尔菲法调查删除了 20 个平均分低于 3.90 分的指标，有 15 个指标因为更接近教育质量低下的表现，所以"小学化"指向性不强，另外 5 个指标缺乏结构性要素，不能作为"小学化"的表现。

2. 新增 8 个指标

本轮调查，没有专家对原指标提出修改意见，有 7 名专家补充了新指标，最终整理得到 8 条三级指标，将其置于指标体系末端。新增指标为：C41 过于偏重幼儿技能学习（如绘画技巧、舞蹈动作技巧）；C42 要求幼儿无意义地背诵或复述；C43 对幼儿要求整齐划一；C44 幼儿自由活动时间安排不足；C45 幼儿自主动手操作的学习机会偏少；C46 非常强调纪律，如小手背后、小脚并拢；C47 非常强调纪律，如想说话，一定要先举手；C48 非常强调纪律，如老师讲话的时候不能插嘴。

（三）第二轮德尔菲法

基于首轮问卷，我们把原指标删减至 40 个指标，并增加 8 个新指标，重新划分为 48 个三级指标类别。问卷含"小学化"相关度及开放式问题两部分，辅以统计参照、说明和图解，并电话回访确保理解。第二轮专家咨询回收 20 份有效问卷，意见集中，38 个指标获高评（占比为 79.17%），无低评指标或框架异议。低分指标检验显示正态分布，德尔菲法终止。经专家回访，删除 8 个低均值、低中位数指标。最终问卷涵盖 2 个一级指标、5 个二级指标、40 个三级指标。

五、幼儿园教育"小学化"评判指标权重的确定

（一）层次分析法

本研究以参与德尔菲法过程中的 10 位高校专家组成员为新的调查对象，根据层次分析法的要求和形式，设计《幼儿园教育"小学化"评判指标体系权重调查专家问卷》，利用 Matlab 计算权重并检验一致性（CR<0.1），得出权重分布。

（二）模糊百分制

本研究采用模糊百分制，归一化处理层次分析结果，设置总分 100 分，按权重赋分，形成百分制幼儿园"小学化"评判指标体系，详见表 2-2。

表 2-2　幼儿园"小学化"评判指标体系权重及得分

一级指标	权重	分值	二级指标	权重	分值	三级指标	权重	分值
A1 物质环境	1/10	10	B1 室内外环境创设	0.1000	10	C1 墙面内容文字的比例较大	0.0281	3
						C2 活动区与材料的标识几乎都是文字	0.0310	3
						C3 展示的儿童作品大部分是拼音、汉字、英文或数字等作业	0.0409	4
A2 教育过程	9/10	90	B2 一日生活	0.3144	31	C4 集体活动占比较大	0.0353	3
						C5 每种集体活动时间较长	0.0260	3
						C6 游戏活动占比很小	0.0420	4
						C7 幼儿自主选择游戏的机会很少	0.0369	3
						C8 幼儿自由活动时间的安排不足	0.0270	3
						C9 内容侧重于计算	0.0474	5
						C10 内容侧重于拼音	0.0495	5
						C11 内容侧重于识字	0.0503	5
			B3 集体教学活动	0.2382	24	C12 教材是幼小衔接的训练教材（数字书写、计算、拼音、识字等）	0.0283	3
						C13 教学目标主要关注儿童静态知识技能的掌握	0.0168	2
						C14 教学目标主要关注计算	0.0168	2
						C15 教学目标主要关注数字的书写	0.0161	2
						C16 教学目标主要关注识字	0.0175	2
						C17 教学目标主要关注拼音	0.0220	2
						C18 教学内容：低年龄段儿童学习高年龄段内容	0.0172	2
						C19 教材内容远离儿童生活	0.0181	2
						C20 教学方法：主要是灌输	0.0183	2
						C21 教学方法：缺乏操作材料	0.0156	1
						C22 教师高控幼儿	0.0128	1
						C23 对幼儿要求整齐划一	0.0142	1
						C24 幼儿自主动手操作的学习机会偏少	0.0141	1
						C25 非常强调纪律，如小手背后、小脚并拢	0.0105	1

续表

一级指标	权重	分值	二级指标	权重	分值	三级指标	权重	分值
A2 教育过程	9/10	90	B4 作业练习与评价	0.2432	24	C26 要求幼儿无意义地背诵或复述	0.0421	4
						C27 作业任务主要是书面的	0.0378	4
						C28 幼儿作业练习材料有专门的数字描红本	0.0204	2
						C29 幼儿作业练习材料有专门的汉字描红本	0.0195	2
						C30 幼儿作业练习材料有专门的拼音描红本	0.0208	2
						C31 教师评估过于关注幼儿拼音的掌握	0.0282	3
						C32 教师评估过于关注幼儿识字的掌握	0.0266	3
						C33 教师评估过于关注幼儿计算的掌握	0.0248	2
						C34 教师评估过于关注幼儿数字书写的掌握	0.0230	2
			B5 家园合作	0.1040	11	C35 父母课堂的内容主要是要求家长监督幼儿掌握拼音	0.0217	2
						C36 父母课堂的内容主要是要求家长监督幼儿掌握数字的书写	0.0190	2
						C37 父母课堂的内容主要是要求家长监督幼儿掌握计算	0.0180	2
						C38 父母课堂的内容主要是要求家长监督幼儿认识汉字	0.0202	2
						C39 父母课堂的内容主要是要求家长监督幼儿按时完成作业	0.0083	1
						C40 父母课堂中，幼儿园向家长推荐一些书面练习题等	0.0168	2

注：由于数据四舍五入导致加和不等于100%，下同

本研究依托20位专家，结合生态系统与发展适宜性理论，以提升学前教育质量为导向，采用多种方法构建了幼儿园"小学化"评判指标体系，包括2个一级指标、5个二级指标、40个三级指标。该体系对治理"小学化"、提升质量具有指导意义，但非绝对标准，仅供研究者和实践者参照调整。

第二节 幼儿园教育"小学化"对儿童学习观的影响

学习是幼儿成长发展的必要途径，关于"幼儿学习"概念的研究也有很多。在过去的几十年中，学生"学习"概念的研究一直是众多教育研究者给予高度关注的话题。研究表明，学习者的学习观念、学习方法和学习成果的质量之间相互作用。[1][2]学习观既然有如此重要的作用，那么幼儿园"小学化"对幼儿的学习观有何影响？"小学化"与非"小学化"幼儿园的幼儿学习观有何不同？这些问题值得我们探究。本节基于幼儿的视角，倾听他们对学习的看法。

一、概念界定

（一）幼儿视角

幼儿视角是在自然情境下以自然的方式与幼儿接触，理解作为建构者的幼儿的经验世界，主要包括其中的内容、特点和意义。幼儿视角的基础是尊重幼儿权利，真正内涵是倾听幼儿对生活的见解。本书中的幼儿视角是以幼儿为主体，请幼儿自由表达自己的观点，从而走进幼儿的精神世界。

（二）幼儿学习观

学生学习观是指在学习活动中产生的、受教育和文化背景影响的产物，[3]主要指学生对学习方式、学习内容、学习目的、学习价值的认知和学习态度，这些认识又会对学生学习动机、学习行为及相关的情感反应的产生与变化产生影响。[4]

以往研究主要从成人（教师、家长等）的角度出发，阐述对幼儿学习的理解。而本书的幼儿学习观是指从幼儿的角度出发，关注幼儿对自身在学习行为、学习方式、学习内容、学习态度等方面的认知。

---

[1] Zhao X T, Liu X. Sustaining faculty development through visiting scholar programmes: A transformative learning perspective[J]. Sustainability, 2022, 14(1): 525.
[2] Zhai X S, Gu J B, Liu H F, et al. An experiential learning perspective on students' satisfaction model in a flipped classroom context[J]. Educational Technology & Society, 2017, 20(1): 198-210.
[3] 刘儒德. 学生的学习观及其对学习的影响[J]. 教育理论与实践，2005，25（9）：59-62.
[4] 陈胜. 高职学生学习观的现状调查与研究[D]. 石家庄：河北师范大学，2013.

二、研究设计

（一）研究对象

本研究选取 4 所幼儿园（2 所公立一级园，无"小学化"倾向；2 所私立三级园，有"小学化"倾向），各抽 2 个大班共 112 名幼儿绘画"什么是学习"。大班幼儿已有一定的绘画水平，我们的指导语是："你认为什么是学习，你觉得你学习的时候是什么样的？请你画下来。"如果儿童不愿意画画，更愿意述说，我们也不强求，而是认真倾听并记录下他们对"学习"这一概念的理解。我们剔除 8 幅无法编码的作品后，分析 104 幅有效作品，再从中随机抽取 16 名幼儿进行访谈。

（二）研究方法

1. 作品分析法

作品分析法可避免儿童出现防范心理，因此容易获得真实信息。笔者在绘画活动进行前，提出简短清晰、不具有导向性的作画要求，给予幼儿充足的时间（30 分钟左右）作画。考虑到幼儿的绘画作品可能存在理解失误或无法辨认的问题，在结束绘画活动后，笔者通过绘画作品引谈法，请幼儿进行 15—30 秒的内容介绍，以便准确提炼绘画作品内容。

2. 访谈法

本研究采取的是非标准化访谈法，即从绘画作品中选取有代表性的作品，对作者进行访谈，从而深度了解幼儿视角中的学习，并分析各方面因素对其概念产生的影响。本研究中，笔者通过设计访谈提纲，在绘画活动结束后选取语言表达能力较强的幼儿作为访谈对象，在幼儿园中较为安静、无人的地方开展访谈活动。考虑到幼儿的注意力转移问题，每次访谈时间为 5—8 分钟。

（三）数据处理

本研究参照 Hsieh 和 Tsai 编码表分析大班幼儿绘画中的学习概念，经讨论调整形成草案，后通过团队讨论定稿，编码过程持续调整，最终编码如表 2-3 所示。

表 2-3　幼儿作品编码分析

类别	指标
1.学习内容	1.1 写汉字、1.2 写拼音、1.3 写数字、1.4 做算术题、1.5 学英语、1.6 讲故事、1.7 音乐活动、1.8 跳舞、1.9 画画、1.10 主持、1.11 体育活动、1.12 乐高、1.13 围棋、1.14 读书、1.15 不明确、1.16 种植、1.17 游戏规则、1.18 知错就改、1.19 做实验、1.20 养鸽子、1.21 劳动技能、1.22 举手发言、1.23 射击、1.24 交通规则
2.涉及的人	2.1 幼儿（带家长）、2.2 幼儿（带教师）、2.3 幼儿（单独）、2.4 同龄人/小组、2.5 不画人形、2.6 同龄人/小组（带教师）、2.7 同龄人/小组（带家长）、2.8 其他人
3.地点	3.1 教室（集体活动区）、3.2 教室（区域）、3.3 教室外（校园内）、3.4 家、3.5 自然环境、3.6 兴趣班、3.7 不确定、3.8 游乐园
4.学习形式	4.1 教师讲课、4.2 家长教授、4.3 幼儿活动（有教师）、4.4 幼儿活动（有家长）、4.5 幼儿活动（无成人）
5.物体	5.1 棋盘、5.2 黑板、5.3 多媒体工具、5.4 文具、5.5 体育器材、5.6 学校家具、5.7 书/书架、5.8 乐高、5.9 动物、5.10 植物、5.11 太阳、白云、5.12 实验室设备、5.13 装饰品、5.14 区域活动材料柜、5.15 乐器、5.16 完整房屋、5.17 绘画作品、5.18 公共设施、5.19 国旗、5.20 奖励
6.出现文字	6.1 数字、6.2 中文、6.3 英文、6.4 名字、6.5 无意义字母

注：5.4 文具包括绘画工具、纸、笔等；5.6 学校家具包括学校的讲台、桌椅等

为了进行更为全面的记录，在同一图画中允许出现同一类别的多个代码。以一幅作品（图 2-2）为例来说明编码方法，它展示的是幼儿正在学写汉字。图中所

图 2-2　YC1 编码样本（彩图）

注：本书的彩色图片可扫描上方二维码获得

涉及的人包括同龄人/小组（带教师），学习形式为教师讲课，学习地点是在幼儿园的教室里。图中出现的事物有学校课桌椅及黑板，在黑板上出现汉字"有"。

本研究进行编码信度检测。首先笔者对两位评估员进行编码意义讲解，再随机取出 5 张幼儿绘画作品进行充分探讨，使双方尽可能理解整个编码系统。然后笔者随机选取 10 张作品一式两份，两人背对背进行编码，一致率达 83.3%，再由笔者对余下所有幼儿作品进行编码。

本研究利用幼儿作品编码对 4 个大班幼儿（分别来自两所公立幼儿园和两所私立幼儿园）共 104 幅作品进行分析。

三、研究结果

（一）儿童绘画作品分析

1. 大班幼儿眼中的学习内容

学习内容是幼儿学习观的重要组成部分，探讨幼儿眼中的学习内容能够反映出幼儿当前的学习是否符合他们现阶段的身心发展规律，所在幼儿园是否存在"小学化"现象，以及反映"小学化"现象对幼儿学习观产生的影响。表 2-4 是经过编码分析后所获得的具体数据。

表 2-4 大班幼儿眼中的学习内容

幼儿园类别	非"小学化"幼儿园			"小学化"幼儿园		
	公立 FS	公立 YY	公立合计	私立 TX	私立 YC	私立合计
写汉字	2（2.3）	3（12.0）	5（4.5）	6（17.1）	5（35.7）	11（22.4）
写拼音	0（0）	0（0）	0（0）	0（0）	1（7.1）	1（2）
写数字	1（1.2）	1（4.0）	2（1.8）	2（5.7）	1（7.1）	3（6.1）
做算术题	0（0）	2（8.0）	2（1.8）	3（8.6）	0（0）	3（6.1）
学英语	10（11.6）	0（0）	10（9）	0（0）	0（0）	0（0）
讲故事	0（0）	1（4.0）	1（0.9）	0（0）	0（0）	0（0）
音乐活动	7（8.1）	0（0）	7（6.3）	0（0）	1（7.1）	1（2）
跳舞	13（15.1）	5（20.0）	18（16.2）	0（0）	1（7.1）	1（2）
画画	14（16.3）	8（32.0）	22（19.8）	3（8.6）	0（0）	3（6.1）
主持	2（2.3）	0（0）	2（1.8）	0（0）	0（ ）	0（0）
体育活动	20（23.3）	3（12.0）	23（20.7）	0（0）	1（7.1）	1（2）

续表

幼儿园类别	非"小学化"幼儿园			"小学化"幼儿园		
	公立FS	公立YY	公立合计	私立TX	私立YC	私立合计
乐高	5（5.8）	1（4.0）	6（5.4）	0（0）	0（0）	0（0）
围棋	4（4.7）	0（0）	4（3.6）	0（0）	0（0）	0（0）
读书	1（1.2）	0（0）	1（0.9）	10（28.6）	0（0）	10（20.4）
不明确	2（2.3）	1（4.0）	3（2.7）	8（22.9）	0（0）	8（16.3）
种植	2（2.3）	0（0）	2（1.8）	0（0）	0（0）	0（0）
游戏规则	0（0）	0（0）	0（0）	0（0）	2（14.3）	2（4.1）
知错就改	0（0）	0（0）	0（0）	0（0）	1（7.1）	1（2）
做实验	2（2.3）	0（0）	2（1.8）	0（0）	0（0）	0（0）
养鸽子	1（1.2）	0（0）	1（0.9）	0（0）	0（0）	0（0）
劳动技能	0（0）	0（0）	0（0）	1（2.9）	0（0）	1（2）
举手发言	0（0）	0（0）	0（0）	1（2.9）	0（0）	1（2）
射击	0（0）	0（0）	0（0）	1（2.9）	0（0）	1（2）
交通规则	0（0）	0（0）	0（0）	0（0）	1（7.1）	1（2）
合计	86（100）	25（100）	111（100）	35（100）	14（100）	49（100）

注：括号前的数字为幼儿的人数，括号内数字为占比，由于四舍五入，占比加总不为100%的，按100%计，本章下同

由表2-4可以看出，在两所公立非"小学化"幼儿园中，幼儿提到的学习内容占比最高的是体育活动（20.7%），其次是画画（19.8%），再次是跳舞（16.2%）。两所公立幼儿园占比前三的项目基本相同，其中YY园中体育活动的占比与写汉字的占比并列第三（12.0%）。在两所"小学化"倾向的私立幼儿园中，幼儿提到的学习内容占比最高的是写汉字（22.4%），其次是读书（20.4%）和不明确（16.3%）。

就对学习内容的理解的对比来看，非"小学化"公立幼儿园大班幼儿认为，学习内容多为艺术和运动；"小学化"私立幼儿园幼儿认为，学习内容则多为读书和写字。

2. 大班幼儿认为"学习应该涉及哪些人"

对于大班幼儿认为"学习应该涉及哪些人"，编码分析后所获得的具体数据，如表2-5所示。

表 2-5　大班幼儿认为"学习应该涉及哪些人"

作品中出现的人物	非"小学化"幼儿园			"小学化"幼儿园		
	公立 FS	公立 YY	公立合计	私立 TX	私立 YC	私立合计
幼儿（带家长）	2（2.3）	1（4.0）	3（2.7）	0（0）	1（6.7）	1（1.9）
幼儿（带教师）	14（16.3）	2（8.0）	16（14.4）	3（7.9）	4（26.7）	7（13.5）
幼儿（单独）	37（43.0）	9（36.0）	46（41.4）	2（5.3）	4（26.7）	6（11.5）
不画人形	8（9.3）	3（12.0）	11（9.9）	4（10.5）	0（0）	4（7.7）
同龄人/小组	16（18.6）	4（16.0）	20（18.0）	18（47.4）	2（13.3）	20（38.5）
同龄人/小组（带教师）	9（10.5）	4（16.0）	13（11.7）	8（21.1）	2（13.3）	10（19.2）
同龄人/小组（带家长）	0（0）	2（8.0）	2（1.8）	0（0）	1（6.7）	1（1.9）
其他人	0（0）	0（0）	0（0）	3（7.9）	1（6.7）	4（7.7）
合计	86（100）	25（100）	111（100）	38（100）	15（100）	52（100）

由表 2-5 可看出，在两所公立幼儿园中，幼儿作品中呈现出的"学习应该涉及哪些人"出现频次占比最高的都为幼儿（单独）（43.0%，36.0%）。其中，FS 园幼儿作品中人物出现频次占比排名第二的是同龄人/小组（18.6%），随后是幼儿（带教师）（16.3%）。YY 园同龄人/小组和同龄人/小组（带教师）幼儿作品中人物出现频次占比并列第二（16.0%），随后为不画人形（12.0%）。总体来讲，在公立幼儿园中，41.4%的幼儿单独进行学习，认为学习是自主的事情，也有较多幼儿的学习是和同龄人/小组共同进行的（18.0%），还有部分数量幼儿认为与学习相关的人物包括自己和教师（14.4%）。

私立幼儿园中情况有所不同，TX 园幼儿作品中呈现出的"学习应该涉及哪些人"，频率出现最高的是同龄人/小组（47.4%），其次是同龄人/小组（带教师）（21.1%），而后是不画人形（10.5%）。YC 园的结果是：幼儿（带教师）和幼儿（单独）的占比并列第一（26.7%）。总体来看，在"小学化"幼儿园中，幼儿认为学习所涉及的相关人物主要为同龄人/小组（38.5%），其次是同龄人/小组（带教师）（19.2%）。

3. 大班幼儿眼中的"学习地点"

对于大班幼儿眼中的"学习地点"，编码分析后得出的具体数据见表 2-6。

表 2-6 大班幼儿眼中的"学习地点"

幼儿园类别	非"小学化"幼儿园			"小学化"幼儿园		
	公立 FS	公立 YY	公立合计	私立 TX	私立 YC	私立合计
教室（集体活动区）	1（1.1）	3（12.0）	4（3.6）	31（88.6）	6（42.9）	37（75.5）
教室（区域）	0（0）	0（0）	0（0）	1（2.9）	0（0）	1（2）
教室外（校园内）	0（0）	0（0）	0（0）	2（5.7）	2（14.3）	4（8.2）
家	9（10.3）	8（32.0）	17（15.3）	0（0）	1（7.1）	1（2）
自然环境	0（0）	1（4.0）	1（0.9）	0（0）	5（35.7）	5（10.2）
兴趣班	74（85.1）	13（52.0）	87（78.4）	0（0）	0（0）	0（0）
不确定	3（3.4）	0（0）	3（2.7）	0（0）	0（0）	0（0）
游乐园	0（0）	0（0）	0（0）	1（2.9）	0（0）	1（2）
合计	87（100）	25（100）	112（100）	35（100）	14（100）	49（100）

由表 2-6 可看出在两所公立幼儿园中，幼儿认为学习的地点主要是在兴趣班（78.4%），其次是家（15.3%），最后是教室（集体活动区：3.6%）。而在两所私立幼儿园中，幼儿认为学习的地点主要是在教室（集体活动区：75.5%），其次是在自然环境中（10.2%），最后是教室外（校园内）（8.2%）。在两所私立幼儿园中，没有幼儿提到学习的地点是在兴趣班，公立幼儿园的家长似乎更关注幼儿在兴趣方面的发展。另外，在区域内的活动和户外活动似乎不被幼儿归类为学习。

4. 大班幼儿眼中学习所涉及的物体及作品中出现文字的频率

幼儿作品画面中出现的物体和作品中出现的文字能够反映幼儿真实的学习情况。表 2-7 是编码分析后得出的具体数据。

表 2-7 大班幼儿眼中学习所涉及的物体

幼儿园类别	非"小学化"幼儿园			"小学化"幼儿园		
	公立 FS	公立 YY	公立合计	私立 TX	私立 YC	私立合计
棋盘	4（4）	0（0）	4（2.9）	0（0）	0（0）	0（0）
黑板	3（3）	0（0）	3（2.1）	13（12.1）	3（10.3）	16（11.8）
多媒体工具	3（3）	0（0）	3（2.1）	2（1.9）	0（0）	2（1.5）
文具	11（11）	10（25.0）	21（15.0）	5（4.7）	0（0）	5（3.7）
体育器材	15（15.0）	4（10.0）	19（13.6）	1（0.9）	1（3.4）	2（1.5）

续表

幼儿园类别	非"小学化"幼儿园			"小学化"幼儿园		
	公立 FS	公立 YY	公立合计	私立 TX	私立 YC	私立合计
学校家具	19（19.0）	11（27.5）	30（21.4）	27（25.2）	1（3.4）	28（20.6）
书/书架	2（2.0）	0（0）	2（1.4）	21（19.6）	0（0）	21（15.4）
乐高	4（4.0）	1（2.5）	5（3.6）	0（0）	0（0）	0（0）
动物	2（2.0）	0（0）	2（1.4）	1（0.9）	1（3.4）	2（1.5）
植物	2（2.0）	2（5.0）	4（2.9）	7（6.5）	8（27.5）	15（11.0）
太阳、白云	2（2.0）	0（0）	2（1.4）	12（11.2）	7（24.1）	19（14.0）
实验室设备	2（2.0）	0（0）	2（1.4）	0（0）	0（0）	0（0）
装饰品	9（9.0）	1（2.5）	10（7.1）	1（0.9）	1（3.4）	2（1.5）
区域活动材料柜	1（1.0）	1（2.5）	2（1.4）	1（0.9）	0（0）	1（0.7）
乐器	7（7.0）	0（0）	7（5.0）	0（0）	0（0）	0（0）
完整房屋	8（8.0）	6（15.0）	14（10）	11（10.3）	4（13.8）	15（11.0）
绘画作品	6（6.0）	4（10.0）	10（7.1）	0（0）	0（0）	0（0）
公共设施	0（0）	0（0）	0（0）	2（1.9）	2（6.9）	4（2.9）
国旗	0（0）	0（0）	0（0）	3（2.8）	0（0）	3（2.2）
奖励	0（0）	0（0）	0（0）	0（0）	1（3.4）	1（0.7）
合计	100（100）	40（100）	140（100）	107（100）	29（100）	136（100）

总体看来，学校家具在幼儿作品中出现的频率最高，因为无论是集体活动，还是区域活动，都会用到桌椅。

非"小学化"幼儿园幼儿作品中，文具出现的频率较高，非"小学化"幼儿园幼儿画出的学习内容很多为"画画"，所以就不难理解为什么表 2-7 中非"小学化"幼儿园幼儿绘画作品中会出现较高比例的文具了。另外"体育器材"也是非"小学化"幼儿园幼儿作品中出现频率较高的物品，公立幼儿园幼儿画出的学习内容很多为"体育活动"，所以体育器材出现频率较高就不难理解了。

"小学化"倾向的私立幼儿园幼儿作品中，"学校家具""黑板""书/书架"出现的频率相对较高，结合前面几个维度的结果，我们猜测这跟他们平时集体活动较多、读书认字学习内容较多有关系。另外，在私立 YC 园中，植物（27.5%），太阳、白云（24.1%）和完整房屋（13.8%）在绘画作品中出现的频率比较高，这貌似跟幼儿的学习没有太大关系，而是幼儿听到"画画"任务之后的反应，我们猜测这可能是由于教师曾经教授过幼儿要在天空中画有太阳、白云等而形成的作画固定思维。

在上述幼儿绘画作品中，数字和名字出现的概率比较高。在"小学化"幼儿园幼儿作品中，"中文"出现的比例明显高于非"小学化"幼儿园（比例分别为31.3%和7.7%）。这可能与"小学化"幼儿园已经开始教授部分汉字的书写有关（表2-8）。

表 2-8 大班幼儿眼中学习时出现的文字

幼儿园类别	非"小学化"幼儿园			"小学化"幼儿园		
	公立 FS	公立 YY	公立合计	私立 TX	私立 YC	私立合计
数字	4（44.4）	3（75.0）	7（53.8）	5（55.6）	1（16.7）	6（37.5）
中文	1（11.1）	0（0）	1（7.7）	2（22.2）	3（50.0）	5（31.3）
英文	1（11.1）	0（0）	1（7.7）	0（0）	0（0）	0（0）
名字	2（22.2）	1（25.0）	3（23.1）	2（22.2）	1（16.7）	4（25.0）
无意义字母	1（11.1）	0（0）	1（7.7）	0（0）	1（16.7）	1（6.3）
合计	9（100.0）	4（100）	13（100）	9（100）	6（100）	16（100）

（二）幼儿访谈结果分析

1. "学习是什么"：更广的活动 VS 上课

通过访谈我们了解到，非"小学化"幼儿园的幼儿认为，很多行为可以称为学习，比如：

> 关于学东西、学知识，有一些科学家找到新种类的动物，或者学习很多以前人们没发现但现在找到的动物还有植物。（S1）
> 搭乐高、画画，将来我就可以当个建筑师。（S4）
> 一些……游泳或者一些很繁忙的事情。（S6）

而"小学化"幼儿园的幼儿则认为：

> 学习就是学很多知识。（S9）
> 学习就可以，嗯，休息的时候可以玩游戏，没有休息的时候就上课。（S8）
> 学习要写字的。（S7）

2. 学习的内容

访谈中，我们问幼儿："你最近在幼儿园学习了哪些内容啊？"从幼儿的回答中我们发现，幼儿通常根据近期参与过的具体活动来定义自身在幼儿园学习的内容，现有的学习经验影响着幼儿学习概念的形成。同时，我们可以了解不同类型幼儿园中，幼儿最近涉及的学习内容。

（1）非"小学化"幼儿园：内容丰富

非"小学化"幼儿园的幼儿回答出的学习内容涉及的范围较为广泛，包括生活、睡觉、排队、拍球、讲天气预报、折纸等。比如：

> 幼儿园里嘛，没学到了很多，有一次李老师让我们学了讲天气预报，就是，我来给你说一个吧，就是晴转多云，或者多云转阴，或者阴转小雨，或者小雨转中雨、中雨转大雨，还有一些雨夹雪、中雪转大雪。（S2）

> 在幼儿园，学到能自己穿衣服，能自己穿裤子。（S4）

（2）"小学化"幼儿园：写字算术

"小学化"幼儿园的幼儿回答出的学习内容基本都聚焦在"知识"的掌握上，包括算术、拼音、写字等。

> 师：那你在幼儿园学到了什么呢？
> 幼：在幼儿园学到了什么，算术。（S8）
> 师：哦，在幼儿园学到了算术，还有学到什么吗？
> 幼：还学到了，嗯，怎么数，上面一排，下面一排，再下面一排，一排一排数。（S8）

3. 学习的形式

访谈中我们问幼儿："你是怎么学习的呢？"笔者发现幼儿概念中学习的形式基本上是"上课"，教师似乎在他们的学习中更多扮演的是引导者和修正者的角色。比如，有的幼儿说：

> 老师让我们做题，错了会让我们改，对了就说我们"真棒"。（S1）
> 就是老师给我们讲一些知识，你得认真听。（S7）

另外，还有一些幼儿提到，除了在幼儿园学习之外，爸爸妈妈会教自己、兴趣班老师也会讲课。比如：

> 妈妈会让我做算术题，妈妈还给我报了英语班。（S8）

在这一维度上，两类幼儿园的幼儿虽然在"成人主导"学习形式上区别不大，但是非"小学化"幼儿园的幼儿会讲到家里、兴趣班等地点的学习。

4. 学习的价值

不管幼儿认为学习是什么，他们基本都认可学习的作用。有些孩子认为，学习对未来有好处，如将来可以做科学家、画家、建筑师等。

> 钢琴弹好了会让我的心灵很美妙。（S2）
> 游泳游好了，是自己需要掌握的本领。（S4）
> 美术是让我提高美的画法。（S7）
> 英语也是我未来出国的时候要学习的。（S8）

还有的孩子认为学习对自己的大脑开发有好处，比如：

> 学习是对自己脑子有好处的。（S8）
> 学习可以让我变得更聪明。（S7）

还有幼儿提出了学习可以带来优越感的观点：

> 我很有自豪感，就像我学英语的时候，在上课的地方，总是喜欢说说英语，我觉得这样很棒。（S8）

学习对于他的价值是带来在集体内拥有更多知识技能的优越感。除此之外，还有幼儿提到：

> 学习可以有很多小朋友。（S3）

也就是说，学习可以使他获得更多与同龄人交往的机会。

但是，也有幼儿是从消极层面理解学习的好处的：

> 因为写字是上课，听讲了，小学一年级就会写字，不会被老师骂。（S9）

我们猜想，幼儿认为学习是有用的，这应该跟平时成人对他们价值观的传递有关。

非"小学化"幼儿园的幼儿认可学习价值的理由，更多地涉及未来职业的需要和对自己大脑发育的作用。"小学化"幼儿园的幼儿更多地从消极的层面理解学习的好处，如"老师会夸我""不会被老师骂"。从孩子不同的回答中，可以推测出两类幼儿园家长的不同。

5. 学习时的状态

访谈中，我们问幼儿"你学习的时候是什么样的呢"？大部分幼儿的说法较为一致："安静的""认真的""很乖的"。但是"小学化"幼儿园的幼儿更多地会提到遵守纪律。比如"小嘴巴紧紧闭""小手放到腿上""认真听老师布置的作业，然后在自己位置上做作业"。

我们进一步追问幼儿："你为什么会这么觉得呢？"幼儿的回答如下：

  会听不见，听不见之后或许都不知道做什么。（S2）
  老师会吼我们的，我们老师的声音特别大！（S8）
  因为听不清老师的作业，就完不成。（S9）

由此可见，幼儿所理解的学习状态与所接受的教育方式密切相关，因为"小学化"幼儿园较为重视集体教学活动，活动内容更多地涉及拼音、汉字、计算等内容，这些超出儿童认知范围的知识，会使得幼儿注意力涣散，导致教师会不停地维持纪律，从而"小嘴巴紧紧闭""小手放到腿上"等语句会给孩子留下较为深刻的印象。在这些幼儿的意识中，教师是学习的主导者，他们首先所要做的是被动地听从老师的安排，遵守这些"规矩"。

四、讨论与建议

（一）儿童有表达自己观点的能力

在教育环境的影响下，大班幼儿对学习的概念已经逐渐清晰化，并且能够明确地将学习与其他活动区分开来，他们开始形成自己的学习观。在他们的视角下，学习是建立在对未知事物探索的基础上的。同时，学习拥有比其他活动更高的地位和更大的价值，他们还注意到学习与未来自身发展有关。

虽然现代教育观以儿童为本位，但李召存提出，我国的学前教育研究存在"为了儿童"有余而"基于儿童"不足的倾向。[①]目前，国内从教师角度出发的幼儿学习观研究较多，从幼儿视角出发的学习观研究较少。幼儿是独特的，他们拥有与成人不同的观点，他们的世界奇幻而又多彩。幼儿的精神往往体现在幼儿的行为上，从幼儿视角出发是了解他们精神世界的最佳角度，没有人比孩子更了解自己。成人可以完全将自己置身于幼儿视角，体会他们世界中的快乐，了解他们遇到的

---

① 李召存. 以儿童为本：走向"为了儿童"与"基于儿童"的整合[J]. 学前教育研究，2015（7）：9-13.

问题。[1]幼儿视角应强调儿童在研究中的主体性地位，以参与式方法为主，发挥儿童的优势，因而儿童才是学前教育研究的当事人，他们对某些概念、行为有着自己独特的视角，并有能力表达出来。因此，研究者可以今后多多开展基于儿童视角的研究。

（二）"小学化"对幼儿的学习观产生消极影响

从前文可见，"小学化"幼儿园的幼儿会把学习内容窄化，他们大多认为看书、上课才是学习，很多幼儿提到学习内容为算术、拼音、英语和汉字，而不太会提及搭积木、画画、游泳等。"小学化"幼儿园的幼儿认为学习不是游戏，教师上课以集体授课为主，而不是幼儿或者同伴自主学习，很多幼儿的作品呈现的是孩子们写作业，教师在旁边看着。"小学化"幼儿园幼儿学习观还表现出了学习的"被动性"，因为他们认为，学习大多发生在教室的集体活动区，主要是教师在前面讲，自己在下面听。

《3—6岁儿童学习与发展指南》指出，我们要"以为幼儿后续学习和终身发展奠定良好素质基础为目标，以促进幼儿体、智、德、美各方面的协调发展为核心"，五大领域是儿童都应该涉猎的内容，我们要发展"完整儿童"，而不能片面、过度地追求智育的发展。

在基础教育改革中，最重要的是要让学生学会学习，而不是依赖成人的被动式、机械式的练习和背诵，我们希望幼儿在学习过程中是自主的、放松的，教师只是支持者，但是"小学化"幼儿园中，幼儿表达出的学习观是一种忽视幼儿主体作用的学习。

（三）"小学化"现象亟待改变，儿童的学习环境亟须改善

学生是否具备正确的知识观与他们成绩好坏有着密切联系，学生的学习观对学业水平具有显著预测作用，包括学习成绩、认知过程及策略、自我调节和学习动机等方面。[2]如果学习者的学习观处于"增加知识、记忆和复制"等低层次水平时，会对学业成绩造成消极影响。[3]

学生学习观又受到自身学习经验、课堂教学以及学校和社会文化等因素的影

---

[1] 成尚荣. 儿童研究视角的坚守、调整与发展走向[J]. 教育研究，2017, 38（12）: 14-21.
[2] 田守花. 福建明溪海外留守儿童知识学习观、学习动机与学习策略的状况及关系研究[D]. 福州: 福建师范大学, 2007.
[3] 刘儒德. 学生的学习观及其对学习的影响[J]. 教育理论与实践, 2005（9）: 59-62.

响。[1]其中，教师和家长是影响幼儿学习观的直接因素。比如本书中，非"小学化"幼儿园中的很多幼儿提到学习地点是兴趣班，"小学化"幼儿园的很多幼儿认为学习内容是读书、拼音、汉字和算术等，显然这些与他们的受教育经历有关。所以，我们亟待改进教师和家长的学习观与教育行为。

教师是幼儿在幼儿园的亲密陪伴者，她们的教育观念以及随之表现出的教育行为都会对幼儿产生潜移默化的影响。因为幼儿园教师持有的儿童学习观会影响其与儿童相处时的态度、方式，进而影响课程内容的选择和课程实施方式。[2]另外，家长也是幼儿的重要他人，家长认为应该学什么，怎么学，学习的时候是什么样的，"如果不好好学习，将来会怎么样"，都会通过生活中与幼儿的点滴互动传递给孩子，本书涉及的两所私立幼儿园的家长都认为，大班就是要提前学一些汉字拼音，就应该听老师的话，如果不好好学习，孩子将来只能吃苦受累……这些观点都影响着幼儿的学习观。

第三节 "小学化"对教师、家长、幼儿数学学习观的影响

数学学习观是指学生对数学学习的认识，这种先验的经验对学生的数学学习活动及其自我调节过程产生着重要的影响。[3]杨新荣等调查了初中生的数学学习观，结果发现数学成绩好和差的学生对数学学科、数学能力和数学学习目的等方面的认识有很大的不同。例如，高分者倾向于认为数学是非精确的、源于实践的；而低分者倾向于认为数学知识是确定不变的、在现实生活中没有什么用途。[4]

目前，关于学习观或数学学习观的研究多集中于成人、高中生或初中生，关于幼儿学习观、数学学习观的调查还有待丰富。考虑到幼儿的年龄特点以及研究的样本数量，笔者借鉴现象图析学以及儿童绘画作品分析法，对非"小学化"和"小学化"两所幼儿园的大班幼儿、家长以及幼儿园教师进行调查、分析。

---

[1] 刘儒德. 学生的学习观及其对学习的影响[J]. 教育理论与实践，2005（9）：59-62.
[2] 张永英. 幼儿教师儿童学习观变革之路探寻[D]. 南京：南京师范大学，2007.
[3] Hofer B K, Pintrich P R. The development of epistemological theories: Beliefs about knowledge and knowing and their relation to learning[J]. Review of Educational Research, 1997, 67(1): 88-140.
[4] 杨新荣,李忠如,王洪,等. 初中生数学学习观性别差异的调查研究[J]. 西南师范大学学报(自然科学版)，2006，31（2）：178-182.

一、概念界定：数学学习观

关于数学学习观的内涵，不同研究者的侧重点也不尽相同。有的侧重于数学学习中学习者对数学知识的认识和看法，认为数学学习观就是学习观与数学知识观的整合，顾名思义就是同时包含数学和学习两个方面，是学生在学习数学知识的过程中形成的直觉和朴素的认识，从而能够自主运用数学思维观察世界，并能以此来猜想、验证。[1]有的则侧重于学生对数学学习方法的认识和看法。[2]

二、研究设计

（一）研究对象

本研究基于生态系统与利益相关者理论，调查不同相关方对"幼儿数学学习"问题的看法以及需要纠正之处，研究对象包括两所幼儿园（一所"小学化"、一所非"小学化"）中的大班幼儿、教师及家长。两园依据"小学化"评判指标进行目的性抽样选定，具体情况见表2-9。

表2-9 两所幼儿园基本情况表

比较项		Y园	Q园
物质条件	幼儿园性质	私立	公立
	幼儿园层次	市一级一类幼儿园	省级示范幼儿园
	室内环境 墙面内容文字的比例	较高	低
	活动区的种类	活动区设置单一	有建构区、"娃娃家"等，十分丰富
	活动区的设置	忽视幼儿认知的发展	重视幼儿认知的发展
	活动区的空间	空间比较有限	空间充足
	活动区提供的材料	材料单一，并且不符合幼儿年龄发展特点	材料丰富，并符合儿童认知发展水平
	幼儿作品的展示	几乎没有	有专门的区域展示儿童的作品
教育过程	集体教学活动 对数字、拼音、识字的关注	有专门的数字、拼音和识字的课程	没有专门的课程
	教授的知识内容	有明显的学科化倾向	没有区分具体学科
	教学方法	以教师的教授为主	教师讲解、幼儿操作
	教学过程中对幼儿的关注	不能关注到个别的幼儿	在关注全部幼儿的同时，注意个别幼儿的表现

---

[1] 关晶. 高中生数学学习观及其与数学学业成绩的关系研究[D]. 南京：南京师范大学，2017.
[2] Crawford K, Gordon S, Nicholas J, et al. Conceptions of mathematics and how it is learned: The perspectives of students entering university[J]. Learning & Instruction, 1994, 4(4): 331-345.

续表

比较项			Y 园	Q 园
教育过程	师幼互动	教师理答	终止性理答	拓展性理答
		互动的主要内容	强调纪律	不过于强调纪律
		规则的制定	以教师的指令为主	教师和幼儿共同制定规则
	练习与作业	书面练习	计算作业单	多为《i 思考》上的连线题和应用题
		专门的数字、拼音、识字练习本	有	无
	幼儿评价	评价的主体	教师	教师和幼儿
		评价关注的重点	对知识的把握	对知识的把握与运用、学习品质的培养

注：为便于表述，Y 幼儿园简称 Y 园，Q 幼儿园简称 Q 园

从两所幼儿园之中，我们分别确定了访谈样本（共 180 人），如表 2-10 所示。

表 2-10 访谈样本

访谈对象	Y 园（"小学化"幼儿园）	Q 园（非"小学化"幼儿园）
幼儿园大班幼儿	30 名大班幼儿（Y1—Y30）	30 名大班幼儿（Q1—Q30）
幼儿园大班幼儿家长（父母）	30 名家长（Y31—Y60）	30 名家长（Q31—Q60）
幼儿园教师	30 名教师（Y61—Y90）	30 名教师（Q61—Q90）

另外，本研究分别选取 Y、Q 两所幼儿园各 2 个班，共 4 个大班，让幼儿画出在他们心目中究竟什么是"数学学习""在做什么事情的时候就是在学习数学""学习数学时会做些什么"。

（二）研究方法

1. 现象图析学

利用现象图析学对样本进行一致、公开的采访，以及反复地归纳分析，其所关注的是整个转录的文字所体现的整体意义。[①] 设计此类问题需要注意的是，研究

---

① Herbert S, Pierce R. Gesture as data for a phenomenographic analysis of mathematical conceptions[J]. International Journal of Educational Research, 2013, 60: 1-10.

重点在于让研究对象说明自己的观点、想法等，而不是判断对错。因此必须紧密贴合需要研究的问题来设计题目。

大班幼儿、幼儿园教师和家长的问题设计为：

  L1. 你认为什么是（幼儿）数学学习？
  L2. 你认为（幼儿）数学都学些什么？
  L3. 你认为（幼儿）学习数学有什么用？
  L4. 你认为（幼儿）喜欢在什么样的情境下学习数学？

首先将收集上来的录音转变为文本，并在原文中标出与幼儿数学学习相关的信息，将这些信息记录下来，然后逐级归类。

两名研究者会就初步编码的合理性进行讨论，删去或者合并一些项目或维度，进一步完善编码。然后随机抽取10名被访谈者的访谈文本，两名研究者利用完善后的编码各自独立编码，然后将两人的结果进行可信度检验。利用公式 $CA=2\times S/(T1+T2)$ 对两名研究者的结果进行计算（S 代表编码者归类一致的数目；T1代表第一名研究者编码总数；T2代表第二名研究者编码总数），最终计算结果为0.847（$0.7<CA<0.9$ 为中等准确度，$CA\geq 0.9$ 为高准确度）。结果表明，编码具有比较高的可信度，最终确定编码。

2. 内容分析

受幼儿年龄和发展水平的限制，我们担心单纯从幼儿的语言表达中不能获取足够的信息，所以我们利用儿童的绘画作品作为补充手段来考察幼儿的数学学习观念。绘画是探索幼儿如何理解概念的理想方法，特别是对于那些不愿意、不能或情绪不好而又不能用语言表达自己想法的低龄学生来说更为有效。[①]

我们的指导语是："小朋友们，你觉得数学是什么？你学习数学的时候是什么样的？请你画下来吧。"然后发给儿童一张空白的A4纸，30分钟时间作画。如果有儿童不愿意画画，也可以讲给我们听。如果有的儿童30分钟没有画完，还愿意继续画的话，可以让其继续。

收集幼儿的画时，询问幼儿画上出现的物品以及绘画的内容或主题，再根据幼儿的表述在儿童画上进行标识或记录。然后，研究者对收集上来的绘画作品进行讨论和编码分析，从而更好地理解幼儿对于数学学习的看法。

根据幼儿对儿童画说明的录音，在已经收集的儿童画上进行标识和记录。筛

---

① Hsin C T, Liang J C, Hsu C Y, et al. Young children's conceptions of learning: A cross-sectional study of the early years of schooling[J]. The Asia-Pacific Education Researcher, 2019, 28(2): 127-137.

除掉与主题无关的儿童画（如儿童画的是电子游戏《植物大战僵尸》），将无效的儿童绘画作品删除后剩余 87 份（Y 园 44 份，Q 园 43 份）。

编码系统以谢文敏和蔡今中（2016 年）编制的编码表为参照，同时根据研究实际情况，对编码的项目进行了一定的调整（表 2-11）。例如，将学习内容改为数学学习内容。随后，两名研究者进行讨论，适当地删除和增加了一些项目。随机抽取 10 张儿童画，利用公式 $CA=2×S/（T1+T2）$ 对两名研究者的调整结果进行计算，最终计算结果为 0.872。

表 2-11 儿童画编码表

维度	项目
1. 数学学习内容	1.1 数字、1.2 数的分解与组成、1.3 加减算式、1.4 乘法/除法、1.5 几何形状（三角形、方形等）、1.6 应用题、1.7 其他（未说明或与数学无关）
2. 数学学习涉及的人	2.1 家长（单独）、2.2 教师（单独）、2.3 儿童加老师（以儿童为主）、2.4 儿童和家长、2.5 教师加儿童（以教师为主）、2.6 儿童（单独）、2.7 同伴/小组、2.8 不画人形
3. 学习数学的地点	3.1 教室、3.3 教室外（校园内）、3.5 家、3.6 自然环境（如公园等）、3.7 补习班、3.8 未指明
4. 数学学习方式	4.1 教师讲课（教师为主）儿童听课、4.2 做数学作业（包括做算术题和应用题）、4.3 数学活动（玩扑克牌、七巧板等）、4.4 未说明
5. 物体	5.1 数学用具（扑克牌、七巧板）、5.2 黑板、5.3 数学练习册（或数学作业本）、5.4 文具（笔、橡皮、尺子等）、5.6 学校家具、5.7 书（数学）、5.9 其他（未说明或与数学无关）
6. 情绪	6.1 积极、6.2 消极、6.3 不明显

三、研究结果

根据访谈编码框架和儿童画编码框架，对 Y、Q 两所幼儿园三个群体的幼儿数学学习观进行量化分析和讨论。

（一）大班幼儿数学学习观的差异分析

1. 儿童画差异分析

（1）数学学习内容

对儿童画数据进行分析（表 2-12 和表 2-13）可以发现，两所幼儿园儿童画在"数学学习内容"上差异显著（$p<0.001$）。

表 2-12　两所幼儿园儿童画"数学学习内容"对比　　　　　　单位：个

幼儿园	乘法/除法	几何形状	加减算式	其他	数的分解与组成	数字	应用题	总计
Q园	3	4	17	0	4	7	8	43
Y园	0	1	2	13	4	24	0	44
总计	3	5	19	13	8	31	8	87

表 2-13　两所幼儿园"数学学习内容"卡方检验（$n=87$）

比较项	数值	df	渐进显著性（2端）	精确显著性（2端）
χ^2	46.959	6	0.000	0.000
概似比	58.597	6	0.000	0.000
费雪确切检定	50.056			0.000

继续检定发现，Y、Q 两所幼儿园在"数字""加减算式"上差异较大。Y 园的幼儿提到的"数字"显著多于 Q 园幼儿，Q 园幼儿提到的"加减算式"显著多于 Y 园幼儿。

除了上述两项以外，我们还可以观察到在"应用题"一项上，Q 园出现的频率也明显高于 Y 园。

Q 园关于数量方面的活动一般是结合图画让儿童"数量匹配"，而 Y 园此方面的活动很多是抽象地让儿童抄写数字，如图 2-3 和图 2-4 所示。

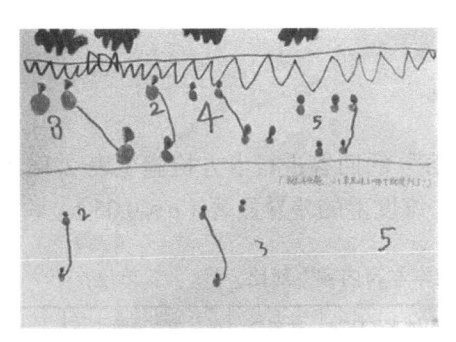

图 2-3　Q 园"苹果相加连线"（彩图）　　图 2-4　Y 园"很多数字"（彩图）

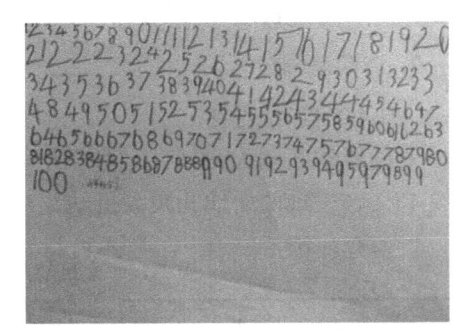

（2）数学学习方式

对两所幼儿园大班幼儿在"数学学习方式"这一维度进行卡方检验（表 2-14 和表 2-15），结果发现两组数据差异显著（$p<0.05$）。

表 2-14　两所幼儿园儿童画"数学学习方式"对比　　　　　单位：个

幼儿园	教师讲课（教师为主）儿童听课	数学活动（玩扑克牌、七巧板等）	未说明	做数学作业（包括做算术题和应用题）	总计
Q 园	13	11	7	12	43
Y 园	23	3	10	8	44
总计	36	14	17	20	87

表 2-15　两所幼儿园"数学学习方式"卡方检验（$n=87$）

比较项	数值	df	渐进显著性（2端）	精确显著性（2端）
χ^2	8.668	3	0.034	0.034
概似比	9.001	3	0.029	0.034
费雪确切检定	8.578			0.034

继续检定，我们发现两所幼儿园在"数学活动（玩扑克牌、七巧板等）"项目上的差异显著（$p<0.05$），χ^2 为 4.571，df 为 1，渐进显著性值为 0.033。Q 园大班幼儿比 Y 园大班幼儿在儿童绘画中更多地展示了数学活动。

其他项目虽然在统计学上并没有显著的差异，但是继续观察，还是可以发现两所幼儿园在"教师讲课（教师为主）儿童听课"这一项上的频次差异较大。Y 园绘及教师教学的频次要大于 Q 园，这说明对于 Y 园的大班幼儿来说，他们日常数学学习还是以教师在班级内的教学为主。

2. 访谈差异分析

（1）数学学习内容

对两所幼儿园大班幼儿"数学学习内容"的回答进行卡方检验（表 2-16 和表 2-17），发现两所幼儿园大班幼儿在这一维度上的差异显著（$p<0.05$）。

表 2-16　大班幼儿"数学学习内容"对比　　　　　单位：个

幼儿园	没有想法或不知道	其他	认识几何形状、大小、规律、排列组合等	认识钟表、日期等（实际生活中的数学）	数概念（认识数字）	数运算（加减法或数字的分解、合成）	总计
Q 园	0	2	2	2	6	18	30
Y 园	9	1	2	0	7	11	30
总计	9	3	4	2	13	29	60

表2-17 大班幼儿"数学学习内容"卡方检验（*n*=60）

比较项	数值	df	渐进显著性（2端）	精确显著性（2端）
χ²	13.100	5	0.022	0.011
概似比	17.372	5	0.004	0.006
费雪确切检定	13.757			0.006

进一步检验，在统计学上没有发现差异显著的项目。但直接观察描述性频次，可以发现两组数据在"数运算（加减法或数字的分解、合成）"以及"没有想法或不知道"这两项上频数的差异较大。Q园大班幼儿更多地提到了"加减法"，Y园大班幼儿更多地表现出一种对数学知识学习内容的"没有想法或不知道"的态度。

（2）数学学习方式

对两所幼儿园大班幼儿"数学学习方式"的回答进行卡方检验（表2-18和表2-19），发现两所幼儿园大班幼儿在这一维度上的差异显著（$p<0.05$）。

表2-18 大班幼儿"数学学习方式"对比　　　　　　　　单位：个

幼儿园	数学学习方式				总计
	没有想法或不知道	其他	强调通过游戏、轻松、愉快的方式	以幼儿园教师教学为主的学习方式	
Q园	3	2	15	10	30
Y园	10	3	4	13	30
总计	13	5	19	23	60

表2-19 大班幼儿"数学学习方式"卡方检验（*n*=60）

比较项	数值	df	渐进显著性（2端）	精确显著性（2端）
χ²	10.729	3	0.013	0.010
概似比	11.353	3	0.010	0.014
费雪确切检定	10.766			0.009

继续检定，可以发现两所幼儿园在"强调通过游戏、轻松、愉快的方式"上差异显著（$p<0.05$），Q园更强调通过游戏、轻松、愉快的方式学习数学。

（3）数学学习作用

卡方检验的结果（表2-20和表2-21）显示，两所幼儿园的大班幼儿在"数学学习作用"这一维度上的差异并不显著（$p>0.05$）。

表 2-20　大班幼儿"数学学习作用"对比　　　　　　　　　单位：个

幼儿园	更关注幼儿知识的增长，为未来的学习做准备	没有想法或不知道	解决生活中的问题	其他	强调锻炼幼儿的数学思维、开发大脑或智商	总计
Q园	13	5	4	5	3	30
Y园	9	15	1	3	2	30
总计	22	20	5	8	5	60

表 2-21　大班幼儿"数学学习作用"卡方检验（$n=60$）

比较项	数值	df	渐进显著性（2端）	精确显著性（2端）
χ^2	8.227	4	0.084	0.084
概似比	8.598	4	0.072	0.121
费雪确切检定	8.119			0.082

但是，从描述性数据可以发现，更多的 Y 园大班幼儿对数学学习的作用"没有想法或不知道"（15 人）。相比之下，Q 园大班幼儿则更多地提到了"更关注幼儿知识的增长，为未来的学习做准备"（13 人）。这说明 Q 园大班幼儿已经开始独立思考自己学习数学的作用这样的问题。

（4）数学学习情境

对两所幼儿园大班幼儿在"数学学习情境"这一维度进行卡方检验（表 2-22 和表 2-23），数据差异并不显著（$p>0.05$）。

表 2-22　大班幼儿"数学学习情境"对比

幼儿园	没有想法或不知道	其他	强调学习环境要"安静"	强调在游戏化、情景化的条件下学习	在班级里学习,强调幼儿园教师教（教师为主）	总计
Q园	6	2	4	8	10	30
Y园	12	3	3	6	6	30
总计	18	5	7	14	16	60

表 2-23　大班幼儿"数学学习情境"卡方检验（$n=60$）

比较项	数值	df	渐进显著性（2端）	精确显著性（2端）
χ^2	3.629	4	0.459	0.479
概似比	3.681	4	0.451	0.503
费雪确切检定	3.689			0.091

虽然统计学上差异不显著，但从频次上可看出两所幼儿园的大班幼儿在"没有想法或不知道"及"在班级里学习，强调幼儿园教师教（教师为主）"这两项上的频数差异较大。这与前几个维度的差异结果是一致的，即Y园大班幼儿对数学学习的概念还十分模糊，并没有自主地形成对数学学习、数学学习情境的认知。

（二）幼儿家长数学学习观的差异分析

对家长数学学习观的访谈分析与对幼儿数学学习观的访谈分析相似，通过对两所幼儿园的家长的访谈结果进行分析（表2-24），我们可以发现，差异主要集中在"数学学习内容""数学学习方式""数学学习作用"上。

表2-24 幼儿家长访谈差异

差异维度	差异项目	项目示例
数学学习内容	数运算（加减法或数字的分解、合成）（Y园）	"他们就是一些简单的加减法之类的吧"
	数学"思维"（Q园）	"大班就主要学一些数学思维吧"
数学学习方式	没有想法或不知道（Y园）	"不知道，说不好"
	强调通过游戏、轻松、愉快的方式（Q园）	"就是我感觉还是得好玩的那种，不然他不感兴趣"
数学学习作用	没有想法或不知道（Y园）	"不知道，说不好"
	促进儿童思维的发展（Q园）	"不是要学习多少知识，就是让他更有逻辑，更会思考问题"

对"数学学习内容"继续检定，两所幼儿园的幼儿家长在"数运算（加减法或数字的分解、合成）"项上的差异较大，更多的Y园幼儿的家长将数学学习内容指向"数运算（加减法或数字的分解、合成）"。两所幼儿园的幼儿家长在"数学'思维'"这一项上的频次差异也比较大。Q园的幼儿家长更强调幼儿数学"思维"的学习和获得。

在"数学学习方式"上，Y、Q两园的幼儿家长在"没有想法或不知道"以及"强调通过游戏、轻松、愉快的方式"上提到的次数差异较大。和Y园大班幼儿的访谈结果类似，Y园的幼儿家长对数学该采取何种学习方式也并没有十分清晰的观点，因此他们更倾向于回答"不知道或没有想法"或者依赖于幼儿园教师帮助幼儿学习数学。与Y园家长相比，Q园的幼儿家长更多地强调希望幼儿通过游戏、轻松、愉快的方式学习数学。

在"数学学习作用"维度上，Y园的幼儿家长在数学学习作用的观点上并没有清晰的认知。而Q园的幼儿家长更强调锻炼幼儿的数学思维、开发大脑。

（三）幼儿园教师数学学习观的差异分析

对教师数学学习观的访谈分析与对幼儿数学学习观的访谈分析相似，通过对两所幼儿园教师的访谈结果进行分析（表2-25），我们可以发现，差异主要集中在学习内容、学习方式和学习作用上（$p<0.05$）。具体差异如表2-26所示。

表2-25 幼儿园教师数学学习观的差异性检验

维度	数值	费雪确切检定
学习内容	10.548	0.028
学习方式	8.198	0.031
学习作用	10.127	0.025

表2-26 幼儿园教师数学学习观具体差异

比较项	差异项目	项目示例
数学学习内容	数运算（加减法或数字的分解、合成）（Y园）	"可能大班这块要学一些加减法了"
	提及的数学学习内容几个维度上相对平均（Q园）	数学几个维度都有提及，没有明显的失衡
数学学习方式	以幼儿教师教学为主的学习方式（Y园）	"平时就主要是在学校班里学"
	强调通过游戏、轻松、愉快的方式（Q园）	"我们有的时候就是让他们玩一些游戏，以及数学相关的游戏"
数学学习作用	更关注幼儿知识的增长，为未来学习做准备（Y园）	"我觉得最直接的就是为了上小学吧"
	解决生活中的问题（Q园）	"学习就是能解决一些实际问题，买东西花多少钱，或者几个人分苹果什么的"

对"数学学习内容"继续检定，可以发现差异显著的项目是"数运算（加减法或数字的分解、合成）"（$p<0.05$）。Y园教师更强调"数运算（加减法或数字的分解、合成）"，Q园教师"提及的数学学习内容几个维度上相对平均"。

"数学学习方式"上，Q园教师提到"强调通过游戏、轻松、愉快的方式"的比例更高，Y园提到的"以幼儿园教师教学为主的学习方式"的比例更高。

"数学学习作用"上，Y园教师"更关注幼儿知识的增长，为未来学习做准备"，而Q园教师更注重培养幼儿解决生活中的问题的能力。

四、讨论

Y园与Q园在教师、家长、幼儿三个群体上的差异体现了"小学化"对不同主体数学学习观的深刻影响。尽管造成"小学化"的原因很复杂，家长和教师的受教育程度对他们各自的幼儿数学观的影响很大，但是不同幼儿园中的家长和教师作为同一个生态系统中的因子，与其所处的系统有着许多相一致、契合系统"气质特征"的表现，具体从以下几个方面讨论。

（一）幼儿数学学习：学什么

根据分析，两所幼儿园中不管是幼儿、家长还是教师，他们的数学内容观提到最多的就是"数概念与运算"，大多数受访者将幼儿数学学习等同于学习数概念、加减法、数字的分解等。例如：

访谈者：你认为什么是数学学习呢？
大班幼儿 Y3：加法。
访谈者：加法还有别的吗？
Y3：分解。

对于 Y 园的幼儿家长和教师来说，他们更倾向于把学前儿童数学学习简单地等于"数概念与运算"的学习。众所周知，学前儿童数学学习包括知识技能（数与运算、形状与空间、分类与统计、测量等）、过程性能力（数学关联、数学表征、数学交流、推理验证、问题解决）、数学学习态度和学习品质（兴趣、专注、坚持、反思、合作）。[1]学前儿童数学教育是幼儿积累大量有关数学方面的感性经验、建构表象水平上的初步数学概念、掌握简单的数学技能、提升数学思维能力及养成良好的数学学习品质的过程，是儿童全面发展教育的重要组成部分。[2]

相比于 Y 园，Q 园的幼儿、家长和教师除了提到"数概念与运算"外，还有相当比例的人提到了几何知识、排序、推理、归类等数学内容。另外，在数运算这部分，相当多的 Q 园受访者提到应用题学习，且应用题多以解决现实问题的形式出现。

（二）幼儿数学学习：为什么

数据显示，Y 园受访者（30%大班幼儿、37%幼儿家长、47%幼儿园教师）认为，学习数学最主要的作用是"幼儿增长知识，为未来的学习做准备"。

访谈者：你认为小朋友学数学有什么用？为什么要学数学？

---

[1] 周欣，黄瑾，郭力平，等. 我国学前儿童数学监测指标体系的构建[J]. 学前教育研究，2018（10）：12-21.
[2] 徐晶晶. 学习品质对5—6岁儿童早期数学能力的影响研究[D]. 上海：华东师范大学，2014.

　　　　幼儿家长 Y31：幼儿数学学习应该是从基础学起，应该是刚开始可能就是从基础开始学习。

　　从利益相关者理论来看，对于 Y 园的三个群体来说，幼儿学习数学不仅仅是为了更好地适应小学，更是将来获得更高收入的保障。

　　与 Y 园相比，更多的 Q 园的家长、幼儿、教师认为，学习数学固然要关注幼儿数学知识的增长，但"数学思维"和"数学品质"的培养是更为重要的。

　　　　访谈者：您认为学前儿童学习数学有什么用呢？
　　　　幼儿家长 Q39：当然有用，我感觉是一个思维意识的培养，至少他有了这个概念之后，再往后学习，他才能不混乱、不混淆。

（三）幼儿学习数学：怎么学

　　前文数据显示，Y 园的受访谈者（52.4%大班幼儿、36.7%幼儿家长、50%幼儿园教师）认为，幼儿数学学习的方式主要是"教师在班级里授课"。

　　　　大班幼儿 Y13：我会和老师一起学。
　　　　幼儿园家长 Y46：平时还是在幼儿园跟着他们老师学，老师教的还是蛮多的。

　　与 Y 园相比，Q 园更强调幼儿应"在游戏的情景中"学习数学，同样承认幼儿的数学学习要依靠教师的引导，但须采取游戏化、情景化、趣味性的学习方式。

　　　　幼儿园家长 Q51：老师有的时候就让他玩那些数学游戏，我感觉这种学习效果就很好。

五、教育建议

（一）关注幼儿的声音

　　在以往的研究中，不管是强调"站在幼儿的角度思考"还是"以幼儿为本"，其本质都是成人通过自己的理解和常识来判断幼儿的需求与诉求。近年来，幼儿的声音越来越清晰。越来越多的国家承诺在学校中照顾幼儿的观点。在幼儿权利研究领域，有的学者对儿童观点给予了更多关注。研究者一直在进行"学生声音"或"学生的声音"的研究。"学生声音"或"学生的声音"的概念和实践能够使教师与学生之间进行更多的对话。[1]本研究中，我们通过儿童访谈和儿童绘画作品分析能够看出，幼儿对什么是数学，数学学习的内容、方式、情境、作用等有自己的认识。

（二）奏响协奏曲：不同利益诉求需要协调

根据利益相关者理论，在价值创造过程中，利益相关者不是孤立的。每个利益相关者团体的利害关系都是多层面的且内在相互联系的。就本研究而言，大班幼儿、幼儿家长、幼儿园教师这三个群体有着共同的利益点，那就是帮助幼儿更好地学习与发展。但是，这三个不同利益相关者群体对于幼儿的数学学习分别有自己的认识和观点。三者之间的关系是相互影响、相互关联的。幼儿的数学学习观直接受到幼儿家长和幼儿园教师数学学习观的影响，而幼儿家长和幼儿园教师的观念又在相互影响，整个过程并不是静态的，而是动态的。例如，从前文的数据分析结果来看，Y园教师和家长在"数学学习内容""数学学习作用""数学学习方式""数学学习情境"上都有较强的一致性，Y园教师和家长的"幼儿数学学习观"又在一定程度上影响了Y园幼儿的数学学习观。我们应该用生态的眼光来看待不同主体之间的相互影响，幼儿园作为专业的幼儿教育机构，应该在幼儿教育方面承担起更大的责任，去想办法影响、改进家长的教育观念。

（三）改善园所的生态系统

Y、Q两所幼儿园分别处于两种不同的生态系统环境中，相比于Q园，Y园教师和家长没有仔细地思考过数学学习对幼儿意味着什么，而仅仅将数学学习与"数"或者"算式"联系起来。这种倾向直接导致Y园的大班幼儿在描述数学学习时十分模糊，部分幼儿的回答是"数数"或"算加法、减法"，相当一部分幼儿则直接用"不知道"或沉默表达了他们对数学学习的认识。因此，转变不同利益相关者的幼儿数学学习观，必须考虑其所处的不同生态系统。

1. 重视幼儿园管理者的作用

利益相关者理论认为，管理者在商业企业活动中起着特殊的作用。对于Y、Q两所幼儿园来说，幼儿园管理者要意识到，幼儿园课程的设置与幼儿数学学习

---

[1] Partovi M, Wyness M. Breaking the silence: Working with pupil voice in Iranian primary schools[J]. Educational Review, 2022, 74(2): 226-242.

观的形成是密不可分的。因此管理者必须发挥主观能动性，尝试思考如何用课程影响幼儿园教师、幼儿及家长对于数学学习的认识和看法。比如，对于幼儿来说，幼儿园管理者应该开设能够拓宽幼儿数学知识面的课程，借此让幼儿对数学学习有一个全面的把握，提高幼儿的数学学习素质，帮助幼儿体会到数学学习的重要性，以及增强他们学习的兴趣。在课程实施的过程中，要尽量偏向以幼儿为中心的形式。积极鼓励幼儿开展小组学习，与同伴讨论和交流，并鼓励他们展示自己的成果和观点。确保这类活动可以让幼儿深度参与和自由发挥，在这个过程中，幼儿的反思、总结等高级和复杂的学习行为也可以得到锻炼。

同时，幼儿园也要使用与教学相匹配的评价方法，如注重使用能够反映幼儿在何种程度上达到了既定的教学目标的评价手段。另外，应引导幼儿园教师和家长以幼儿为本，注重学习过程的形成性评价，如利用档案袋法进行形成性评价。在此过程中，不应当局限于将数学知识的学习作为评价的对象，数学学习态度与数学学习习惯等也应该作为重要的维度涵盖其中。

2. 转变幼儿园教师的观念

幼儿园教师的观念与其自身的学习经历有关，也与其自身所处的工作环境有关。因此，除了注意发挥幼儿园管理者的作用外，幼儿园教师也应该及时关注当前幼儿数学学习的情况。

首先，要注重提升幼儿园教师的核心素养。数学学科教学知识，是关于数学内容"教学化"的知识，它是数学知识、教育学知识的整合，是影响数学教与学的关键因素，是提升数学教师专业发展、促进数学教育质量提升的核心内容。[①]核心素养与数学教师的专业发展密切相关，只有教师专业发展达到一定高度，才能促使教师形成正确的幼儿数学学习观，更好地推动教育质量的进一步提升。

其次，幼儿园教师应该发挥自身在家园合作中的重要作用。教师要尊重家长，增进彼此之间的理解，与家长保持平等的关系，通过多渠道搭建交流平台，让家长了解幼儿园工作。还可以采取多种形式，如家访、约谈、面谈等，反映和展示幼儿在园、在家的基本情况；采用组织家长会的形式，与家长就幼儿教育理念达成一致；帮助家长建立科学的育儿观，让家长当好幼儿的"第一任老师"。同时，在交流过程中，要注重沟通、交流的艺术。

3. 转变幼儿园家长的观念

家长观念在较大程度上影响着幼儿和幼儿园教师的观念，所以我们应该帮

---

① 贾彤彤. 兵团小学数学教师 MPCK 的现状调查与分析[D]. 石河子：石河子大学，2019.

助家长转变观念。首先要明确幼儿园与家长之间的关系，幼儿园不应该成为"迎合"家长需求的市场，而是要与他们形成促进幼儿发展的共同体。其次，幼儿园可以利用自身的资源，开展诸如父母课堂的活动，帮助家长提高教育幼儿的专业能力。幼儿园教师可以拍摄幼儿数学学习的录像，一边播放，一边给家长讲解、渗透，促使家长认同教育理念，或者聘请专门的教育专家开设父母课堂，还可以不时地向家长推荐一些权威的教育公众号，利用多种手段和方法提升家长的教育水平。

第四节 幼儿园教育"小学化"对师幼互动的影响

师幼互动是影响幼儿发展的重要因素，师幼互动不仅对幼儿当前的学业产生影响，还会对幼儿的后续发展造成影响。幼儿获得的师幼互动体验可以在一定程度上预测其后续的学习成绩。[1]我国幼儿园教育出现的"小学化"的倾向，严重影响了我国学前教育的质量以及幼儿的健康全面发展。

数学作为小学阶段主要科目之一，成为幼儿园"小学化"的重灾区，所以本节聚焦幼儿园数学集体教育活动，探究师幼互动的情况，以点带面考察幼儿园教育"小学化"对师幼互动的影响。由于数学知识具有高度概括和抽象的特点，幼儿必须通过成人的指导才能理解数学知识。在这个过程中，教师的指导就显得尤为重要。研究表明，师幼互动对幼儿的发展会产生重要影响，教师引导性的提问可以促进幼儿数学思维的发展。[2]幼儿的数学学习大多是在幼儿园教师的影响下进行的，教师与幼儿的互动成为影响幼儿数学学习的重要因素。

现有师幼互动研究多采用量化方式对教师与幼儿的互动行为进行静态分析。本章将采用滞后序列分析法对"小学化"幼儿园大班数学集体教学活动中的师幼互动情况进行分析，以清晰地呈现师幼互动行为的发生顺序、过程及模式特点。

一、概念界定

柳卫东和左瑞勇认为，师幼互动存在于幼儿园一日生活的各个环节中，以师

---

[1] Burchinal M, Vandergrift N, Pianta R, et al. Threshold analysis of association between child care quality and child outcomes for low-income children in pre-kindergarten programs[J]. Early Childhood Research Quarterly, 2010, 25(2): 166-176.
[2] 莎莉·穆莫，布伦达·耶柔米. 数学不仅是数数：基于标准的幼儿数学教学活动[M]. 侯宇岚，陈芳译. 南京：南京师范大学出版社，2013.

幼接触为基础，实质上是一种双向的人际交流关系，是发起与反馈的关系。[1]庞丽娟和陶沙依据师生互动的内涵指出，师幼互动是发生在教师与幼儿之间的一切交互作用和影响，是一种特殊和重要的人际互动形式。[2]刘晶波指出，师幼互动即为发生在幼儿园内部的教师与幼儿之间的相互作用、相互影响的行为及其过程。他还对师幼互动事件进行了清晰界定：①行为双方同时在场；②必须有一个相互指向性行为；③行为双方互相意识到对方的行为并相互影响；④一个师幼互动行为事件是一个相对独立的互动过程。[3]

可见，师幼互动虽无统一明确的定义，但各位专家学者已经对其内涵达成一定共识：师幼互动是指发生在教师与幼儿之间的交互作用和相互影响。

笔者将"师幼互动"定义为：在幼儿园数学集体教学活动中，幼儿教师与幼儿语言与非语言的相互作用和相互影响。师幼互动既可以由教师发起，也可以由幼儿发起；互动双方相互意识到对方的行为，并对其心理产生影响；受动者可以回应施动者，也可以不回应；一个师幼互动事件呈现连续性特征，是一个相对独立的互动过程。笔者将幼儿园"小学化"界定为：幼儿园忽视幼儿的身心发展特点，过于重视幼儿的知识学习，并将小学的办学理念、管理模式、课程资源、教育规范、教学方法、评价方式等渗透或运用于幼儿教育实践中，使之常规化、教学化、状态化，进而普遍化、趋势化的教育现象。在此，我们把表现出上述"小学化"特征的幼儿园，称为"小学化"幼儿园，反之为非"小学化"幼儿园。

二、研究设计

（一）研究对象

本研究采用目的抽样的方式进行抽样，依据概念界定"小学化"幼儿园的具体表现，选取 H 省 B 市的一所非"小学化"幼儿园 Q 园和一所"小学化"幼儿园 Y 园，并在两所幼儿园中各进行为期一周的预观察，选定 Q 园中 2 名不具有"小学化"倾向的教师和 Y 园中 2 名具有"小学化"倾向的教师。观察对象即为幼儿园大班数学集体教学活动中的师幼互动，即 4 名幼儿教师与她们班的幼儿在数学集体教学活动中的师幼互动。

本研究中"小学化"幼儿园，即 Y 园的情况，如图 2-5—图 2-10 所示。

---

[1] 柳卫东，左瑞勇. 师幼互动的理论基础与实践背景[J]. 学前教育研究，2004（Z1）：52-53.
[2] 庞丽娟，陶沙. 教师与儿童发展[M]. 北京：北京师范大学出版社，2001.
[3] 刘晶波. 社会学视野下的师幼互动行为研究：我在幼儿园里看到了什么[M]. 2 版. 南京：南京师范大学出版社，2006.

图 2-5　班级环境：充满文字（彩图） 　　图 2-6　班级环境：小学插秧式课桌摆放（彩图）

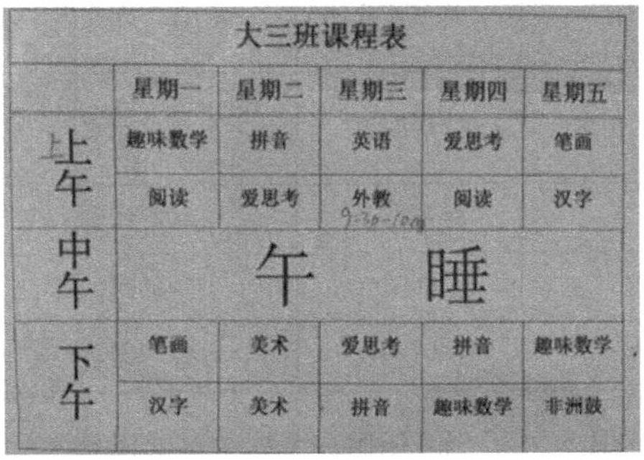

图 2-7　课表内容"小学化"（彩图）　　图 2-8　今日作业（彩图）

图 2-9　幼儿的练习本（彩图） 　　图 2-10　《趣味数学》教材（彩图）

从以上 6 幅图可窥见，Y 园在环境创设方面并无明显的区域划分，墙面装饰也多为拼音汉字等小学内容；该园的一日活动流程主要体现为"上课"以及每节课中间的休息时间（上厕所、喝水）；根据课表可以看出，数学、拼音和汉字等集体教学活动为学习的主要内容，幼儿并无区域活动时间；该园会对幼儿布置课后练习作业，内容为数学计算以及拼音、汉字等；幼儿教师通过回答问题的对错、作业的批改情况等对幼儿进行评价。可见，Y 园存在"小学化"的现象，符合本研究对"小学化"幼儿园的定义。

通过一周的预观察选定 Y 园中两名具有"小学化"倾向的大班教师 C、D。研究对象即为幼儿园大班数学集体教学活动中的师幼互动,即 2 名幼儿教师与她们班的幼儿在数学集体教学活动中的师幼互动(表 2-27)。

表 2-27　4 位教师开展的数学活动内容及其组织形式(各自 10 个活动)

序号	A 教师组织形式	B 教师组织形式	C 教师组织形式	D 教师组织形式
1	自由操作(小圆片)、记录	自由操作(小圆片、生活中的各种物品)、记录	教师指定操作(七巧板)	练习作业
2	自由操作(磁力棒)	绘本、自由操作	练习作业	练习作业
3	自由操作(教师自制的三角形)	自由操作(七巧板)	练习作业	练习作业
4	自由操作(教师自制的各种图形)	自由操作(七巧板)	提问	练习作业
5	自由操作(小方块)	绘本	练习作业	练习作业
6	自由操作	绘本、游戏	提问	提问
7	自由操作(画日历)	绘本、游戏	练习作业	练习作业
8	绘本、自由操作(创造自己的模式)	自由操作(自制教具)	练习作业	提问
9	自由操作(自制教具)	游戏、记录	练习作业	提问
10	游戏、记录	自由操作(教具)	练习作业	练习作业

由表 2-27 可知,非"小学化"幼儿园的 A、B 两名教师在开展数学教学活动时会采用自由操作、游戏、以绘本为媒介、记录等方式,"小学化"幼儿园 C、D 两位教师开展的数学集体教学活动内容较局限,他们更多地关注幼儿对数概念与数运算知识的掌握,活动的开展仅依靠提问和大量作业练习,组织形式单一。

(二)研究方法

本章采用滞后序列分析法分析大班数学集体教学活动中师幼互动的行为。我们对 4 名幼儿园大班教师及其班级幼儿在数学集体教学活动中的师幼行为进行拍摄,并将之作为分析对象。每班观察 10 节数学集体教学活动,共

40节，通过反复观察录像，记录教师以及幼儿在互动中出现的行为。结合师幼互动、行为分析等相关理论，笔者对视频中出现的行为进行初步归纳整理，对每类行为进行操作性定义，并举例说明，形成初步的编码系统。随后与学前教育专业的两名研究生和一名学前教育专家边尝试编码，边讨论分析，逐步完善编码系统。正式编码前，两名研究者对5次数学集体教学活动的视频内容独立编码，进行一致性检验，对意见不同的地方进行讨论分析，并补充修改编码表，以保证编码表的科学性和编码的准确性。随后正式编码，使用GSEQ5.1进行分析，探究教师与幼儿互动行为序列的特点和规律。师幼互动行为编码见表2-28。

表 2-28　师幼互动行为编码

	码号	描述	举例
教师行为	T2 低认知水平提问	教师提出的问题仅要求幼儿简单、机械地重复所学知识	"小朋友们，现在看看啊，它是什么形状？"
	T3 高认知水平提问	教师提出的问题需要幼儿对已有信息进行认真考虑，注重提升幼儿的思维能力	"谁来帮老师用七巧板拼成你喜欢的图形呢？"
	T4 扩展性理答	教师在幼儿回答问题或展示操作结果（作业）后，教师有针对性地表扬、追问、评价幼儿的答案	幼儿回答"4可以分成2和2"，教师追问"你是怎么知道的？如果用挂红灯笼来表示，该怎么挂呢？"
	T5 终止性理答	教师在幼儿回答问题或展示操作结果（作业）后，教师笼统地表扬、代答、重述或没有响应	"回答得很好。" "对，是三角形。"
	T6 操作示范	教师示范如何使用材料或讲解题目	教师向幼儿示范如何拼摆小方块
	T9 低质量介入	教师会直接指出幼儿的错误，存在催促幼儿行为	教师直接把幼儿错误的答案擦掉，为幼儿演示正确的计算过程；"快一点，别的小朋友都做完了。"
	T10 高质量介入	教师在观察过程中通过介入幼儿的操作不断启发幼儿进行深入的思考	"我的要求是……你看你这样摆的是不是符合我的要求呢？" "你给我分分，看看第一种分法是怎么分的？"
	T11 约束纪律	教师根据教学活动中的行为规范，采用语言或非语言的形式制止或鼓励，以强化幼儿的某种行为	"谁的小眼睛还没有看老师呢？" "请安静！" "自己做自己的！"

续表

	码号	描述	举例
幼儿行为	C1 回答问题	幼儿集体或单独回答教师的问题	"两个小方块可以采取横着放和竖着放两种方式。"
	C2 提问或寻求帮助	幼儿向教师提问或寻求学习方面的帮助	"老师,这个怎么做啊?"
	C3 练习作业	幼儿做教师写在黑板上的数学计算题	幼儿将教师写在黑板上的数学计算题抄写下来并计算
	C4 自由操作	幼儿以小组或单独自主操作的方式使用活动材料	幼儿探究不同块数的小正方形可以有几种摆法
	C5 展示成果	幼儿向教师或全班展示自由操作的成果或练习作业	"老师,我写完了,你看。"幼儿到最前面展示自己拼摆的小正方形
	C7 改正错误	教师介入幼儿的操作或练习后,幼儿进行改正	"你这个应该用列竖式的方法。"幼儿进行修改

三、研究结果

(一)"小学化"幼儿园师幼互动行为频次分布

"小学化"幼儿园教师开展的数学集体教学活动中共出现 1618 次教师行为,1054 次幼儿行为,具体分布见表 2-29。

表 2-29 "小学化"幼儿园师幼互动行为频次及占比

比较项	师幼互动行为	频次	百分比/%
教师行为	T2(低认知水平提问)	471	29.11
	T3(高认知水平提问)	5	0.31
	T4(扩展性理答)	123	7.60
	T5(终止性理答)	666	41.16
	T6(操作示范)	22	1.36
	T9(低质量介入)	156	9.64
	T10(高质量介入)	2	0.12
	T11(约束纪律)	173	10.69
	小计	1618	100

续表

比较项	师幼互动行为	频次	百分比/%
幼儿行为	C1（回答问题）	601	57.02
	C2（提问或寻求帮助）	43	4.08
	C3（练习作业）	14	1.33
	C4（自由操作）	6	0.57
	C5（展示成果）	261	24.76
	C7（改正错误）	129	12.24
	小计	1054	100

"小学化"幼儿园教师出现最多的行为是 T5（终止性理答，666 次），出现最少的行为是 T10（高质量介入，2 次）和 T3（高认知水平提问，5 次）。幼儿出现最多的行为是 C1（回答问题，601 次），出现最少的行为是 C4（自由操作，6 次）。

（二）"小学化"幼儿园师幼互动行为序列整体分析

通过计算各行为序列的 Z 分数可得到每个师幼互动行为序列的显著程度，表 2-30 为计算后的残差，每一列表示开始出现的行为，每一行表示随后发生的行为，数字表示出现起始行为后发生下一个行为的频率。根据滞后序列分析法，如果 Z 分数大于 1.96，则说明该行为序列达到显著性水平（$p<0.05$）。

表 2-30 "小学化"幼儿园教师数学集体教学活动中，师幼互动行为转换残差

	T2	T3	T4	T5	T6	T9	T10	T11	C1	C2	C3	C4	C5	C7
T2	-10.99	-1.04	-5.28	-13.85	-2.19	-5.98	-0.66	-5.7	43.85*	-3.07	-1.74	-0.07	-7.9	-5.41
T3	-1.03	-0.1	-0.49	-1.3	-0.2	-0.56	-0.06	-0.57	1.07	3.26*	-0.16	9.32*	-0.74	-0.51
T4	-4.24	-0.49	-2.5	-6.58	-1.04	-2.84	-0.31	-1.75	19.44*	-1.46	-0.83	-0.54	-3.75	-2.57
T5	31.53*	3.92*	-6.49	-17.04	3.27*	-1.99	0.83	7.67*	-15.82	1.93	-0.9	-1.4	9.65*	-6.65
T6	3.48*	-0.2	-1.04	-2.73	-0.43	-1.18	-0.13	3.25*	-2.55	-0.6	11.48*	-0.22	0.6	-1.06
T9	-5.69	-0.56	-2.84	-7.45	-1.18	-2.17	-0.35	-0.89	-5.39	-1	-0.94	2.86*	-2.59	46.2*
T10	-0.65	-0.06	-0.31	-0.82	-0.13	-0.35	-0.04	-0.36	2.61*	-0.18	-0.1	-0.07	-0.47	-0.32
T11	6.61*	-0.59	-2.63	-7.51	3.96*	1.61	-0.37	7.98*	-6.8	6.35*	6.61*	2.66*	2.64*	-3.08
C1	-12.43	-1.21	19.32*	34.56*	-2.04	-6.77	-0.77	-6.17	-15.09	-3.21	-2.03	-1.33	-9.21	-6.09
C2	-2.63	-0.29	0	5.75*	1.09	-1	-0.18	1.51	-3.58	2.8*	1.64	-0.31	-1.15	-1.49
C3	-1.72	-0.16	-0.83	-2.17	-0.34	1.34	-0.1	3.5*	-2.03	10.13*	-0.27	-0.18	1.46	-0.85

续表

	T2	T3	T4	T5	T6	T9	T10	T11	C1	C2	C3	C4	C5	C7
C4	−1.13	−0.11	−0.54	−1.42	−0.22	−0.61	−0.07	6.18*	−1.33	2.92*	−0.18	−0.12	0.56	−0.55
C5	−7.81	−0.74	−2.2	14.05*	−1.56	22.35*	1.91	−4.35	−9.21	−2.18	−1.24	−0.81	−5.62	−3.85
C7	−4.73	−0.49	−2.5	−5.72	1	1.09	−0.31	1.71	−6.15	0	−0.83	−0.54	24.46*	−2.57

*代表 $p<0.05$，全书同

为了更清晰、直观地呈现师幼互动的行为序列，根据表 2-31 将 Z 分数大于 1.96 的行为序列进行筛选，绘制行为转换图，如图 2-11 所示。

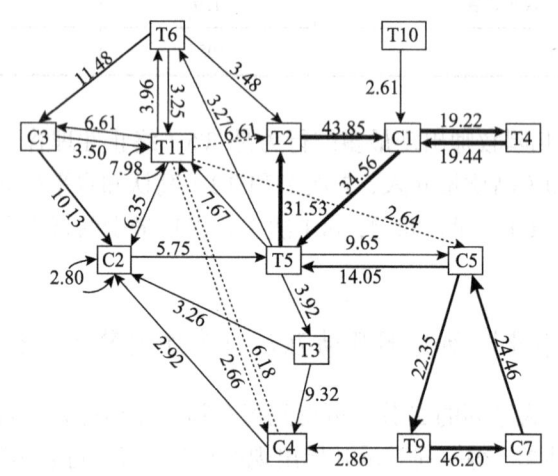

图 2-11 "小学化"幼儿园教师数学集体教学活动中师幼互动行为转换

注：方框表示各种师幼行为，连线表示行为与行为之间的转换具有显著意义，箭头代表行为转换的方向，线条的粗细代表行为转换的显著程度，线条上的数据则是调整后的残差

由图 2-11 可知，"小学化"幼儿园教师在数学集体教学活动的显著的师幼互动行为序列中，最为显著的行为序列为 T9→C7，教师低质量介入幼儿，指出幼儿的错误，幼儿进行改正。其次为 T2→C1，教师进行低认知水平提问，幼儿回答教师的问题。然后为 C1→T5，幼儿回答完教师的问题后，教师对幼儿的回答进行终止性理答。

（三）"小学化"幼儿园师幼互动连续行为序列摘取结果

对图 2-11 中的行为序列进行摘取，得到以下行为序列：

行为序列 1：教师进行低认知水平提问，幼儿回答教师的问题，随后教师进行终止性理答，继而进行下一个低认知水平提问（图 2-12）。

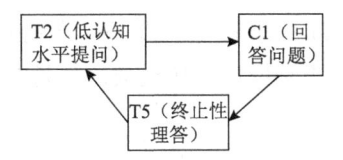

图 2-12 "小学化"幼儿园师幼互动连续行为序列 1

行为序列 2：教师进行低认知水平提问，幼儿进行回答。教师对幼儿的回答进行扩展性理答，幼儿回答教师的追问，扩展性理答与回答问题出现 1 次或多次，最终以教师的终止性理答结束此次提问（图 2-13）。

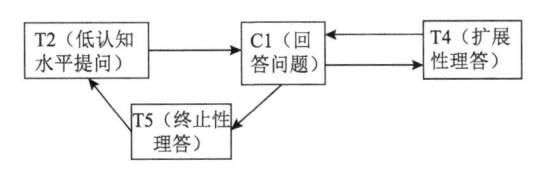

图 2-13 "小学化"幼儿园师幼互动连续行为序列 2

教师在开展数学集体活动中，提问是主要向幼儿教授知识的方式。在提问方式上，主要为低认知水平的提问，仅要求幼儿简单、机械地重复要学习的知识，既没有延伸也没有拓展。此外，教师对于幼儿的回答往往采取终止性理答，简单地重复幼儿的答案或对幼儿的回答并无针对性的评价，该种回应方式并不会对幼儿的学习有帮助。偶尔教师会对幼儿的回答进行扩展性理答，但 C1→T4 的频率仅为 115 次，远低于 C1→T5 的频率（474 次）。

行为序列 3：幼儿向教师展示自己的作业，教师低质量介入，直接指出幼儿的错误，随后幼儿改正错误，下一个幼儿继续向教师展示（图 2-14）。

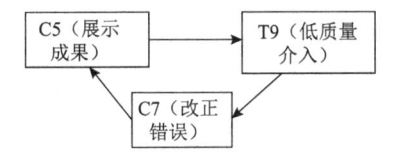

图 2-14 "小学化"幼儿园师幼互动连续行为序列 3

行为序列 4：教师进行操作示范后，幼儿开始在自己的作业本上写练习作业。在此期间，幼儿会主动向教师提问或寻求帮助，教师终止性理答，无视幼儿的提问。教师较少在幼儿做练习作业的过程中对幼儿进行指导，多为幼儿完成后主动找教师展示作业，即让教师给自己判作业。教师对于幼儿主动展示作业的反应存在两种情况：第一种，幼儿全部做对，教师对幼儿则采取终止性理答的方式进行回应，一般为"收起来吧"；第二种，幼儿的作业存在错误，教师低质量介入，直接指出幼儿的错误，让幼儿回去改正。此外，在幼儿做练习作业期间，幼儿会向教师提出问题，而往往得不到回应，甚至被认为是在扰乱课堂秩序（图 2-15）。

T6（操作示范）→ C3（练习作业）→ C2（提问或寻求帮助）→ T5（终止性理答）

图 2-15　"小学化"幼儿园师幼互动连续行为序列 4

行为序列 5：幼儿向教师展示自己的作业，教师对幼儿的展示进行终止性理答（图 2-16）。

C5（展示成果）↔ T5（终止性理答）

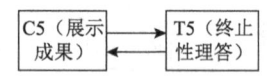

图 2-16　"小学化"幼儿园师幼互动连续行为序列 5

行为序列 6：教师在开展数学集体教学活动中多次出现约束纪律的行为。该行为可能出现在教师终止性理答后、教师操作示范后、幼儿写练习作业后、幼儿开始自由操作后等。教师约束完纪律后，随即出现的行为与当时所处的教育环节相关。接下来出现的行为可能为幼儿自由操作、教师继续操作示范、幼儿写练习作业、幼儿提问或寻求帮助等。此外，教师第一次约束纪律后，幼儿未安静下来，教师会多次进行纪律约束，直到达到教师理想的上课状态（图 2-17）。

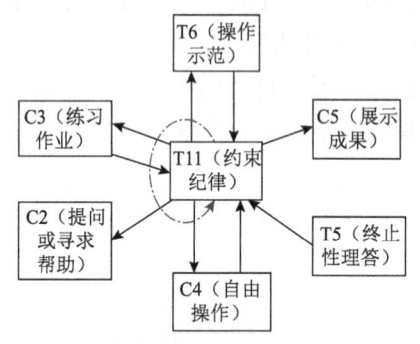

图 2-17　"小学化"幼儿园师幼互动连续行为序列 6

可见，"小学化"幼儿园的教师在开展数学集体教学活动中更倾向于"控制"幼儿，要求幼儿时刻保持安静，跟着教师的步伐走。

（四）非"小学化"幼儿园师幼互动行为频次分布

将 A 教师与 B 教师的师幼互动行为事件共同输入 GSEQ5 进行分析，以分析非"小学化"幼儿园在大班数学集体教学活动中师幼互动的行为序列特征。分析结果见表 2-31，共计获得师幼互动行为 3215 次。

表 2-31 非"小学化"幼儿园师幼互动行为频次及占比

比较项	师幼互动行为	频次	百分比/%
教师行为	T2（低认知水平提问）	34	1.79
	T3（高认知水平提问）	481	25.38
	T4（扩展性理答）	1225	64.64
	T5（终止性理答）	8	0.42
	T6（操作示范）	11	0.58
	T9（低质量介入）	0	0
	T10（高质量介入）	135	7.12
	T11（约束纪律）	1	0.05
	总计	1895	100
幼儿行为	C1（回答问题）	1124	85.15
	C2（提问或寻求帮助）	34	2.58
	C3（练习作业）	0	0
	C4（自由操作）	71	5.38
	C5（展示成果）	91	6.89
	C7（改正错误）	0	0
	总计	1320	100

由表 2-31 可知，该幼儿园在数学集体教学活动中，教师出现次数最多的行为是 T4（扩展性理答），共 1225 次（64.64%）。出现最少的行为是 T9（低质量介入，0 次）。幼儿出现次数最多的行为是 C1（回答问题），共 1124 次（85.15%）。幼儿出现最多的行为，即 C1（回答问题）与教师的行为具有一定的关联性。教师的提问和扩展性理答次数较多，相对应地，幼儿回答问题的行为次数也就会处于较高水平。C3（练习作业）和 C7（改正错误）未曾出现。

（五）非"小学化"幼儿园师幼互动行为序列整体分析

该幼儿园中的教师在数学集体教学活动中共计出现 319 条师幼互动序列关

系。依据非"小学化"幼儿园互动行为转换频率可以得到残差转换表（表2-32）。

表 2-32 非"小学化"幼儿园师幼互动行为残差转换表

	T2	T3	T4	T5	T6	T9	T10	T11	C1	C2	C3	C4	C5	C7
T2	−0.59	−2.43	−4.62	−0.29	−0.31	0	−1.23	−0.1	7.96*	−0.6	0	−0.88	−1	0
T3	−2.39	−9.85	−18.75	−1.19	−0.33	0	−5	−0.42	28.38*	−2.43	0	8.83*	−4.07	0
T4	6.93*	26.54*	−34.65	−2.21	1.79	0	3.26*	−0.78	10.79*	3.08*	0	−4.17	7.81*	0
T5	−0.28	6.84*	−2.23	−0.14	−0.15	0	−0.59	−0.05	−2.09	−0.29	0	−0.43	−0.48	0
T6	−0.33	2.04*	−2.62	−0.17	−0.18	0	0.8	17.02*	−2.45	−0.34	0	9.75*	−0.57	0
T9	0	0	0	0	0	0	0	0	0	0	0	0	0	0
T10	−1.19	−2.93	−9.36	−0.59	1.03	0	5.38*	−0.21	6.18*	1.4	0	8.95*	1.14	0
T11	−0.1	−0.41	−0.79	−0.05	−0.05	0	−0.21	−0.02	−0.74	9.79*	0	−0.15	−0.17	0
C1	−4.19	−16.93	51.68*	3.85*	−2.21	0	−8.37	−0.74	−30.66	−4.25	0	−6.27	−6.68	0
C2	−0.59	−2.43	7.44*	−0.29	−0.31	0	−1.23	−0.1	−4.32	−0.6	0	−0.88	−1	0
C3	0	0	0	0	0	0	0	0	0	0	0	0	0	0
C4	0.36	−0.08	−5.67	−0.42	1.83	0	17.45*	−0.15	−6.23	8.7*	0	−0.45	8*	0
C5	−0.97	−3.71	9.22*	−0.48	−0.51	0	4.84*	−0.17	−7.13	−0.99	0	−1.46	−1.66	0
C7	0	0	0	0	0	0	0	0	0	0	0	0	0	0

对 Z 分数大于 1.96 的行为序列进行筛选，绘制行为转换图，见图 2-18。

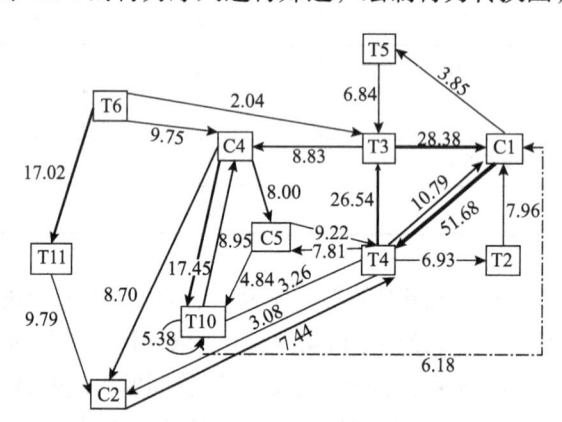

图 2-18 非"小学化"幼儿园师幼互动行为转换图

由图 2-18 可知，该幼儿园教师在开展数学集体教学活动时出现的行为序列中，最为显著的行为序列为 C1→T4（回答问题→扩展性理答），其次为 T3→C1（高认知水平提问→回答问题），再次为 T4→T3（扩展性理答→高认知水平提问）。

（六）非"小学化"幼儿园师幼互动连续行为序列摘取结果

将图 2-18 中的行为序列进行摘取，可得多个行为序列。

行为序列 1：教师高认知水平提问，幼儿回答问题。教师针对幼儿的回答进行扩展性理答，幼儿回答教师的追问。教师对幼儿的回答再次理答后再提出下一个高认知水平的问题。教师扩展性理答和幼儿回答问题出现 1 次或多次（图 2-19）。

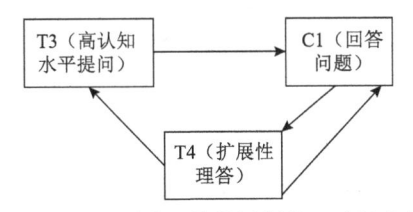

图 2-19 非"小学化"幼儿园师幼互动行为序列 1

行为序列 2：教师高认知水平提问，幼儿回答问题后，教师的行为存在以下情况：第一，教师进行扩展性理答，幼儿继续回答教师的问题，然后教师又进行终止性理答。第二，教师进行终止性理答，并提出下一个问题，幼儿回答问题，教师再进行扩展性理答或者终止性理答。（图 2-20）。

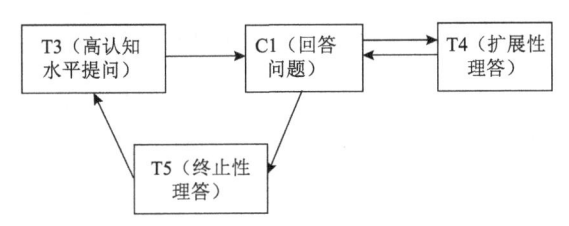

图 2-20 非"小学化"幼儿园师幼互动行为序列 2

行为序列 3：教师低认知水平提问，幼儿回答问题。教师对幼儿的话进行扩展性理答，幼儿回答教师的问题，此环节出现 1 次或多次。随后教师对幼儿的回答进行理答后，提出新的问题（图 2-21）。

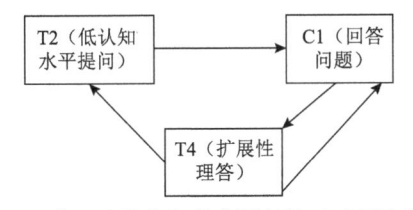

图 2-21 非"小学化"幼儿园师幼互动行为序列 3

行为序列 4：幼儿开始自由操作前，教师的行为存在两种情况。第一，教师向幼儿展示如何操作材料，即操作示范；第二，教师对幼儿接下来的操作提出要求或提出问题，即高认知水平提问。两种情况都是为了帮助幼儿在自由操作前明确此次操作的目的，更好地与操作材料互动，避免幼儿无目的地随意操作（图 2-22）。

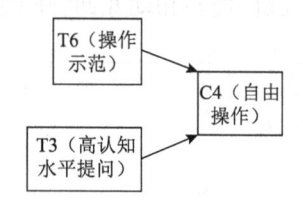

图 2-22　非"小学化"幼儿园师幼互动行为序列 4

行为序列 5：幼儿在两种情况下会主动提出问题。其一，在操作中，幼儿向教师提问，教师对幼儿的提问进行扩展性理答。其二，在教师扩展性理答后，幼儿回答问题，随后教师对幼儿的提问进行扩展性理答（图 2-23）。

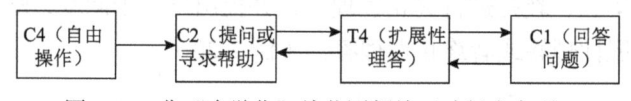

图 2-23　非"小学化"幼儿园师幼互动行为序列 5

行为序列 6：幼儿在自由操作结束后主动展示操作成果，教师对幼儿的展示进行扩展性理答，幼儿回答教师的问题后，教师再进行扩展性理答，从而又激发幼儿主动展示行为的发生。（图 2-24）。

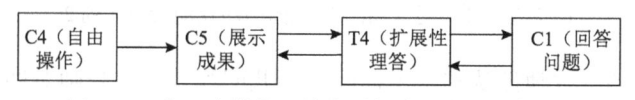

图 2-24　非"小学化"幼儿园师幼互动行为序列 6

行为序列 7：在操作过程中，幼儿向教师展示成果，教师高质量介入后，幼儿继续自由操作（图 2-25）。

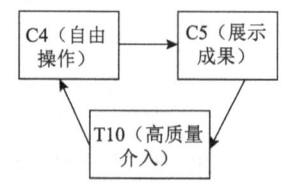

图 2-25　非"小学化"幼儿园师幼互动行为序列 7

行为序列 8：在自由操作过程中，教师高质量介入幼儿的操作，方式为向幼儿提问，幼儿回答教师的问题后，教师对幼儿的回答进行扩展性理答。也存在教师介入幼儿的操作后，幼儿无反应的情况，教师需要继续指导幼儿的操作（图 2-26）。

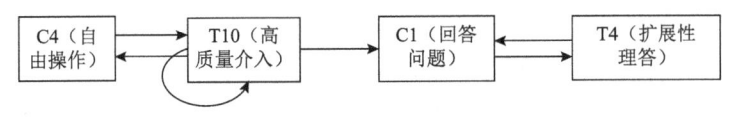

图 2-26　非"小学化"幼儿园师幼互动行为序列 8

行为序列 9：教师在开展活动中存在约束纪律的行为。该行为出现在教师操作示范结束后和幼儿提问或寻求帮助前。在教师约束纪律后，幼儿向教师提问或寻求帮助（图 2-27）。

图 2-27　非"小学化"幼儿园师幼互动行为序列 9

四、结论

（一）"小学化"幼儿园在数学集体教学活动中师幼互动行为的特征

1）教师开启的互动多于幼儿开启的互动。

2）幼儿对教师开启的互动积极回应，而教师对幼儿开启的互动往往消极对待。不论教师的提问是面向全体的还是个人的，幼儿都会积极回答教师的问题。但有的教师对于幼儿的主动提问却以无视作为回应。

3）约束纪律是"小学化"幼儿园教师组织、维持数学集体教学活动顺利进行的常用手段，共计出现 173 次，在教师出现的行为中居于前三位。教师在组织数学集体教学活动中会频繁地进行纪律约束，以保证幼儿注意力集中，让幼儿的思路跟着教师走。教师也方便对幼儿进行管理，更加顺畅地完成自己的教学任务。

4）"小学化"幼儿园教师采取低认知水平提问的方式，通过不断提问，让幼儿重复所学知识，巩固幼儿的记忆，做到熟记知识。幼儿回答教师的问题后，教师采用终止性理答的方式，对幼儿进行回应。

5）教师较少主动介入幼儿的作业练习，而是待幼儿完成后找教师。幼儿出现错误，教师直接指出错误，并要求幼儿改正，低质量介入的行为共出现 156 次。

6）在组织数学集体教学活动中，"小学化"幼儿园的组织形式一般为提问或寻求帮助（传授知识）—练习作业（巩固知识）—改正错误（检验掌握程度），幼儿较少有自己和操作材料进行互动的机会，幼儿自由操作的频次仅为6次。

（二）非"小学化"幼儿园在数学集体教学活动中师幼互动行为的特征

1）教师开启的互动事件多于幼儿开启的互动事件。

2）教师的提问行为贯穿整个教学活动，提问方式以高认知水平的提问为主（481次），低认知水平的提问较少（34次）。教师提问后，幼儿对教师的提问进行积极的回应。

3）幼儿回答问题后，教师对幼儿的回答进行扩展性理答，不断对幼儿的回答进行追问，幼儿对教师的追问再次回答，此行为序列常常会出现多次，直到教师认为幼儿对知识已有深入的思考并已经掌握后才会终止，继续提出下一个问题。

4）幼儿开始自由操作前，教师的行为存在两种情况：第一种情况，教师向幼儿展示材料如何操作；第二种情况，教师向幼儿提出操作要求与问题。上述两种情况，教师的目的是一致的，即帮助幼儿更好地与材料互动，使幼儿有目的地进行操作，以更好地实现教学目标。

5）幼儿在自由操作过程中，教师会出现介入幼儿操作的行为。教师在幼儿中间来回巡视，观察幼儿的操作，等待介入的机会。教师在介入时存在两种方式：第一，教师对幼儿的操作进行指导，随后幼儿根据教师的指导继续进行操作；第二，教师对幼儿的操作进行提问，幼儿回答教师的问题后，教师继续追问。教师的介入往往是高质量的（135次），并不是直接干预幼儿的操作，而是通过启发式的语言，帮助幼儿自己发现问题，或者帮助幼儿进行延伸，以更好地获得经验。

6）幼儿主动提问的行为出现在教师扩展性理答后以及自由操作过程中。教师对待幼儿的提问会积极回应，对其进行扩展性理答，通过不断地反问与追问帮助幼儿解决问题。

7）幼儿主动展示成果的行为出现在操作过程中向教师一人展示，以及操作结束后向教师及全班幼儿展示。向教师展示后，因为幼儿还在操作过程中，教师会介入幼儿的操作，询问幼儿，让幼儿用自己的语言回忆并描述操作过程，继而向幼儿提出更高的操作要求。向全班展示后，教师会对幼儿的展示进行扩展性理答，通过提问的方式，帮助幼儿解决操作中遇到的问题以及总结获得的经验。

8）在组织数学集体教学活动中，教师较少出现约束纪律的行为，仅有1次发生在教师操作示范之后，幼儿开始自由操作之前。教师约束纪律之后，幼儿专注于操作学习材料。

（三）"小学化"与非"小学化"数学集体教学活动中师幼互动行为的差异

1）非"小学化"幼儿园更多地倾向于采用高认知水平提问的方式，"小学化"幼儿园则倾向于采用低认知水平提问的方式。

2）在幼儿回答问题时，非"小学化"幼儿园的教师会对幼儿进行扩展性理答，"小学化"幼儿园的教师对幼儿更多的是进行终止性理答。

3）在幼儿自由操作或写练习作业时，非"小学化"幼儿园的教师对幼儿进行高质量介入，"小学化"幼儿园的教师对幼儿的指导更多的是低质量介入。

4）在约束纪律方面，"小学化"幼儿园的教师较非"小学化"幼儿园的教师更多地对幼儿进行纪律约束。

5）在幼儿进行成果展示（给老师判作业）时，"小学化"幼儿园的幼儿主动展示的次数显著高于非"小学化"幼儿园的幼儿。

五、讨论

（一）不同质量的师幼互动对儿童学习产生不同的影响

有效的师幼互动可以促进幼儿良好学习品质的形成。高质量的师幼互动不仅对幼儿当前的学业产生影响，还会对幼儿的未来发展产生影响。幼儿获得的师幼互动的体验可以在一定程度上预测其后续的学习成绩。但"小学化"幼儿园数学集体教学活动中的师幼互动呈现出强调知识学习、学习内容片面、聚焦数的概念、教师高度控制幼儿、幼儿主体地位无体现、组织形式单一、低质量提问占主体、低质量介入、忽视幼儿体验等特点。因此，在数学集体教学活动中，幼儿教师在与幼儿的互动应时刻注意体现幼儿的主体地位，引导幼儿自主自发地获得数学核心经验，培养学习品质，为幼儿的发展奠定坚实基础。

（二）影响师幼互动质量的因素探析

1. 教师的自身素质

（1）职业认同感

职业认同感是指教师对自己职业的角色期待和实际表现之间的认可程度。[1]教

---

[1] 魏淑华. 教师职业认同与教师专业发展[D]. 曲阜：曲阜师范大学，2005.

师对自己职业的认同会影响其职业发展目标和对待工作的态度，进而间接影响师幼互动质量和教学质量。职业认同感高的教师会认为自己的职业生活虽然繁杂但十分有成就感，"是让人幸福感很强的工作"（非"小学化"幼儿园，A教师）。教师会在工作中更加具有主动性，自觉促进自己的专业发展，在教学过程中也会更加关注教学的效果和质量。相反，研究表明，教师的职业认同感与教师的职业倦怠具有显著的负向预测关系。例如"小学化"幼儿园的教师谈到自己的工作时，常会提到"感觉不太好""不知道怎么坚持下来的""现在也不是特别想干这个了"等，教师更多的是将自己的工作视为谋生的手段。教师的主动性和创造性大大降低，工作无成就感，不会在教学中考虑如何提高教学质量等问题。因此，教师的职业认同感会间接地影响师幼互动质量。

（2）教师对师幼互动的认识直接影响师幼互动

在观察和访谈中，研究者发现"小学化"幼儿园教师对于师幼互动并未给予足够的重视，仅认为师幼互动就是简单的教师提问、幼儿回答。师幼互动是为了让幼儿的思路跟着教师走，为了保证教育活动顺利进行。

>访谈者：那您觉得什么是师幼互动呢？
>D教师：老师提问，孩子们回答就行了。
>访谈者：那您觉得怎样的师幼互动算是一种比较好的师幼互动呢？
>D教师：可能刚开始的时候先来一点儿小律动，这样做比较能够带动孩子。然后就是那个互动，比如说题啊或者小游戏啊，他们都很感兴趣。如果不能吸引他们，他们跟不上我，就肯定不是特别好。

基于此种认识的教师把师幼互动视作教学活动开始之前对幼儿的引导，或者是为了让幼儿跟上教师的教学节奏，她们并不认为师幼互动是整个教学活动中教师和幼儿和谐的互动过程。因此在与幼儿互动中，她们仍是对幼儿进行单向把控，教师过多地关注自己的主导地位而忽视幼儿学习的主体地位。

2. 幼儿园的因素

幼儿园文化是幼儿园的精神所在，包括幼儿园的优良传统、园风、人际关系、价值观念、思维方式、行为习惯等，是幼儿园可持续发展的内在驱动力。[①]幼儿园的文化氛围对幼儿教师的专业发展具有重要影响。支持型、研究型的文化氛围可以提升幼儿园教师的专业认同感，激发教师的工作潜能，调动教师工作的积极性，

---

① 孙慧. 试论幼儿园文化与发展性管理[J]. 西北成人教育学报，2004（4）：77-79.

而严肃的、无支持的文化氛围则会降低教师的能动性。[①]通过访谈我们发现，非"小学化"幼儿园非常注重对教师的支持，园本教研活动开展得有序扎实，幼儿园教师有一定的自主权。但是"小学化"幼儿园几乎没有营造出教师学习、研讨的氛围，存在规范化、死板化的要求，教师在高控之下工作，小心翼翼、墨守成规，逐渐丧失工作热情，丧失了反思自己教育行为的意识和能力。

3. 家长的因素

在以幼儿为主体的生态系统中，家长与教师同为微观系统的重要组成，共同对幼儿的发展产生影响。家长的行为对教师也会产生影响，进而间接影响教师和幼儿的互动。

通过访谈可知，"小学化"幼儿园的家长会要求幼儿园提前教授小学化的内容，不然担心自己孩子上小学之后会跟不上。为了保证生源不流失，"小学化"幼儿园只能尽量迎合家长的需求，无法将正确的教育理念传递给家长，无法在教学过程中面向幼儿开展真正有效的教育。而非"小学化"幼儿园则经常开设父母课堂，向家长传递专业的教育知识。例如，幼儿教师向家长展示幼儿数学学习行为的视频，结合幼儿具体的学习过程向家长传递正确的数学教育理念。家长通过培训对幼儿教师给予更多的信任，只有这样，在工作中幼儿教师才能发挥更多的主动性。

六、教育建议

（一）幼儿园创设终身学习的文化氛围，促进教师专业成长

幼儿园的文化氛围对于增强幼儿园教师的凝聚力，带动其共同发展具有重要意义。首先，幼儿园管理层要从思想上切实认识到幼儿教师专业发展对于幼儿以及幼儿园自身发展的重要性，并采取积极措施激发教师工作热情，促使其提高教学技能，在幼儿园内营造终身学习的文化氛围。其次，为教师提供更多听讲座、参加教研活动等的机会，对教研过程及其结果给予适时指导与评价，对活动提供多方支持。最后，建立幼儿教师学习共同体，树立合作意识，培养团队精神，幼儿教师之间共同学习、相互促进。

---

① Talmor R, Reiter S, Feigin N. Factors relating to regular education teacher burnout in inclusive education[J]. European Journal of Special Needs Education, 2005, 20(2): 215-229.

（二）完善管理制度，营造和谐氛围

在访谈中，教师提出自己的工作是一份"高强度"的工作。教师在繁重的日常工作之余，还要应对幼儿园的各种要求，教师分身乏术，容易出现职业倦怠现象。如果幼儿园在管理制度上存在刻板化、标准化的现象，那么不仅会使教师无法专注于幼儿发展，还会打击了教师教学的积极性和主动性，使得教师疲于应付、倦怠教学，在一定程度上会影响师幼互动的质量。幼儿园要改进教师绩效考核形式。制定合理的考核标准就要做到除考虑教师出勤、班级幼儿出勤、工龄等因素外，还要考虑幼儿教师的教学质量、师德等方面，做到既重结果也重过程。

（三）加强家园共育，注重主体平等

家园共育对幼儿发展的作用日益受到学前教育工作者的重视。家园共育可以保证幼儿在家庭和幼儿园中的学习保持一致性与互补性。

首先，幼儿教师和家长都应转变对对方的认识。教师和家长并不是对立面，双方拥有共同的目标，即希望幼儿身心获得健康发展。现在存在的问题是，"小学化"幼儿园教师认为家长就是在监督自己的工作，给自己"挑刺"，家长对幼儿教师持不信任的态度导致家园共育陷入困境。教师和家长的合作交流是一种特殊的人际交流，教师对孩子的关爱是双方良好关系形成的关键。

其次，幼儿园要担负起家长教育的责任。2021年10月颁布的《中华人民共和国家庭教育促进法》提出，中小学校、幼儿园可以采取建立家长学校等方式，针对不同年龄段未成年人的特点，定期组织公益性家庭教育指导服务和实践活动。通过访谈我们得知，非"小学化"幼儿园会对家长开展有关幼小衔接知识的培训，形式可分为家长会、专项讲座、宣传栏、家长进课堂等。培训的内容包括学习习惯的衔接、生活习惯的衔接、社会交往能力的衔接、知识的衔接等。其中，家长进课堂活动的开展可以让家长切实感受幼儿在园内的学习与生活，关注幼儿的成长，从而更好地了解幼小衔接知识。"小学化"幼儿园也应该考虑开展家长进课堂系列活动。

第三章 "小学化"不同利益相关者的诉求、冲突与协调

在教育改革的推动下,幼儿园"小学化"问题受到关注。自 2010 年起,研究学前教育"小学化"现象的文献增多,以硕博论文为主。本章以硕博论文为样本,分析我国学前教育"小学化"研究现状。筛选 2010—2020 年中国知网 120 篇相关论文,经过反复阅读和协商,剔除研究对象为"小学生""小学化"等内容不翔实的文章,最终确定 108 篇硕博论文为研究对象,分析年度、地区、方法等,并借鉴利益相关者理论呈现研究成果。

第一节 客观基本项的结果与分析

一、10 年来学前教育"小学化"论文年份走势

如图 3-1 所示,学前教育"小学化"方面的研究呈总体增长趋势,并呈现出三段增长期,2017 年文章数量超过了之前的最高值,这可能与《国家教育事业发展"十三五"规划》的实施有关。2020 年又一次呈现快速增长势头,这可能与学

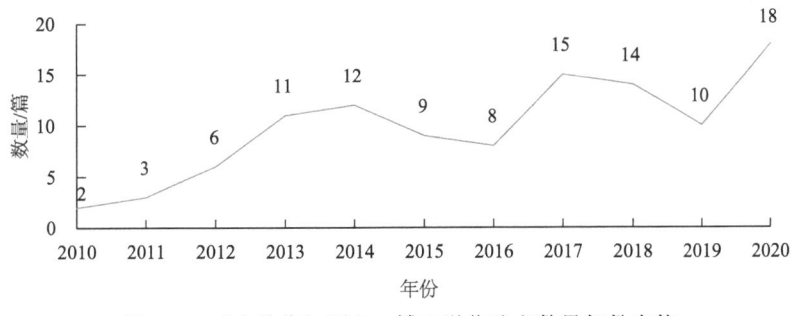

图 3-1 "小学化"硕士、博士学位论文数量年份走势

前教育深化改革时开展幼儿园"小学化"专项治理有关。2020年，研究学前教育"小学化"的硕士、博士学位论文就达18篇，是2010年的9倍。其中2013—2019年，学位论文数量较平稳地保持在每年11篇左右，7年累计共79篇。

二、"小学化"硕士、博士学位论文的校别与省域分析

研究者对2010—2020年的发文量按照校别进行排序，如图3-2所示。影响各校发文数量的原因大致可分为两种情况：第一，与导师的研究方向和课题密切相关。如对学前教育"小学化"方面的研究最多的是湖南师范大学，2013—2020年"小学化"论文数量高达8篇。其中，有6篇文献都是由湖南师范大学杨莉君教授指导的，杨莉君教授曾在2008—2011年主持全国教育科学规划"十一五"教育部重点课题"中部地区农村幼儿教育事业发展的现状及对策研究"，并在2017—2020年主持国家社科基金教育学一般项目"精准扶教：中西部贫困农村学前教育质量保障研究"。这两个课题均以农村幼儿园为研究场域，因此对"小学化"现象给予了必要关注。第二，与各校的研究传统相关。如东北师范大学的盖笑松和张向葵等从2005年开始就发表了《儿童入学准备状态的理论模型与干预途径》《教师关于儿童入学准备的观念》等关于"入学准备"方面的论文。

从发文量的省域分布来看，河北和辽宁所占比例相对较高，河北"小学化"论文的发文量主要来自河北师范大学和河北大学（图3-2）。辽宁的辽宁师范大学、渤海大学和沈阳师范大学对该现象也比较关注（图3-3）。上海、江苏、浙江等经济较发达地区关于"小学化"的论文发文相对较少。

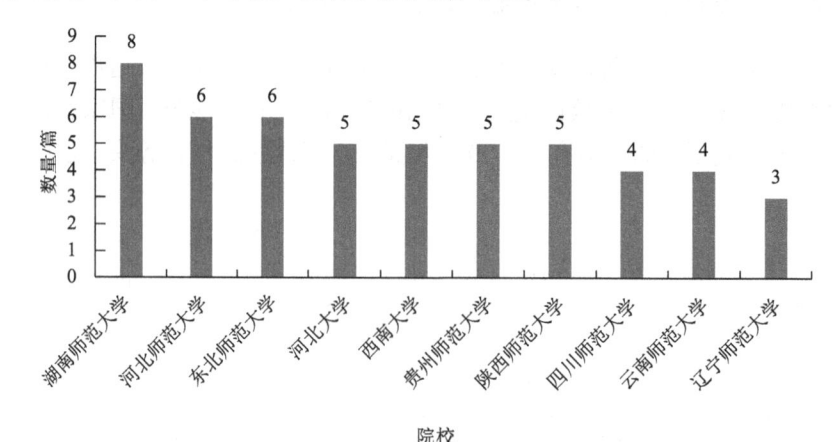

图3-2 "小学化"论文按校别发文数量统计

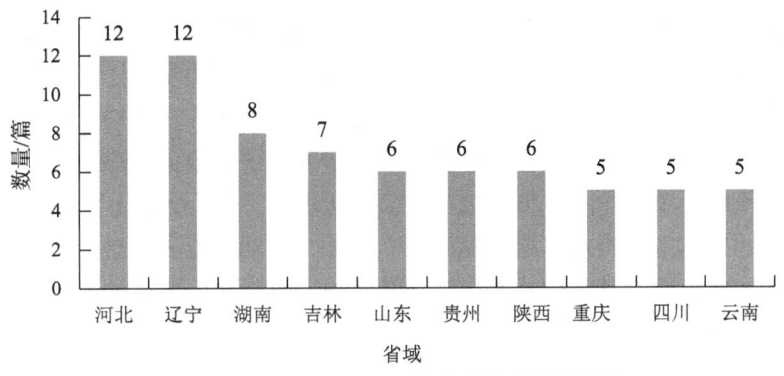

图 3-3　"小学化"论文按省域发文数量统计

三、"小学化"论文的关键词的时序分布

笔者以 2010—2020 年为时间单位，以 2 年为时间切片，生成关键词时序图谱（图 3-47）。对于"小学化"问题的研究，不同时期的关注点有所不同。"小学化"硕士、博士学位论文的演变大致可以分成"现象诊断—原因探索—问题解决"三个阶段。

2010—2013 年，研究者主要聚焦"学前教育""幼儿园教育""小学化""农村学前教育""幼儿园课程"等关键词，该阶段重在对出现"小学化"这一现象的领域进行诊断研究，重在关注"什么是小学化，其表现在哪些方面"。从图 3-4 可以看出，研究对象多为课程、兴趣班、农村、留守儿童等。2014—2019 年为原

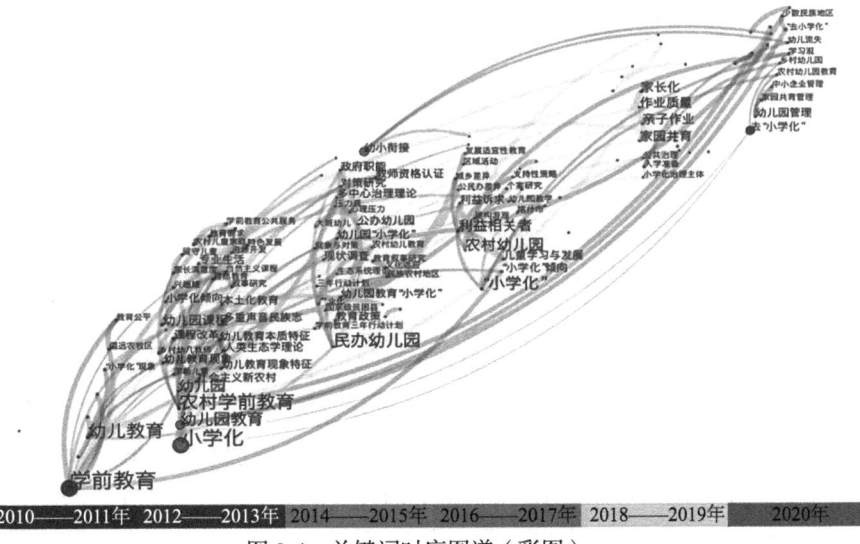

图 3-4　关键词时序图谱（彩图）

因探索阶段，"民办幼儿园""幼小衔接""利益相关者""亲子作业""家园共育"等成为出现频率较高的关键词。该阶段在选择"小学化"现象较严重领域的基础上，开始探索"为什么会出现小学化"这一问题，并从幼儿园、政府、教师、幼儿、家长等不同利益相关者角度切入研究，该阶段为解决"小学化"问题所提出的策略还较零散。2020年之后，第一次出现"去'小学化'"这一关键词，研究的问题也越来越聚焦、越来越深入。比如，"幼儿流失"这一现象从表面看是人员的横向流动，其实质是家长对幼儿学习"小学化"内容的追求。该阶段处于"问题解决"的起始阶段，"管理""观念"成为新的研究点。

综上，对于"小学化"问题的研究呈现出"模糊—聚焦、表浅—深层次"的趋势，未来的研究必将更深入。

四、研究方法的分析

基于对108篇学位论文的反复分析，笔者将研究方法分为以下四类：思辨法、文献法、质的方法和混合方法。

由图3-5可见，在108篇硕博学位论文中，55篇（50.9%）运用了混合方法，49篇（45.3%）运用了质的方法，文献法和思辨法运用得较少，分别为3篇和1篇。

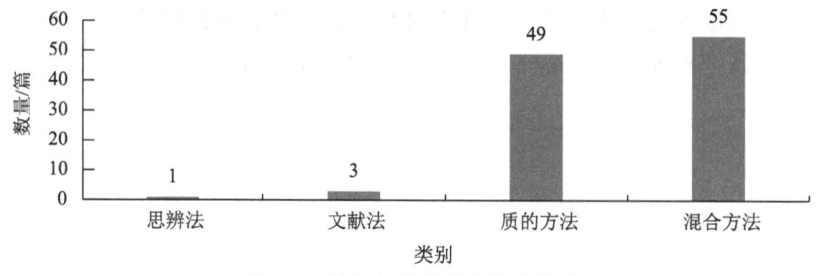

图3-5 研究方法的总体频次分布

从研究方法的年度分布状况（图3-6）来看，不同年份在研究方法的运用上是有差别的。在2010年起始阶段，最开始使用的是思辨法和质的方法，之后质的方法和混合方法的使用呈总体上升趋势，思辨法则不再被大量使用。2011—2013年，使用混合方法的数量急剧增长，超过质的方法达到初始峰点。2013—2020年，混合方法使用总体呈"W"形趋势，两次低峰分别是2016年和2019年，同时也有两次高峰，在2017年和2020年均达到10篇。质的方法总体呈现"M"形趋势，两次高峰分别是2014年和2018年，最高时达9篇。文献法在2013年出现小幅上升后趋于0，直至2020年出现1篇。

在对"小学化"这一复杂的社会现象研究过程中,质的方法发挥了重要作用。因为"小学化"牵涉各个层面的教育问题,具有复杂性。质的方法能将"小学化"这一复杂的现象生动深刻地反映出来。在这类研究中,田野调查法、访谈法、观察法、实物分析法等质的方法被较多运用。

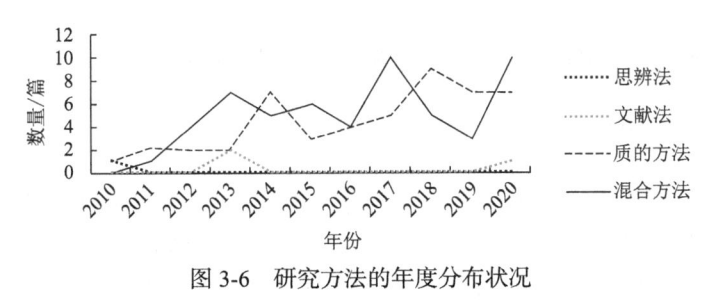

图 3-6　研究方法的年度分布状况

第二节　"小学化"利益相关者的诉求

一、学前教育"小学化"利益主体

"小学化"的利益相关者主要有六类群体:家长、幼儿园、小学、校外培训机构、政府、幼儿。按照其对"小学化"影响力的大小,我们把利益相关者划分为三类。

1）直接利益相关者,包括幼儿、幼儿园及校外培训机构。其中,幼儿是受教育者,是"小学化"的被施策者,这一群体的表现最能直观反映他们在"小学化"环境下所发生的改变。而幼儿园与校外培训机构直接对受教育者产生影响,是影响学前教育"小学化"问题的重要因素。幼儿园的"小学化"主要在教育执行者（幼儿教师）、教育管理者（园长）及教育环境（资金、课程与教材等）等方面体现出来。校外培训机构的"小学化"是为满足顾客的需求,将"包装"后的"知识"直接作用于幼儿,具体表现为教育理念、教育内容、教育方式等方面的"小学化"。

2）间接利益相关者,包括家长和小学。他们对教育的要求是衍生性的,对"小学化"会产生间接影响,但并不负直接责任。作为利益相关者主体,他们都对幼儿有着不同的期待与要求,这些期待与要求通过幼儿园或培训机构间接地作用于幼儿。因此,对"小学化"问题不能置身事外。

3）外部利益相关者,政府是典型代表。政府是学前教育公平和社会正义的"第一责任人",推进教育公平、凸显教育公益性是政府的基本职责,也是其最核心的教育职能。对于"小学化"现象,政府多扮演监管与服务的角色,其责任为外部强加型的。虽然政府对"小学化"问题的产生有一定责任,但对有效缓解幼儿园、校外培训机构、家长、小学等不同利益主体间的冲突是最具影响力的。

二、学前教育"小学化"利益相关者的利益诉求

(一)家长的利益诉求

家长的利益诉求主要表现为望子成龙、望女成凤,希望孩子获得优质教育资源,于是家长在幼小衔接阶段更关注孩子知识层面的获得,他们往往违背幼儿身心发展规律,忽视学习品质的培养、学习方式的衔接等,更多地重视知识的衔接,进而要求幼儿园教授小学知识,推动了幼儿园的"小学化"。此外,家长对经济回报的需要也在一定程度上推动了幼儿园的"小学化"。

1. 望子成龙、望女成凤

从长远的角度看,有"小学化"倾向的家长往往希望自己的孩子长大以后获取高学历,找到一份好工作。[1][2][3][4][5]这在农村家长的身上表现得更为明显。在农村,部分幼儿的家长由于吃了小时候没有好好学习的亏,在找工作时不具有优势,因此他们非常渴望孩子能够通过好好学习,长大后找到一份比较满意的工作。[6][7]而有些家长在潜意识中认为,孩子进入一所好的小学才能升入好的初中,从而考取好的高中,随后更可能考取好的大学,因此家长期望孩子在小学甚至幼儿园就获取到优质的教育资源。[8][9]

2. 知识层面的获得

为了孩子上一年级时获取优势,具有"小学化"倾向的家长更关注自己的孩子在幼小衔接阶段所获取的知识量,具体涉及珠心算、拼音、计算题和诗词背诵

---

[1] 毕钰婷. 幼儿园"教育过度"的问题研究[D]. 曲阜:曲阜师范大学,2010.
[2] 李灵燕. 幼儿园大班数学教育"小学化"的现状与对策研究:以某县县城三所幼儿园为例[D]. 石家庄:河北师范大学,2015.
[3] 李瑞竹. 民办幼儿园课程小学化倾向及其对策研究[D]. 锦州:渤海大学,2016.
[4] 刘晓杰. 承德市民办幼儿园数学教育"小学化"现象、成因及对策研究[D]. 石家庄:河北师范大学,2017.
[5] 张媛. 农村小学附属幼儿园"小学化"研究:基于贵州省Q村的田野调查[D]. 贵阳:贵州师范大学,2019.
[6] 孔繁萌. 农村幼儿园开展建构游戏支持性策略的研究:以宜宾市农村幼儿园为例[D]. 成都:四川师范大学,2017.
[7] 樊立群. 乡村幼儿教师专业生活的田野调查:以粤北地区R村为例[D]. 广州:广州大学,2019.
[8] 刘凤辉. 家长的教育理念对幼儿园教育小学化倾向影响的研究[D]. 长沙:湖南师范大学,2018.
[9] 卢乾. 民办幼儿园小学化治理主体研究[D]. 贵阳:贵州师范大学,2019.

等方面。[1][2][3][4][5][6]家长主要通过择园和对幼儿教师提要求两种途径来实现自己的利益诉求。在择园方面，由于公立幼儿园教的小学知识较少，所以公立幼儿园中一些大班幼儿家长会让幼儿转入私立幼儿园等幼小衔接机构进行学习，公立幼儿园出现了一定程度的"幼儿流失"现象。[7]在对幼儿教师的要求方面，家长会向幼儿教师提出教授孩子小学知识这一诉求，这在农村家长中表现得尤为明显。欧小玉在《农村小学附属幼儿园教师小学化困境的个案研究》一文中指出，有家长通过语言和非语言的表达，要求教师进行小学知识的教授。比如，直接向教师们提出"小学化"要求；询问教师回家作业是什么；要求幼儿教师批改家中做的关于小学知识的练习等。[8]

3. 经济回报

对于经济欠发达地区的家长来说，幼儿园的学费对他们来说是有一定压力的，因此一些家长有着经济回报这一诉求。高桂梅指出，有家长单纯地认为"交了钱了，幼儿园就有必要教会孩子知识，不能浪费钱""小学要求我们必须送幼儿园，那就送嘛，收我们那么多钱就该教出成果，不然我在家也能教"。[9]朱剑英通过访谈发现，不愿把孩子送到幼儿园的农村家长普遍认为，"花钱送孩子到幼儿园还不是希望能认几个字、读几本书，为将来打基础嘛。不然就没有意义了"。这类家长认为自己在幼儿园投入了资金，就需要幼儿园提供"相应"的服务。[10]

（二）幼儿园的利益诉求

目前，幼儿园的利益诉求主要表现为以下两个方面：第一，抢夺生源，获得生存与发展的机会；第二，名利双收，最大限度地获取利益。不同类型的幼儿园及幼儿园的不同发展阶段有着不同的利益诉求，为满足这些利益诉求，部分幼儿园开始采取"小学化"的竞争方式，短期内获得了一些利益，但同时也加剧了"小

---

[1] 毕钰婷. 幼儿园"教育过度"的问题研究[D]. 曲阜：曲阜师范大学，2010.
[2] 李静. 政府主导农村学前教育发展的路径探析[D]. 延安：延安大学，2013.
[3] 李少梅. 政府主导下的我国农村学前教育发展研究[D]. 西安：陕西师范大学，2013.
[4] 王廷廷. "镣铐"下的孩子：多重视角下的公办幼儿园教育"小学化"倾向[D]. 兰州：西北师范大学，2013.
[5] 郭丽娜. 农村幼小衔接工作的现状、问题及对策：以行唐县为例[D]. 石家庄：河北师范大学，2015.
[6] 陈艺依. 大同村级公办幼儿园发展的问题与对策研究：基于幼儿园内部视角分析[D]. 锦州：渤海大学，2018.
[7] 汪金. 幼儿园大班"幼儿流失"现状及原因研究[D]. 沈阳：沈阳师范大学，2019.
[8] 欧小玉. 农村小学附属幼儿园教师小学化困境的个案研究[D]. 成都：四川师范大学，2018.
[9] 高桂梅. 农村幼儿教育中"小学化"现象研究：对Y镇幼儿教育"小学化"现象的考察[D]. 昆明：云南师范大学，2011.
[10] 朱剑英. 农村幼儿园"小学化"的利益相关者研究[D]. 重庆：西南大学，2017.

学化"现象。

1. 开设小学课程，以抢夺生源，促进幼儿园生存与发展

近十年来，随着办学体制的改革，幼儿园日益呈现多元化发展趋势。我国也随之加强了对社会资本进入幼儿园的管控，截至 2020 年，虽然我国私立幼儿园占幼儿园总数的比例在逐年下降，但仍超过六成，私立幼儿园是我国学前教育的重要组成部分[1]，而这一庞大且复杂的利益相关群体被认为是"小学化"的重灾区。较多研究表明，"先生存，后发展"是其遵循的路径发展模式，因为较多私立幼儿园需要自负盈亏。因此发展阶段与管理模式不同，其利益诉求也就不同。

对处于生存阶段的幼儿园来说，生源即生存的本钱。因此在生存压力下，受利益驱使，它们不得不顺应"市场"的需求，推出一系列"特色课程"，以求在这场生存战中争夺更多生源，教授小学化知识甚至成为一种生存技能。[2][3][4][5][6][7][8]而处于发展阶段的幼儿园，多以赚取更多利润为价值取向，他们更关注于潜藏在学前教育市场中的巨大商机，从而顺应市场要求，开设各种"小学化"的课程，并设置各种兴趣班来达到赚钱的目的。[9][10][11]这在一定程度上助长了"小学化"，不利于幼儿科学幼小衔接，同时也对公立幼儿园的办学造成了一定压力。[12]

此外，农村幼儿园的"小学化"现状也令人担忧，存在资金缺乏、师资落后、硬件设施不足等一系列问题，使它们不得不依附于"小学化"才能够生存[13]，长此以往，终究会沦为小学的附庸。同样地，部分农村幼儿园也面临着生源问题，为防止幼儿流失到其他幼儿园，部分幼儿园直接取消寒暑假制度，放弃原有的教育立场，教授拼音、识字、算术等，这一恶性循环使"小学化"

---

[1] 2020 年全国教育事业发展统计公报[EB/OL].（2021-08-27）[2024-05-17]. http://www.moe.gov.cn/jyb_sjzl/sjzl_fztjgb/202108/t20210827_555004.html.
[2] 梁丽鸿. 幼儿园教育与小学教育的衔接问题及策略研究[D]. 武汉：湖北大学，2016.
[3] 吕美函. 民办幼儿园大班数学课程实施的个案研究[D]. 哈尔滨：哈尔滨师范大学，2016.
[4] 宋丽芳. 幼儿园教育小学化话语分析[D]. 开封：河南大学，2018.
[5] 郭丽娜. 农村幼小衔接工作的现状、问题及对策：以行唐县为例[D]. 石家庄：河北师范大学，2015.
[6] 赵裕如. 喀什市学前教育"小学化"问题研究：基于生态系统理论的视角[D]. 喀什：喀什大学，2017.
[7] 朱剑英. 农村幼儿园"小学化"的利益相关者研究[D]. 重庆：西南大学，2017.
[8] 李灵燕. 幼儿园大班数学教育"小学化"的现状与对策研究：以某县县城三所幼儿园为例[D]. 石家庄：河北师范大学，2015.
[9] 尧莹莹. 幼儿园教育小学化倾向的现状分析与对策研究：以河南省XX县为例[D]. 开封：河南师范大学，2017.
[10] 卢乾. 民办幼儿园小学化治理主体研究[D]. 贵阳：贵州师范大学，2019.
[11] 陈珊. 幼儿园管理视角下农村幼儿园教育"小学化"问题研究[D]. 贵阳：贵州师范大学，2020.
[12] 王立嘉. 从"教育即生活"到"活教育"：杜威对中国幼教事业影响的研究[D]. 大庆：东北石油大学，2020.
[13] 唐婉贞. 农村小学附属幼儿园教育"小学化"现状研究：以贵州省J县三所幼儿园为例[D]. 贵阳：贵州师范大学，2018.

成为一种常态。[1]

2. 向小学靠拢，吸引生源

越来越多的幼儿园发现只要积极向小学靠拢，就可以"名利双收"。因此，部分幼儿园与小学形成"捆绑式销售"，以吸引生源，得到小学的认可。具体表现为在幼儿园开设相关科目教学，甚至有些幼儿园从小班就开始大量地进行知识传授。[2][3]因为他们认为，幼儿获得优秀的成绩可以作为幼儿园的"办园成绩"，帮助他们打造品牌，赢得声誉，从而吸引更多生源，最大限度地获取更多利益。[4][5][6]此外，小学附属学前班作为与小学形成"捆绑式销售"的特殊群体，引起了研究者的关注。目前，开办小学附属学前班仍是解决农村学前教育资源短缺问题的一大途径，但学前班的管理者多由非学前教育专业人员担任，加之幼儿园设立在小学里，成为"小学化"现象最严重的区域之一。有研究者指出，管理者会有意识地使用小学教材进行教学，甚至直接套用管理中小学的方式来安排幼儿园的作息时间，以便"让幼儿更好地适应小学生活"，也有教师将"把课本上的知识讲完，让他们上小学的时候不要太吃力"作为教育目标。[7][8]由此可见，有些幼儿园在发展过程中更多地将经济价值与社会价值作为导向，力求以教授"小学化"知识来抢夺生源、获得名誉与利润，而忽视了最应坚守的教育价值取向，从而形成了错误的幼小衔接观，加剧了幼儿园的"小学化"现象。

（三）教师的利益诉求

幼儿教师与小学教师都是幼小过渡的重要衔接者，两者虽然处在不同的教育体制之下，但有着共同或类似的利益诉求，主要体现为：福利待遇好、工作压力小，以及考核省力、教学方便。

1. 福利待遇好、工作压力小

毕钰婷在对幼儿园"教育过度"问题的研究中，对私立幼儿教师师资缺乏的

---

[1] 张妮妮. 在耕耘中守望：乡村幼儿教师专业生活的叙事研究[D]. 长春：东北师范大学，2012.
[2] 黄燕榕. 幼儿园教育"小学化"倾向个案研究：以福州地区 A 私立园为例[D]. 福州：福建师范大学，2012.
[3] 吴琼. 幼儿园教育小学化的调查研究：以大连开发区为例[D]. 大连：辽宁师范大学，2011.
[4] 毕钰婷. 幼儿园"教育过度"的问题研究[D]. 曲阜：曲阜师范大学，2010.
[5] 刘晓杰. 承德市民办幼儿园数学教育"小学化"现象、成因及对策研究[D]. 石家庄：河北师范大学，2017.
[6] 张媛. 农村小学附属幼儿园"小学化"研究：基于贵州省 Q 村的田野调查[D]. 贵阳：贵州师范大学，2019.
[7] 罗喆. 乡镇中心幼儿园教学活动情况调查研究：以四川省荥经县为例[D]. 西安：陕西师范大学，2016.
[8] 哈斯其其格. 教育公平视角下内蒙古中东部偏远农牧区学前教育的调查研究[D]. 呼和浩特：内蒙古师范大学，2011.

原因进行分析，指出教师福利待遇低是私立幼儿园吸引不到高素质、业务熟练教师的主要原因。[1]此外，与公立幼儿园相比，私立幼儿园的幼儿教师工作压力更大、工作内容更繁杂，除了要处理家庭琐事外，还要承担教学、招生等任务，因此更易出现职业倦怠，[2]这可能是私立幼儿园师资流动大的原因之一。陈珊将幼儿教师视为具体教育服务的提供者、以劳动换取物质回报和精神回报的个体。她认为，教师所获取的回报与付出的劳动不平等时，工作积极性会受到影响。[3]由此可见，幼儿教师更趋向于选择福利待遇好、工作压力小的公立幼儿园。私立幼儿园则很难招到专业、优秀且一直坚守的幼儿教师。

2. 考核省力、教学方便

建立合理的考核机制也是教师利益诉求的一部分。赵裕如在调查中发现，班级间的学业评比给幼儿教师带来很大压力，为应对评比，有的教师会在评比前通过知识灌输的方式对幼儿进行突击练习，以便使其取得较好的成绩。[4]陈薇通过访谈指出，有些幼儿教师缺乏课程决策权，在课程设置上，他们通常会忠实于教研组长依据教材制订的教学计划，造成"考核什么就教什么"的"小学化"现象。[5]此外，转岗教师作为特殊的群体，也成为"小学化"领域关注的焦点。有研究指出，部分转岗教师在编制管理系统中的身份与自身的实际身份不符，有些幼儿教师实为小学编制，在小学的网培课程中耗费了大量的时间与精力，遗失了学前教育专业理论提升的机会，因此在考核时并不省力。[6]

教学方便是小学教师与幼儿教师共同的利益诉求。朱剑英指出，小学教师尤其是带过很多轮毕业班的老教师更倾向于实施"小学化"教育，因为幼儿在具备一定的读写算基础后，教学就轻松很多。[7]宋丽芳指出，幼儿园在去"小学化"以后，幼儿教师除了正常的集体教学活动外，还要组织幼儿进行室内和户外游戏，相比之下，幼儿教师更倾向于让幼儿坐在那里写字，以减轻教学负担。[8]综上，"小学化"的教学方式对幼儿教师与小学教师都是省力的。但是在进行学业评比、无课程决策权、考核与平时所学不一致等方面对教师来说还存在较大压力。

---

[1] 毕钰婷. 幼儿园"教育过度"的问题研究[D]. 曲阜：曲阜师范大学，2010.
[2] 吕美函. 民办幼儿园大班数学课程实施的个案研究[D]. 哈尔滨：哈尔滨师范大学，2016.
[3] 陈珊. 幼儿园管理视角下农村幼儿教育"小学化"问题研究[D]. 贵阳：贵州师范大学，2020.
[4] 赵裕如. 喀什市学前教育"小学化"问题研究：基于生态系统理论的视角[D]. 喀什：喀什大学，2017.
[5] 陈薇. 山东省幼儿园教材中数学活动方案的实践研究[D]. 济南：山东师范大学，2020.
[6] 谢哲. 幼儿园转岗教师专业发展的叙事研究：以某乡镇中心小学附属幼儿园教师为例[D]. 西安：陕西师范大学，2017.
[7] 朱剑英. 农村幼儿园"小学化"的利益相关者研究[D]. 重庆：西南大学，2017.
[8] 宋丽芳. 幼儿园教育小学化话语分析[D]. 开封：河南大学，2018.

（四）小学的利益诉求

小学的利益诉求主要着眼于小学的长远发展，具体表现为完成教学指标。

小学教育与学前教育虽都属于基础教育的重要组成部分，但也有着明显的差别。在幼儿园阶段，游戏是幼儿获取经验的基本活动方式，而一旦进入小学，他们就有了明确的学习目标与计划。在高桂梅的研究中，有些小学校长主张采取与幼儿园"捆绑式销售"的衔接策略：一方面，通过有针对性的培养和训练可获得质量较高的生源；另一方面，让幼儿提前了解校规校纪和小学教学模式，可帮助幼儿跟得上年级教学进度，最终提高小升初的升学率。①朱剑英在其研究中了解到，学校会根据学生的平均分来考评小学教师的教学质量。②因此，小学老师非常注重自己是否能够顺利完成教学任务指标。张斌在对江平镇幼儿教育"小学化"问题的研究中也说明了这一点。他指出，学校会通过考试来比较进度指标完成情况，这无疑给教师施加了完成进度指标的压力。③

（五）校外培训机构的利益诉求

有研究者指出，校外培训机构较为突出的利益诉求是获取利益。宋丽芳认为，在去"小学化"的背景下，幼儿园不能"小学化"，而家长又对"小学化"课程有较大需求，校外培训机构应家长所需，应运而生，实施"小学化"教育，从中谋取利益。④谢欣荷对某知名校外培训机构进行研究时发现，该机构的利益诉求体现为迎合家长需求，卖出更多的课程，从而获取更多的利益。⑤校外培训机构贩卖焦虑，影响幼小科学衔接。肖鲜通过访谈发现，部分校外培训机构会要求家长将孩子的培训情况发到朋友圈，从而奖励课时或抵扣学费，没有参加校外培训机构的家长由于通过朋友圈了解到其他孩子在接受校外培训，为求心安盲目从众，加入提前学习知识的行列。⑥校外培训机构在幼小衔接中扮演着重要角色，但研究者在研究幼小衔接问题时往往忽视校外培训机构这一重要主体，导致幼儿园与小学在幼小衔接这一问题上相互埋怨，幼儿园认为小学教得太快，小学认为孩子在幼儿阶段已经学得很多，不得不加快速度以适应大多数幼儿的认知需求。

---

① 高桂梅. 农村幼儿教育中"小学化"现象研究：对 Y 镇幼儿教育"小学化"现象的考察[D]. 昆明：云南师范大学，2011.
② 朱剑英. 农村幼儿园"小学化"的利益相关者研究[D]. 重庆：西南大学，2017.
③ 张斌. 江平镇幼儿教育小学化问题研究[D]. 桂林：广西师范大学，2012.
④ 宋丽芳. 幼儿园教育小学化话语分析[D]. 开封：河南大学，2018.
⑤ 谢欣荷. "双减"政策后校外培训机构如何再进行教育焦虑贩卖？：一项以 A 校外培训机构为个案的教师课堂话语分析[J]. 教师教育论坛，2021，34（10）：13-16.
⑥ 肖鲜. 幼升小阶段幼儿家长的教育焦虑研究[D]. 成都：四川师范大学，2020.

（六）政府的利益诉求

1. 提高学前教育质量，克服"小学化"

2010年颁布的《国务院关于当前发展学前教育的若干意见》中明确突出了学前教育在"教育事业"中的地位及其公益性。[①]《国家中长期教育改革和发展规划纲要（2010—2020年）》明确指出，我国要在2020年实现"基本普及学前教育"这一目标。[②]这个普及目标的实现，不仅是学前教育数量上的增长，还对学前教育质量提出了较高要求。因此，去"小学化"是提高学前教育质量的重要举措。一直以来，政府都是强有力的决策者，承担着主导教育发展的责任。在学前教育方面，政府会提供相应的服务，并对其进行管理和监控。[③]尤其是在"小学化"的背景下，为维护学前教育公平、提高学前教育质量、保障学前教育的健康发展，政府必须承担起"小学化"治理的责任。[④]制定相应政策是政府履行职能、实现其利益诉求的重要方式。从官方文件首次使用"小学化"一词到教育部2011年在《教育部关于规范幼儿园保育教育工作 防止和纠正"小学化"现象的通知》中明确指出，"遵循幼儿身心发展规律，纠正'小学化'教育内容和方式"，政府部门一直扮演着重要倡导者和明确支持者的角色，并通过反对和禁止"小学化"话语的建构来实现其利益诉求。[⑤]

2. 缩小地域差距，有重点地去"小学化"

政府的另一利益诉求为缩小地区差距，实现教育公平。李静指出，我国农村学前教育领域的发展需要政府部门提供相关服务。[⑥]学前教育作为基础教育的第一阶段，是实现教育公平的前提条件。但目前，我国学前教育领域中存在城乡差距、地区差距、各幼儿教育机构之间的差距等，使我国学前教育公平受到了严峻挑战。有研究显示，虽然近年来政府部门注重统筹城乡学前教育发展，加大了对农村学前教育的财政支出，但城乡学前教育的人力资源与物质资源仍存在较大差距。[⑦]此外，

[①] 国务院关于当前发展学前教育的若干意见[EB/OL]. （2010-11-24）[2024-05-17]. http://www.gov.cn/zhengce/content/2010-11/24/content_5421.htm.
[②] 国家中长期教育改革和发展规划纲要（2010—2020年）[EB/OL]. （2010-07-29）[2024-05-17]. http//www.gov.cn/jrzg/2010-07/29/content_1667143.htm.
[③] 李静. 政府主导农村学前教育发展的路径探析[D]. 延安：延安大学，2013.
[④] 卢乾. 民办幼儿园小学化治理主体研究[D]. 贵阳：贵州师范大学，2019.
[⑤] 教育部关于规范幼儿园保育教育工作 防止和纠正"小学化"现象的通知[EB/OL]. （2011-12-28）[2024-05-17]. http://www.moe.gov.cn/srcsite/A06/s3327/201112/t20111228_129266.html.
[⑥] 李静. 政府主导农村学前教育发展的路径探析[D]. 延安：延安大学，2013.
[⑦] 陈薇. 山东省幼儿园教材中数学活动方案的实践研究[D]. 济南：山东师范大学，2020.

国家和地方政府重视对私立幼儿园的行政化管理，但是在对私立幼儿园的财政支持与指导方面存在一定欠缺，导致私立幼儿园易出现"小学化"现象。[1]刘晓杰指出，教育部门对私立幼儿园的管理注重行政上的监管权，对私立幼儿园的财政投入及具体引导比较欠缺，对私立幼儿园的管控力度有待加大。因此，为缩小这种差距，应重点关注农村幼儿园与私立幼儿园的教育质量差距，有重点、有针对性地去"小学化"。[2]

（七）幼儿的利益诉求

幼儿教育"小学化"会直接影响幼儿的身心发展，可见幼儿是"小学化"问题中的直接当事人，而当前关于"小学化"的研究中，对幼儿利益诉求的考察并不充分，仅有少数研究涉及幼儿的利益诉求。儿童视角的已有研究表明，幼儿的利益诉求主要是顺利过渡，快乐成长。大部分幼儿认为，入学准备需要学会认字、算术、拼音，有些幼儿认为入学准备要学会遵循规则、与同伴交往等。[3]大班幼儿眼中的幸福源于物质生活、精神生活的满足和群体生活中的亲密互动，其中精神生活的满足是大班幼儿幸福的主要来源，幼儿认为自身的存在和身份会使其感到幸福，需要的满足、获得参与权、遵循天性等也会令其产生幸福感。[4][5][6]

基于儿童视角的幼小衔接研究具有重要价值。它能够较好地践行以儿童为本的理念，增强儿童自主能动性，同时，它能为幼小衔接政策的制定与实施提供有力的证据支持。[7]

第三节 "小学化"利益相关者之间的利益冲突

一、家长与高质量幼儿园的利益冲突

（一）"赢在起跑线上"还是做"长跑冠军"

当前有关"小学化"的研究表明，家长和高质量幼儿园的教育观念存在较大

---

[1] 李灵燕. 幼儿园大班数学教育"小学化"的现状与对策研究：以某县县城三所幼儿园为例[D]. 石家庄：河北师范大学，2015.
[2] 刘晓杰. 承德市民办幼儿园数学教育"小学化"现象、成因及对策研究[D]. 石家庄：河北师范大学，2017.
[3] 李娟，刘滟琨，刘渺，等. 幼儿眼中的"幼小衔接"[J]. 上海教育科研，2015（6）：32-35.
[4] 张惠真. 大班幼儿眼中的幸福：基于儿童视角的研究[D]. 宁波：宁波大学，2018.
[5] 王珣. 什么是幸福？：基于大班儿童视角的幸福观研究[D]. 天津：天津师范大学，2019.
[6] 柏静. 5—6岁儿童眼中的幸福[D]. 成都：四川师范大学，2019.
[7] 李召存. 论基于儿童视角的幼小衔接研究[J]. 全球教育展望，2012，41（11）：57-62.

分歧，家长更注重幼儿知识的获得，而高质量幼儿园注重幼儿能力的提升，在玩中学的过程中促进幼儿健康、长远发展。

在现代社会，虽然家长的学历层次提高了，但家长仍旧缺乏科学的幼儿教育观念[1][2]，将幼儿教育看作通过读书、认字、学拼音、学算术来为幼儿进入小学打基础的过程[3][4]，忽视幼儿良好学习品质、学习习惯、情感态度和社会性的培养[5][6][7]，甚至以幼儿所学知识量来评价一所幼儿园的质量[8][9]。这种"赢在起跑线上"的观念所推动的教育偏重知识灌输，违背幼儿身心发展规律，易导致幼儿产生厌学心理，不利于幼儿的长远发展。

幼儿园作为专门针对幼儿实施保育和教育的机构，一般来说具有相对于家长而言更专业的教育理念。高质量的幼儿园更能够遵循幼儿身心发展规律，在玩中学的过程中促进幼儿体、智、德、美、劳等全面发展。在学前教育阶段培养的良好学习品质、情感和社会性等对幼儿的长远发展具有重要意义，为幼儿成为人生路上的"长跑冠军"提供更大的可能性。家长不科学的教育观念尤其是其不科学的择园取向，使幼儿园在维持生源和贯彻科学的教育理念之间处于两难状态。[10]

（二）妥协的幼儿园，仍旧焦虑的家长

在家长"小学化"要求和"赢在起跑线"的社会舆论压力下，某些幼儿园为了维持生源，选择迎合家长的需求，违背幼儿身心发展规律和教育规律，对幼儿实施"小学化"的教育。[11][12][13] 吴琼指出，多进行识字和算术教育能使更多的家长满意，越来越多的家长会愿意将孩子送入这类幼儿园，幼儿园就能够正常运转，进而获得发展，但这是以放弃全面素质教育为前提的。[14] 私立幼儿园要在与公立幼儿园的竞争中凸显竞争优势，获得生源，只能通过迎合家长需求，从而进行小

---

[1] 马永芳. 幼儿园教育"小学化"倾向成因与对策研究：以诸城市8所幼儿园为例[D]. 烟台：鲁东大学, 2015.
[2] 张斌. 江平镇幼儿教育小学化问题研究[D]. 桂林：广西师范大学, 2012.
[3] 张娟娟. 幼儿园教育"小学化"现象分析与对策研究：以某市三所幼儿园为例[D]. 长春：东北师范大学, 2014.
[4] 张斌. 江平镇幼儿教育小学化问题研究[D]. 桂林：广西师范大学, 2012.
[5] 郭晓霞. 菏泽市民办幼儿园安全问题探析[D]. 济南：山东师范大学, 2012.
[6] 李少梅. 政府主导下的我国农村学前教育发展研究[D]. 西安：陕西师范大学, 2013.
[7] 郭丽娜. 农村幼小衔接工作的现状、问题及对策：以行唐县为例[D]. 石家庄：河北师范大学, 2015.
[8] 梁慧. 山西交口县幼儿教育发展问题及对策研究[D]. 太原：山西财经大学, 2013.
[9] 郭晓霞. 菏泽市民办幼儿园安全问题探析[D]. 济南：山东师范大学, 2012.
[10] 张娟娟. 幼儿园教育"小学化"现象分析与对策研究：以某市三所幼儿园为例[D]. 长春：东北师范大学, 2014.
[11] 张妮妮. 在耕耘中守望：乡村幼儿教师专业生活的叙事研究[D]. 长春：东北师范大学, 2012.
[12] 梁慧. 山西交口县幼儿教育发展问题及对策研究[D]. 太原：山西财经大学, 2013.
[13] 李少梅. 政府主导下的我国农村学前教育发展研究[D]. 西安：陕西师范大学, 2013.
[14] 吴琼. 幼儿园教育小学化的调查研究：以大连开发区为例[D]. 大连：辽宁师范大学, 2011.

学式的教学安排。[1][2][3]家长往往持有"知识本位"的教育思想，希望自己的孩子学得多、学得早，而缺乏政府财政支撑的私立幼儿园的办学经费主要源于家长们支付的学杂费，于是他们为了吸引生源、扩大办学规模，从中谋取利益，会迎合家长的教育需求，从而出现"小学化"倾向。[4][5][6]

"小学化"幼儿园为了能维持长远的发展，则非常重视家长评价。刘凤辉研究发现[7]，当家长就教师教学进度等问题向园方"告状"时，"小学化"幼儿园为了保证生源和维护声誉，非常重视家长的意见和要求，从而批评和惩罚幼儿教师，幼儿教师随后会越来越迎合家长的想法，顺应家长的要求，家园共同体的地位严重失衡。农村幼儿园还会通过"小学化"的教学评价，向家长呈现实质性的教学成效，从而得到家长的认可，扩大招生规模。[8]

在家长不科学的教育理念和择园取向的影响下，幼儿园为了生存与发展选择了妥协。由于幼儿教育的"内卷"现象，家长的焦虑并没有得到缓解，家长仍旧需要通过其他途径来帮助孩子获取更多的知识。

二、家长与小学的利益冲突

（一）小学起点高、进度快，引发家长焦虑

在家长看来，小学教育起点高、进度快已经成为一种普遍趋势，这一观念与家长所了解到的小学进度有关。黄燕榕在与幼小衔接阶段家长沟通后表示，部分家长反映小学课程教学进度过快，部分内容偏难、偏深，家长自身都不好理解。[9]王廷廷通过多重视角对公立幼儿园教育的"小学化"倾向进行分析，指出小学一年级（上）的课程安排过紧，使得家长不得不将希望寄托于幼儿园，幼儿园便成了习得小学知识的预备班。因此，部分家长认为幼儿园学习小学的知识是非常有必要的，提前学可以减轻进度快带来的学业压力。[10]汪金指出，一年级衔接过程较

---

[1] 刘晔. 基于政府职能视角的呼和浩特市学前教育研究[D]. 呼和浩特：内蒙古大学，2014.
[2] 马改华. Y县学前教育三年行动计划实施中的问题及对策研究[D]. 新乡：河南师范大学，2019.
[3] 陈珊. 幼儿园管理视角下农村幼儿教育"小学化"问题研究[D]. 贵阳：贵州师范大学，2020.
[4] 郭晓霞. 菏泽市民办幼儿园安全问题探析[D]. 济南：山东师范大学，2012.
[5] 李灵燕. 幼儿园大班数学教育"小学化"的现状与对策研究：以某县县城三所幼儿园为例[D]. 石家庄：河北师范大学，2015.
[6] 吕美函. 民办幼儿园大班数学课程实施的个案研究[D]. 哈尔滨：哈尔滨师范大学，2016.
[7] 刘凤辉. 家长的教育理念对幼儿园教育小学化倾向影响的研究[D]. 长沙：湖南师范大学，2018.
[8] 刘晓倩. 生态系统视角下农村幼儿教育现状与思考：以山东省L村为例[D]. 济南：山东大学，2014.
[9] 黄燕榕. 幼儿园教育"小学化"倾向个案研究：以福州地区A私立园为例[D]. 福州：福建师范大学，2012.
[10] 王廷廷. "镣铐"下的孩子：多重视角下的公办幼儿园教育"小学化"倾向[D]. 兰州：西北师范大学，2013.

短的问题使原来不知所措的家长更加焦虑，他们担心孩子输在起跑线上，担心孩子会因"考"不进小学、跟不上同学学习进度而受到打击，所以这种小学"选拔考试"在无形中导致大班幼儿的流失。①

（二）部分家长"提前学"，使教师教学困难

一年级教师指出，班级里大部分孩子在幼儿园阶段已经学习过所要教授的相关内容，他们已经能较好地掌握所要学习的基本知识，所以为了赶进度，常常一节课就可以带过好几项内容。②张娟娟在其研究中也验证了这一点，他了解到一年年级的很多小朋友在幼儿园阶段已经学过了小学的内容，因此开始压缩应有的课时和抢进度，用几个月的时间学完一年级的内容。③由此可见，面对班级里的学习习进度参差不齐的情况，教师会面临两难选择，但大部分教师会按照少数服从多数的原则，在大部分幼儿已经学习过拼音、识字、计算之后，小学教师就会选择加快教学进度，在一个月之内将"衔接"部分的课程一带而过，而没上过"补习班"的幼儿在这个阶段就会出现不适应，甚至出现厌学的现象，导致部分家长和幼儿在升入小学前期出现身心疲惫的现象，教师对于不能兼顾全部儿童的情况也感到很无奈。④

三、家长与校外培训机构的利益冲突

（一）校外培训机构顺应家长需求，两者利益不冲突

在幼小衔接问题上，校外培训机构的存在一直是大家热议的话题。从本质上讲，校外培训机构的产生是市场需求的结果，家长就是主要消费者，尤其是对处于幼小衔接阶段的家长来说，校外培训机构的存在某种程度上解了家长的燃眉之急。蒋文飞的研究验证了这一点，即家长对幼儿升入小学有着焦虑心理，校外培训机构开办的幼小衔接班也随之繁荣。⑤笔者对幼小衔接班做过一定程度的调查，发现校外培训机构的工作人员一般会通过大众点评、论坛等渠道，以及通过聊天、电话、广告宣传等多种方式确定目标人群，然后从幼儿未来小学选择的难度、孩子目前的专注力、拼音掌握程度、数学运算能力等方面与家长进行沟通，晓之以

---

① 汪金. 幼儿园大班"幼儿流失"现状及原因研究[D]. 沈阳：沈阳师范大学，2019.
② 黄燕榕. 幼儿园教育"小学化"倾向个案研究：以福州地区 A 私立园为例[D]. 福州：福建师范大学，2012.
③ 张娟娟. 幼儿园教育"小学化"现象分析与对策研究：以某市三所幼儿园为例[D]. 长春：东北师范大学，2014.
④ 汪金. 幼儿园大班"幼儿流失"现状及原因研究[D]. 沈阳：沈阳师范大学，2019.
⑤ 蒋文飞. 幼小数学衔接课程现状及幼儿园应对策略研究：以杭州市城区为例[D]. 杭州：杭州师范大学，2015.

理，动之以情，随后针对家长某方面的痛点，推出适合的课程资源。因此，校外培训机构正是利用了家长对孩子未来教育存在的焦虑心理，错误地给出衔接重点，迎合家长对知识衔接的需求，向处于幼小衔接"泥淖"中的家长递出橄榄枝。

（二）家长对校外培训机构的选择是由"内卷"导致的

众所周知，校外培训机构以获取利益最大化为营销目的，因此为扩大生源，不可避免地会通过夸大宣传、营造焦虑氛围的方式来吸引家长。部分家长对校外培训机构的选择也属于无奈之举，但这方面的研究还相对较少。刘凤辉指出，为了扩大生源、获得更大的生存和发展的空间，校外培训机构在进行宣传时，会鼓励家长将自己的孩子送入该机构进行学习，制作诸如"让孩子不要输在起跑线上"的宣传语，给家长制造心理压力，进一步强化家长的急迫感，制造幼儿进入该机构就能够掌握更多知识的假象。[①]在这种情况下，不仅一些家长愿意将孩子送入校外培训机构，而且部分孩子自己也非常愿意进入校外培训机构进行学习，以免落后于其他孩子。

从某种程度来讲，校外培训机构不仅难以缓解家长的焦虑情绪，还在某种程度渲染了幼小衔接中知识衔接的重要性，更加重了家长的焦虑情绪。

四、家长与政府的利益冲突

（一）家长对政策解读不充分

政府所颁发的政策从出台到落地具有一定的层级传递性。家长是政策执行的最后一环，也是重要一环，但往往会被忽视，家长较多地通过媒介、口耳相传等快速但不深入的方式获得政策的相关内容。有研究采用大数据文本挖掘技术对微博上的相关舆论进行研究，结果发现，大众对幼小衔接问题整体呈消极倾向，且大众希望教育行政部门能落实教育政策。[②]由此可见，大多数家长对幼小衔接教育政策及其实施进展情况并不了解也不太支持。比如，为什么要坚持零起点教学？什么才是科学幼小衔接？王芳也指出，家长在幼儿园教育去"小学化"这一政策下处于相对被动地位，家长普遍对政策不太了解，但对于幼儿园教育将如何开展，家长并没有太多的干涉权，这点在公立幼儿园家长身上表现得尤为明显。[③]并非所

[①] 刘凤辉. 家长的教育理念对幼儿园教育小学化倾向影响的研究[D]. 长沙：湖南师范大学，2018.
[②] 陆露. 大众对幼儿园"小学化"的态度研究：基于大数据文本挖掘技术[D]. 温州：温州大学，2021.
[③] 王芳. 新疆幼儿园教育"去小学化"的问题及对策研究[D]. 重庆：西南大学，2020.

有的家长都具备对政策正确认识与解读的能力，也并非所有家长都会去关注并思考政策背后所传达的实际意义。

（二）相关政策不足以缓解家长的教育焦虑情绪

由于社会竞争的加剧，家长普遍感到焦虑，对孩子怀有过高期望，因此实际上对于去"小学化"和"零起点入学"的政策，家长不太接受。家长迫切希望能择校入读，而择校因为相关政策调整的影响而不可控制，所以使处于幼升小阶段的幼儿家长产生了更加强烈的教育焦虑。[1]汪金指出，当幼儿园满足不了家长的需求时，家长便选择让幼儿"辍学"，转入教授更多小学知识的私立幼儿园、社会幼小衔接机构等。[2]近期，国家颁布了一系列政策，部分取消幼小衔接机构，又通过自上而下的"双减"政策，真正让孩子开始减负，处于幼小衔接阶段的家长的选择受到限制，那么家长的焦虑也会随之减少吗？该问题的答案还需实证研究的进一步支持。

五、家长与幼儿的利益冲突

（一）爱之深，"学"之切

左师公曰："父母之爱子，则为之计深远。"家长错误的教育观念阻碍了科学幼小衔接，主要表现为一些家长想方设法干涉幼儿，甚至操纵孩子的思想。为了不让孩子输在起跑线上，部分家长急功近利地让孩子过早地接触并学习各种知识，却忽视了孩子保持平和心态的重要性。石美红对家长进行访谈时询问"你认为幼儿现阶段的任务是什么"，家长的回答是学好拼音，会读、会写，为上一年级做准备，培养认真的学习态度。[3]张娟娟在对"小学化"幼儿园产生的原因进行分析后指出，家长希望幼儿能"早识字，早阅读，多做算术，早点接触英语，多做练习"，因为他们认为幼儿的潜力是无穷的，教什么都能跟着学会，并且多做练习总归是没坏处的。[4]

---

[1] 肖鲜. 幼升小阶段幼儿家长的教育焦虑研究[D]. 成都：四川师范大学，2020.
[2] 汪金. 幼儿园大班"幼儿流失"现状及原因研究[D]. 沈阳：沈阳师范大学，2019.
[3] 石美红. 大班幼儿心理压力来源分析及解决策略：以海兴县第二幼儿园为例[D]. 石家庄：河北师范大学，2014.
[4] 张娟娟. 幼儿园教育"小学化"现象分析与对策研究：以某市三所幼儿园为例[D]. 长春：东北师范大学，2014.

（二）恐惧的"鸡娃"与疲惫的父母

众多研究者在对幼小衔接问题的分析中描绘了一个"善于操控、急功近利、疲惫又繁忙"的父母形象以及一个"胆小无助、充满焦虑与压力"的幼儿形象。这与家长的教育观念是密切相关的。吴琼指出，家长会对处于幼小衔接阶段的幼儿有着更加严格的要求，想方设法灌输知识，而忽视孩子在人格、情感等方面的发展。① 王廷廷从幼儿视角描述的教育场景令人印象深刻，文章指出，幼儿会写一、二、三、四、五……，是一遍一遍练习的结果。"妈妈睡觉，我就要苦苦地练，我不想练，还得练，妈妈直接画一个，让我照着那样练。"② 石美红对大班幼儿心理压力来源进行分析后指出，除了学业的压力外，家长对幼儿造成的心理压力位列第二，在幼儿所有压力源中占比接近一半。③ 可以看出，有些家长为了让孩子能提前做好准备付出了很多努力，但结果却事与愿违。幼儿表示自己不期待上小学，对学习枯燥的知识、沉重的课业有恐惧心理。④ 除此之外，家长的过度焦虑，很可能会导致自己做出错误的判断和决策，并且将负面情绪传染给孩子，最终影响孩子的入学适应。⑤

六、幼儿园与小学的利益冲突

（一）小学"非零起点"致使某些幼儿园不得不提前教授小学知识

小学教育是九年制义务教育的起始阶段也是重要的奠基阶段，但长期以来存在着较高的门槛。在"非零起点"教学压力下，有些幼儿园不得不被动配合小学提前教授小学知识。

"非零起点"教学中，小学会在入学适应阶段压缩应有的课时和进度，只用一个多月时间，就把全部的拼音、拼读，包括拼读里面的字都要教会。⑥⑦ 这一行为举措引发了一系列连锁反应，马建军对该过程进行分析，认为"非零起点"教学进度过快，无形中加重了家长们的焦虑情绪。⑧ 某些缺少专业信念的幼儿园"纷

---

① 吴琼. 幼儿园教育小学化的调查研究：以大连开发区为例[D]. 大连：辽宁师范大学，2011.
② 王廷廷. "镣铐"下的孩子：多重视角下的公办幼儿园教育"小学化"倾向[D]. 兰州：西北师范大学，2013.
③ 石美红. 大班幼儿心理压力来源分析及解决策略：以海兴县第二幼儿园为例[D]. 石家庄：河北师范大学，2014.
④ 高瑾. 兰州市 A 幼儿园儿童参加兴趣班现状调查研究[D]. 兰州：西北师范大学，2013.
⑤ 肖鲜. 幼升小阶段幼儿家长的教育焦虑研究[D]. 成都：四川师范大学，2020.
⑥ 王廷廷. "镣铐"下的孩子：多重视角下的公办幼儿园教育"小学化"倾向[D]. 兰州：西北师范大学，2013.
⑦ 张娟娟. 幼儿园教育"小学化"现象分析与对策研究：以某市三所幼儿园为例[D]. 长春：东北师范大学，2014.
⑧ 马建军. 秦皇岛经济技术开发区幼儿园管理中存在的问题与对策研究[D]. 秦皇岛：燕山大学，2013.

纷投降",从而违背幼儿教育规律和原则,投家长所好,加开小学课程,使幼儿园教育出现"小学化"现象。张娟娟认为,小学压缩课程的做法直接导致幼儿园老师为了跟上小学老师的步伐,在幼儿园提前教小学的知识,这使得幼儿园和小学一起"抢跑",并陷入一种恶性循环,让幼儿不堪重负。因此,小学的"非零起点"教育,成为幼儿教育"小学化"的重要推动力。但"非零起点"对幼儿园的影响远非如此,她还指出,小学的"非零起点"教学,让幼儿园面对着"教育局的检查"与"生源流失"的双重压力。如果幼儿园屈从家长的要求,教"小学化"的内容,就违反了教育局的规定,可能被取消评示范园的资格;如果不教,自己幼儿园的孩子在小学初期可能"跟不上",进而造成生源流失。[1]面对这样的两难境地,李灵燕在研究中指出,私立幼儿园面临生存困境,最终选择实行"小学化"教育以争抢生源、实现盈利。[2]

(二)对幼儿园的提前教授,小学不买账

陈蓉认为,幼儿园教育的"小学化"倾向,不仅不利于孩子知识层面的衔接,对小学的教学成本、教师教学能力以及教学管理都提出了挑战。[3]确实如此,重复性教学就是较为突出的矛盾点。首先,根据一年级教师的反馈,幼儿园给孩子传授了过多的小学知识,因此自己上课感觉一直在重复以前的知识,一开始孩子学的时候都是热情高涨的,但后面就会出现注意力不集中、学习态度不端正、滋生骄傲自满情绪甚至出现厌学等负面行为,严重影响学生后期的学习。其次,幼儿园老师教的和小学老师教的不一致,如孩子的握笔姿势、字母发音等,不仅对于孩子没有益处,也会给一年级教师教学带来困扰。[4][5][6]

因此,小学还是比较希望幼儿园培养孩子良好的学习习惯和生活习惯,因为这些对孩子的小学学习有莫大的帮助。而幼儿园则有不同看法,他们认为小学是比较希望幼儿园能教完拼音的,因为有了基础教起来就省事。造成这种差异的原因,一方面,幼儿园与小学缺乏深入的沟通与交流,彼此不了解,不明确各自的利益诉求。[7]正如杨静所提到的,幼儿园教师并不能深刻了解小学的学习方式和课

---

[1] 张娟娟. 幼儿园教育"小学化"现象分析与对策研究:以某市三所幼儿园为例[D]. 长春:东北师范大学,2014.
[2] 李灵燕. 幼儿园大班数学教育"小学化"的现状与对策研究:以某县县城三所幼儿园为例[D]. 石家庄:河北师范大学,2015.
[3] 陈蓉. 幼儿园教育"小学化"倾向的现状及解决策略研究:以江苏省T市为例[D]. 镇江:江苏大学,2020.
[4] 尧莹莹. 幼儿园教育小学化倾向的现状分析与对策研究:以河南省XX县为例[D]. 新乡:河南师范大学,2017.
[5] 朱剑英. 农村幼儿园"小学化"的利益相关者研究[D]. 重庆:西南大学,2017.
[6] 刘娇娇. 幼小衔接视角下农村一年级学生社会性适应能力研究[D]. 大连:辽宁师范大学,2020.
[7] 王廷廷. "镣铐"下的孩子:多重视角下的公办幼儿园教育"小学化"倾向[D]. 兰州:西北师范大学,2013.

本内容，小学老师更是对幼儿园的活动安排知之甚少，双方对彼此仅保留着最浅层的认知，这也直接导致教师不能将更有效的信息传递给儿童。[1]另外在教材使用上，幼儿园和小学缺少一套通用的能够从各个方面帮助幼儿进行幼小衔接的辅助性教材。目前，市面上存在的幼小衔接教材多为知识性教材，极少有从习惯、兴趣、行为、生活、心理等方面帮助幼儿进行幼小衔接的书籍。另一方面，因为小学向下衔接的缺失。在衔接问题上，更多的是幼儿园向小学靠拢，小学主动衔接的工作做得不够，很少主动与幼儿园接触，也很少考虑入学幼儿的身心特点，往往进行"快餐式的培训"，大致按照知识摸底—熟悉校园环境—讲解纪律及行为规范等模式开展孩子的入学适应工作。[2][3][4]

七、幼儿园与政府的利益冲突

（一）处于"边缘化"的学前教育

已有研究表明，政府对学前教育的重视程度还有待提高，并且重视角度存在偏差。我国没有专门规范学前教育的法律法规，且学前教育未被纳入义务教育的范畴，学前教育一直处于较为边缘化的位置，其公共属性与市场性的界限也不清晰。[5][6]

同时，政府对学前教育的财政投入也不足。学前教育阶段相较于其他教育阶段，国家财政投入占比较小，学前教育的发展则落后于其他阶段的教育，有些公立幼儿园由于没有充足的财政支持承受不了巨额的财政支出而转型为私立幼儿园，进而偏重"小学化"教育来吸引更多的生源和获得更多的经济利益。[7][8]我国学前教育财政投入结构在一定程度上存在不合理性。从办园性质看，中央和地方财政均主要投向公立幼儿园，尤其是示范性公立幼儿园，而一级、二级公立幼儿园获得的财政投入较少，私立幼儿园和农村幼儿园可获取的财政投入则更加微薄[9][10]；从地域分布看，我国东部地区的学前教育财政投入明显高于中西部

---

[1] 杨静. 基于儿童视角的幼小衔接研究：以上海市为例[D]. 南充：西华师范大学，2016.
[2] 郭丽娜. 农村幼小衔接工作的现状、问题及对策：以行唐县为例[D]. 石家庄：河北师范大学，2015.
[3] 于唯. 学前与小学语文教育衔接的问题及对策研究[D]. 长春：东北师范大学，2010.
[4] 梁丽鸿. 幼儿园教育与小学教育的衔接问题及策略研究[D]. 武汉：湖北大学，2016.
[5] 夏东旭. 通化市幼儿教育去"小学化"政府监管研究[D]. 大连：大连海事大学，2020.
[6] 陈蓉. 幼儿园教育"小学化"倾向的现状及解决策略研究：以江苏省T市为例[D]. 镇江：江苏大学，2020.
[7] 陈蓉. 幼儿园教育"小学化"倾向的现状及解决策略研究：以江苏省T市为例[D]. 镇江：江苏大学，2020.
[8] 夏东旭. 通化市幼儿教育去"小学化"政府监管研究[D]. 大连：大连海事大学，2020.
[9] 谭湘府. 湖南省幼儿园教育"小学化"现状调查研究[D]. 长沙：湖南师范大学，2016.
[10] 王廷廷. "镣铐"下的孩子：多重视角下的公办幼儿园教育"小学化"倾向[D]. 兰州：西北师范大学，2013.

地区，而西部地区又高于中部地区①。学前教育财政投入有待加大，如果财政投入不足，则容易导致这些地区的学前教育发展速度慢、办园质量低。部分农村幼儿园的教师数量和质量得不到保证，教师待遇低，并且没有专项发展经费，这些问题束缚了这些地区学前教育的发展。②③私立幼儿园也是如此，由于缺乏财政保障，园内物质环境资源、教师素质得不到保证，为了营利和抢生源，私立幼儿园不得不采取"小学化"倾向。④

（二）政策的执行与背离

我国虽然制定了很多有关幼小衔接的相关政策，但是政策的细化程度不够，有些政策还无法真正深入落实。对于国家颁布的一系列政策，有些幼儿园抱有"上有政策，下有对策"的态度。政府要求私立幼儿园不要迎合家长的需求，严肃治理"小学化"现象，但这样的做法与私立幼儿园营利需求相冲突，导致私立幼儿园出现"小学化"治理的"两张皮""表面化""片面化"的假性治理行为。⑤⑥2011年12月28日，教育部发布了《关于规范幼儿园保育教育工作 防止和纠正"小学化"现象的通知》，其第二条规定"严禁教育行政部门推荐和组织征订各种幼儿教材和教辅材料，严禁任何单位和个人以各种名义向幼儿园推销幼儿教材和教辅材料。幼儿园不得要求家长统一购买各种幼儿教材、读物和教辅材料"，但实际情况是，有些幼儿园会存在背离政策的情况，在教育行政部门来检查时，幼儿园会将书本"藏"起来，或是有些"小学化"的幼儿园课程出版物改头换面依旧出现在幼儿园，甚至部分教师对取消幼儿用书的规定持质疑态度。⑦⑧李瑞竹的研究表明，很多私立幼儿园有两套课程实施方案，一套方案用于应付检查，另一套方案用于日常的具有"小学化"倾向的教学。⑨

---

① 苏云晶. 幼儿园教育"小学化"现象的成因分析及治理路径：以长春市 10 所幼儿园为例[D]. 长春：东北师范大学，2015.
② 王叶. 农村学前教育家长满意度调查研究：以河南省南阳市 A 镇为例[D]. 金华：浙江师范大学，2012.
③ 张媛. 农村小学附属幼儿园"小学化"研究：基于贵州省 Q 村的田野调查[D]. 贵阳：贵州师范大学，2019.
④ 李灵燕. 幼儿园大班数学教育"小学化"的现状与对策研究：以某县县城三所幼儿园为例[D]. 石家庄：河北师范大学，2015.
⑤ 卢乾. 民办幼儿园小学化治理主体研究[D]. 贵阳：贵州师范大学，2019.
⑥ 夏东旭. 通辽市幼儿教育去"小学化"政府监管研究[D]. 大连：大连海事大学，2020.
⑦ 李冬. 我国幼儿园课程出版物研究[D]. 南京：南京大学，2014.
⑧ 王廷廷. "镣铐"下的孩子：多重视角下的公办幼儿园教育"小学化"倾向[D]. 兰州：西北师范大学，2013.
⑨ 李瑞竹. 民办幼儿园课程小学化倾向及其对策研究[D]. 锦州：渤海大学，2016.

（三）政府应更充分地发挥效能

政府在学前教育方面的管理在一定程度上存在权责不清、监管力度较小的情况。王廷廷指出，部分幼儿园逐步偏离正确方向走向"小学化"，其原因之一是学前教育是由管理职业教育的科室兼管的，并且地方学前教育管理的专设机构和专职人员也比较缺乏。[①]刘晔指出，各级管理机构职责在一定程度上存在不明确、分工不合理的情况，具体表现为对幼儿园准入、收费、教学等的监管不力，以及缺乏与幼儿园公益性相匹配的制度安排。[②]尽管 2011 年教育部就规定幼儿园禁止要求家长购买各类幼儿园课程出版物，但李冬的研究发现，某些幼儿园仍存在购买课程出版物的现象。[③]虽然我国出台了系列"小学化"治理政策，但是缺乏有力的监管机制为"小学化"治理工作保驾护航。"小学化"治理政策并没有明确由谁来监管、如何评价与处罚等，因此较难落到实处[④]。此外，学前教育未被纳入义务教育的范畴，其发展大多依靠社会力量，政府、社会、家庭的责任没有明确，因此政府对学前教育的财政投入非常少，导致学前教育难以满足大众需求；[⑤]有些行政部门对农村地区附设在小学里的学前班监管力度不够，使得完全按照小学模式开办的不规范的学前班仍然存在，与幼儿园形成不良竞争关系，使得部分农村幼儿园仍存在"小学化"现象。[⑥][⑦]

八、幼儿园与幼儿的利益冲突

（一）环境创设与活动安排

若从幼儿的视角出发，符合幼儿年龄特征的环境创设一定是幼儿喜欢的、与幼儿的生活密切相关的，且是幼儿可以大胆探索并能与之互动的。但实际上，较多的研究指出，幼儿园的环境创设过于死板，尤其是在某些经济比较落后的农村地区，教室桌椅按小学教室的方式排列，没有供幼儿自由活动的区域，玩具更是少之又少，户外游戏场地也严重不足。[⑥][⑦]也有一些私立幼儿园在进行环境创设时忽略幼儿身心发展规律，一味地注重美观效果，单纯追求环境的整洁有序，未能

---

① 王廷廷．"镣铐"下的孩子：多重视角下的公办幼儿园教育"小学化"倾向[D]．兰州：西北师范大学，2013．
② 刘晔．基于政府职能视角的呼和浩特市学前教育研究[D]．呼和浩特：内蒙古大学，2014．
③ 李冬．我国幼儿园课程出版物研究[D]．南京：南京大学，2014．
④ 张含萍．幼儿园教育小学化倾向的现状调查及对策研究：以成都市温江区为例[D]．成都：四川师范大学，2014．
⑤ 米佳．北票县农村学前教育发展策略研究[D]．大连：大连理工大学，2015．
⑥ 王廷廷．"镣铐"下的孩子：多重视角下的公办幼儿园教育"小学化"倾向[D]．兰州：西北师范大学，2013．
⑦ 米佳．北票县农村学前教育发展策略研究[D]．大连：大连理工大学，2015．

充分发挥环境创设的隐性教育功能。与之相反，部分幼儿园很少关注环境创设，忽视简陋环境下隐藏的安全隐患，很可能对幼儿的安全与健康构成威胁。①

在活动安排上，由于孩子的注意力是有限的，身体不宜长时间劳累，因此幼儿园的集体教学时间也是随着年龄增长而延长。而在"小学化"的幼儿园中，幼儿的注意力时刻被高期望的家长和教师刺激着，失去了应有的游戏的时间，取而代之的是学习、考试及作业。从幼儿的视角来看，幼儿园游戏、户外活动的时间太短和次数太少，教师可随意压缩、挤占游戏时间，延长"小学化"课程的学习时间，幼儿承受着较大压力。②③④而这种急功近利的学习会对幼儿产生不可逆转的伤害。如过早地学习和书写容易导致手部畸形与眼睛近视，也严重制约了儿童骨骼、视力等身体机能的发育。幼儿因没有充足的游戏时间而影响了其社会性的正常发展。⑤有研究者从生活作息安排的角度对幼小衔接工作缺乏整体性与持续性的现状提出建议，他认为，缩短午睡时间、增加集体活动频率、延长集体活动时间有助于幼儿平稳过渡⑥，但其科学性还有待进一步验证。

（二）师幼互动

对幼儿来说，与幼儿朝夕相处的幼儿教师是除家长外最亲密的人，良好的师生关系对幼儿的发展至关重要。较多的研究者从师幼互动的角度对师幼关系进行剖析。张含萍对"小学化"幼儿园的教学过程进行研究，指出教学活动过程多以教师为主导、以集体讲授形式为主，幼儿自主游戏、操作、体验的活动严重不足。⑦即使是在需要幼儿体验探索的科学、美术、体育活动中，教师也会出现讲解过多的情况。另外，教师常常会采用"看谁坐得端"等语言来维持课堂纪律。童欢在对区域活动的观察中指出，幼儿缺少对区域投放材料的自主探索权，幼儿的所有行为都是在教师的要求下进行的。⑧张斌的研究也发现，在师幼关系中，教师仍处于权威地位，真正能蹲下来和幼儿交流的很少⑨，更有甚者要求幼儿对教师要绝对服从，不能不经允许就去喝水、上厕所⑩。

---

① 哈斯其其格. 教育公平视角下内蒙古中东部偏远农牧区学前教育的调查研究[D]. 呼和浩特：内蒙古师范大学，2011.
② 高瑾. 兰州市 A 幼儿园儿童参加兴趣班现状调查研究[D]. 兰州：西北师范大学，2013.
③ 黄燕榕. 幼儿园教育"小学化"倾向个案研究：以福州地区 A 私立园为例[D]. 福州：福建师范大学，2012.
④ 郭晓霞. 菏泽市民办幼儿园安全问题探析[D]. 济南：山东师范大学，2012.
⑤ 张斌. 江平镇幼儿教育小学化问题研究[D]. 桂林：广西师范大学，2012.
⑥ 杨静. 基于儿童视角的幼小衔接研究：以上海市为例[D]. 南充：西华师范大学，2016.
⑦ 张含萍. 幼儿园教育小学化倾向的现状调查及对策研究：以成都市温江区为例[D]. 成都：四川师范大学，2014.
⑧ 童欢. 发展适宜性教育视角下贵州省 K 县农村幼儿园区域活动研究[D]. 昆明：云南师范大学，2016.
⑨ 张斌. 江平镇幼儿教育小学化问题研究[D]. 桂林：广西师范大学，2012.
⑩ 张妮妮. 在耕耘中守望：乡村幼儿教师专业生活的叙事研究[D]. 长春：东北师范大学，2012.

（三）对幼儿的评价方式

"小学化"幼儿园尤其注重幼儿知识的获得与衔接，因此在评价方式上，多采取幼儿学了多少知识、会背多少古诗、会算多少题等重视结果、轻视过程的评价方式。[1]而这种单一的评价方式往往是有害的，单纯注重知识的衔接导向，可能会造成一年级的幼儿自我控制能力差、难以遵守规则、思维不主动、注意力难以集中、动手能力差等问题，这种只重视结果、忽视幼儿的兴趣的评价方式，忽略了幼儿的自主学习能力的培养，限制了其想象力的发展，甚至很可能导致幼儿产生厌学情绪。[2][3][4][5][6]

九、小学与政府的利益冲突

在与"小学化"相关的硕博论文中，小学与政府的利益冲突主要体现为两点。第一，小学想进行幼小衔接，但政府没有明确小学的职责。政府在《幼儿园教育指导纲要（试行）》中提及幼小衔接的问题，但在小学的相关政策中，没有见到幼小衔接问题的有关规定，导致小学在幼小衔接工作中主体地位被弱化。[7]政府也没有在平时工作评价中将适应性课程作为重要指标之一。这种情况下，不仅没有关照幼小衔接的问题，而且容易造成一种误导。第二，小学与幼儿园重复教学造成了政府投入的教育资源的浪费。幼儿提前学习小学知识，不仅使幼儿对小学重复学习的知识丧失兴趣，还会导致小学课程被"架空"，教育效果不佳，且政府投入的教育资源也被严重浪费。[8]

笔者在查阅其他文献时发现，优质私立小学与政府之间有着巨大的利益冲突。比如，部分私立小学虚假宣传以争抢优质生源，影响了私立小学的声誉，不利于我国私立教育的平稳发展；部分私立小学盲目照搬国外课程模式，违反了我国的教育大纲等。[9]

---

[1] 吴宇. 归于自然的幼儿园课程研究[D]. 银川：宁夏大学，2013.
[2] 张闵清. 城市民办幼儿园管理问题研究：以承德市XX幼儿园为例[D]. 保定：河北大学，2018.
[3] 马改华. Y县学前教育三年行动计划实施中的问题及对策研究[D]. 新乡：河南师范大学，2019.
[4] 杨静. 基于儿童视角的幼小衔接研究：以上海市为例[D]. 南充：西华师范大学，2016.
[5] 张娟娟. 幼儿园教育"小学化"现象分析与对策研究：以某市三所幼儿园为例[D]. 长春：东北师范大学，2014.
[6] 童欢. 发展适宜性教育视角下贵州省K县农村幼儿园区域活动研究[D]. 昆明：云南师范大学，2016.
[7] 于唯. 学前与小学语文教育衔接的问题及对策研究[D]. 长春：东北师范大学，2010.
[8] 尧莹莹. 幼儿园教育小学化倾向的现状分析与对策研究：以河南省XX县为例[D]. 新乡：河南师范大学，2017.
[9] 彭维娜. 私立小学规范办学与政府监管研究：以上海市青浦区A小学为例[D]. 上海：华东政法大学，2017.

十、小学与幼儿的利益冲突

小学与幼儿之间的利益冲突，主要表现为幼儿适应能力差，小学过渡支持不足。在幼小衔接中，5—6 岁幼儿的主要压力源为学业压力、规则压力和教师压力。[1]儿童眼中的小学教师不同于儿童期待的小学教师，因为有的小学教师比较严厉；儿童既向往成为小学生，又对学习等担忧；儿童对学习与玩耍存在矛盾心理；儿童对于上小学的消极信息主要来源于成人。[2][3]一年级学生也反映小学学习任务比幼儿园更多、更重、更难，教学进度快，难以跟上，他们的作业仍需成人指导；小学师生互动主要存在于课堂互动之中，比幼儿园更少，小学教师的要求更高、更严格。[4]

小学对一年级新生的过渡支持不足，导致少量幼儿出现适应不良的现象，不能满足幼儿顺利过渡到小学的需求。杨静指出，小学的分科教学会对幼儿顺利过渡到小学形成挑战；如果教师过于严肃，则会使幼儿产生恐惧心理；其知识本位观导致部分一年级新生入学准备不充分。[5]李佳怡对天津市南开区两所公立小学进行研究后发现，部分小学一年级新生在行为习惯、自理能力、学习能力以及人际交往能力四个方面存在适应困难，因此需要进一步培养一年级新生的这四方面能力。[6]乌怡罕研究呼和浩特市的一所小学后发现，部分学校"小幼衔接"工作做得不太到位，导致部分一年级新生对教室环境、学习、生活等存在不适应的现象。[7]

第四节 "小学化"利益相关者的利益协调

一、加大舆论宣传力度，强化政策解读

（一）提高学前教育地位，形成正确的教育观念

要实现科学幼小衔接的目的，首先需要改变大众在意识层面的错误认知，使

---

[1] 王小英,刘洁红. 幼小衔接中大班幼儿心理压力分析：基于儿童视角的研究[J]. 学前教育研究,2018(2)：3-11.
[2] 李非易. "我"眼中的小学：基于儿童视角的幼小衔接[D]. 成都：四川师范大学,2017.
[3] 李文静. 儿童眼中的"上小学"：基于儿童视角的入学准备研究[D]. 成都：四川师范大学,2018.
[4] 李凤. 儿童眼中的幼小衔接：基于大班幼儿与小学一年级新生的访谈[D]. 成都：四川师范大学,2017.
[5] 杨静. 基于儿童视角的幼小衔接研究：以上海市为例[D]. 南充：西华师范大学,2016.
[6] 李佳怡. 小学一年级新生入学适应现状与教育对策研究：以天津市南开区两所公立小学为例[D]. 天津：天津师范大学,2020.
[7] 乌怡罕. 小学"小幼衔接"现状的调查研究：以呼和浩特市 SZ 学校为例[D]. 呼和浩特：内蒙古师范大学,2021.

大众在去"小学化"这一问题上达成共识。已有研究从改变家长教育观念入手，提出家长要改变对孩子、对教育产品和服务的不合理期望，接受"玩中学"的教育理念，在关注幼儿知识衔接的同时，更应关注其学习品质及过程性能力的培养。[1][2][3]与此同时，家长可通过查阅权威媒体平台、阅读相关文献、参加讲座等途径了解专业的育儿知识,不断提高育儿管理意识和能力。[4][5][6]也有研究者指出，家长要有主动参与的意识，积极落实科学教育方法。具体表现为主动参与"小学化"的治理，积极参加亲子活动，理解并支持教师的教学与教育观，与幼儿园有效沟通，真正做到家园共育。[7][8][9][10]

但以上研究者的要求，对家长来说是很难落实的。原因是学前教育的价值在家长这里被轻视了，不仅仅是家长，小学也对幼儿园有错误的认识。因此，提高学前教育地位，让大众了解学前教育的价值是解决问题的关键一步。这不仅需要幼儿园主动承担传播科学教育理念的责任，积极调整内部结构，优化教育内容和方式，并通过家长学校、专家培训、亲子活动、媒体网络等多种途径或手段带头做好宣传工作。[11][12][13][14]但以幼儿园为主体的宣传因家园之间的利益关系以及家园合作地位的不平等使宣传不具有公信力。[15]因此也需要权威的代表者（如政府），利用其公信力，从宏观层面实现舆论引导全面化，并采取切实可行的举措深入推进。此外，政府可引导社区成立家长学校，整合优秀家长资源，聘请具有科学家庭教育能力的志愿者以及离退休的优秀教师、干部、党员等组成家教讲师团，定期进行科学家庭教育知识宣讲。拥有高校资源的社区也可利用地缘优势，聘请专

---

[1] 汪金. 幼儿园大班"幼儿流失"现状及原因研究[D]. 沈阳：沈阳师范大学，2019.
[2] 王叶. 农村学前教育家长满意度调查研究：以河南省南阳市A镇为例[D]. 金华：浙江师范大学，2012.
[3] 张晶. BSL家园共育管理问题研究[D]. 哈尔滨：东北农业大学，2020.
[4] 陈珊. 幼儿园管理视角下农村幼儿教育"小学化"问题研究[D]. 贵阳：贵州师范大学，2020.
[5] 陈蓉. 幼儿园教育"小学化"倾向的现状及解决策略研究：以江苏省T市为例[D]. 镇江：江苏大学，2020.
[6] 肖鲜. 幼升小阶段幼儿家长的教育焦虑研究[D]. 成都：四川师范大学，2020.
[7] 刘凤辉. 家长的教育理念对幼儿园教育小学化倾向影响的研究[D]. 长沙：湖南师范大学，2018.
[8] 朱剑英. 农村幼儿园"小学化"的利益相关者研究[D]. 重庆：西南大学，2017.
[9] 张妮娅. 在耕耘中守望：乡村幼儿教师专业生活的叙事研究[D]. 长春：东北师范大学，2012.
[10] 马凤辗. 大班数学集体教学活动中师幼互动的研究："小学化"与"非小学化"幼儿园的对比[D]. 保定：河北大学，2020.
[11] 石彦芳. 农村学前教育发展现状及改善策略研究：以Y县8所幼儿园为例[D]. 武汉：华中师范大学，2020.
[12] 汪金. 幼儿园大班"幼儿流失"现状及原因研究[D]. 沈阳：沈阳师范大学，2019.
[13] 高桂梅. 农村幼儿教育中"小学化"现象研究：对Y镇幼儿教育"小学化"现象的考察[D]. 昆明：云南师范大学，2011.
[14] 郑天竺. 幼儿园教育"小学化"倾向的现状调查研究：基于海口市9所幼儿园的调查[D]. 海口：海南师范大学，2015.
[15] 胡洁琼. 农村儿童家庭对学前教育公共服务的基本需求与对策研究：以湖南省为例[D]. 长沙：湖南师范大学，2013.

家就近开展家庭教育工作。民政部门也可实行"家长上岗资格制度",即想生育的夫妇只有通过"家长课程"考试并且成绩合格才能办理准生证。[①][②]此外,教育局也可与广播电视台密切合作,在重要时段播放科学育儿的公益广告或拍摄关于"幼儿教师"或"幼儿园的一天"等大众喜闻乐见的综艺节目[③],从多途径、多角度全方位渗透科学教育观。

（二）完善政府相关部门职能,提供专业政策解读

大众科学教育观的形成有赖于科学权威学习途径的获得以及对政策法规的正确解读。但这两方面做得仍不够好。国家有必要设立独立的学前教育办公室,负责学前教育方面的宏观工作,并在其下成立宣传科,作为大众与政府沟通的桥梁,专门负责学前教育相关事宜的宣传以及国家政策的解读。其责任之一是定期参与理念宣讲、政策宣讲活动。比如,通过专家讲座等形式提高教师对政策的解读能力[④],通过向家长发放育儿公益手册并组织使用指导说明活动等帮助家长树立正确的教育观念,解决家庭教育的难题。此外,宣传科还要发挥桥梁作用,通过搭建多个平台收集大众反馈的教育难题或疑惑,根据收集的内容及调查结果确定宣讲的内容与形式。如通过邮箱、电话、微信小程序、网址留言、专线投诉通道等方式拓宽大众与政府的交流渠道,日常也可通过网络平台推送等方式及时将最新的研究成果普及到幼儿园及家长,让其进一步理解政策出台的必要性和紧迫性。[⑤]大众观念的改变以及对政策的了解可进一步支持政策落地,从而形成一种良性循环。

二、提供专业支持,促进科学幼小衔接

（一）完善相关机制,促进幼儿园去"小学化"

政府应关注农村地区、民族地区及偏远农牧区学前教育发展现状,制定有针对性的政策,鼓励形成具有地域特色的学前教育发展模式,重视政策配套实施方

---

① 刘凤辉. 家长的教育理念对幼儿园教育小学化倾向影响的研究[D]. 长沙：湖南师范大学, 2018.
② 胡洁琼. 农村儿童家庭对学前教育公共服务的基本需求与对策研究：以湖南省为例[D]. 长沙：湖南师范大学, 2013.
③ 谭湘785. 湖南省幼儿园教育"小学化"现状调查研究[D]. 长沙：湖南师范大学, 2016.
④ 陈道日娜. 幼儿园大班"幼儿流失"原因及对策研究：以呼和浩特市2所幼儿园为例[D]. 呼和浩特：内蒙古师范大学, 2020.
⑤ 夏东旭. 通辽市幼儿教育去"小学化"政府监管研究[D]. 大连：大连海事大学, 2020.

案的制定，就政策实施过程中遇到的问题建章立制，将问题解决方案具体化、细致化，如教材衔接的管理、班额管理等。[1][2][3]针对农村优秀教师缺乏的现状应建立精准扶教制度，包括大学生支教政策、招收免费定向师范生、重建中等师范学院、改善农村工作环境、培养大学生乡土文化意识及专业素养等。[4]在财政支持方面，应加大在设施设备、活动材料、教师培训等方面的投入力度，也可设立专项教师招募基金来减轻乡镇等薄弱地区优秀幼儿教师缺乏的压力。[5][6]另外，应增设奖补资金，对在评级中优秀的幼儿园或乡镇等幼儿园中表现优秀的教师给予一定的物质奖励。[7]

除了政策支持、经费投入外，还要进一步加大普惠性幼儿园建设力度，鼓励示范园设置分园，发挥带动辐射作用，并通过"结亲帮扶""送教下乡"等形式提升示范辐射能力，扩大辐射范围。[8]帮扶制度的建立还应包括高校资源对幼儿园的一对一帮扶，如高校的专家资源可帮助幼儿园树立正确的办园理念、引领园本课程建设、指导教师专业发展以及家园合作等。

此外，学前教育质量的提升需要制定科学的评价指标和评估机制，而我国幼儿园数量较多，单靠政府是远远不够的，因此有必要建立第三方社会中介评估组织，以专业的理论、客观的视角，深入细致分析幼儿园现状[9]，同时借鉴国外成功经验，完善我国学前教育评价体系，并相对应建立质量提升系统，助力幼儿园的长远发展。如美国有幼儿教育协会、英国有教育标准局、新西兰有教育评估办公室等，专门负责学前教育质量方面的评估与监督工作。

（二）明确小学责任，搭建交流沟通平台

小学在衔接中存在很多问题，如忽视幼小衔接[10]、教师幼小衔接培训工作不到

---

[1] 王芳. 新疆幼儿园教育"去小学化"的问题及对策研究[D]. 重庆：西南大学，2020.
[2] 于唯. 学前与小学语文教育衔接的问题及对策研究[D]. 长春：东北师范大学，2010.
[3] 郑天竺. 幼儿园教育"小学化"倾向的现状调查研究：基于海口市9所幼儿园的调查[D]. 海口：海南师范大学，2015.
[4] 高桂梅. 农村幼儿教育中"小学化"现象研究：对Y镇幼儿教育"小学化"现象的考察[D]. 昆明：云南师范大学，2011.
[5] 曾丽樾. 乡村幼儿教育去"小学化"实践研究：基于一所黔北地区乡村幼儿园的个案考察[D]. 重庆：西南大学，2020.
[6] 谭湘府. 湖南省幼儿园教育"小学化"现状调查研究[D]. 长沙：湖南师范大学，2016.
[7] 张凤. 农村乡镇中心幼儿园发展现状及问题研究：以云南省曲靖市为例[D]. 昆明：云南师范大学，2015.
[8] 夏东旭. 通辽市幼儿教育去"小学化"政府监管研究[D]. 大连：大连海事大学，2020.
[9] 苏云晶. 幼儿园教育"小学化"现象的成因分析及治理路径：以长春市10所幼儿园为例[D]. 长春：东北师范大学，2015.
[10] 张豫. 幼小衔接现状调查研究：以大连市城区学校为例[D]. 沈阳：辽宁师范大学，2021.

位、缺乏可行性的工作方案、学校领导不重视使学校工作整体定位出现偏差、家庭教育方面也存在缺陷。[①]虽然近年来政府通过颁布就近入学、取消幼小衔接班、实行"双减"等一系列政策在一定程度上为小学实施科学幼小衔接提供了保障，《小学入学适应教育指导要点》的实施更是成为小学实施适应课程的重要抓手，但具体该做哪些衔接工作并不清楚，因此在第一轮幼小衔接试点之后应明确小学的具体责任。搭建交流沟通平台是众多学者的共识，但已有研究较多地强调家-园-校三方之间的合作[②③]，对于入学适应课程如何做才更有价值、创设怎样的环境更有利于衔接等问题，如果没有相应的实验研究报告或评价指标作为支撑，那么小学的一些行为举措包括大量的财政投入都将失去价值。因此在家-园-校点对点衔接的基础上，应引进高校这一优质资源，形成以政府为主导、高校-小学-幼儿园三方协同合作的幼小衔接平台，该平台可以以项目的形式就环境创设、教师专业素养、家园校合作等方面进行宏观指导与规划。此外，小幼教师交流平台的搭建是不可缺少的[④]，该平台可以从微观的角度加深教师对学前教育或小学教育的了解，从课程内容、教材衔接、教学方式、品质培养等多个方面定期进行沟通与交流，对交流过程中教师共有的问题或疑虑可通过专家讲座的形式进行有针对性的解答，从而提高教师幼小衔接的意识与能力。在家长工作方面，应搭建家庭教育服务平台，充分利用社区与高校资源，为小学实施家校共育、缓解家长教育焦虑情绪提供支持。

（三）完善培养机制，助力教师专业化发展

幼儿教师在纠正"小学化"的过程中发挥着重要的作用。有学者认为，教师专业素养偏低，专业化水平不足，是幼儿园教育"小学化"的原因之一。[⑤]为了提高教师队伍质量、提升教师专业素养，首先，要推动教师教学观念的转变。一方面，教师要将自身角色定位从管理者向引导者转变，引导幼儿科学发展；另一方面，教师要积极参加教师培训，努力实现自身专业化发展。[⑥⑦⑧]此外，教师要制定

---

① 张小玉. 小学幼小衔接工作现状调查研究：以 D 小学为例[D]. 天水：天水师范学院，2019.
② 陆洁. 基于断层理论的小学一年级新生入学适应研究[D]. 长沙：湖南师范大学，2021.
③ 常梦珂. 父母参与幼小衔接教育与儿童学习适应性的相关研究[D]. 信阳：信阳师范学院，2021.
④ 古丽曼·叶森克. 幼小双向衔接的个案研究：以新疆伊犁 G 幼儿园 D 小学为例[D]. 重庆：西南大学，2021.
⑤ 陈珊. 幼儿园管理视角下农村幼儿园教育"小学化"问题研究[D]. 贵阳：贵州师范大学，2020.
⑥ 尧莹莹. 幼儿园教育小学化倾向的现状分析与对策研究：以河南省 XX 县为例[D]. 新乡：河南师范大学，2017.
⑦ 吴琼. 幼儿园教育小学化的调查研究：以大连开发区为例[D]. 大连：辽宁师范大学，2011.
⑧ 陈蓉. 幼儿园教育"小学化"倾向的现状及解决策略研究：以江苏省 T 市为例[D]. 镇江：江苏大学，2020.

自己的专业发展规划，加强自我反思。[1]其次，要做好职前教师培养工作。各大中专院校设置的课程要理论和实践并重，增加专业理念课程的比重；加强学生的教育教学实践活动的开展，选择优质幼儿园作为学生实习单位。[2][3]最后，做好教师职后培训工作。谭湘府认为，幼儿园可以通过"师徒结对"的方式提高教师专业能力，提升管理人员对幼儿教师日常班级管理的随机观察能力和指导能力，加深幼儿教师对幼小衔接的认识，并且积极寻求幼儿教师的"减压"途径。[4]

三、健全行政管理职能，促进监督机制常态化

（一）明确家长责任，促进家庭教育相关法律法规的细化落实

有研究发现，政府强调"小学化"治理，但在家长方面的工作却难以深入，在幼儿园方面，一些幼儿园为了维持生源，不得不迎合家长的需求，放弃科学教育理念，以保持与家长的良好关系。[5]由此可见，家长对幼儿园教育"小学化"倾向的影响具有及时性、非专业性、广泛性和顽固性。家长不受幼儿教育法律法规的约束，没有相关的政府部门会对家长"小学化"需求进行干预或作出行政处罚。[6]2021年10月23日，第十三届全国人民代表大会常务委员会第三十一次会议通过了《中华人民共和国家庭教育促进法》，明确了未成年人父母或其他监护人家庭教育的责任，但是并没有提及对家长"小学化"倾向的干预、指导策略。对此，政府需要基于调研不断细化和完善《中华人民共和国家庭教育促进法》等相关法律，推动家长积极加入到科学幼小衔接的队伍中来。

（二）优化管理职能，为幼小衔接提供制度保障与支持

政府要完善"小学化"治理的法律与政策，为幼儿园去"小学化"提供支持。其一，政府要进一步细化完善《中华人民共和国学前教育法》，保护好学龄前儿童的合法权益。在制定幼儿园评价标准时，必须遵循幼儿的身心发展规律，谨防

---

[1] 李灵燕. 幼儿园大班数学教育"小学化"的现状与对策研究：以某县县城三所幼儿园为例[D]. 石家庄：河北师范大学，2015.
[2] 唐婉贞. 农村小学附属幼儿园教育"小学化"现状研究：以贵州省J县三所幼儿园为例[D]. 贵阳：贵州师范大学，2018.
[3] 谭湘府. 湖南省幼儿园教育"小学化"现状调查研究[D]. 长沙：湖南师范大学，2016.
[4] 谭湘府. 湖南省幼儿园教育"小学化"现状调查研究[D]. 长沙：湖南师范大学，2016.
[5] 朱剑英. 农村幼儿园"小学化"的利益相关者研究[D]. 重庆：西南大学，2017.
[6] 刘凤辉. 家长的教育理念对幼儿园教育小学化倾向影响的研究[D]. 长沙：湖南师范大学，2018.

进入"小学化"的误区①；其二，政府要细化"小学化"治理标准，地方政府要因地制宜，有针对性地制订"小学化"治理方案。②③④⑤

已有研究表明，部分幼儿园出于对生源与利益的考量，进行"小学化"教育。政府应该从制度层面要求幼儿就近入学，为幼儿园的生源数量提供制度保障。此外，政府要进一步明确幼儿园与小学双方在幼小衔接中的责任，构建较为完善的幼小衔接课程，减缓过渡环节的坡度；完善学校教育质量评估指标，帮助幼儿园树立科学的教育观等；政策适当向农村地区倾斜，以有效提升这些地区幼儿的教育质量等。

（三）各级政府优化自身职能，加强对幼儿教育"小学化"的监管

有研究证实，部分"小学化"治理政策落实不到位，因此很多文献都强调政府监管在去"小学化"过程中的重要性。卢乾指出，私立幼儿园"小学化"治理之所以不彻底，是因为部分政府职能部门监管力度不够大。⑥夏东旭通过分析发现，"小学化"屡禁不止的根本原因是部分政府职能部门监管力度有待加大，而不仅仅是因为幼儿园、家长及幼儿教师的观念存在偏差。⑦李灵燕发现，地方政府强调一年级严格执行"零起点"教学，有利于改善"小学化"现象，因此，她建议教育主管部门采取有效措施禁止"非零起点"教学现象，加大对幼儿园的监管力度。⑧朱剑英调查发现，农村幼儿教育"小学化"现象屡禁不止的重要原因是，部分政府职能部门对农村幼儿教育"小学化"现象疏于监管，因而，改变农村幼儿教育"小学化"现象的重要途径就是政府加大对农村学前教育的监督监管力度。⑨

各级政府要完善幼儿教育监督管理体系，就要明确园校评价体系和奖惩标准。各级政府要基于国家颁布的"小学化"治理政策，有针对性地详细制定园校评价与奖惩标准，并进行不定期检查、公示与奖惩，完善举报、信访等制度，为公众

---

① 尹晶晶.《辽宁省幼儿园评估定级标准》研究：以教育工作为例[D]. 沈阳：沈阳师范大学，2018.
② 张媛. 农村小学附属幼儿园"小学化"研究：基于贵州省Q村的田野调查[D]. 贵阳：贵州师范大学，2019.
③ 卢乾. 民办幼儿园小学化治理主体研究[D]. 贵阳：贵州师范大学，2019.
④ 汪金. 幼儿园大班"幼儿流失"现状及原因研究[D]. 沈阳：沈阳师范大学，2019.
⑤ 王芳. 新疆幼儿园教育"去小学化"的问题及对策研究[D]. 重庆：西南大学，2020.
⑥ 卢乾. 民办幼儿园小学化治理主体研究[D]. 贵阳：贵州师范大学，2019.
⑦ 夏东旭. 通辽市幼儿教育去"小学化"政府监管研究[D]. 大连：大连海事大学，2020.
⑧ 李灵燕. 幼儿园大班数学教育"小学化"的现状与对策研究：以某县县城三所幼儿园为例[D]. 石家庄：河北师范大学，2015.
⑨ 朱剑英. 农村幼儿园"小学化"的利益相关者研究[D]. 重庆：西南大学，2017.

参与"小学化"治理提供便利渠道。[1][2]此外，政府应完善自身职能，成立相应的服务部门，如独立设置学前教育科，配备专门的学前教育管理办公室，吸纳专业人才，进行多层级的监督与管理。

第五节 本章小结

一、对不同利益相关者的深层了解不够

已有研究大部分是整体考察学前教育"小学化"的现状、问题、原因，如《新疆幼儿园教育"去小学化"的问题及对策研究》《福州市幼儿园教育"小学化"现状研究》《对当前幼儿园教育小学化现象的原因分析及对策研究》《湖南省幼儿园教育"小学化"现状调查研究》对上述问题均有涉猎。这些研究有的调查"现状"，即"小学化"在哪些方面有所体现，不同级别、不同地区幼儿园"小学化"的程度，有的调查造成"小学化"的原因，还有的提出"放之四海而皆准"的一些建议。

然而，学前教育"小学化"是由不同利益相关者之间的博弈造成的，要想突破这个困境，我们必须清楚不同利益相关者在这一问题上深层次的想法、担忧、利益诉求是什么，基于此我们才能精准地找到利益协调的路径。我们希望更加深入地了解孩子对于入学准备有什么想法、教师对"科学有效衔接"如何理解、家长对于入学准备和"零起点"等是如何理解的，政府针对学前教育"小学化"有何行动等，本章利用几个实证研究，深入调查不同主体的想法。

二、对政府这一利益相关者的作用重视不够

已有研究的研究对象大多聚焦在家长、教师、幼儿园、小学等主体上，对于政府这一利益主体涉及得不多，大多研究只是在"教育建议"部分会提到"加大政府投入""制定有效政策""建立适宜的机制"等。但是我们认为，政府是解决学前教育"小学化"问题，进而推动科学幼小衔接的关键利益相关者。我们在访谈过程中发现，有些幼儿园老师认为，因为家长要求提前教授小学知识，所以才会涉及小学的内容；家长认为，因为害怕小学进度快，才希望幼儿园提前教授小学的知识；小学老师认为，因为大部分孩子都已经学过了，所以才教得快。三

---

[1] 尧莹莹. 幼儿园教育小学化倾向的现状分析与对策研究：以河南省 XX 县为例[D]. 新乡：河南师范大学，2017.
[2] 陈蓉. 幼儿园教育"小学化"倾向的现状及解决策略研究：以江苏省 T 市为例[D]. 镇江：江苏大学，2020.

方的行为互为原因、互为结果,这一局面让这个困境看似无法突破!我们认为,政府是解决这一问题的关键力量。政府应从政策、机制、经费、评价、监督等层面去思考如何解决这一问题,所以我们在第五章和第六章中阐释并凸显政府在其中的作为。

三、"利益协调"的建议有待"行动化"

学前教育"小学化"极大地影响学前教育质量,涉及幼儿、幼儿园、小学、政府、家长等多个利益相关者,如果解决不好,会给各个利益相关者都带来困扰。通过梳理 2010—2020 年的硕博学位论文发现,这些研究在调查了学前教育"小学化"的现状、原因之后,也会提出研究建议,但是这些建议只是"面上"的一些说法,无具体实施的路径或方法。比如,有研究者提出的建议是管理层要聚焦人、师资层面要发展人,家庭层面要连接人。[①]再如,有研究者提出要"制定有针对性的政策""提高教师队伍的质量""帮助家长建立科学育儿观"……但是到底该如何树立服务意识?如何提升教师专业发展水平?如何更新家长的教育观念?对于学前教育"小学化"的治理,大家心知肚明要提升教师素质、转变家长理念、加大政府投入、建立教育机制……但是到底"如何"做才是大家最为迫切关注的问题。因为,有研究者指出"过去的研究充满了思辨式、价值判断式的东西,现在谁都明白'应该',但更多的人需要我们的研究将'应该'变为'为什么''怎么样'"。[②]所以,本书将通过第五章和第六章的研究尝试回答这些问题。

[①] 陈姗. 幼儿园管理视角下农村幼儿园教育"小学化"问题研究[D]. 贵阳:贵州师范大学,2020.
[②] 皮军功,崔红英. 幼教百年沉思录(四)[J]. 学前教育研究,2003(7/8):63-64.

第四章　幼小衔接不同利益相关者的
诉求、冲突与协调

幼小衔接涉及多个利益相关者，本章关注儿童、幼儿园教师、小学教师、幼儿园家长、小学家长等，探寻他们眼中的幼小衔接观念、关注的焦点、存在的困惑、需要得到的帮助以及对幼小衔接提出的建议。

第一节　儿童眼中幼儿园与小学：一年级"过来人"的看法

深入了解幼儿园与小学的不同是开展幼小衔接工作的重要基础。然而在研究与实践过程中，人们往往重点关注幼儿园、小学和家庭，恰恰忽视了来自主要当事人和重要利益相关者，即儿童的观点。随着儿童观的转变以及对儿童权利倡导的深入，儿童逐渐被认可为有能力的主体，甚至是积极的社会行动者，学前教育领域也随之出现了新的研究取向，即儿童视角。[1]儿童视角反对传统教育研究中以成人为研究者所建构起来的话语体系，倡导新的儿童观，主张儿童作为自身生活的"专家"，彰显其作为研究主体的生活体验和意义建构。[2]因此本章采用儿童视角，探究一年级新生眼中的幼儿园与小学。一年级新生对幼儿园的生活还未忘记，又亲身体验了一年级的生活，所以了解他们的想法，可以让我们更加了解幼儿园与小学之间的差异，为改善幼小衔接、预防幼儿园教育"小学化"提供有价值的信息与建议。

一、研究过程

有研究者认为，以教室、学校和学生学习的日常情况为内容进行绘画，能够

---

[1] 李娟，刘滟琨，刘渺，等. 幼儿眼中的"幼小衔接"[J]. 上海教育科研，2015（6）：32-35.
[2] 陈晓红，李召存. 教育研究中儿童视角的发展[J]. 教育导刊（下半月），2015（1）：15-18.

记录和反映教室和学校的教育生态，绘画可以作为检验学生学习观念并发现情感问题的一种替代方法。[①]

我们于 2021 年 11 月上旬随机抽取了来自 W 市两所公立小学的 132 名一年级新生作为研究对象。因为这些儿童已经离开幼儿园一段时间，我们首先出示了幼儿在园一日活动各环节的照片并与他们一起浏览讨论，以唤起他们回忆，在回忆幼儿园生活之后让他们进行集体绘画。

我们给每位一年级新生发放一张 A4 白纸，让其在左边画上幼儿园生活，右边画上小学生活，绘画时间控制在 45 分钟左右。对于绘画技能有限的学生，研究者允许他们使用图画加文字的方式。最终，剔除无效绘画作品后，剩余 113 份作品。随后，研究者将儿童的作品扫描，存入电脑，根据所有作品内容编制编码系统。最终确定的编码系统（表 4-1），都是经过 2 位研究者一致认可的。

表 4-1 儿童绘画作品编码表

类别	指标
（1）人	1.1 教师（单独）、1.2 学生（带老师）、1.3 学生和家长、1.4 教师（带学生）、1.5 学生（单独个体）、1.6 同龄人/小组、1.7 不画人形
（2）地点	2.1 教室、2.2 绿荫操场、2.3 户外游戏场地、2.4 寝室、2.5 食堂、2.6 未指明、2.7 游戏/其他区域
（3）活动	3.1 教师讲课、3.2 户外游戏、3.3 室内游戏、3.4 体育活动、3.5 学习活动、3.6 生活活动、3.7 未说明
（4）领域	4.1 数学、4.2 语言、4.3 美术、4.4 音乐、4.5 健康、4.6 未说明
（5）物体	5.1 滑梯、5.2 教学用品、5.3 运动器材、5.4 床、5.5 玩具、5.6 符号、5.7 自然物、5.8 没有物体
（6）天气	6.1 晴天、6.2 阴天、6.3 雨天、6.4 彩虹、6.5 未指明
（7）情绪	7.1 积极、7.2 消极、7.3 不明确

二、研究结果

（一）在涉及的人方面

在学生描绘幼儿园生活和小学生活的图画中，同龄人/小组（$p<0.01$）和教师

[①] Wang H Y, Tsai C C. An exploration of elementary school students' conceptions of learning: A drawing analysis[J]. Asia Pacific Education Researcher, 2012, 21(3): 610-617.

（带学生）两个子类别存在显著差异（$p<0.05$）。其中，同龄人/小组在幼儿园生活作品中占比为 40.7%，在小学生活作品中占比为 26.1%，教师（带学生）在幼儿园生活作品中占比为 9.7%，在小学生活作品中占比为 18.3%（表 4-2）。也就是说，同龄人/小组是幼儿园中最主要的学习方式，而"以教师为主讲课"是小学最重要的方式。另外，家长均未在幼儿园和小学的生活中体现出其地位。

表 4-2 作品中"涉及的人"的统计结果

指标	p		频次		占比/%	
	幼儿园	小学	幼儿园	小学	幼儿园	小学
教师（单独）	0.157		0	2	0	1.7
学生（带老师）	0.083		0	3	0	2.6
教师（带学生）	0.003		11	21	9.7	18.3
学生和家长	1.000		2	1	1.8	0.9
学生（单独个体）	0.549		20	23	17.7	20.0
同龄人/小组	0.006		46	30	40.7	26.1
不画人形	0.835		34	35	30.1	30.4

图 4-1 为幼儿作品中涉及人的示例图，我们可以看出，在学生描绘幼儿园生活时，同伴与自己一起活动的印象更为深刻，而在小学的生活中，他们对教师带着学生一起学习的情景更为深刻。可见，一年级新生对学校生活的观念似乎从"同龄人伙伴和我一起生活"转变为"以老师为主导带我们学习"。

（a）A 小朋友作品　　　　　　　　（b）B 小朋友作品

图 4-1 "涉及的人"作品示例（彩图）

（二）在涉及的地点方面

在涉及的地点方面，幼儿园与小学在教室和户外游戏场地上存在极显著差异，在绿荫操场和寝室上存在显著差异。其中，户外游戏场地在幼儿园生活的作品中占比相对较高，为 38.9%，而绿荫操场和教室在描述小学生活的作品中占比相对较高，分别为 35.4%和 32.7%。除此之外，寝室只在描述幼儿园生活的作品中出现过，其占比为 7.1%，具体结果见表 4-3。

表 4-3　作品中"涉及的地点"的统计结果

指标	p		频次		占比/%	
	幼儿园	小学	幼儿园	小学	幼儿园	小学
教室	0.000		13	37	11.5	32.7
绿荫操场	0.004		26	40	23.0	35.4
户外游戏场地	0.000		44	10	38.9	8.8
寝室	0.005		8	0	7.1	0
食堂	0.157		2	0	1.8	0
未指明	0.180		20	26	17.7	23.0

从图 4-2 可以看出，在幼儿园的生活中，一年级新生对户外游戏场地记忆深刻，寝室是幼儿园的另一个独特代表。而在小学，绿荫操场和教室是他们提到的最多的场所。

（a）C 小朋友作品　　　　　　　　（b）D 小朋友作品

图 4-2　"涉及的地点"作品示例（彩图）

（三）在涉及的活动方面

我们对儿童绘制的"我的幼儿园"和"我的小学"中涉及的活动类型做了编码分析，结果如表 4-4 所示。

表 4-4 作品中"涉及的活动"统计结果

指标	p		频次		占比/%	
	幼儿园	小学	幼儿园	小学	幼儿园	小学
教师讲课	0.002		2	15	1.4	12.9
户外游戏	0.000		33	4	23.9	3.4
室内游戏	0.206		7	2	5.1	1.7
体育活动	0.041		29	19	21.0	16.4
学习活动	0.001		1	12	0.7	10.3
生活活动	0.127		16	9	11.6	7.8
未说明	0.505		50	55	36.2	47.4

从表 4-4 可以看出，一年级新生眼中，幼儿园和小学在户外游戏方面存在极显著差异，在学习活动、教师讲课和体育活动方面存在显著差异。从以上数据可以看出，在一年级新生回忆、描述自己的幼儿园和小学生活的时候，户外游戏和体育活动是幼儿园的主要活动类型。而学习活动、教师讲课在小学生活中体现得更为突出。这反映出即便刚刚入学两个月，一年级新生就已经非常明确地感知到小学和幼儿园在"活动"方面的不同。如图 4-3 所示，这名儿童在画"我的幼儿园"时，画的是滑梯，我们将之归为"体育活动"，在画"我的小学"时，画了操场和上课，我们将之归为"体育活动"和"教师讲课"。这幅作品是大多数儿童作品的代表，即用滑梯代表幼儿园的生活，用上课和操场代表小学的生活。

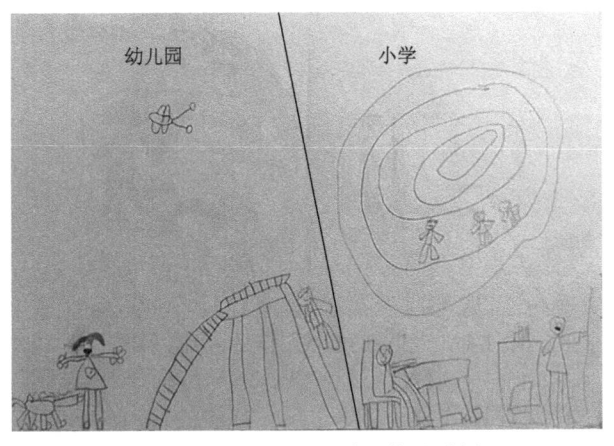

图 4-3 "涉及的活动"作品示例

（四）在涉及的领域方面

本研究按照五大领域的划分维度来编码，具体结果如表 4-5 所示。

表 4-5 作品中"涉及的领域"的统计结果

指标	p 幼儿园	p 小学	频次 幼儿园	频次 小学	占比/% 幼儿园	占比/% 小学
数学	1.000		1	1	0.9	0.9
语言	0.005		0	8	0	7.1
美术	1.000		1	1	0.9	0.9
音乐	0.317		0	1	0	0.9
健康	0.009		31	18	27.4	15.9
未说明	0.516		80	84	70.8	74.3

由表 4-5 数据可知，一年级新生眼中幼儿园和小学在语言与健康领域存在显著差异，"我的幼儿园"涉及健康领域的占比（27.4%）显著高于"我的小学"（15.9%），"我的幼儿园"中出现更多的滑滑梯、做操等健康领域的活动。"我的小学"作品中出现的语言领域的活动占比（7.1%）显著高于"我的幼儿园"（0），比如"我的小学"中出现了较多的"汉语拼音"和"汉字"。

从图 4-4 儿童作品示例可以看出，"我的幼儿园"作品中出现的是滑梯，而"我的小学"作品中出现的是上课学习汉语拼音。

图 4-4 "涉及的领域"作品示例（彩图）

（五）在涉及的物体方面

我们把儿童绘画作品中出现的物体进行编码赋值，统计结果显示，在"我的幼儿园"作品中，滑梯、玩具、床出现的频率显著高于"我的小学"；在"我的小学"作品中，教学用品、符号出现的频率显著高于"我的幼儿园"。这说明，在幼儿园生活中，滑梯、玩具和床是他们最关注、最常见到的，这从侧面反映出，在一年级新生眼中，幼儿园生活都是较为日常的常规生活，诸如玩游戏、玩玩具、睡觉。而在小学生活中较常出现的是教学用品（黑板、课桌椅、文具、书包等）以及符号（拼音、汉字、数字等），说明在儿童的眼中，小学是上课学习的地方。具体数据如表4-6所示。

表4-6 作品中"涉及的物体"的统计结果

指标	p 幼儿园	p 小学	频次 幼儿园	频次 小学	占比/% 幼儿园	占比/% 小学
滑梯	0.000		41	0	36.3	0
教学用品	0.000		9	43	8.0	38.0
运动器材	0.739		5	4	4.4	3.5
床	0.025		5	0	4.4	0
玩具	0.007		10	1	8.8	0.9
符号	0.001		5	22	4.4	19.5
自然物	0.317		22	28	19.5	24.8
没有物体	0.857		16	15	14.2	13.3

图4-5为"涉及的物体"作品示例，从两位儿童的作品中能非常清晰地看出，幼儿园中出现的是玩具、滑梯、运动器材，小学中出现的是桌椅、书和黑板。

（a）E小朋友作品　　　　　　　　（b）F小朋友作品

图4-5 "涉及的物体"作品示例（彩图）

（六）在情绪与天气方面

儿童绘画作品会传达出一定的情绪，比如有的作品中人物嘴角上扬，有的作品中，人物非常生气或者很沮丧，编码之后的结果显示，"我的幼儿园"中，积极情绪显著多于消极情绪（$p<0.05$），而"我的小学"中的消极情绪较多。

绘画作品还会体现天气情况，从数据结果看，"我的幼儿园"中出现彩虹的频次显著高于"我的小学"（$p<0.05$），绘画是一种媒介，可以呈现个体难以表达的潜在心理状态，展现儿童的主体经验、情感与经历。[1]幼儿园作品中出现的彩虹数量显著多于小学，也许是因为在儿童的眼中，幼儿园生活比小学生活更加丰富多彩、更斑斓。具体数据如表 4-7 所示。

表 4-7　作品中"情绪与天气"统计结果

指标	p		频次		占比/%	
	幼儿园	小学	幼儿园	小学	幼儿园	小学
积极	0.024		49	36	21.7	15.9
消极	0.083		0	3	0	1.3
不明确	0.068		64	74	28.3	32.7
晴天	0.157		44	36	19.5	15.9
阴天	0.705		7	6	3.1	2.7
雨天	0.655		4	3	1.8	1.3
彩虹	0.025		5	0	2.2	0
未指明	0.005		53	68	23.5	30.1

从图 4-6 可以看出，这两名一年级新生绘制的"我的幼儿园"中都有彩虹，而"我的小学"中则没有。

从图 4-7 可以看出，这两名学生绘制的"我的幼儿园"都是非常开心地玩游戏的场景，人物嘴角上扬，"我的小学"则是下雨的场景，人物嘴角下撇，表现出负面情绪。

---

[1] 陈琨，边霞. 绘画投射技术在攻击性儿童心理分析中的运用及其效果[J]. 学前教育研究，2010（12）：15-20.

第四章　幼小衔接不同利益相关者的诉求、冲突与协调 | 109

（a）G小朋友作品　　　　　　　　　　（b）H小朋友作品

图 4-6　彩虹在作品中的出现情况（彩图）

（a）L小朋友作品　　　　　　　　　　（b）J小朋友作品

图 4-7　"涉及的情绪"作品示例（彩图）

注：左侧图中，小朋友们嘴角上扬，开心地玩滑梯，且有彩虹；右侧图中，教师和学生嘴角都朝下，他们正在上课，且乌云密布，正在下雨

三、讨论

（一）儿童有能力表达自己的观点

随着"儿童的发现"，人们对儿童和童年的认识也在逐步发生变化，儿童逐渐展示自己的力量，并逐渐成为与成人具有同等地位的积极主体[1]，他们用绘画、摄影、谈话等方式表达自己的观点与情感。[2]近年来，关于"儿童视角"的研究逐年深入。比如，王小英对66名幼儿进行半结构性访谈，从儿童的视角呈现了从幼

---

[1] 席小莉，袁爱玲. "儿童作为研究者"的兴起与发展[J]. 学前教育研究，2013（4）：18-24.
[2] 黄力. 我心目中的学校：儿童视角的教育研究[M]. 北京：光明日报出版社，2011.

儿园到小学所产生的压力；[①]杨静在研究中，利用儿童访谈、儿童作画，对比幼儿园大班和小学一年级儿童眼中的小学生活，从儿童视角出发揭示幼小衔接现状。[②]国外也有很多研究，通过儿童摄像、儿童访谈、儿童绘画等马赛克的方式调查幼儿眼中的小学教师和入学准备，以及幼儿园眼中的小学和幼小衔接等。[③④]

但国内学者李召存却提出，我国现在学前教育领域仍然体现出"为了儿童"有余而"基于儿童"不足的倾向。人们往往秉持着"为了儿童"的美好夙愿，而忽视儿童的真正声音，我们应该以"基于儿童"为理性基础开展研究与实践。[⑤]

（二）幼儿园到小学的"断层"较为明显

从上文绘画作品分析结果可以看出，儿童非常清晰地感受并表达了幼儿园和小学的不同，不管是绘画中的人、活动还是物体，儿童都认为小学以教师为中心，以学习任务为取向，而幼儿园更多的是同伴一起游戏、生活。儿童刚上2个月的小学，便明显感知到了幼儿园和小学的不同。笔者认为其中有两点需要引起我们的思考。

第一，反思小学教师的学习观。在儿童绘画作品中，体现出小学更多的是在教室里，由教师主导"上课"，而儿童的角色更多的是消极的"听众"，一年级新生的学习观其实是对自己小学生活的真实写照，这不免让我们反思目前的基础教育。站在历史的角度回看，从夸美纽斯、卢梭到杜威、蒙台梭利再到皮亚杰、维果茨基，他们一致认为儿童是在经验中、行动中学习的，而不是向教科书和教师学习的。难道到了学龄阶段，就突然转向"传输"与"接受"？

儿童学习观是与一定的社会文化条件相关联的，文化是一个复杂的整体，包括知识、信仰、艺术、伦理道德、法律、风俗和作为一个社会成员的人通过学习而获得的任何其他能力和习惯，在不同程度上影响或流行于该群体及其相关群体中。[⑥]当前，一些人仍然秉持"老师教，儿童学"的学习观。因于历代承袭下来的学习观，小学应如何做到聆听小学生的"心声"？是否应该像杜威所说的，我们

---

① 王小英，刘红洁. 幼小衔接中大班幼儿心理压力分析：基于儿童视角的研究[J]. 学前教育研究，2018（2）：3-11.
② 杨静. 基于儿童视角的幼小衔接研究：以上海市为例[D]. 南充：西华师范大学，2017.
③ Einarsdottir J. Children's perspectives on the role of preschool teachers[J]. European Early Childhood Education Research Journal, 2014, 22(5): 679-697.
④ Wong M. Voices of children, parents and teachers: How children cope with stress during school transition[J]. Early Child Development & Care, 2015, 185(4): 658-678.
⑤ 李召存. 以儿童为本：走向"为了儿童"与"基于儿童"的整合[J]. 学前教育研究，2015（7）：9-13.
⑥ 中国大百科全书总编辑委员会《社会学》编辑委员会，中国大百科全书出版社编辑部. 中国大百科全书·社会学卷[M]. 北京：中国大百科全书出版社，1991.

应该用智慧检验历代继承下来的制度和习俗实际上所产生的后果。[1]

第二，警醒儿童对小学的负面情绪。由上文数据结果可知，儿童对小学的消极情绪显著多于幼儿园，幼儿园的绘画中出现彩虹等象征"美好""丰富多彩"的物体的绘画作品显著多于小学。诸多研究证实，儿童的情绪能够直接影响课堂教学和学生的学习成绩，当儿童对学校持积极态度时，他们会积极与教师互动，自觉投入课堂教学中，从而提升学习成绩，反之则讨厌学习。[2][3]本章中的研究对象仅为上小学两个月的儿童，这些儿童对小学有着如此明显的消极态度，这让我们更加担心，因为有两项研究显示，随着年龄的增长，儿童对学校的消极态度会越来越明显。[4][5]

那么儿童的消极情绪来源于哪儿呢？有研究者提出了影响儿童学习情绪体验的五个来源：自我、环境、人物、学习表现和社会交往。[6]小学应该意识到，情绪是儿童内心世界的外在表现，它传达了一种信号，促使我们去觉察其背后的含义。作为小学，应该思考，可以为儿童提供哪些支持，来消解他们对小学的消极情绪。比如，有学者分析儿童的日记后认为，教师应该更加关注学生的个性需求，与儿童建立亲密关系。[7]

四、建议

（一）与儿童一起研究

儿童有表达自我的能力，且社会问题的研究本应把相关主体纳入其中，所以我们应更多地开展"儿童视角"的研究，从"研究儿童"转变为"与儿童一起研究"。[8]有学者早就提出，只有当家长、教师和儿童在幼小衔接中成为平等的主体，

---

[1] 约翰·杜威. 确定性的寻求：关于知行关系的研究[M]. 傅统先译. 上海：上海人民出版社，2004.
[2] Pekrun R, Goetz T, Titz W, et al. Academic emotions in students' self-regulated learning and achievement: A program of qualitative and quantitative research[J]. Educational Psychologist, 2002, 37(2): 91-105.
[3] Lichtenfeld S, Pekrun R, Stupnisky R H, et al. Measuring students' emotions in the early years: The achievement emotions questionnaire-elementary school（AEQ-ES）[J]. Learning & Individual Differences, 2012, 22(2): 190-201.
[4] Vierhaus M, Lohaus A, Wild E. The development of achievement emotions and coping/emotion regulation from primary to secondary school[J]. Learning & Instruction, 2016, 42: 12-21.
[5] Hsieh W M, Tsai C C. Learning illustrated: An exploratory cross-sectional drawing analysis of students' conceptions of learning[J]. The Journal of Educational Research, 2018, 111(2): 139-150.
[6] Järvenoja H, Järvelä S. How students describe the sources of their emotional and motivational experiences during the learning process: A qualitative approach[J]. Learning & Instruction, 2005, 15(5): 465-480.
[7] Hagenauer G, Hascher T. Learning enjoyment in early adolescence[J]. Educational Research & Evaluation, 2010, 16(6): 495-516.
[8] 钱慧. 论儿童叙事及其绘画载体[J]. 陕西学前师范学院学报，2019，35（2）：12-15，45.

共同参与其中时，才能取得科学幼小衔接的良好效果。[①]儿童与家长、学校共同组成了一个复杂的、彼此影响的网络系统。如果要研究幼小衔接问题，我们就必须要把这些利益相关者包括儿童都纳入研究中。笔者通过儿童的画笔，得知他们眼中的"我的幼儿园"和"我的小学"在人、地点、物体、活动等方面的不同，以及他们对幼儿园和小学的情绪不同，促使我们思考为什么幼儿园和小学在他们眼里会有这些不同，这些不同代表着什么，进而探究儿童观点与家长、教师观点的异同。

（二）给予儿童支持，平缓过渡

儿童到了小学之后需要适应新的价值观和一系列规则，[②]如果幼儿园和小学的价值观与规则之间存在较多的不同，那么就会产生断层：人际关系的断层、学习方式的断层、行为规范的断层、社会结构的断层、期望水平的断层、学习环境的断层。[③]有研究提出，儿童进入小学感受到这种不同之后，会努力朝着小学期望的的方向努力，但是一旦没有达到教师的期望，就会产生沮丧情绪，[④]笔者也得出了了结论，儿童对小学的消极情绪明显多于幼儿园。

在影响个体转折期适应的因素中，社会支持起着重要作用。社会支持可以缓解个体的压力，使其顺利适应新环境。[⑤]那么我们在幼小衔接时，给予了幼儿哪些些社会支持呢？首先，我们应该让幼儿做好心理准备。让儿童了解小学教师、环境、规则、作息制度等方面与幼儿园的不同，但是不管我们是利用幼儿参观小学的方式，还是利用与一年级哥哥、姐姐交流的方式，都要注意正向引导，帮助幼儿建立对小学的积极情感，因为幼儿对小学的认识大多时候受到成人的影响。比如，儿童从家长口中的"再不好好学习，小学老师会罚站"就会得出"小学老师很厉害"的认识。[⑥⑦]其次，要帮助幼儿养成良好的生活习惯与学习习惯，因为刚进入小学的儿童会在劳动、整理书包等方面存在困难，从而产生压力。最后，小学应该设计幼小衔接的过渡性课程。虽然儿童上了一年级，但他们毕竟刚从幼儿园走出来，因此学习方式、学习内容方面要向幼儿园靠近些，其学习内容不能是

---

① Edgar D. Family background and the transition to school. Catholic School Studies, 1986, 59(2): 27-31，26.
② Chan W L. Expectations for the transition from kindergarten to primary school amongst teachers, parents and children[J]. Early Child Development & Care, 2012, 182(5): 639-664.
③ 杨敏，印义炯. 从哈克教授的幼小断层理论看法国的幼小衔接措施[J]. 天津市教科院学报，2009（4）：55-56.
④ Wong M. A longitudinal study of children's voices in regard to stress and coping during the transition to school[J]. Early Child Development and Care, 2016, 186(6): 927-946.
⑤ 陶沙. 社会支持与大学生入学适应关系的研究[J]. 心理科学，2003（5）：908-909.
⑥ 王小英，刘洁红. 幼小衔接中大班幼儿心理压力分析：基于儿童视角的研究[J]. 学前教育研究，2018（2）：3-11.
⑦ 李娟，刘艳琨，刘渺，等. 幼儿眼中的"幼小衔接"[J]. 上海教育科研，2015（6）：32-35.

完全符号化、抽象化的内容。要想设计好过渡性课程，就要回到那个老生常谈的问题：幼小衔接中，小学和幼儿园应该双向衔接，小学老师也应该与幼儿园交流，了解幼儿园的教学内容和教学方式，了解大班幼儿的发展特点与水平。但是从本研究的结果可以看出，幼小衔接中，小学承担责任不足的情况依然有待改善。

第二节 不同利益相关者的入学准备观

基于对布朗芬布伦纳人类发展生态系统理论的分析，邓洛普等建构了幼小衔接生态系统图（图4-8）。成功的幼小衔接不能只关注对儿童自身入学准备情况进行评估，还应该认识到所有与幼小衔接相关的利益相关者给幼小衔接带来的影响。[1]从生态学视角来看，在幼小衔接中，儿童、家庭、同伴和社区之间形成了一个动态关系网，关系网中的各利益相关者都会对幼小衔接产生或直接或间接的影响。[2]因此，考察这一动态关系网中各利益相关者的入学准备观能够帮助我们了解到他们的利益诉求，由此我们可以协调各利益相关者之间的利益关系，进而建构或改善这种关系网，帮助幼儿在一个具有积极和支持性作用的动态关系网中顺利进行入学准备。

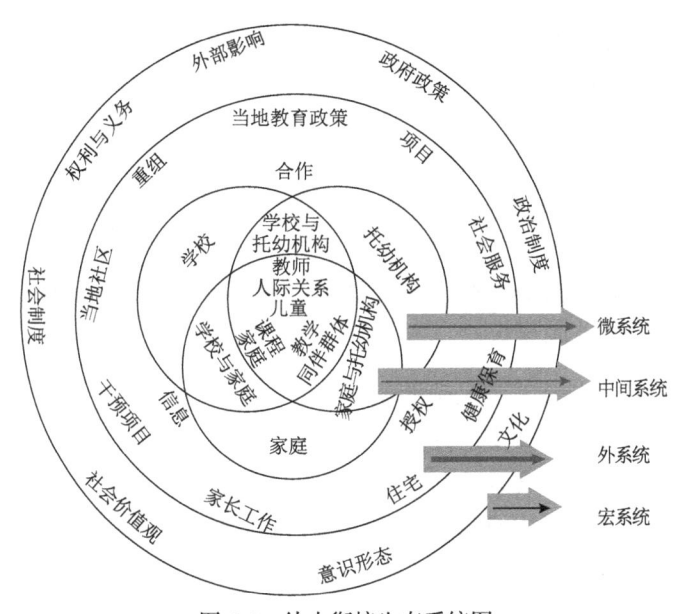

图4-8 幼小衔接生态系统图

---

[1] 李敏谊，刘颖，崔淑婧. 国外近10年幼小衔接理论研究综述[J]. 比较教育研究，2010，32（5）：86-90.
[2] 崔淑婧，刘颖，李敏谊. 国内外幼小衔接研究趋势的比较[J]. 学前教育研究，2011（4）：53-60.

一、研究过程与方法

（一）研究对象

研究者抽取幼儿园教师、幼儿家长、小学教师和小学生家长共 237 名，包括 W 市和 B 市，W 市为我国南方沿海城市，经济较为发达，B 市为我国北方内陆城市，相较于 W 市而言，经济较为落后。具体情况见表 4-8。

表 4-8　被访谈对象的基本信息　　　　　　　　　　单位：名

比较项	B 市	W 市
幼儿园教师（YT）	30	30
幼儿家长（YF）	30	29
小学教师（ST）	30	28
小学生家长（SF）	30	30

（二）研究方法

现象图析学是一种能够指导具体研究方法如何实施的方法论。[1]本章采用现象图析学中最常用的结构化访谈法收集具体的资料。[2]

此种方法的基本题型为：对你而言，什么是……？你如何……？

本章针对研究对象设计访谈题目，题目设计的重点在于能让研究对象说出他的想法、经验、观点、信念等，而不是问对错或进行价值判断，然后把对方的回答转换成文字，进行量化分析。在此，针对不同的群体我们进行了如下题目设计：

一年级家长/幼儿园家长：

　　A. 您认为什么是"入学准备"？
　　B. 您觉得为什么要进行"入学准备"呢？
　　C. 您的孩子是怎么进行"入学准备"的呢？
　　D. 您觉得小朋友应该掌握哪些本领才能更好地适应小学生活呢？
　　E. 您认为"入学准备"工作应该由谁来做呢？

---

[1] 张宵，丁邦平. 现象图析学：一种中观层面的教育学研究方法论[J]. 比较教育研究，2017, 39（3）：26-32.
[2] 刘秀英，丁邦平，赵瑛. 论现象图析学的理论与方法[J]. 黑龙江高教研究，2022, 40（3）：12-18.

幼儿园教师：

　　A. 您认为什么是"入学准备"？
　　B. 您觉得为什么要进行"入学准备"呢？
　　C. 您的学生是怎么进行"入学准备"的呢？
　　D. 您觉得小朋友应该掌握哪些本领才能更好地适应小学生活呢？
　　E. 您认为"入学准备"工作应该由谁来做呢？

一年级教师：

　　A. 您认为什么是"入学准备"呢？
　　B. 您觉得为什么要进行"入学准备"呢？
　　C. 本班小朋友的"入学准备"情况是怎样的？还满意吗？
　　D. 您觉得小朋友应该掌握哪些本领才能更好地适应小学生活呢？
　　E. 您认为入学准备工作应该由谁来做呢？

二、研究结果

（一）四个群体关于"准备什么"的认识

我们对受访者的话进行逐级归类编码。在编码整理的起始阶段，研究者先整理出一个分析维度，然后与另外 2 名研究者进行第一次修改，即讨论分析哪些维度还可以更加合理；接着再进行第二次修改，进一步明确和完善分析维度。这些分析维度并不是一次完成的，而是在多次咨询、讨论、修改和验证的基础上确定最终的分析框架。

为了提高研究的信度与效度，此次研究由两名研究者进行了编码一致性考察。具体方法为：随机抽取 10 位访谈对象，然后按照 $CA=2\times S/(T1+T2)$ 进行计算。其中，S 表示两名编码者归类一致的数目；T1、T2 分别表示他们的编码总数，编码一致性结果为 0.894。"准备什么"编码，如表 4-9 所示。

表 4-9 "准备什么"编码

准备什么	分类	例子
物质准备	学习用品	能够独立准备书包、铅笔、橡皮、存储袋儿
	生活用品	运动鞋、舒服的衣服
心理准备	身份和场地的变换	知道幼儿园和小学的不同，意识到自己是小学生，参观小学，提高日常要求
	减少心理负面影响	提升抗压能力，让他喜欢上学，对小学充满向往

续表

准备什么	分类	例子
知识及技能准备	到辅导机构学习	上课外辅导班，上学前班
	家庭中学习	家长自己买书在家教孩子，买东西的时候可以让孩子算账
	上兴趣班	能够下象棋、舞蹈、读诗
语言准备	倾听与表达	学会倾听，具有表达能力，要说出自己的想法
	阅读与书写准备	提升阅读能力，培养阅读习惯，掌握正确的握笔姿势，勤书写，多看书，写自己的名字，多识字
健康准备	身体状况	多锻炼身体，营养均衡，做好心理和生理上的准备
	生活习惯与生活能力	学会自己整理东西、自己上厕所、自己系鞋带、早睡早起，提升自我保护意识和求助意识，调整好作息时间，培养时间观念和良好的生活习惯，能够独立做一些必要的事情
学习品质准备	主动性	培养学习兴趣和良好的学习习惯，如回家先写作业
	自理能力	培养自律性，独立完成作业，自己安排学习时间
	专注力	提升注意力，不乱动，不交头接耳，认真听讲，具有自控能力、自制力
	吸收知识的能力	培养学习能力、理解能力，以及接受新知识的能力
	学习兴趣	喜欢学习，培养学习兴趣
	思维能力	提升思考力、想象力、创造力
社会性准备	人际交往	和小朋友相处时，要有礼貌，提升社交能力，具有良好的沟通能力，能够做老师的小助手
	社会适应	知道物品具有所属权，具有集体意识

由表 4-9 可知，受访者关于入学准备应该"准备什么"总共有七种描述。

1. 幼儿园教师对"准备什么"的认识

根据受访者提到的关键词和关键句子，我们可以得到以下结果（图 4-9）。

根据受访者提到的内容可知，幼儿园教师最为关注的是健康准备，提到的人数占总人数的 86.7%，其中"生活习惯与生活能力"是幼儿园教师最为关注的内容，如 WYT3 教师提到：

> 首先自理能力是很大的一方面，包括我刚才说的自己的书包自己整理，老师叮嘱的事情能记住，该拿的东西拿好了。

学习品质准备居第二位，提到的人数占总人数的 78.3%，其中他们对专注力最为关注，正如 WYT43 教师所说的：

> 孩子最需要的就是一个专注力，孩子对于课堂的专注力是需要去培养的，如果他没有这个专注力啊，他在课堂上注意力就不够集中，然后爱做小动作，那么再聪明的孩子学习也会比较慢。

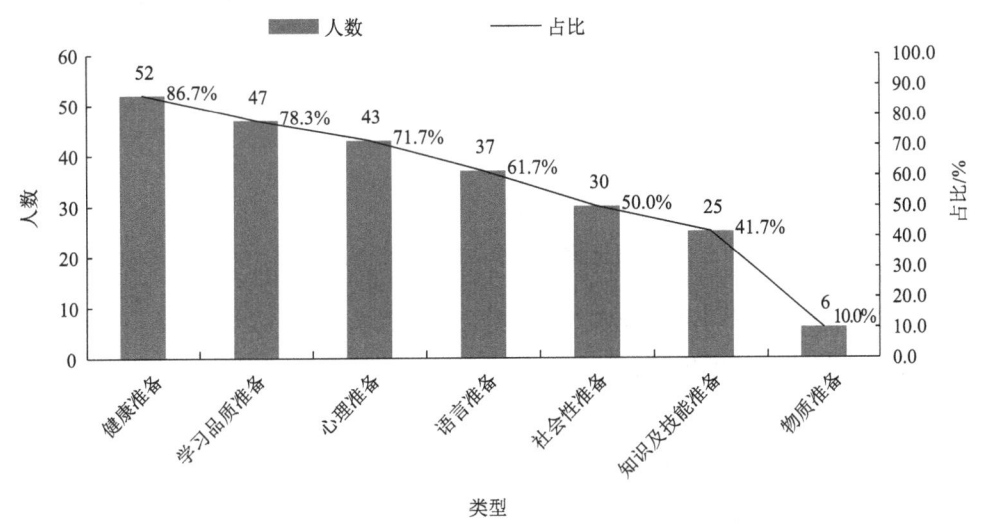

图 4-9　幼儿园教师关于"准备什么"的认识统计

心理准备居第三位，提到的人数占总人数的 71.7%，小朋友要："不排斥上小学，让他们喜欢上，提前有个心理准备。（BYT15）"

提到最少的是物质准备，占总人数的 10.0%。比如：

> 物质上，一般就是一些需要上小学的物品。（WYT52）

> 学习用品方面，可以准备一些书包等。比如："幼儿园不用铅笔，但是上小学应该准备一些铅笔。"（BYT1）

2. 幼儿家长对"准备什么"的认识

通过对家长的访谈内容进行编码，我们得到如图 4-10 所示的结果。

由此可知，幼儿家长在"准备什么"的问题上提到最多的是知识及技能准备，提到的人数占总人数的 72.9%。其中，语文的拼音和数学当中的数字与运算是提到最多的，家长经常提到：

> 对小学知识有一定的了解，比如说汉字、拼音。（BYF63）

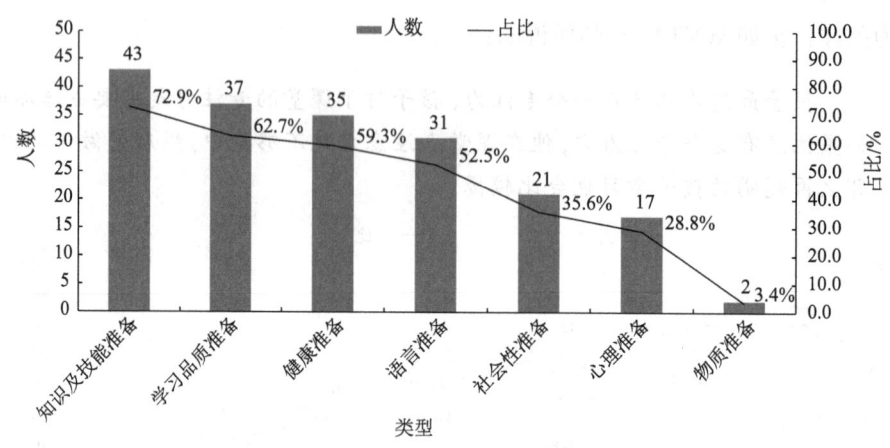

图 4-10 幼儿家长关于"准备什么"认识统计

居第二位的是学习品质准备，提到的人数占总人数的 62.7%。其中，专注力是幼儿家长最为关注的内容：

> 我非常关注她吸收知识的能力，最基本的就是专注力，专注力上去了就可以吸收更多吧。（BYF63）

家长最担心的是小朋友能不能安静地上完一节课：

> 我觉得应该是做好能够安安静静地专注坐40分钟的准备吧，就是上了小学的话，我觉得还是那个上课的时间，孩子能够专注地上完40分钟的课。（BYF70）

居第三位的是健康准备，提到的人数占总人数的 59.3%，如生活习惯：

> 我感觉她首先从作息规律上先适应小学那个生活。（BYF73）

涉及生活能力时，家长们会在家里让幼儿：

> 做做家务，扫扫地，浇浇花，简单擦擦桌子什么的。（WYF115）
> 自己学会整理东西。（WYF97）

最后，提到最少的是物质准备，占总人数的 3.4%：

> 需要准备日常的文具、书包等东西。（BYF84）

3. 小学教师对"准备什么"的认识

小学教师共 58 人，通过对他们的访谈进行编码，我们得到如图 4-11 所示的结果。

在小学教师当中，提到最多的是心理准备和学习品质准备，提到的人数占总人数的比例均为 77.6%，比如，小学教师经常提到：

40 分钟坐好、坐住了。（BST121）

她心理上没有这种我是一年级学生的思想，还是跟幼儿园的小孩儿一样。就是我觉得家长在入学之前应该跟孩子充分、深入地沟通，告诉他们：你现在跟幼儿园不一样了，不是孩子，毕竟你是学生，学生跟孩子是不一样的啊，在心理上要有这样的一个准备。（BST123）

知道啥是上课，上学是个什么概念，毕竟和幼儿园是不太一样的。（BST130）

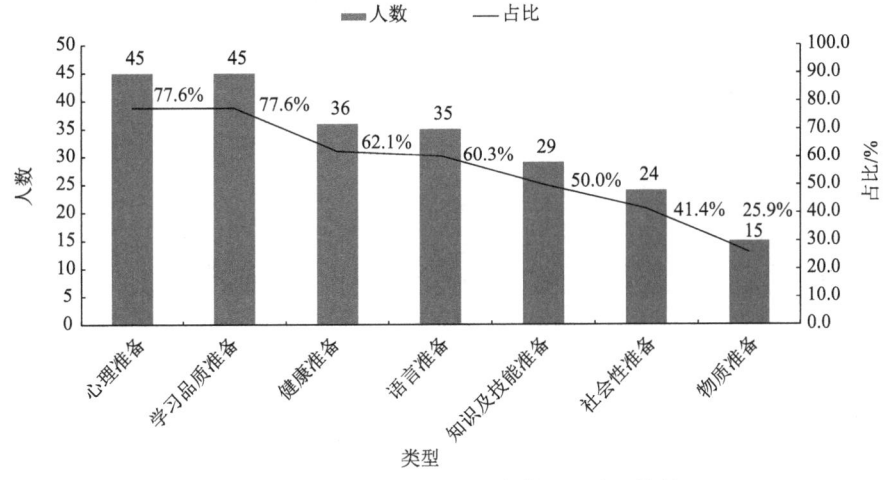

图 4-11　小学教师关于"准备什么"认识统计

居于第二位的是健康准备，提到的人数占总人数的 62.1%。在健康准备方面，教师提到最多的是生活习惯与生活能力：

对生活要有一定的自理能力，知道自己热了要脱衣服，冷了要穿衣服。然后呢，自己的书本会整理好，随后自己会把自己其他物品也整理好。（WST151）

居第三位的是语言准备，提到的人数占总人数的 60.3%，教师认为应该：

首先要培养一种阅读的兴趣，不是很小的时候就在看绘本嘛，然后听故事、阅读故事，他的阅读兴趣一定要培养起来。（WST155）

其次就是倾听，倾听这个本领特别重要，就得会听老师说，然后还有就是现在孩子表达一般不成问题吧，缺的就是倾听，他们好多孩子现在在家养成的习惯是不会倾听了，只会表达，就是把自己想的一口气说出来，不知道别人在说什么。（BST122）

提到最少的是物质准备，占总人数的 25.9%，教师指出：

具体的文具什么的一般都是以简单为主，就是不要有任何的图案，然后一般以实用为主。（BST129）

4. 小学生家长对"准备什么"的认识

B 市小学生家长为 30 人，W 市小学生家长为 30 人，总计为 60 人，通过对他们的访谈进行编码，我们得到如图 4-12 所示的结果。

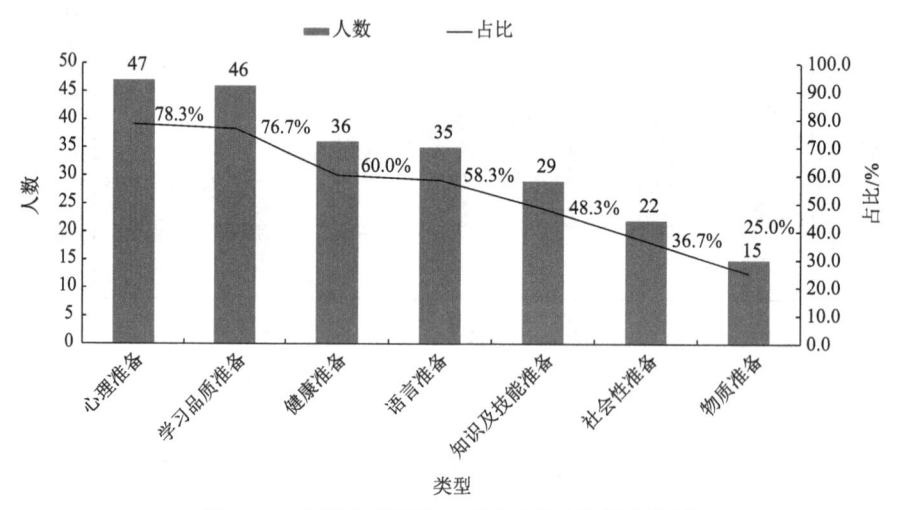

图 4-12　小学生家长关于"准备什么"认识统计

在小学生家长当中，提到最多的是心理准备，提到的人数占总人数的 78.3%，其中最关注的是"生活习惯与生活能力"，如有的家长提到：

早上不像幼儿园，或者是不上幼儿园的时候，你可以睡睡懒觉啊，现在是不能再这样了，必须每天早起早睡。（WSF209）

现在得学会自己穿衣服，让她自己来整理书包什么的。（BSF181）

居第二位的是学习品质准备，提到的人数占总人数的 76.7%，主要是告诉小朋友小学和幼儿园是不一样的，家长说：

我们会提前告诉他，以后你上完学后回来得先写作业，然后再吃饭，之

后再做其他别的事情。（BSF181）

经常跟他强调，你要读小学了，要上课了，每天不能迟到的，你可以有小学生的书包了，可以学习新的东西了。（WSF224）

（或者告诉小朋友）上课的时候有什么规矩之类的。（WSF222）

居第三位的是健康准备，提到的人数占总人数的60.0%，有家长提到：

要对汉语拼音有一个基本认识，比如声母、韵母，再就是要认识简单的生字。然后是数学，应该是学了20以内的加减法。其他的就得让她上学以后自己再去学习了。（BSF202）

由此可以看出，家长们认为对基础知识的掌握还是需要提前做好准备的。

5. 群体关于"准备什么"的认识差异

为了解幼儿园教师、幼儿家长、小学教师和小学生家长在"准备什么"认识上是否存在显著的差异，研究者进行了分析（表4-10）。

表4-10 群体关于"准备什么"的认识差异的卡方检验

比较项	物质准备	心理准备	知识及技能准备	语言准备	健康准备	学习品质准备	社会性准备
χ^2	16.373	41.907	13.070	2.931	15.041	8.751	3.193
p	0.001	0.000	0.004	0.402	0.002	0.033	0.363

卡方检验结果表明，幼儿园教师、幼儿家长、小学教师和小学生家长在物质准备、心理准备、知识及技能准备、健康准备、学习品质准备的认识上都存在显著性差异。但是在语言准备的认识上和在社会性准备的认识上不存在显著性差异。为进一步了解具体的差异性，研究者对此进行了事后比较分析（表4-11）。

表4-11 群体关于"准备什么"的认识差异的检验结果

维度	利益相关者	N	M	SD	F	事后比较
物质准备	幼儿园教师	60	0.10	0.30	5.764*	3>1；3>2；4>1；4>2
	幼儿家长	59	0.03	0.18		
	小学教师	58	0.26	0.44		
	小学生家长	60	0.25	0.44		

续表

维度	利益相关者	N	M	SD	F	事后比较
心理准备	幼儿园教师	60	0.72	0.45	16.683*	1>2; 3>2; 4>2
	幼儿家长	59	0.29	0.46		
	小学教师	58	0.78	0.42		
	小学生家长	60	0.77	0.43		
知识及技能准备	幼儿园教师	60	0.42	0.50	4.533*	2>1; 2>3; 4>1
	幼儿家长	59	0.73	0.45		
	小学教师	58	0.50	0.50		
	小学生家长	60	0.60	0.49		
健康准备	幼儿园教师	60	0.87	0.34	5.263*	1>2; 1>3; 4>2; 4>3
	幼儿家长	59	0.59	0.50		
	小学教师	58	0.62	0.49		
	小学生家长	60	0.78	0.42		
学习品质准备	幼儿园教师	60	0.78	0.42	2.978*	1>4; 3>4
	幼儿家长	59	0.63	0.49		
	小学教师	58	0.78	0.42		
	小学生家长	60	0.58	0.50		

注：①1=幼儿园教师 2=幼儿家长 3=小学教师 4=小学生家长，下同；②** 代表 $p<0.01$，*** 代表 $p<0.001$，下同

由表4-11可知：在"物质准备"的认识上，小学教师显著高于幼儿园教师和幼儿家长，小学生家长显著高于幼儿园教师和幼儿家长。也就是说，小学教师和小学生家长相较于幼儿园教师和幼儿家长，更关注"物质准备"。

在"心理准备"的关注上，幼儿园教师显著高于幼儿家长，小学教师也显著高于幼儿家长，小学生家长也显著高于幼儿家长。也就是说，幼儿园教师、小学教师和小学生家长更希望孩子知道"幼儿园和小学不同"，更希望孩子要按照小学生的样子去做。

在"知识及技能准备"的认识上，幼儿家长显著高于幼儿园教师和小学教师，小学生家长显著高于幼儿园教师。也就是说，相较于教师群体，家长群体更加关注"知识及技能准备"。

在"健康准备"的关注上，幼儿园教师显著高于幼儿家长和小学教师，小学

生家长也显著高于幼儿家长和小学教师。也就是说,幼儿园教师和小学生家长比幼儿家长和小学教师更加关注"健康准备",小学生家长和幼儿园教师更希望孩子能够学会自己整理东西、自己上厕所、自己系鞋带,能够早睡早起、作息时间规律、独立上学等。

在"学习品质准备"的认识上,幼儿园教师和小学教师显著高于小学生家长,说明幼儿园教师和小学教师比小学生家长更加关注"学习品质准备",小学生家长对"学习品质准备"的关注度是最低的。

由此可以看出,家长(幼儿家长和小学生家长)更重视"知识与技能"方面的准备;除了幼儿家长外,其他三个群体都希望孩子做好"心理准备",意识到自己是个小学生了,应该用小学生的准则来要求自己;小学生家长对"学习品质准备"的关注度是最低的;小学生家长更希望孩子能够学会自己整理东西、自己上厕所、自己系鞋带,能够早睡早起、作息时间规律、独立上学等。

(二)四个群体关于"为什么准备"的认识差异

关于入学准备的原因,受访者有四种看法:一是没有准备(即不用进行入学准备);二是为了更好地适应小学生活;三是因为其他小朋友都准备了,怕没有准备的幼儿跟不上,所以才进行准备;四是认为入学准备不仅仅是为适应小学而准备(表4-12)。

表4-12 "为什么准备"编码

为什么准备	例子
没有准备	不需要准备;顺其自然;没考虑过
为了更好地适应小学生活	为了能够顺利地过渡;为了能很快地进入学习状态;为小学奠定一个好的基础;担心不适应;不准备的话会有压力;减少焦虑;因为现在上幼儿园嘛,有时候觉得上不上学都无所谓这样子,那上小学了,就正式起来了
因为其他小朋友都准备了	不准备这个的话,老师不可能照顾你一个人,人家绝大部分孩子都学过了,所以教得很快,这是普遍现象,没学过的就跟不上呗;我就是担心,如果大部分孩子都学了,老师讲课讲得快的话,怕孩子跟不上就应该提前预习一下,到时候学的时候还有点儿印象
不仅仅是为适应小学而准备	为了更加长远地发展;做任何事情都需要进行准备;不仅仅是读小学,对她一生的生活和学习都有好处

关于"为什么准备"的认识中,幼儿园教师、幼儿家长、小学教师和小学生家长最为关注的是"为了更好地适应小学生活"(211人,89.0%),其次为"不仅仅是为适应小学而准备"(11人,4.6%),再次为"没有准备"(8人,3.4%),

提到最少的是"因为其他小朋友都准备了"（7人，3.0%）。

1. 幼儿园教师的认识

有93.3%的幼儿园教师（56人）认为入学准备是"为了更好地适应小学生活"，主要是因为幼儿园和小学有很大的不同，包括生活方式不同、教学方法不同等。正如教师所说：

> 因为这些就是幼小衔接的一个内容，就是到时候可以让孩子更加适应小学生活，因为突然一下子从幼儿园过渡到小学嘛，肯定会有很多方面的不适应，幼小衔接做得好的话可能就会让孩子更加快速地适应小学生活。（WYT46）。

另外有6.7%的幼儿园教师（4人）认为，进行入学准备"不仅仅是为适应小学"，而是因为在做任何事情的时候都需要准备好：

> 不光是孩子入学，各方面都要有准备。哪怕我们大人，总是要应对一些突如其来的情况，如果提前准备的话，承受能力会更强，那么对心理承受能力也有帮助。（BYT22）

2. 幼儿家长的认识

在参加访谈的59名幼儿家长中，83.1%的幼儿家长（49人）认为，入学准备是"为了更好地适应小学生活"，许多家长的第一反应是：

> 让他更好地适应小学这个学习环境呗！（BYF71）

有10.2%的幼儿家长（6人）是"因为其他小朋友都准备了"，家长担心：

> 如果大部分孩子都学了，老师讲课讲得快的话，怕孩子跟不上，就可以提前预习一下，到时候学的时候还有点儿印象，就是怕前面过渡的两年万一把孩子的自信打压下去，不愿意学了就坏了。（BYF70）

有5.1%的幼儿家长（3人）表示"没有准备"：

> 还没怎么考虑过，想着过一年多再上。（BTF67）
> 顺其自然吧，不用准备。（BYF90，WYF93）

只有1位幼儿家长认为入学准备"不仅仅是为适应小学而准备"。

3. 小学教师的认识

在受访小学教师中，91.4%（53人）的人认为"为了更好地适应小学生活"，认为"不仅仅是为适应小学而准备"的教师占6.9%（4人），有的老师认为：

我们说做任何一件事情之前准备工作都是要做的吧，没有准备、没有计划的话，那么我们怎么实行下一步的计划呢？（WST153）

认为"因为其他小朋友都准备了"而进行入学准备的教师占1.7%（1人）。

4. 小学生家长的认识

在小学生家长中，认为入学准备是"为了更好地适应小学生活"的占88.3%（53人），认为"没有准备"的占8.3%（5人），有家长说：

都没给他幼小衔接。什么都没有，就让他快乐地玩耍。（WSF225）

认为"不仅仅是为适应小学而准备"的占3.3%（2人），家长提到：

我觉得不仅仅是这个入学阶段，任何一个阶段，如果孩子的生活或者学习环境发生一些改变，作为家长都需要让他做一些准备。（WSF229）

在小学生家长中，没有人"因为其他小朋友都准备了"而进行入学准备的。

5. 群体之间的差异性比较

我们对幼儿园教师、幼儿家长、小学教师及小学生家长在"为什么准备"方面做了卡方检验，考察其是否存在差异，研究结果如表4-13所示。

表4-13 群体关于"为什么准备"的回答的卡方检验

比较项	没有准备	为了更好地适应小学生活	因为其他小朋友都准备了	不仅仅是为适应小学而准备
χ^2	9.172	3.655	14.676	2.612
p	0.027*	0.301	0.002**	0.455

结果表明，幼儿园教师、幼儿家长、小学教师及小学生家长在"没有准备"的认识上存在显著性差异；在"因为其他小朋友都准备了"的认识上存在显著差异；在"为了更好地适应小学生活"和"不仅仅是为适应小学而准备"认识上不存在显著性差异。经事后比较具体分析，如表4-14所示。

表4-14 群体关于"为什么准备"的回答的认识差异检验结果

维度	利益相关者	N	SD	F	事后比较
没有准备	幼儿园教师	60	0.00	3.127*	4>1；4>3
	幼儿家长	59	0.22		
	小学教师	58	0.00		
	小学生家长	60	0.28		

续表

维度	利益相关者	N	SD	F	事后比较
因为其他小朋友都准备了	幼儿园教师	60	0.00	5.127*	2>1；2>3；2>4
	幼儿家长	59	0.30		
	小学教师	58	0.13		
	小学生家长	60	0.00		

由表 4-17 可知，在"没有准备"的认识上，小学生家长显著高于幼儿园教师和小学教师。也就是说，相较于幼儿园教师和小学教师，更多的小学生家长认为"没有准备"或者说"自己的孩子没有做准备"；在"因为其他小朋友都准备了"的认识上，幼儿家长的得分显著高于幼儿园教师、小学教师和小学生家长，说明有更多幼儿家长是"因为其他小朋友都准备了"而进行入学准备的。

（三）四个群体关于"谁来准备"的认识

研究者向幼儿园教师、幼儿家长、小学教师和小学生家长提出问题："您觉得应该由谁来进行入学准备"，受访者提到的主体如表 4-15 所示。

表 4-15 "谁来准备"编码

谁来准备	例子
家长	家长吧，我一直觉得家庭很重要
家长和幼儿	主要应该是两方面都有吧，大人去引导该怎么做，怎么安排时间，应该练什么东西，当然还得他（幼儿）自己主动
幼儿园	一般像入学准备工作应该由幼儿园的老师负责
小学	我觉得入学准备的工作真的应该由他即将就读的小学来做
家园合作	幼儿园得做，他们应该会有相应的准备工作，家长就更应该做好准备了
家校合作	入学准备工作是需要小学老师和家长共同努力的，它们是相互配合的一种关系
家园校合作	家长、幼儿园和小学都应该给他们立一些规矩，让他们知道他们以后的生活可能和幼儿园不太一样
家园幼合作	各方面都要去努力，不管是家长还是孩子，我感觉幼儿园也会有一些渗透，不见得是知识方面的，我的意思就是说对幼儿园管理的一些调整
家园校幼合作	我觉得多个部门、多个方面都在准备吧，包括幼儿园、小学。就像之前说的，他们去小学里面参观，家长、小朋友自己也要准备，然后家庭环境，可能都是要有一个氛围吧，大家要一起来准备
教育机构和家长合作	比如说在孩子即将从学前班转入一年级的时候，一般是学前班的老师让孩子做好准备工作，还有父母也应该进入角色

幼儿园教师、幼儿家长、小学教师和小学生家长对"谁来准备"的观念分析，如图4-13所示。受访者总计为237人，有3名受访人员对此问题没有做出回答，最后有效访谈人数为234人。其中，利益相关者认为应该由"家长准备"的人数最多，占31.2%，认为应该"家园校幼合作"进行准备的最少，占0.4%。

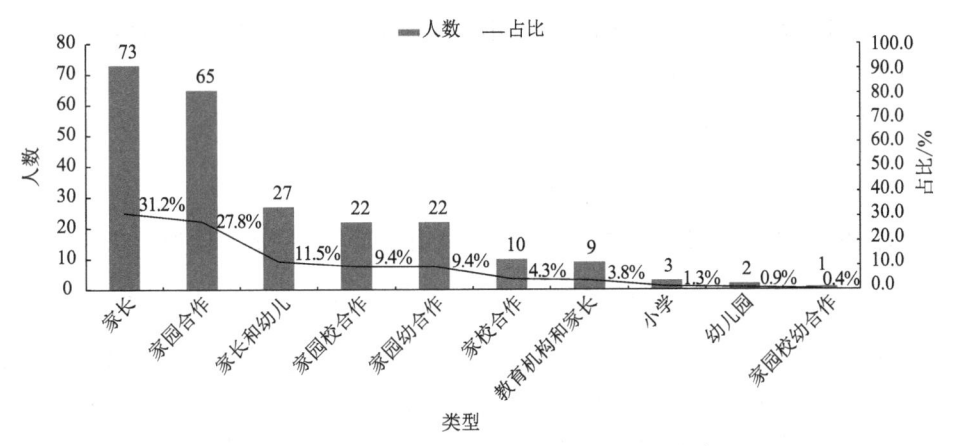

图4-13 所有群体关于"谁来准备"认识统计

1. 幼儿园教师的认识

在幼儿园教师中，访谈者认为入学准备应该有家园合作准备、家园幼合作准备、家园校合作准备、家长准备、家校合作准备、教育机构和家长合作准备、幼儿园准备。

首先，提到最多的是家园合作（30人，50.0%），例如BYT2认为：

> 这肯定不是一个单方面的工作，需要家长和老师共同完成。因为如果家长单方面准备，有些家长其实也很困惑，不知道孩子要上小学了，应该怎么去衔接。虽然网上会有相关的信息，但是家长相对而言还是会相信老师更多一些。老师召开的家长会或者发一些有关资料，可能会让家长在心理上更能接受一些。

其次，家园幼合作（16人，26.7%），例如WYT42提到：

> 如果在幼儿园，（这种合作就是）老师跟小朋友；如果在家里的话，（这种合作包括）爸爸、妈妈，还有爷爷奶奶，是全方位的。

再次，家园校合作（6人，10.0%）。例如WYT55认为：

> 这个事情应该需要家长、幼儿园、小学三方互动。

最后，还有幼儿园教师提到"家长"（3人，5.0%），"家校合作"（2人，3.3%），"教育机构和家长合作"（2人，3.3%），"幼儿园"（1人，1.7%）。无人提及"家长和幼儿""小学""家园校幼合作"。

2. 幼儿家长的认识

幼儿家长的访谈人数为59人，其中3人认为不需要准备，对"谁来准备"的问题并没有给出答案，所以关于"谁来准备"的问题只得到56个答案。在此回答当中，有42.9%的幼儿家长（24人）认为入学准备应该由家长来做，比如：

主要是我自己，爸爸作为副手。（WYF106）

有30.4%的幼儿家长（17人）认为应该由家园合作完成，比如：

幼儿园得做，它们应该有相应措施，家长就更应该做了。（BYF62）

有16.1%的幼儿家长（9人）认为，入学准备应该由家长和幼儿共同完成，7.1%的幼儿家长（4人）认为应该由家园幼合作完成。此外，1.8%的家长（1人）提到应该家园校合作准备，1.8%的家长（1人）提到应该家校合作准备。无人提及由幼儿园准备、小学准备、家园校幼合作准备或者让教育机构和家长合作准备。

3. 小学教师的认识

在小学教师中，访谈者认为入学准备应该由谁准备中，提到最多的是家长（20人，34.5%）；其次是家园校合作（12人，20.7%）；随后依次是家园合作（10人，17.2%），家校合作（7人，12.1%），教育机构和家长合作（4人，6.9%），家长和幼儿（3人，5.2%），家园幼合作和小学（均为1人，1.7%）。无人提及幼儿园和家园校幼合作。

4. 小学生家长的认识

在小学生家长中，访谈者认为入学准备应该由谁来准备中，提到最多的是家长（26人，43.3%）；其次是家长和幼儿（15人，25.0%）；随后依次是家园合作（8人，13.3%），家园校合作以及教育机构和家长合作（均为3人，5.0%），小学（2人，3.3%），家园幼合作、幼儿园、家园校幼合作（均为1人，1.7%）。无人提到家校合作。

5. 群体之间的差异性比较

由表4-16可以看出，幼儿园教师、幼儿家长、小学教师和小学生家长在家长、家长和幼儿、家园合作、家园幼合作、家校合作、家园校合作的准备认识上都存在显著性差异,但是在家园校幼合作、小学、幼儿园、教育机构和家长合作准备的认识上不存在显著性差异。各相关群体关于"谁来准备"的事后比较,如表4-17所示。

表4-16 群体关于"谁来准备"的回答的卡方检验

比较项	家长	家长和幼儿	家园校幼合作	小学	家园合作
χ^2	26.230	21.815	2.963	3.675	24.428
p	0.000	0.000	0.397	0.299	0.000
比较项	幼儿园	家园幼合作	教育机构和家长	家校合作	家园校合作
χ^2	1.967	30.039	4.127	12.533	14.339
p	0.579	0.000	0.248	0.006	0.002

表4-17 群体关于"谁来准备"的回答的认识差异检验结果

维度	利益相关者	N	SD	F	事后比较
家长准备	幼儿园教师	60	0.22	9.665*	2>1;3>1;4>1
	幼儿家长	59	0.50		
	小学教师	58	0.48		
	小学生家长	60	0.50		
家长和幼儿准备	幼儿园教师	60	0.00	7.874*	2>1;4>1;4>3
	幼儿家长	59	0.36		
	小学教师	58	0.22		
	小学生家长	60	0.44		
家园合作准备	幼儿园教师	60	0.50	8.925*	1>2>4;1>3;
	幼儿家长	59	0.46		
	小学教师	58	0.38		
	小学生家长	60	0.34		
家校合作准备	幼儿园教师	60	0.18	4.336*	3>1;3>2;3>4
	幼儿家长	59	0.13		
	小学教师	58	0.33		
	小学生家长	60	0.00		
家园校合作准备	幼儿园教师	60	0.30	5.002*	3>1;3>2;3>4
	幼儿家长	59	0.13		
	小学教师	58	0.41		
	小学生家长	60	0.22		

续表

维度	利益相关者	N	SD	F	事后比较
家园幼合作准备	幼儿园教师	60	0.45	11.273*	1>2；1>3；1>4
	幼儿家长	59	0.25		
	小学教师	58	0.13		
	小学生家长	60	0.13		

由表4-17可知，幼儿园教师对"家长准备"的认识在四个群体中是最低的；相较于幼儿园教师和小学教师，幼儿家长和小学生家长更看重"家长和幼儿准备"；幼儿园教师比幼儿家长、小学教师和小学生家长更加看重"家园合作准备"；小学教师在四个群体当中是最重视"家校合作准备"和"家园校合作准备"的；幼儿园教师是四个群体中最重视"家园幼合作准备"的。总体来看，幼儿园教师更重视"家园合作准备"和"家园幼合作准备"，最不希望单纯依靠"家长准备"，但是也没有明确提到小学也应该肩负起入学准备的工作；虽然小学教师跟其他群体相比，提到小学应该参与入学准备的比例明显提高，但是只有34.5%的小学教师提到准备主体中包括小学；家长群体（幼儿家长和小学生家长）则把入学准备看成自己的事情，不太"指望"幼儿园或者小学。

三、讨论分析

（一）不同利益相关者之间的差异性分析

根据利益相关者的定义可以推断出，学前教育的利益相关者是指那些能够影响学前教育目标的实现或被学前教育目标的实现所影响的个人或群体，且他们的观念和行为将会影响入学准备工作的开展。而在入学准备工作中主要涉及的群体有幼儿园教师、幼儿家长、小学教师及小学生家长，根据访谈结果，各群体之间存在利益冲突。

1. 在"准备什么"认识上的冲突

研究发现，不论是幼儿家长还是小学生家长都更加重视"知识与技能"方面的准备；在幼儿园教师、幼儿家长、小学教师和小学生家长四个群体中，除了幼儿家长外，其他三个群体都希望幼儿做好"心理准备"，希望幼儿意识到自己是个小学生了，应该用小学生的准则来要求自己，还希望小朋友能清楚地了解到小学和幼儿园的不同,遵守小学校园的纪律;此外,小学生家长对"学习品质准备"的关注度是最低的,但是重视"生活习惯与生活能力"的培养,希望孩子能够学会自己整理东西、自己上厕所、自己系鞋带,能够早睡早起、作息时间规律等。

从美国国家教育目标委员会对入学准备的认识来看,儿童角度的入学准备的主要内容包括学习方式、认知与一般知识、情绪与社会性发展、言语发展、身体健康及运动技能发展五个方面。[①]陈帼眉也提出入学准备需要达到应有的身心全面发展的水平,包括健康的身体、正常发展的智力和社会性、良好的行为习惯,还有针对小学学习生活的学习适应和社会性适应的准备。[②]虽然美国国家教育目标委员会和陈帼眉所提到的准备内容在现有的访谈结果中都提到了,但是各领域的关注度差异较大:人们比较重视"健康准备"和"学习品质准备",关注较少的是社会性准备,占40.9%;关注最少的是物质准备,占16.0%。由此可知,人们对"准备什么"的认识有待提高。另外,各群体之间的关注重点也各不相同,幼儿园教师、幼儿家长、小学教师和小学生家长对入学准备内容的认识存在差异性。比如,小学生家长忽视了"社会性准备"及其他领域的准备,小学教师和小学生家长比幼儿园教师和幼儿家长更关注"物质准备"等。

2. 在"为什么准备"认识上的差异

在"为什么准备"的认识上,不论是幼儿园教师、幼儿家长、小学教师还是小学生家长,绝大多数人都认为入学准备是"为了更好地适应小学生活"。但是从纵向比较来看,相较于幼儿园教师和小学教师,有更多的小学生家长认为"不需要准备"或者实际上"没有准备",即便是有些幼儿家长认同"一定要进行入学准备"的观点,但是与幼儿园教师、小学教师和小学生家长相比,他们更多的是迫于竞争的压力,是"因为其他小朋友都准备了",自己家的孩子也得进行入学准备。

良好的入学开端能够使儿童形成稳定的同伴关系,并积极参与其中,是打破家庭—社会—经济不利循环的重要影响因素。[③]做好入学准备工作不仅能帮助儿童提高学习成绩,[④]而且对幼儿今后的各项发展都具有重要意义。由此可以看出,主要是家长群体(小学生家长和幼儿家长)在"为什么准备"的认识上存在偏差,

---

[①] National Education Goals Panel. Reconsidering children's early development and learning: Toward common views and vocabulary[R]. Washington: National Education Goals Panel, 1995.
[②] 陈帼眉. 幼儿入学准备教育[J]. 学前教育研究, 1997(5): 3-5.
[③] 刘焱, 宋妍萍. 澳大利亚儿童入学研究评析[J]. 外国教育研究, 2014, 41(1): 77-83.
[④] 李辉. 谁更关注儿童的入学准备:来自核心利益相关者的比较及启示[J]. 教育评论, 2018(11): 29-33, 62.

且认识较为狭隘。更多的小学生家长认为，"不需要准备"或者实际上"没有准备"，再就是"因为其他小朋友都准备了"迫于无奈而进行准备。

3. 在"谁来准备"认识上的冲突

在"谁来准备"的认识上，幼儿园教师更重视家园合作和家园幼合作，认为不应该单纯依靠家长，表现出了强烈的责任感和担当，但是并没有明确提到小学应该肩负起入学准备的工作；而只有部分小学教师提到了小学应该参加到幼儿的入学准备中；家长（幼儿家长和小学生家长）群体则更是把入学准备看成自己的事情，不太"依靠"幼儿园或者小学。这样看来，幼儿园教师、幼儿家长和小学生家长"不认为"或者"不指望"小学帮助，而大多数小学教师也没有意识到自身在入学准备工作中应该承担的责任。

根据布朗芬布伦纳人类发展心理学的生态系统理论，幼小衔接是一种生态现象，涉及各种环境要素之间的相互作用。[①]美国国家教育目标委员会也提到入学准备工作包括学校的准备、家庭和社区的支持。所以，入学准备不仅是儿童、幼儿园的事情，而且是家庭、小学、社区，甚至国家需要共同关注、通力解决的问题。[②]但是从访谈结果来看，幼儿园教师最为看重的是家园合作，小学教师更倾向幼儿园向小学靠近这种单向衔接，认为入学准备工作应由幼儿园向小学过渡，家长则更是认为入学准备工作是自己和幼儿的事情。由此可见，四个群体都没有意识到小学在入学准备工作中的重要作用，四个群体在"入学准备"到底"由谁来准备"这个问题上都缺乏系统论的视角，没有认识到入学准备工作应该借助各个相关因素相互作用的合力来开展。

（二）为什么存在利益冲突

1. 各群体之间的教育期望不同

应试教育体制给家长们带来了一定的学业压力和升学压力，不论是幼儿家长还是小学生家长都希望儿童在学校当中能有个好的成绩，导致家长们多看重基础知识及技能的培养，多重视书本知识的获得而轻视游戏在孩子教学中的作用。虽然有些家长们也意识到了幼儿不应该提前学习过多的"小学化"知识，但是为了不被落下，不得不提前学习。而小学阶段的教师更加看重的是学习品质的培养、学习能力的获得。虽然在访谈当中小学生家长和小学教师都认为心理准备重要，

[①] 刘磊. 澳大利亚幼小衔接中多元合作的实施策略[J]. 学前教育研究，2015（6）：26-30.
[②] 王亚鹏，董奇. 入学准备性研究及其对早期教育的启示[J]. 中国教育学刊，2018（2）：39-44.

但是各自侧重点却不相同，小学生家长主要是想让孩子了解到幼儿园和小学的不同，如到了小学"不可以睡懒觉，要早睡早起""小学会有家庭作业，要知道写作业"等，而小学教师希望幼儿做好心理准备，主要是指希望孩子能够快速适应小学生活，遵守小学的纪律，以小学生的标准来要求自己。此外，幼儿园教师最重视健康准备，根据《幼儿园工作规程》，"幼儿园保育和教育"的第一条主要目标是"促进幼儿身体正常发育和机能的协调发展，增强体质，促进心理健康，培养良好的生活习惯、卫生习惯和参加体育活动的兴趣"。由此可以看出，幼儿园教师、幼儿家长、小学教师和小学生家长的教育目标存在差异，这导致他们所重视的入学准备的内容也不相同。

2. 各群体之间教育理念不同

由于知识背景不同，各群体对入学准备的认识也不相同。首先，一些家长缺乏正确的教育理念，最开始就没有认识到入学准备的真正意义，认为入学准备只是为了更好地适应小学生活或者迫于竞争压力进行准备，而真正的入学准备除了帮助幼儿顺利地适应小学生活外，更重要的是因为入学准备有利于奠定幼儿终身良好发展的基础。其次，在"准备什么"的认识上，家长也并不清楚幼儿到底应该准备什么才有利于孩子的长远发展，只是一味地认为学好知识就好了，却忽略了其他领域的准备。小学教师希望幼儿做好心理准备，却只是强调小朋友应该遵守小学规则，以小学生的标准严格要求自己，却忘记了学前儿童和学龄儿童在认识、心理等方面的差异，殊不知刚刚入学的孩子是做不到的。小学生家长也希望幼儿能够做好心理准备，但大多数小学生家长只是通过语言告诉小朋友幼儿园和小学的不同，并没有做实际的引导。幼小衔接是一种生态现象，涉及各种环境要素之间的相互作用，并不是单靠一个人或者一个群体进行准备，而是需要多方共同合作来完成。但是各个群体都缺乏生态系统教育观念，只是一味地单方面努力。

3. 各群体之间缺乏积极有效的沟通

根据分析结果可知，教师群体都非常重视入学准备，但家长却并没有真正认识到入学准备的意义。教师群体更为重视学习品质准备，在入学准备内容的认识上也相对正确，但是家长群体更看重知识及技能准备，在入学准备内容的认识上出现偏差。这是因为教师们并没有充分地向家长进行科学教育理念的普及，既没有让家长意识到入学准备工作的重要性，也没有帮助家长清楚了解应该"准备什么"。除此之外，幼儿园教师在入学准备方面具有强烈的主人翁意识，看重家园合作，但是家长却"不指望"幼儿园，一直认为是自身的事情，说明幼儿园和家长之间缺乏有效沟通，幼儿园把入学准备工作分摊到幼儿园教师和家长身上，却极少提及小学,说明幼儿园和小学之间也缺乏沟通。而小学教师希望幼儿在进入小学之初就能够以小学生的要求严格要求自己,遵守校园规范,说明小学教师更加希望提前做好入学准备工作,使幼儿顺利实现由幼儿园向小学过渡,而没有真正考虑到幼儿的身心特点,没有真正实施契合幼儿身心发展特点的过渡性课程。

四、教育建议

(一)加大政府政策支持力度

政策执行活动中的参与群体包括行政权能主体和政策目标群体,其各自的价值需要就演化为各自不同的利益,并由此进一步划分为行政权能主体的利益和政策目标群体的利益。[①]学前教育政策是教育政策的分支,其执行过程同样会产生不同利益,也会对执行主体和执行客体的思想、行动产生有利或不利的影响。因此,研究者认为入学准备工作的均衡发展需要政府提供政策的支持和引导。

多数经济合作与发展组织(Organisation for Economic Co-operation and Development,OECD)成员国在入学准备工作中为学前和学龄阶段的教师合作提供时空保障。例如,部分成员国将学前一年教育放在小学进行,或者将小学一年级和二年级安置在学前机构。除此之外,部分成员国还提供教师合作专业引领服务,组建教师专业组织,促进教师就幼小衔接问题展开对话,同时构建网络服务平台,为学前机构和小学教师提供经验交流与信息共享的路径。[②]

学前教育是一项社会公益性事业,学前教育事业的发展离不开政府的投入和管理。首先,政府要制定政策文本,引领小学和幼儿园共同合作进行入学准备。其次,要加大对幼儿园教师的投入,提高幼儿园教师的培养质量,确保教师素质不断提升,进而促进幼儿教育的科学健康发展;增加小学教师培训项目,确保小学教师不仅了解小学生心理发展特点,还要清楚学前阶段幼儿园的发展需求;加大对家长培训项目的投入,深化家长科学的教育理念。

(二)宣传科学的入学准备教育理念

多项研究表明,入学准备观念是影响幼儿入学准备工作的重要因素之一,入学准备工作中,各利益相关者对入学准备认识的不一致和不合理是入学准备工作

[①] 刘灵. 谈利益关系与政策执行[J]. 前沿,2004(9):176-178.
[②] 许哲川,柳海民. OECD 国家推行幼小衔接的目的与举措:基于对《强势开端V:幼小衔接》报告的考察[J]. 比较教育,2019,41(1):85-91.

出现问题的关键所在，不论是家长还是教师都应该端正教育态度，树立科学的教育观念。父母可以通过教育类书籍、专家讲座、亲子教育等途径不断提升自己，更新自己的教育观念。教师应在入职前加强理论知识储备，工作中通过在职培训、教育书刊、同事交流等方式不断完善自我，及时更新自己的教育观念。此外，现如今网络和自媒体发展迅猛，教育工作人员和家长也可以通过开展"育儿课堂"活动等途径学习正确的教育理念和行为。只有各群体形成科学一致的教育理念，才能共同为入学准备的目标努力。

（三）加强各群体之间的沟通交流

协调则主要是指各执行机关之间、各执行人员之间建立互相协调、相互配合的良好关系，以便其能够分工协作、协同一致地实现共同的政策目标的行为，其目的在于使每一个相关的执行机构及其执行人员的工作都成为实现共同政策目标的整体工作的一部分，从而保证整个政策执行活动有条不紊、井然有序地开展。[①]

幼儿园与小学是幼小衔接动态关系网中的主角，幼儿园教师和小学教师只有以合作的方式共担责任，才能帮助儿童顺利实现由幼儿园向小学的过渡。[②]在"谁来准备"的问题上，31.2%的利益相关者认为应由"家长"准备，27.8%的利益相关者认为是"家园合作"，与入学准备密切相关的小学被排除在外。追其原因，我们可以发现，在我国学前教育学教材中，无论是20世纪50年代从苏联传入的教材，还是后来国内自编的学前教育学教材，都将"幼小衔接"作为独立的一章内容，[③]这表明人们还是更加倾向幼儿园向小学的单向衔接，小学教育与幼儿园教育存在断裂问题。

小学应该主动承担起组织协调的职责，为学前儿童及其家庭提供了解小学校园生活的机会。例如，小学可以组织参观日或学校情况介绍日等活动，幼儿可以通过此类活动熟悉校园的各种设施，如洗手间、图书馆、教室、操场等，还可以了解校园活动，如升国旗、做值日等。

另外，笔者在访谈中了解到，家长们对学校教育和教师也是充满期待的，也有参与入学准备的意愿，但是困于不知道怎么做。因此，加强幼儿园教师、小学教师和家长之间的沟通与协作可以促进幼儿园与小学之间更好地衔接。幼儿园教师可以多组织"家长课堂"之类的活动，向家长传播正确的教育理念。家长作为

---

① 张金马. 公共政策分析：概念·过程·方法[M]. 北京：人民出版社，2004.
② 刘磊. 澳大利亚幼小衔接中多元合作的实施策略[J]. 学前教育研究，2015（6）：26-30.
③ 刘晓东. 中国小学教育亟待战略转型：兼论"幼小衔接"应向"小幼衔接"翻转. 湖南师范大学教育科学学报，2019，18（3）：1-7.

孩子的第一任老师，不仅清楚孩子的早期经验，还对孩子的入学准备情况有较为全面的了解。幼儿园教师、小学教师和家长之间的沟通不仅能让教师了解幼儿的发展水平，也可以让家长明确入学准备的具体做法。

第三节　基于《指导意见》的幼小衔接舆论分析

随着网络社交平台的开发与推广，借助信息平台发表自己对当前热点事件的看法、感受与体验已经成为现代社会大众生活的重要内容。这种即时发表的言论或评论通常是主体当下真实心声的反映，同时因不限制参与者的数量，使其呈现出较高的参与度。对围绕某一热点事件的大众言论或评论进行分析，可以廓清大众对这一热点事件的基本看法与认识。

《指导意见》一出台就吸引了社会大众的目光，位居当日新浪微博热搜榜第一，幼小衔接相关内容迅速成为大众讨论的热点话题，中国新闻网、《人民日报》等官方媒体竞相报道，引发了大众的热烈讨论，这为我们运用大数据文本挖掘技术对"大众围绕此《指导意见》发布的网络言论或评论"进行分析，提供了前提条件。与此同时，又由于幼小衔接是一个社会性问题，涉及多方，有着较为复杂的社会背景，评论的语言具有一定的情境性，所以我们依据费尔克拉夫的批判性话语分析理论的三个维度，从文本分析、话语实践、社会实践三个维度出发，结合幼小衔接教育背景，对微博上的这些大众评论进行综合分析，挖掘话语隐藏的真实含义。

一、研究对象与研究方法

（一）研究对象

本研究的数据资料来源于新浪微博客户端针对《指导意见》评论热度排名靠前的五个官方媒体博文。

本研究的数据是通过 Python 网络爬虫获取的，其主要的程序包括以下步骤。首先输入搜索词"关于大力推进幼儿园与小学衔接的指导意见"，可以定位至相关微博，根据热度排序方式筛选五个热度排名靠前的官方微博下的相关新闻（表4-18）。其次通过 Python 编写的网络爬虫程序将这些微博的正文内容、发布者信息、发布时间、点赞数以及评论数采集下来，形成宏观上的微博数据库。选择这些评论是由其点赞数和评论数决定的，这说明这一事件引发大众关注的程度，评论内容代表当下大众群体的一般观点。最后再利用网络爬虫采集相应微博的大众评论，对其进行数据过滤和去噪处理，作为本研究的研究对象。

表 4-18　数据挖掘相关官方微博信息（2021 年 4 月 9 日至 2021 年 5 月 9 日）

微博名	点赞数/个	评论数/条
中国新闻网	352 362	19 954
《人民日报》	107 619	8 313
新华网	25 000	426
《中国日报》	8 398	824
央视新闻	5 865	1 097

（二）研究工具

大数据文本挖掘技术是从海量数据中快速获取有用的数据信息，运用机器学习算法等挖掘隐含信息。它涉及大数据（具有 4V[①]特征、难以人工收集）和文本挖掘（信息提取过程）两个层面。本章使用 Python，通过 Scrapy 爬虫、Jieba 中文分词和 TextRank 算法，从《指导意见》的大众评论中提取关键词，实现文本挖掘。

1. Scrapy 爬虫工具

Scrapy 是 Python 编写的高效爬虫框架，用于获取网络数据，包含引擎、调度器、下载器等组件。它基于 Twisted 可以实现多任务交替执行，擅长处理海量数据。本章使用 Scrapy，流程为：用户编写规则抓取网页信息，引擎打开网页并将 URL[②]返回给调度器，循环请求新 URL，下载器下载网页内容并通过中间件传给引擎，引擎将结果发给项目管道，调度器持续发送新任务，直至完成。

2. Jieba 中文分词工具

Jieba 中文分词是目前广泛运用的一种分词工具，其是由国内程序员利用 Python 研发的中文分词库。[③]程序员基于《人民日报》等语料数据进行分析训练，建立一个名为"dict.txt"的词典，该词典中拥有两万多个中文字词，且每个字词都根据语料训练统计出词频和词性。[④]笔者根据 jieba 程序包对文本数据进行分词。

---

① 4V 特征，即 volume（大量）、variety（多样）、value（价值）和 velocity（高速）。
② URL 是指资源定位系统（uniform resource locator）。
③ 石凤贵. 基于jieba中文分词的中文文本语料预处理模块实现[J]. 电脑知识与技术，2020，16（14）：248-251，257.
④ 韦人予. 中文分词技术研究[J]. 信息与电脑（理论版），2020，32（10）：26-29.

3. TextRank 算法

TextRank 算法是基于图论理论的关键词提取方法，由谷歌公司提出的网页排名算法 PageRank 衍生而来。[①]其使用主要包括以下步骤：首先，进行中文分词，构建选词合集；其次，进行参数设置，并构建文本图模型，这个环节类似投票原理，“词”与“词”之间相互投票，经过不断迭代，每个词会趋于稳定，而投票数越多的词就会被认为是关键词；[②]最后，进行关键词的排序与提取。

（三）研究过程

1. 数据采集

我们通过 Python 编写网络程序，运用 Scrapy 爬虫工具从新浪微博中收集 2021 年 4 月 9 日有关《指导意见》的主题微博，筛选热度最高的五大官方媒体博文，收集这些微博下的大众评论，最终挖掘 30 614 条相关评论形成本研究的数据集合。部分数据结果，如图 4-14 所示。

1	博主头像	博主id	博主	博主主页	评论内容	发布时间	点赞数	回复数
2	https://t	607795452	舔狗日记埔	https://w	感觉三年幼儿园已经够了，	4月9日 12	1322	117
3	https://t	589632614	吃货可爱臣	https://w	其实……不改变中高考制度	4月9日 12	1134	40
4	https://t	26641055C	RRRRRRan-	https://w	幼儿园：幼小衔接。一年级	4月9日 12	659	37
5	https://t	51169305E	小鸟真的赴	https://w	有本事你把补课机构都禁了	4月9日 12	633	15
6	https://t	589051124	春意盎然5	https://w	落实到位才是根本！我们这	4月9日 12	487	61
7	https://t	23693303E	山水有相逢	https://w	一年级至少七岁了吧，这年	4月9日 12	360	13
8	https://t	22003380S	灰色权力	https://w	是不是应该改教科书。一年	4月9日 13	188	4
9	https://t	383307007	穷游旅行家	https://w	这下家长真的要崩溃了	4月9日 12	156	3
10	https://t	712972793	人生地不熟	https://w	我作为家长我觉得我会疯掉	4月9日 12	141	20

图 4-14　微博评论爬虫数据截图（彩图）

2. 数据挖掘

在删除无意义词语、过滤垃圾评论等基础上，此部分主要挖掘大众对幼小衔接问题关注的重点。这一环节通过新浪微博大众评论来获取相关信息，并以关键词的形式体现出来，以便从整体上把握大众的讨论热点。当去噪处理完成后，使用 Jieba 中文分词工具，并通过 Python 实现中文分词，在此基础上使用 TextRank 算法进行关键词选择，得到的部分关键词结果如表 4-19 所示。

---

① Brin S, Page L. The anatomy of a large-scale hypertextual web search engine[J]. Computer Networks and ISDN Systems, 1998, 30(1/2/3/4/5/6/7): 107-117.

② 门家乐. 基于 TextRank 的关键词提取算法[J]. 电子世界，2018（15）：31-32.

表 4-19　部分关键词结果

序号	具体词语
1	教育部、教育资源、老师、政策、改革、落实
2	补课、培训班、考试、面试、培训、入学、成绩
3	知识、语文、拼音、算术、英语、数学、读书
4	起跑线、跟不上、压力、焦虑、内卷、负担、问题
5	适应、教学进度、衔接、放慢、提前

3. 数据处理

通过上述研究工具，得到《指导意见》大众评论的关键词，之后我们使用费尔克拉夫的批判性话语分析理论进行数据分析。

费尔克拉夫认为，批判性话语分析主要是在社会文化背景下探究和解读话语文本的真实含义，揭示话语对于社会的建构性作用。[1]批判性话语分析的实质就是通过话语文本词汇、句法、语篇的本质，去探索具有更深层次意义形态的隐含意义。[2]费尔克拉夫把批判性话语分析理论分为三个向度：第一向度是文本分析，即对话语的基本结构进行分析；第二向度是话语实践分析，包括话语生成、传播和接受；第三向度是社会实践分析，即基于社会文化背景和意识形态，注重话语的社会现实和社会结构。[3]

本部分文本分析主要是探究微博大众评论话语的关键词和句式特征；话语实践分析是挖掘大众舆论生产、传播的归因，主要探究出现焦虑评论话语和幼小衔接现状的原因；社会实践分析探究有关《指导意见》的大众评论产生于什么样的社会背景之下。

二、研究结果与分析

（一）关于大众评论的文本分析

费尔克拉夫认为，"话语"是一种对主题或者目标的谈论方式，包括口语、

---

[1] 诺曼·费尔克拉夫. 话语与社会变迁[M]. 殷晓蓉译. 北京：华夏出版社，2003.
[2] 陈旭光，马天宇. 文化霸权与"美国梦"：美国动画电影的批评性话语分析[J]. 湖北理工学院学报（人文社会科学版），2019，36（2）：55-61.
[3] 诺曼·费尔克拉夫. 话语与社会变迁[M]. 殷晓蓉译. 北京：华夏出版社，2003.

书面语言以及其他表达方式。①新浪微博平台中《指导意见》新闻稿下的大众评论是网络语言的呈现一种方式，而基于网络文本的话语分析是近些年来的新的研究趋势，这种方法能够深层次地捕捉在网络舆论之中，大众对某一社会事件的看法。话语文本分析通常包括对文本的词汇、语法、语篇结构进行微观分析。考虑到大众评论不是大篇幅的文本内容，我们主要对大众评论的关键词进行分析。基于前述所得到的关键词结果，笔者进行词频的统计，对大众评论中出现频率较高的关键词予以记录，得到的统计结果可以作为大众评论的代表性结果，同时为了使得数据可视化，其结果以词云图的形式展示出来，如图4-15所示。

图 4-15 词云图结果（彩图）

根据以上词云图，我们可以通过以下三个方面分析大众评论的重点信息。

1. 主体

从词云图可以看出，贯穿这一过渡阶段的主体主要是由孩子、幼儿园、小学、教育部、家长和老师以及学前班组成的。首先，在大众评论中，孩子是出现频次最高的主体，因为幼小衔接工作显而易见是围绕孩子展开的。其次，小学和幼儿园也是大众评论的焦点，这体现出在这个阶段所产生的问题，必须由幼儿园和小学两方去处理，在大众眼中，幼儿园和小学之间所要肩负的责任往往是均等的。家长和老师的主体性提及频次虽然不及幼儿园和小学，但是作为幼小衔接的实施者，被提及的频次也比较高，家长和老师需要发挥有效合力促进科学的幼小衔接。作为政策的实际制定者，即教育部，其主体性也是至关重要的。社会大众普遍认为，教育行政

---

① 诺曼·费尔克拉夫. 话语与社会变迁[M]. 殷晓蓉译. 北京：华夏出版社, 2003.

部门的有效干预和实际参与对促进幼小衔接具有重要的引导意义。另外，在大众评论中，"学前班"等也出现多次。幼儿园虽然取消了"幼小衔接"课程，然而，有着攀比之心和处于焦虑之中的父母对培训机构还是有一定期望的，《指导意见》中提出要严格把控培训机构的质量，大众对这一提法也发表了自己的看法。

2. 内容

从图 4-15 可以看出，"加减法""拼音""算术""数学""语文""英语"等相关词语频繁出现，"面试""应试""考试""补课"也是大众讨论的主要内容。一方面，可以看出，在幼小衔接问题上，大众对于幼儿掌握的内容主要聚焦在传统的知识技能上，大众讨论最多的还是孩子的"加减法、算术、语文、英语"等具体的学习内容，而幼儿的社会性技能、心理需求、问题解决能力、学习品质等方面的发展并不是大众关注的焦点，这也许是因为对传统知识技能的学习给幼儿和家长造成了压力。另一方面，在"影子教育"①社会氛围中，家长怕孩子输在"起跑线"上或者想让孩子上更好的小学，就不得不抢跑，从而对孩子实行超前教育，那么"补课"和"准备考试"就成了在大众评论中高频出现的词汇。

3. 情绪

从图 4-15 可以发现，"焦虑""压力""负担""减负"等情绪词汇都在大众评论中高频率地出现，大众在公众平台上发泄自己的焦虑情绪，对幼小衔接感到力不从心，觉得"孩子上小学的压力非常大""负担很重"，从而家长也跟着一起"焦虑"。而"跟不上""教学进度""难度""竞争"这些词也映入眼帘，这不难看出，大众的焦虑来源于孩子上小学之后的教学进度、难度以及小学的竞争氛围。就像有的评论所言："现在小学的进度特别快，孩子根本跟不上""小学的内容都非常难，不提前学一点，肯定不行"。在《指导意见》中，教育部强调"全面推进幼儿园和小学实施入学准备和入学适应教育，减缓衔接坡度，帮助儿童顺利实现从幼儿园到小学的过渡"。但是我们从大众对这一文件的评论中可以看出，大众的焦虑情绪依然非常严重。

（二）《指导意见》大众舆论的话语实践分析

批判性话语分析理论的第二向度是话语实践分析。所谓话语实践是指，在文本分析的基础上，进一步解释话语产生的过程，它是连接微观的文本分析和宏观

---

① 楼世洲. "影子教育"治理的困境与教育政策的选择[J]. 教育发展研究，2013，33（18）：76-79.

的社会分析的中介。[①]从上文文本分析中可以看出，大众对《指导意见》政策的出台整体呈现出焦虑的态势，对当前幼小衔接现状比较不满。大众评论中，高频率出现"焦虑""担心""减负""崩溃""烦恼"等负面词语。大众此类话语为什么会出现与传播？基于TextRank算法，通过负面词去定位大众"焦虑"评论，再结合算法关键词排序，进行人工分析概括，我们定位到的负面词如表4-20所示。

表4-20 部分负面词结果

词类	具体词语
负面词	焦虑、压力、着急、吃力、无奈、抱怨、矛盾、负担、不平、落后、严重、无语、悲哀、不适、抑郁、忽悠、受罪、压榨、欺骗、作假、怀疑、做作、担心、很难、恼火、折磨、崩溃、紧张、扯淡、抽风、后悔、违规、废话、荒唐、跟不上、莫名其妙、惺惺作态、装模作样、不切实际、本末倒置……

通过一系列负面词语便可以定位到相应的大众评论（表4-21）。

表4-21 部分焦虑评论

序号	具体评论
1	只要应试教育不改，都是枉然，变相增加家长负担！娃娃是好娶了，高考分数线没降，名牌大学录取人数不增加，就业门槛依然高，社会压力同样大！你孩子不学别人孩子学！长远看，谁成材率更高？素质教育和应试教育存在巨大冲突，这才是关键
2	落实到地方会很难，就像小学生减负，教育部也发文，有啥用，雷声大雨点小
3	幼儿园不学，小学绝对跟不上，小学本身进度就快，现在教材改版后又难了很多，正规幼儿园不能教的话，家长又要报幼小衔接班
4	小学说是从零起步，但是由于大多数孩子都学过，老师不自觉地就会加快进度，拼音基本不怎么认真教，10以内加减法也都是一带而过。你敢不上学前班？完全不切实际
5	这个文件很可能只能停留在纸面上，明面上不教，其实日常执行的时候，特别是大量的私立幼儿园，根本很难执行

我们提取这些评论中的焦虑归因，归纳分析后发现，大众焦虑主要和幼儿升学压力大（53.0%）、小学教学进度快（26.0%）及教育政策不合理（21.0%）有关。

1. 因"幼儿升学压力大"而产生焦虑情绪

大众评论中体现出的焦虑情绪，其大多来源于大众对于孩子升学的担忧。从评论中可以看出，社会大众针对教育现状，普遍希望孩子不输在起跑线上，不少

[①] 袁广盛，安宁. 浅析话语分析方法在地缘环境解析中的应用[J]. 热带地理，2021，41（6）：1132-1141.

家长在幼小衔接阶段就在为孩子将来考重点大学打基础。孩子的学习竞赛也变成家庭教育的竞赛，为了能让子女进好的学校，父母群体往往会急于求成让孩子提前掌握小学知识，同时还会培养孩子多项艺术技能，这让孩子承受着过大的压力。在这样的情况下，家长、孩子乃至老师都会十分焦虑，这也是内卷化的社会所呈现的态势。有研究者将其称为"病态性适应的教育"，这种教育样态背离了培养学生超越性存在的初衷，而是把学生紧紧束缚在应试教育和升学教育模式中，迫使家长和孩子学会去"适应"。[①]

2. 因"教育政策不合理"而产生焦虑情绪

大众评论中体现出的焦虑情绪，还直指教育部制定的教育政策的不合理，但大众认为的"教育政策不合理"主要指部分教育部门监管不到位而导致政策无法落地实施。大众认为，"幼小衔接辅导班"就是之前不合理政策衍生出来的新产业，大众看到《指导意见》明确指出要"持续加大对校外培训机构、小学、幼儿园违反教育规律行为的治理力度"，禁止幼儿园提前教授小学内容，大众认为政策的出发点是好的，但实际情况是，一年级教学内容的难度大、进度快，如果"不提前学一点"就跟不上，因此政策中的相关规定便无法落地实施，这引起了家长们的普遍焦虑。还有大众认为，《指导意见》规定"调整一年级课程安排，合理安排内容梯度，减缓教学进度"非常好，但是一年级有统一的教学大纲和进度安排，这使得政策较难落实，因此大众对政策的监管和落地问题表示担忧。

3. 因"小学教学进度快"而产生焦虑情绪

大众评论中体现的焦虑，还有一部分是由小学教学进度快造成的。虽然《指导意见》对小学的教学进度问题提出了要求，比如要调整一年级的教学内容，放慢教学进度，但是面对这一新颁布的政策，大众的印象还停留在"小学进度飞快，孩子跟不上"这一状态，所以很多讨论还是在吐槽这一点。

（三）《指导意见》大众舆论的社会实践分析

批判性话语分析理论的第三向度是社会实践分析，社会实践往往与具有意识形态的文化背景息息相关，因此，我们需要去探究《指导意见》大众舆论发生在什么样的社会语境下。荷兰著名语言学家梵·迪克认为，话语分析不是简单地将句子结构进行拆分研究，而是要从文本和语境两方面进行思考。第一，文本方面，要细致考察话语结构，如词性、词汇、句式结构等。[②]前文已经基于《指导意见》

[①] 唐静芸. 围困与突围：当代中国家长教育焦虑的困境解读[J]. 西北成人教育学院学报，2021（5）：32-36.
[②] 托伊恩·A. 梵·迪克. 作为话语的新闻[M]. 曾庆香译. 北京：华夏出版社，2003.

对大众评论的关键词进行了深入分析。第二，语境方面，要探究当时的文化背景和情绪等因素对话语的影响。因此，笔者将从《指导意见》文件背景出发，探究大众舆论的话语背景。

1. "去小学化"政策的影响

2018年国家颁布了《关于开展幼儿园"小学化"专项治理工作的通知》，提出要纠正幼儿园"小学化"现象，坚持小学"零起点入学"等政策，但在教育实践中，家长感受到的是"幼儿园不教，很多孩子都去上课外辅导班，自己孩子没提前学，跟不上小学进度"的焦虑。幼儿园作为承担幼儿教育的主要机构，处于家长需求和国家管控的影响之下，"教也不是，不教也不是"。小学面对这个现象，也有自己的说辞："很多孩子已经学过了，是家长逼着我们加快进度啊。"所以，出现了说不清问题的主要责任方到底是谁的尴尬局面。在幼小衔接治理文件没有深入大众内心的前提下，《指导意见》虽然对义务教育阶段的课程改革具有标志性意义，但是大众受到之前政策的影响，非常容易对新的政策持怀疑态度。

2. 社会文化环境的影响

社会文化对幼小衔接会产生重要影响，研究表明，个体和文化是共存与互相定义的，在幼小衔接阶段，儿童为适应社会文化而做准备。[①]社会文化视角也强调儿童在参与幼小衔接的过程中，会受到文化活动、成人期盼等因素的影响。[②]自古以来，我国都非常重视教育，"学而优则仕""万般皆下品，唯有读书高"等传统理念深深地刻在人们的思想里，高考成为万千学子勇闯的独木桥。因此，在评论中"升学""高考""中考"等词频频出现，而有些人误把《指导意见》看成阻碍孩子升学的拦路虎，认为《指导意见》的出台会打乱孩子原有的学习进度和自己的教育规划，这些人深信只有提前学习文化知识，才能顺利考大学，进而找到一份体面的工作，获得较高的收入。[③]

三、讨论

（一）大众对幼小衔接的认识基本处于感性认识阶段

幼小衔接一直是基础教育的关键一环，因此《指导意见》一出台，就引起

---

① Rogoff B. The Cultural Nature of Human Development[M]. Oxford: Oxford University Press, 2003.
② Corsaro W A, Molinary L, Rosier K B. Zena and carlotta: Transition narratives and early education in the United States and Italy[J]. Human Development, 2002, 45(5): 323-348.
③ 唐静芸. 围困与突围：当代中国家长教育焦虑的困境解读[J]. 西北成人教育学院学报，2021（5）：32-36.

了大众的广泛讨论,并将关于基础教育的话题推向一个新的顶峰,这足以体现大众对于幼小衔接问题的高度关注。但是从前文数据可知,大众对幼小衔接的认识还不够科学、全面、深入。这主要表现在大众对幼小衔接内容和衔接主体两方面的认识上。

在幼小衔接内容方面,大众过度关注儿童学业方面的衔接,过于担心孩子没有提前学相关知识,到了小学会不适应,甚至"将来考不上高中,就得去拧螺丝……"本章的这一研究结果跟国内外的一些研究成果存在一致性,比如卡拉(Correia)和马克斯-平托(Marques-Pinto)指出,澳大利亚、韩国和中国的家长在幼小衔接阶段更加注重"知识和学习技能",因为一年级的时候,孩子将会学习大量的计算和文字。[1]我国付艳丽通过对3—6岁幼儿祖辈家长与父辈家长关于入学准备观念与行为调查研究发现,65.5%的父辈家长意识到了入学准备对幼儿发展的重要性,但整体认知出现偏差,他们过于重视知识准备。[2]

在幼小衔接主体方面,大众认为政府、小学和幼儿园应该承担主要责任:"实际上大班略教一点,小学再慢点就行了""落实到学校老师教学上才是正事""政策再好,教育部门得监管落实啊"。从评论中我们可以发现,大众没有正视家长在孩子幼小衔接中的作用,而是把幼小衔接责任主要归于他者,有研究者同样印证了这一点:一个情境中的教育参与者在解释儿童幼小衔接的适应因素时,倾向于关注另一个情境/其他参与者的作用,而不是反思两个情境(家庭和学校)之间的关系及其相互作用。[3]

(二)大众的幼小衔接观何以如此

不管是对幼小衔接内容还是对主体的认识,大众都还处于感性认识阶段,那么为何会呈现出这样的特点呢?

首先,大众对《指导意见》政策内容缺乏了解。《指导意见》针对幼小衔接问题,对幼儿园、小学和教育行政部门都明确提出了解决措施,文件中提到的主要举措和大众舆论对幼小衔接的部分建议是不谋而合的。例如,大众希望幼儿园可以做入学准备、小学可以放慢教学进度、教育行政部门加强教育监管等。实际上《指导意见》在这些方面都做出了规定,但是没有多少人去认真阅读、理解《指

---

[1] Correia K, Marques-Pinto A. Adaptation in the transition to school: Perspectives of parents, preschool and primary school teachers[J]. Educational Research, 2016, 58(3): 247-264.
[2] 付艳丽. 3—6岁幼儿祖辈家长与父辈家长关于入学准备观念和行为的调查研究[D]. 天津:天津师范大学, 2019.
[3] 祁占勇,余瑶瑶,杜越,等. 论家庭教育指导服务支持体系的供给主体及其行为选择[J]. 中国教育学刊, 2021(6): 33-38.

导意见》的精神。又由于微博评论往往是针对某一事件的即时性评论，而不是经过深思熟虑的表达，因此这些评论呈现出"感性"的特点。

其次，我国家庭教育指导服务体系不健全，家长的教育观念仍有待改进。微博评论主体职业不同，但是从大众评论中呈现出的"我家孩子""让我们家长不知如何是好""我们做家长的……"等话语能够判断，大部分评论者是家长，他们没有系统学习过教育相关知识。他们并不知道儿童要从身心、生活、社会、学习等方面做好整体的入学准备，也不了解儿童的学习品质、执行功能、社会情感等方面的发展对日后学业会产生更长远的影响，更不了解提前学习小学内容会对儿童的学习兴趣、学习习惯等造成何种伤害。

2021年我国出台的《中华人民共和国家庭教育促进法》指出，为了贯彻科学的家庭教育理念和方法，"教育行政部门、妇女联合会统筹协调社会资源，协同推进覆盖城乡的家庭教育指导服务体系建设"，但是目前不管是家庭教育指导服务的法律体系、经费投入、服务队伍、服务监督与评估，还是运行机制等都有待完善。[①][②]关于幼小衔接，大班的家长会在孩子临近上小学时通过一些幼儿园提供的专家讲座了解到一些先进理念。

（三）大众如此幼小衔接观会对幼小衔接造成负面影响

邓洛普（Dunlop）等建构的幼小衔接生态系统理论告诉我们，成功的幼小衔接不能只关注对儿童自身入学准备的评估，还应该认识到与儿童相关的、和所有与幼小衔接相关的利益相关者对幼小衔接造成的影响。[③]交易和生态发展（transactional and ecological models of development）模型同时指出，儿童的发展是与他们的环境相互作用的结果，特别是与家庭环境息息相关。[④]家长是孩子开始接受学龄教育的主要介绍者，家长在认知上、行为上及情感上的不合理理念与做法会在这个过程中传递给儿童，对儿童造成消极影响。比如，家长过度重视知识技能的提前教授，会给幼儿造成较大的学习压力，容易使儿童产生学习焦虑、丧失学习兴趣，失去对小学的美好憧憬。另外，家长忽视社会性、身心等方面的衔接，导致很多孩子到了一年级普遍存在任务意识和完成任务的能力差、规则意识和遵

---

① 祁占勇，余瑶瑶，杜越，等. 论家庭教育指导服务支持体系的供给主体及其行为选择[J]. 中国教育学刊，2021（6）：33-38.
② 张竹林，朱赛红，张美云. 家校共育视域中教师家庭教育指导能力建设研究[J]. 上海教育科研，2021（8）：55-61.
③ 转引自李敏谊，刘颖，崔淑婧. 国外近10年幼小衔接理论研究综述[J]. 比较教育研究，2010，32（5）：86-90.
④ Bronfenbrenner U, Evans G W. Developmental science in the 21st century: Emerging questions, theoretical models, research designs and empirical findings[J]. Social Development, 2000, 9(1): 115-125.

守规则的能力差、独立意识与独立完成任务的能力差以及人际交往能力弱等社会适应问题。家长在孩子幼小衔接过程中主体意识不强，也会削弱儿童入学准备的能力，因为只有父母的积极参与才能促使儿童做好各方面的准备，只有参与孩子的幼小衔接过程，家长才能更加了解孩子的学习规律、理解儿童行为发生的原因，积极激发儿童的学习兴趣，为其提供积极的情感支持。[1]

四、教育建议

（一）有效开展教育政策普及化工作

在网络信息化社会，对幼小衔接工作的宣传和教育政策的落实是必不可少的，我们要从教育政策实施的角度解决教育问题。[2]正因为社会上的各类群体并不十分了解教育政策，没有从文件中看到教育部门的决心，才会出现质疑和浅层次评论。因此，教育部门应该针对《指导意见》政策，进行宣传和普及。

我们可以组织拍摄《指导意见》宣传短片。用通俗易懂的语言和文字将《指导意见》的总体要求、主要举措和进度安排以短视频的形式融入宣传片中，借助网络媒体，如微信、微博、抖音等地毯式向大众普及政策具体内容，让大众对教育政策的内容有初步的了解和认识。信息化时代的到来，加速了大众对网络媒体工具的应用，短视频受到了许多群体的青睐。[3]我们还可以举办《指导意见》专题交流讲座，以进一步深化不同主体之间的相互了解。[4]针对不同的利益群体，利用政府和教育科研工作者的力量，向面向家长、幼儿园教师、小学教师举办幼小衔接内容宣讲会和开设互动课堂。最后，我们要发挥教师的桥梁作用。相对于家长，教师对政策了解得更为深入，教师可以通过日常离园交流、家长会以及家长课堂等形式宣传《指导意见》等与幼小衔接相关的教育政策，在潜移默化中影响家长的教育理念，强化家长对于政策内容的理解和支持。[5]

---

[1] Hajal N J, Paley B, Delja J R, et al. Promoting family school-readiness for child-welfare involved preschoolers and their caregivers: Case examples[J]. Children and Youth Services Review, 2019, 96: 181-193.

[2] 刘源，程伟，董吉贺. 我国幼小衔接教育政策的演变与反思：基于对1949～2019年相关政策文本的分析[J]. 学前教育研究，2021（1）：67-84.

[3] 隋文馨，秦燕，黎红友. 跨界与融合：短视频时代高校网络文化育人的价值困境与路径探析[J]. 四川师范大学学报（社会科学版），2021，48（2）：112-118.

[4] 邹春芹. 西方发达国家促进幼小衔接的国际经验[J]. 比较教育研究，2013，35（2）：28-31，37.

[5] Son S H C, Kwon K A, Jeon H J, et al. Head start classrooms and children's school readiness benefit from teachers' qualifications and ongoing training[J]. Child Youth Care Forum, 2013, 42(6): 525-553.

（二）利用政策工具推进政策执行

政策只有被执行才具有现实意义，否则这只是一张空头支票，反而会增加大众对政府的不信任感。要使幼小衔接政策落地，并产生实际效果，政府相关部门必须要做出调整。[①]

政策工具是政府在执行政策时使用的实际方法或策略。[②]为了推进《指导意见》的落地实施，一方面，政府可以利用政策工具强制实施，比如政府规定幼儿园要设置入学准备课程，小学要设置入学适应课程，并将其实施情况纳入幼儿园和义务教育质量评估范畴。为了推动衔接课程的实施，地方政府还可以直接介入，规定教研员或研训员在这项工作中的职责等。另一方面，政府还可以利用激励性工具，即政府通过实施奖励或惩罚措施来引导目标群体采取行动。[③]比如，让地方政府可以遴选幼小衔接先进工作单位和制定个人奖励机制。另外，还要重视其他政策工具的使用，如利用混合型政策工具强调积极应用信息手段，主动搭建信息平台，广泛征询社会各界的意见。我们可以通过网络平台，及时公布《指导意见》的讨论、修订结果，这样做可以有效缓解相关利益群体之间的矛盾，减少政策执行失真的风险。

（三）完善幼小衔接家庭教育服务体系

1. 开展多样化活动，促进家长参与到幼小衔接中来

传统的家园共育中，主体是不对等的，家长往往处于相对被动的地位，因此幼小衔接过程中，我们要重视家长参与的作用，激发家长参与的主动性，使其认识到家长参与是一个双向、互动、对话性的过程。[④]所以，我们就不能只举办传统意义上的家长讲座或者开设父母课堂。[⑤]

幼小衔接家长工作坊是一种可行的方式。在工作坊中，我们可以创设具体情境，让家长进行角色扮演，进而体验学习过程。大多数家长对当下的小学教育缺乏认识，并不清楚自己孩子入学后可能面临哪些挑战，所以我们可以邀请小学老师进行课堂模拟，创设小学教室情境，家长通过扮演刚进入小学的小学生，站在一年级新生的立场完成几项挑战，如收拾自己的学习用品和书包、按照课表取放

[①] 闵慧祖,王济民,王海英. 政策工具视域下幼儿园"小学化"治理方案研究：基于25份省级政策文本[J]. 教育学术月刊, 2021（2）：56-62.
[②] 迈克尔·豪利特, M. 拉米什. 公共政策研究：政策循环与政策子系统[M]. 庞诗, 等译. 北京：生活·读书·新知三联书店, 2006.
[③] 孙科技. 政策工具视角下的异地高考政策执行研究[J]. 黑龙江高教研究, 2017（9）：1-6.
[④] 李艳. 国外关于"家长参与"研究的问题域分析[J]. 比较教育研究, 2019, 41（4）：83-90.
[⑤] 李玉杰, 赵春颖, 李桂云. 幼儿园与小学教育衔接的有效策略[J]. 教育探索, 2012（12）：137-138.

书籍、听上课铃声做好上课准备等，从而真实感受儿童入学后面临的挑战不仅仅局限在知识技能层面。家长工作坊，还可以划分为不同的类型，以增强家长选择的自主性和学习的深度。比如，工作坊既可以包括数学工作坊、语言工作坊和儿童自我管理工作坊，也可以包括从家庭教养、家园沟通和亲子活动方面出发促进科学幼小衔接的工作坊等。每个类型的工作坊，都会从特定的方面让家长更加了解儿童在这类活动中的学习规律、入学准备的需要、特定的教育手段和策略等。

2. 组织家庭互助小组和提供家长志愿者服务

在幼小衔接的过程中，家长与幼儿园老师和小学老师相比，对于科学幼小衔接的信息获取的最少。我们可以建构家长学习共同体，为家长创造与家长群体相处的机会，促进他们进一步沟通和分享有关幼小衔接的信息资源。"共同体"强调的是人与人之间的休戚与共。处于共同体中的家长，有着帮助儿童顺利实现幼小衔接的共同目标，他们之间的交流会产生很多共鸣，发现一些有关幼小衔接方面普遍存在的共性问题，并且通过讨论、分享经验，减轻彼此的焦虑，体会解决问题的成就感。

另外，我们还可以利用家长志愿服务的机会让家长及时了解孩子在园内的入学准备情况，从而迁移至家庭的幼小衔接活动中，合理安排儿童在家的一日生活，提供跟幼儿园相一致的教育支持。当然，在家长担任志愿者之前要有工作人员为家长提供入门指导，以便于家长正确看待自己的志愿者角色。

3. 信息技术助力线上家长教育平台

在教育信息化的新时代，学前教育信息化面临着难得的历史发展机遇。[①]《中华人民共和国家庭教育促进法》中指出，要"统筹建设家庭教育信息化共享服务平台，开设公益性网上家长学校和网络课程，开通服务热线，提供线上家庭教育指导服务"。除了这种普及化的科学幼小衔接家长课程，我们还可以借鉴国外经验，利用远程辅导的方式提供互动式的家长教育服务，从而提高家长对入学准备活动的参与度和获得感。

美国的入学准备干预（the getting ready for school intervention）项目，为每位家长提供良好教养行为和家庭幼小衔接活动的视频，家长可以在一周的任何时间学习自己想看的视频，比较不同家庭开展幼小衔接活动的差异，学习其可取之处。[②]兰德里（Landry）等在一项干预研究中，为家长提供线上教学课程和辅

---

① 邢西深，许林. 2.0时代的学前教育信息化发展路径探究[J]. 中国电化教育，2019（5）：49-55.
② Marti M, Merz E C, Repka K R, et al. Parent involvement in the getting ready for school intervention is associated with changes in school readiness skills[J]. Frontiers in Psychology, 2018, 9: 759.

导课程。一周中，家长要用平板电脑记录两段视频（每段 2—10 分钟），其内容是家长在游戏和日常生活中如何运用项目组提供给家长的那些支持儿童顺利幼小衔接的策略。家庭指导员会定期查看家长上传的视频并安排电话辅导。在辅导课程中，家庭指导员会回放家长运用策略的视频，帮助家长进行自我反省，共同讨论他们设定目标的实现情况。[①]

[①] Landry S H, Zucker T A, Montroy J J, et al. Replication of combined school readiness interventions for teachers and parents of head start pre-kindergarteners using remote delivery[J]. Early Childhood Research Quarterly, 2021, 56: 149-166.

第五章　促进科学幼小衔接的国际政策和实证干预

第一节　国外促进科学幼小衔接所采取的措施

幼小衔接对儿童发展具有重要作用，世界多数国家都非常重视幼小衔接工作的开展。本节期望从国际视角出发，归纳、梳理国外促进幼小衔接的有力措施，从而为我国幼小衔接工作的推进提供借鉴与参考。

一、各国政府保障幼小衔接的有力举措

（一）政府颁布专门政策法规保障幼小衔接顺利进行

教育政策和法规是确保教育目标得以实现的指导原则，可以规范整个国家的教育实践。幼小衔接政策法规的制定，是对于幼小衔接是什么、怎么做的明确规定，这些政策法规是一切幼小衔接教育实践的根本依据。[1]因此，一些国家颁布了专门的政策文件（表5-1）以保障幼小衔接工作顺利进行。

表 5-1　部分国家颁布的关于幼小衔接的政策文件

国家	年份	政策名称	政策要点
美国	1983	《国家处在危险中：教育改革势在必行》[2]	追求优质教育，指明此时期幼小衔接相关政策的宏观走势
	1991	《美国2000：教育战略》[3]	首次明确对儿童早期教育与初等教育衔接制做出规定，建立学术标准

---

[1] 李春刚，邱小慧. 经济合作与发展组织成员国推进幼小衔接的举措与启示[J]. 教育导刊，2021（1）：81-87.
[2] 张林玲. 当代美国幼小衔接政策的研究[D]. 上海：上海师范大学，2012.
[3] 张林玲. 当代美国幼小衔接政策的研究[D]. 上海：上海师范大学，2012.

续表

国家	年份	政策名称	政策要点
美国	1993	《美国2000年教育目标法》[①]	提出美国儿童对基础知识和基本技能的掌握程度,让所有儿童真正能够做好入学准备
	2002	《良好的开端,聪明地成长》[②]	确保幼儿接受高质量的教育,为中小学教育奠定良好的基础
	2003	《入学准备法案》[③]	通过训练儿童阅读能力、数学技能和语言能力等,以及通过向低收入儿童及其家庭提供健康、教育和其他社会服务,以促进低收入儿童的发展,帮助他们做好入学准备
	2007	《2007年"开端计划"学校入学准备能力提升法案》[④]	将入学准备确定为核心目标,要求通过促进低收入儿童的认知、社会和情感等方面的发展,帮助他们做好入学准备
	2010	《初等和中等教育法》[⑤]	提出政府应该继续增加财政拨款,用以支持小学与学前教育机构的合作项目,促进幼小衔接
芬兰	2004	《2004年芬兰教育部发展计划》[⑥]	强调幼小衔接需要顾及学生的差异性、关注弱势群体
	2014	《修订后的国家初等教育核心课程纲要》[⑦]	提出要实现幼儿园和小学教学内容的整合,并确保实现整合、无缝衔接
	2014	《芬兰基础教育国家核心课程》[⑧]	为促进幼小衔接顺利过渡,要求于2016年在一至六年级设置新的核心课程,教学方式上采用依托学科融合式的"现象教学"
	2017	《芬兰幼小衔接国家报告》[⑨]	与OECD的部分成员国共享其幼小衔接的政策、理念、措施,为世界各国儿童做好入学准备(幼小衔接)提供借鉴
法国	1989、1990	《教育法案》[⑩]	提出要加强幼小衔接,确保幼小衔接工作有法可依

---

① 陶涛. 20世纪90年代后美国联邦政府学前教育政策研究[D]. 重庆:西南大学,2009.
② 张林玲. 当代美国幼小衔接政策的研究[D]. 上海:上海师范大学,2012.
③ 张林玲. 当代美国幼小衔接政策的研究[D]. 上海:上海师范大学,2012.
④ Pratt M E, Lipscomb S T, Schmitt S A. The effect of head start on parenting outcomes for children living in non-parental care[J]. Journal of Child and Family Studies, 2015, 24: 2944-2956.
⑤ 陈紫薇. 美国解决幼小衔接断层问题的经验及其对我国幼小衔接工作的启示[J]. 兰州教育学院学报,2015,31(9):167-168.
⑥ 王沐阳,杨盼,文雪. 当代芬兰幼小衔接的实施框架及特征[J]. 现代中小学教育,2019,35(5):91-95.
⑦ 贾钱玉. 从学前班看芬兰幼小如何衔接[J]. 早期教育(教育教学),2020(1):35-36.
⑧ 王沐阳,杨盼,文雪. 当代芬兰幼小衔接的实施框架及特征[J]. 现代中小学教育,2019,35(5):91-95.
⑨ 钱文丹. 我在芬兰幼小衔接课堂[J]. 教学管理与教育研究,2018(6):116-119.
⑩ 胡春光,陈洪. 法国幼小衔接教育制度的内涵与启示[J]. 学前教育研究,2011(9):23-27.

续表

国家	年份	政策名称	政策要点
法国	1989	《教育方针法》[①]	将学前教育与小学教育的教学实施过程分为三个阶段,从而使学前教育和小学教育合为一体
	1990	《幼儿园与小学运作组织法》[②]	该法律做出补充规定,在9月开学时满2周岁的儿童在多数教育优先区或一般地区的班级人数许可的情况下,可以提早进入幼儿园;家长有权利要求已满5岁的儿童直接就读小学一年级的年龄较小的儿童组进行学习
	2005	《学校远景计划与发展方针法》(《费雍法案》)[③]	保障每位国民在接受义务教育后,都能拥有共同的基本知识与能力,包括熟练的法语能力、能够运用一种外国语言、熟悉基础数学与了解科技内涵、会操作使用现代信息技术,具有深厚的人文素养、具备自我学习与创新的能力
英国	1988	《1988年教育改革法案》[④]	要求全国要设置统一的课程与评价标准,这为后续幼小衔接政策的制定奠定了基调
	2003	《每个儿童都重要》[⑤]	明确提出了儿童健康发展的五项指标(分别包括保持健康、安全的生活、快乐地取得成绩、做出积极贡献、获得良好的经济保障),强调儿童要做好入学准备,确保儿童的发展达到小、中学阶段的国家标准
	2004	"早期课程方案"[⑥]	要求解决儿童入学准备不足的问题,并制定全国统一的学前教育服务的质量标准。它的目的在于提高儿童的入学水平,并保障其顺利适应后续阶段的学习与生活
	2008—2017	颁布并三次修订《早期基础阶段法定框架》[⑦]	正式形成了如今英国适用的学前教育课程纲要,使学前课程与小学课程关联度更高、衔接更顺畅,并且注重早期基础教育阶段结束时幼儿的发展程度,且与后续教育阶段的联系更紧密,增强了英国早期基础教育的整体性
澳大利亚	2009	《国家儿童早期发展战略:投资在早期》[⑧]	这一战略针对澳大利亚0—8岁儿童的早期发展制定了宏观计划,并为澳大利亚的学前教育发展做好了规划
	2009	《归属、存在和形成:澳大利亚幼儿学习框架》[⑨]	注重0—5岁乃至幼小衔接阶段儿童的发展,要求教师发掘儿童的潜力,为幼儿将来的成功打下良好基础

[①] 胡春光,陈洪. 法国幼小衔接教育制度的内涵与启示[J]. 学前教育研究,2011(9):23-27.
[②] 胡春光,陈洪. 法国幼小衔接教育制度的内涵与启示[J]. 学前教育研究,2011(9):23-27.
[③] 胡春光,陈洪. 法国幼小衔接教育制度的内涵与启示[J]. 学前教育研究,2011(9):23-27.
[④] 申恒苗. 从教育政策看英国幼小衔接[D]. 上海:上海师范大学,2010.
[⑤] 申恒苗. 从教育政策看英国幼小衔接[D]. 上海:上海师范大学,2010.
[⑥] 王立文. 英国"儿童保育十年战略研究"[D]. 昆明:云南师范大学,2011.
[⑦] 赵耸婷,许明. 英国学前教育政策改革研究:基于《早期基础阶段法定框架》修订的分析[J]. 比较教育学报,2021(3):51-64.
[⑧] 肖港. 21世纪澳大利亚学前教育改革措施及其启示[J]. 当代学前教育,2017(4):10-15.
[⑨] 刘伶采. 《强势开端Ⅴ:幼小衔接》的研究[D]. 昆明:云南师范大学,2019;
李春刚,邱小慧. 经济合作与发展组织成员国推进幼小衔接的举措与启示[J]. 教育导刊,2021(1):81-87;
郑小一. 澳大利亚《归属、存在和形成:早期学习大纲》研究[D]. 昆明:云南师范大学,2018.

续表

国家	年份	政策名称	政策要点
澳大利亚	2010	《幼小衔接计划与实施模式》①	为幼小衔接过程中不同的利益相关者提供了合作指南，并提供有效指导，其目的在于加强本地儿童服务机构与公立小学之间的多元合作
	2011	《我的时间、我们的地方：澳大利亚学龄儿童保育框架》②	重视幼小衔接，强调了学前儿童学习的连续性和不同学习阶段过渡的重要性
	2014	《学习的连续性：支持有效衔接到学校教育和学龄期保育的资源》③	系统阐述了幼小衔接的主要原则和措施，并将实践中积累的丰富案例提供给了广大教育者，作为其学习的资料
日本	1989	《幼儿园教育要领》④⑤	其目的在于纠正幼儿园严重的"小学化"倾向，并强调要在幼儿园设置综合课程而不是单一的学科课程
	2001	《幼儿园教育振兴计划》⑥⑦	提出了更加详细、本土化的、具体的幼小衔接计划，要求在顺应儿童身心发展规律的基础上帮助幼儿顺利过渡到小学
	2004	"幼小一贯教育学校计划"⑧	转变旧有的"幼小接续"的概念，强调"幼小连携"，实际上是强调幼儿园与小学双向衔接，而不单单是幼儿园顺应小学。此计划还强调了衔接过程中要保持连续性，并完善了幼儿园与小学的课程安排，促进幼小衔接顺利开展
	2007	《学校教育法》⑨	明确规定，为义务教育和后续教育奠定基础，是幼儿园的教育目标，并强调学校、家庭、社区等多方合作的重要性
	2009	新《幼儿园教育纲要》和《保育所保育指南》⑩⑪⑫	对教师做出规定，要求在制定教学计划时，教师必须将幼小衔接纳入考虑范畴
	2017	《小学校学习指导要领》⑬	指出在幼小衔接过程中，制定课程计划要以幼儿园的培养目标为参考。为了让初次步入小学的学生顺利适应周边环境，要求在小学低年段以生活为中心设置生活课程，并与其他教学活动相互渗透

---

① 刘柃采.《强势开端V：幼小衔接》的研究[D]. 昆明：云南师范大学，2019.
② 刘柃采.《强势开端V：幼小衔接》的研究[D]. 昆明：云南师范大学，2019；
  李春刚，邱小慧. 经济合作与发展组织成员国推进幼小衔接的举措与启示[J]. 教育导刊，2021（1）：81-87.
③ 张翠凤. 近年来澳大利亚幼小衔接的举措及其启示[J]. 教育导刊（下半月），2015（9）：86-89.
④ 杨慧垚，李玉杰. 日本幼小一贯教育改革对我国幼小衔接课程建设的启示[J]. 教育探索，2022（3）：89-93.
⑤ 任丹萍，赵慧君. 日本幼小衔接课程的实践路径、成效及经验[J]. 比较教育研究，2022，44（5）：104-112.
⑥ 杨慧垚，李玉杰. 日本幼小一贯教育改革对我国幼小衔接课程建设的启示[J]. 教育探索，2022（3）：89-93.
⑦ 韩书亚. 21世纪以来日本幼小衔接研究[D]. 武汉：华中师范大学，2020.
⑧ 杨慧垚，李玉杰. 日本幼小一贯教育改革对我国幼小衔接课程建设的启示[J]. 教育探索，2022（3）：89-93.
⑨ 樊圆圆. 新世纪日本幼儿教育振兴策略研究[D]. 保定：河北大学，2020.
⑩ 杨慧垚，李玉杰. 日本幼小一贯教育改革对我国幼小衔接课程建设的启示[J]. 教育探索，2022（3）：89-93.
⑪ 韩书亚. 21世纪以来日本幼小衔接研究[D]. 武汉：华中师范大学，2020；
⑫ 李春刚，邱小慧. 经济合作与发展组织成员国推进幼小衔接的举措与启示[J]. 教育导刊，2021（1）：81-87.
⑬ 中国驻日本大使馆教育处. 日本小学学习指导要领：数学[J]. 世界教育信息，2017，30（23）：46-60.

续表

国家	年份	政策名称	政策要点
日本	2017	《保育所保育指针》《幼儿园教育要领》《幼保合作型认定儿童园教育及保育要领》	为了将幼小衔接课程体系化，将三大园所的教育目标和课程标准一致化，不仅提升了幼儿园课程与小、初、高各学段课程在目标与内容上的连贯性，还加强了各个教育阶段之间的连续性，促进了幼儿的可持续性发展[1]
	2018	《衔接发展和学习的开端课程：开端课程引进和实践指南》[2]	将幼小衔接的行动指南进一步详细化，并提供具体的行动策略供各方参考

表 5-1 罗列了美国、芬兰、法国、英国、澳大利亚、日本六国政府出台的关于幼小衔接的不同形式、不同内容的官方文件，包括法律、纲要、指南、计划、方案、要领、声明等多种形式。通过归纳总结，我们可以发现，这些文件有着一些共同的内容指向，如表 5-2 所示。

表 5-2 各国政策文件的内容指向

内容指向	国家	政策文件
指明幼小衔接对儿童长远发展的重要性	美国	《国家处在危险中：教育改革势在必行》（1983 年）、《美国 2000 年教育目标法》（1993 年）
	美国	《良好的开端，聪明地成长》（2002 年）
	法国	《教育法案》（1989 年、1990 年）
	日本	《幼儿园教育振兴计划》（2001 年）、《学校教育法》（2007 年）
	澳大利亚	《归属、存在和形成：澳大利亚幼儿学习框架》（2009 年）《我的时间、我们的地方：澳大利亚学龄儿童保育框架》（2011 年）
纠正过往错误，阐明幼小衔接理念，提供幼小衔接策略	芬兰	《2011：学校教育如何开个好头》（2011 年）、《芬兰幼小衔接国家报告》（2017 年）
	日本	《幼儿园教育要领》（1989 年）、"幼小一贯教育学校计划"（2004 年）、新《幼儿园教育纲要》和《保育所保育指南》（2009 年）、《衔接发展和学习的开端课程：开端课程引进和实践指南》（2018 年）
	英国	"早期课程方案"（2004 年）
	澳大利亚	《学习的连续性：支持有效衔接到学校教育和学龄期保育的资源》（2014 年）

---

[1] 樊圆圆. 新世纪日本幼儿教育振兴策略研究[D]. 保定：河北大学，2020.
[2] 韩书亚. 21 世纪以来日本幼小衔接研究[D]. 武汉：华中师范大学，2020.

续表

内容指向	国家	政策文件
指明幼儿入学准备的重要性，以及入学应该具备的知识与技能	美国	《美国 2000 年教育目标法》（1993 年）、《入学准备法案》（2003 年）、《2007 年"开端计划"学校入学准备能力提升法案》（2007 年）
	法国	《学校远景计划与发展方针法》（2005 年）
	英国	《每个儿童都重要》（2003 年）
更改幼小课程标准，推动幼小衔接课程衔接	芬兰	《修订后的国家初等教育核心课程纲要》（2014 年）《芬兰基础教育国家核心课程》（2014 年）
	法国	《教育方针法》（1989 年）
	日本	"幼小一贯教育学校计划"（2004 年）、《保育所保育指南》（2009 年）、《幼儿园教育要领》（1989 年）、《幼保合作型认定儿童园教育及保育要领》（2017 年）
	英国	《1988 年教育改革法案》（1988 年）颁布并三次修订《早期基础阶段法定框架》（2008—2017 年）
	澳大利亚	《我的时间、我们的地方：澳大利亚学龄儿童保育框架》（2011 年）
强调学校、家庭、社区等多方合作	美国	《初等和中等教育法》（2010 年）
	日本	《学校教育法》（2007 年）
	澳大利亚	《幼小衔接计划与实施模式》（2010 年）
强调教育质量、重视教育公平	美国	《入学准备法案》（2003 年）《2007 年"开端计划"学校入学准备能力提升法案》（2007 年）
	芬兰	《2004 年芬兰教育部发展计划》（2004 年）
	英国	"早期课程方案"（2004 年）

如表 5-2 所示，通过分析这些文件，我们归纳出各国文件中的几个特点：第一，各国在文件中都指明了幼小衔接对儿童长远发展的重要性。一方面，这彰显了现代教育所强调的终身教育理念，各国的官方文件都不约而同地提及要保持教育的连续性与一贯性，重视早期基础教育对幼儿后续终身发展的潜在影响；另一方面，这充分体现了国家对幼小衔接工作的重视。第二，不少文件都指出了过往幼小衔接工作中各主体存在的错误理念与行为，并在官方文件中予以纠正，同时还提供了具体的指导策略。这有利于各方科学、高效地开展幼小衔接工作。第三，各国都阐明了幼儿入学所必须具备的知识与技能，有利于确保幼儿做足入学准备，以消除过渡所带来的不适。第四，幼儿园与小学的课程整改是各国普遍重视的。某些国家希望开发出专门针对幼小衔接阶段的课程，而某些国家则期望通过改革幼儿园与小学课程的方式，完成幼小课程的衔接。以上两种思路都期望通过课程这一媒介帮助幼儿完成从幼儿园到小学的平稳过渡。第五，各国都重视学校、老

师、家庭、社区等多方力量在幼小衔接中的作用,这有利于充分调动社会各界资源,形成合力,帮助幼儿顺利完成幼小衔接。第六,幼小衔接的质量与公平同样是各国所关注的。各国希望通过高质量且公平的幼小衔接教育帮助幼儿平稳过渡,从而进一步实现高质量且公平教育的目标。

(二)提早义务教育年限,变革学制

英国规定 5 岁以后儿童进入义务教育阶段。为了促进学前教育与小学教育的顺利衔接,在英国,5—6 岁的幼儿园学习阶段和 6—7 岁的小学学习阶段被统一合并成一个教育阶段,称为关键阶段I。在关键阶段I中,采用混合年龄段的方式进行教育,实现了幼小衔接和混龄教育的有机融合,并解决了幼小阶段衔接困难的问题。[1]

澳大利亚规定义务教育阶段从 5—6 岁开始。在澳大利亚,入学指的是 5—6 岁的幼儿从学前教育机构进入到学前班,这个学前班与中国的 3—6 岁的小中大班不同,澳大利亚的学前班是为帮助幼儿从幼儿园向小学过渡提供服务的专门教育机构。[2]

芬兰对处在学习不利地位的学生会专门采取相关的干预及补救措施,并强调支持的公平性与广泛性。在芬兰,学前阶段被普遍认为是干预的关键期,芬兰针对不同的孩子推出了三种不同的入学方式。①针对 5—6 岁的儿童实施为期两年的学前教育,毕业后升入小学;②同样对儿童实施为期两年的学前教育,但入学年龄限制为 6—8 岁,相较于正常时间晚一年进入小学;③当相关专业人士(医生、教师、心理咨询师)诊断证明某幼儿有接受特殊教育的必要时,学校会建议家长将幼儿送往专门的特殊学校接受有针对性的教育。[3]

芬兰构建 K-2 融合教学形式,即从入学前一年到小学一年级再到小学二年级,三个学段的孩子一起上课。[4]芬兰还开设了幼儿园和小学的同堂课程,并在每个月都让学前班儿童与小学一、二年级学生共同开展主题月活动,此外还会寻找机会让双方组队学习,双方每周同上半天课。另外,为了促进幼小衔接阶段儿童的入学适应,芬兰政府还对儿童在校时间进行了统一规定,让学前班儿童与一、二年级的学生都在 12 点左右放学。[5]

法国的幼儿教育被置于小学教育之中,可以划分为三个阶段:①幼儿园小、

---

[1] 李慧,叶存洪. 英国幼小衔接阶段的混龄教育及其启示:以英格兰戴克小学为例[J]. 上海教育科研,2016(8):80-84.
[2] 刘焱,宋妍萍. 澳大利亚儿童入学研究评析[J]. 外国教育研究,2014,41(1):77-83.
[3] 钱文丹. 我在芬兰幼小衔接课堂[J]. 教学管理与教育研究,2018(6):116-119.
[4] 贾钱玉. 从学前班看芬兰幼小如何衔接[J]. 早期教育(教育教学),2020(1):35-36.
[5] 钱文丹. 我在芬兰幼小衔接课堂[J]. 教学管理与教育研究,2018(6):116-119.

中班合并，属于第一个阶段，在这一阶段，儿童学习的主要形式为游戏与实践，鼓励充分发挥幼儿的自主性；②幼儿园大班以及小学一、二年级合并，属于第二个阶段，在这一阶段，儿童逐步开始接触一些正式的课程；③第三个阶段则主要学习小学课程。前两个阶段的课程与活动设置更贴近幼儿的身心发展规律，其目的就是让幼儿更好地适应小学生活，这使得法国的幼小衔接取得了较大的成功。①

（三）推进幼小课程衔接，促进幼儿经验整合

1. 课程目标

日本幼小衔接课程的目标包括儿童身心健康，具备自立心，具有协同性，出现了道德性和规则意识的萌芽，具有社会性，具有思考力，亲近自然与尊重生命，对数量、图形和文字具有一定的感知力，具有对话性，具有丰富的感受力和表现力（表5-3）。②

表5-3　日本：幼儿在入学前应达到的理想状态的具体内涵

资质和能力	基本内涵
身心健康	能够全身心地投入自己想做的事情，通过合理推测展开活动，创造安全的健康生活
自立心	加深与环境互动性的联系，享受各种体验活动，能够独立思考并充分表现自己，获得目标达成的满足感与成就感，增强自信心
协同性	与朋友分享自身想法，体会为同一目标共同思考、努力、合作的感受，并带有充实感地坚持下去
道德性和规则意识的萌芽	分辨善恶、反思自身行为、体谅对方、换位思考、遵守规则等，在调整自身情绪试图解决问题的过程中，制定规则并遵守规则
社会性	珍爱家人、重视人际关系、照顾对方情绪、体验助人喜悦，维系和谐关系。判断、传达和灵活地运用日常生活与游戏中获得的必要信息，萌生与社会生活建立联系的意识
思考力	积极观察周围事物，了解其性质与结构特点，通过发现、思考、设想和钻研获得不同的体验乐趣。注意对各种观点的差异进行正确判断、反思和修正
亲近自然与尊重生命	具有好奇心和探究心并积极体验，表现自我，热爱和顺应自然。尊重和敬畏生命，关爱动植物
对数量、图形和文字具有一定的感知力	在游戏与生活中感受数量、图形、标识与文字，理解其内涵，灵活运用，提升兴趣
对话性	积累丰富多彩的语言词汇，充分表现自我，学会倾听，能够体会与他人交流的乐趣
丰富的感受力和表现力	注意事物特点和表现方式，体会表达和分享的乐趣，激励自身

---

① 杨敏. 法国：借"教学阶段"解决幼小衔接[J]. 上海教育，2006（6）：38-39.
② 任丹萍，赵慧君. 日本幼小衔接课程的实践路径、成效及经验[J]. 比较教育研究，2022，44（5）：104-112.

2014 年，芬兰修订的《国家学前教育核心课程》提出了要将具备"横贯能力"作为幼儿教育的目标。所谓"横贯能力"，就是能够熟练地在多元且复杂的情境中综合、灵活地运用自己所学的知识与技能。"横贯能力"包括六个方面：参与、融入能力；自我照顾和基本生活能力；文化识读和自我表达能力；多元识读能力；信息与通信技术能力；思考、学习能力。[①]

法国 2005 年颁布的《费雍法案》宣扬了基于"基础共同知识与能力"的教育改革的思想，受此影响，法国的课程改革孕育了许多新的变化。此轮课程改革期望每一位法国公民在接受共同优良的教育后都能够拥有"基础知识与能力"。"基础知识与能力"包括七个方面：会操作使用现代信息技术、能够运用一种外国语言、熟练使用法语的能力、了解基础数学与科技内涵、具有社会性与公民能力、具有深厚的人文素养、具备自我学习与创新能力。[②]

综合各个国家幼儿园与小学在课程目标上的衔接情况，可以看出各国一致强调：第一，课程目标的连续性，即要求从幼儿园到小学的课程不仅涵盖共同的课程目标并且目标要求由易到难具有连续性、一贯性；第二，课程目标的综合性，各国幼儿能力的要求具有认知、技能、情感等综合素养；第三，课程目标的时代性，除去过往幼小课程的目标，许多国家在课程目标中都提及对幼儿现代信息技术、通信能力的培养，体现出了幼小课程目标不断与时俱进，以适应现代化社会的要求。

2. 课程内容

英国《早期基础阶段实施纲要》将幼儿学习的内容划分为 7 个领域，具体为 3 个主要领域（个性、社会性和情感的发展，以及交流和语言、身体发育）、4 个特定的领域（语文、数学、理解世界、表达艺术和设计）。《早期基础阶段实施纲要》在 4 个特定领域中将语文和数学两门学科单独罗列出来，其目的是增强幼儿读写算的能力，为幼儿更好地进入小学学习做准备。[③][④]

日本将幼儿课程分为五大领域：人际关系、环境、健康、语言和艺术表现。而小学的课程内容则包括社会、理科、日语、生活、音乐、算术、绘画、家庭和体育。除此之外，日本还在小学设立了生活科，希望与幼儿园的生活教育相呼应，

---

① 刘子千，王卓. "为入学做好准备"：芬兰幼小衔接研究述评及启示[J]. 创新教育研究，2022（5）：1186-1194.
② 胡春光，陈洪. 法国幼小衔接教育制度的内涵与启示[J]. 学前教育研究，2011（9）：23-27.
③ 贾茹. 英国早期基础阶段教育政策的特点及启示：以《早期基础阶段实施纲要》为例[D]. 长春：东北师范大学，2018.
④ Moss P. Early childhood policy in England 1997–2013: Anatomy of a missed opportunity[J]. International Journal of Early Years Education, 2014, 22(4): 346-358.

并且以儿童终身发展所需要的核心素养为基础在课程内容上加强幼小课程的联系。[1]日本在小学低年级段还取消了分科转而设置了综合课程，课程内容围绕着幼儿的生活经验展开，力图贴近幼儿的实际生活与认知经验，符合幼儿的身心发展规律。[2]

在芬兰传统分科教学下，幼儿难以具备在不同情景综合运用所学知识与技能的能力。为了解决这一问题，芬兰对传统的教学方式进行改革，实施"现象教学"，其内核就在于将各学科有机结合，改变分科课程枯燥无味的情况。幼小衔接阶段学习的主要领域包含音乐、视觉艺术、手工艺、身体和语言表达四个方面。[3]

母育学校作为法国基础学前教育的场所，它的学习重心倾向于法语和数学两个科目。此外，法国对于培养幼儿的自觉性以及良好的学习习惯也非常重视。在幼小衔接过程中，掌握法语以及练习数学是法国幼儿教育所强调的，此外对现代语言、形体艺术语言、公民意识和良好的学习习惯培养也给予了极大关注。[4]

瑞典幼小衔接阶段的一日活动中，既保留了日常常见的生活活动（入校、离校、用餐、洗漱等），又保存了幼儿的游戏和户外活动，同时额外增加了两次专门的学习活动（平均一次30分钟），让幼儿专门用于学习相关教育内容。瑞典学前教育的五大核心教育内容分别是：语言和交流；创造性和审美性的表达形式；数学推理和表达形式；自然、技术和社会；游戏、体育活动和户外远足。[5]

爱尔兰的幼儿园课程是基于"Aistear：早期教育课程框架"构建的。它通过四个内在相互联系的主题描述了幼儿的学习和发展过程，四个主题包括沟通、探索和思考、身心健康、身份和归属感。[6]

加拿大的各地区都设有专门的幼儿园或小学课程，不同的省份特点不同。例如，在新不伦瑞克，幼儿园的数学课程是单独设立的，但它的英语、语言、艺术、音乐、体育课程会与一年级及以上的课程合并。在加拿大，不同省和地区的幼儿园课程内容通常涉及识字和语言、算术、艺术以及卫生健康等学科领域。

为了反映当代社会的实际需求，加拿大在其早期学习框架中扩大科目范围。新增的科目包括伦理和公民身份、社会科学、健康和福祉、信息和通信技术以及外国语。而对于传统课程，加拿大依然非常重视，如艺术、音乐、宗教、体育、

---

[1] 李春刚，邱小慧. 经济合作与发展组织成员国推进幼小衔接的举措与启示[J]. 教育导刊，2021（1）：81-87.
[2] 樊圆圆. 新世纪日本幼儿教育振兴策略研究[D]. 保定：河北大学，2020.
[3] 刘子千，王卓. "为入学做好准备"：芬兰幼小衔接研究述评及启示[J]. 创新教育研究，2022（5）：1186-1194.
[4] 杨敏. 法国：借"教学阶段"解决幼小衔接[J]. 上海教育，2006（6）：38-39.
[5] 张燕. 瑞典幼小衔接的"桥梁"：学前班[J]. 早期教育，2021（40）：20-21.
[6] 王敏，王彦丽. 爱尔兰幼小衔接的政策、实践与启示[J]. 教育观察，2020，9（16）：87-90，139.

科学、阅读、算术、自由游戏时间和实践技能等科目。一年级教授与幼儿园相近的内容被各省及地区所普遍采用，这也从侧面折射出加拿大的幼小教学和课程具有相当程度的连续性，对于读写、计算和艺术来说尤其如此。[1]

挪威的幼儿园框架计划确定了七个广泛的学习领域，作为入学准备课程的关键部分：①交流、语言和文字；②身体、运动和健康；③艺术、文化和创造力；④自然、环境和技术；⑤伦理、宗教和哲学；⑥当地社区和社会；⑦数字、空间和形状。比如，挪威2017年发布的《框架计划》指出，"学习领域的内容应与儿童今后在学校接触到的科目基本相同"，这反映了挪威期望通过加强教育的连续性、一致性来推进幼小衔接。[2]

课程内容是紧紧围绕着课程目标制定的，因此多数国家幼儿园与小学课程衔接内容的特点与课程目标的特点一致，同样具有连续性、综合性、时代性的特点。[3]但具体地说，在多数国家综合而广泛的课程内容中，语言与交流、数学、健康、艺术这些内容是被共同提及的，可见多数国家认为这些课程类目在幼小课程衔接中是必须涵盖且十分重要的。

3. 课程实施

日本一贯重视游戏在幼小衔接中的重要作用，强调要在小学中延续与创新幼儿园中的游戏，用相同的教育形式帮助幼儿消除过渡的不适。[4]

美国为了保证幼儿园课程与小学课程的连续性与一致性，在课程设计时既运用了国家本位课程设计模式，又运用了学校与幼儿园本位的课程设计模式。其课程组织形式丰富多样，不仅包括传统的讲授式课堂教学模式，还包括全语言教学、个别化教学、无年级学校、主题统整课程等类型多样的课堂组织运行形式。[5]

芬兰在幼小衔接过程中开创了"幼小同堂"课程模式，即学前班与小学一、二年级结对，共同开展主题月学习活动，每周同上半天课。芬兰还通过融合教育的形式推进幼小衔接，在芬兰的融合教育中，基础教育指向更结构化、成人化地参与和学习，而学前儿童教育和保育（early childhood education and care，ECEC）与学前教育课程则以儿童为本位，注重儿童的参与与体验，在活动类型和教学方法上它们各有不同，融合教育将这两种教育模式有机结合，着重指出不同的教育

---

[1] 李小峰, 张建强. 幼小衔接：加拿大经验及启示[J]. 现代中小学教育, 2022, 38（6）：74-80.
[2] 李敏谊, 郭夏欢, 陈肖琪. 北欧国家幼儿教育和保育政策话语的新变迁[J]. 比较教育研究, 2018, 40（5）：89-97.
[3] 陈景凡. 浅析我国幼小衔接中的问题与策略[J]. 当代教育论坛（校长教育研究）, 2008（11）：54-55.
[4] 任丹萍, 赵慧君. 日本幼小衔接课程的实践路径、成效及经验[J]. 比较教育研究, 2022, 44（5）：104-112.
[5] 陈紫薇. 美国解决幼小衔接断层问题的经验及其对我国幼小衔接工作的启示[J]. 兰州教育学院学报, 2015, 31（9）：167-168.

阶段中的教育方法也要保持连续性。

在法国，幼儿园与小学课程纲要均由中央教育部根据每年不同的教育需要制定。地方学校则需要根据中央推出的纲要制定适宜本校的教学计划。对于各种教育活动如何开展、学生的学习能力是如何评价的，各地方学校则被要求进行详细说明。具体来说，在法国主要的幼小衔接机构，如在母育学校中，教学方式以游戏为主，鼓励儿童"在玩中学、玩中进步"。[1]

由"全熟悉情境"至"半熟悉情境"的衔接与过渡是加拿大幼小衔接课程的实施模式，如"全班数字讨论"，在幼儿园阶段仅要求儿童参与到由教师引导的集体性讨论当中，而在一年级则要求儿童突破自己所熟悉的学习环境，借助卡斯卡计数书来学习。此外，加拿大幼小衔接课程还会创设班级之外的自然寻宝游戏情境，并要求儿童基于游戏情境参与讨论。对不同情境的适应能力可以更好地帮助幼儿适应小学生活。[2]

瑞典在幼小衔接过程中，学校被指定为主要的学习场所，并且很少布置家庭作业。除了集体授课以及传统的游戏活动外，教师还会鼓励幼儿使用平板电脑以及学习类的 App 进行学习。这样的学习形式在幼小衔接过程中是较为新颖的。[3]

丹麦为保障幼小课程的有效衔接开发了一些专门的学习项目。比如，斯劳厄尔瑟（Slagelse）市推广的"宝藏和经典"项目。幼儿将对自我画像的描述、朋友、兴趣和爱好等重要信息称为"宝藏"，这些"宝藏"在入学之初由幼儿或者家长交给教师，以帮助教师掌握幼儿的各项信息。"经典"是指将这些信息材料在育儿机构、幼儿园与小学中流通，这些材料在幼儿常见的 10 项活动（字母、声音、绘画、计算机游戏、阅读、讲故事、戏剧、歌曲等）中均有所涉及。重复地使用经典材料有利于增强幼儿在活动中的归属感与认同感。[4]

挪威的幼儿园框架计划没有对具体学习领域提出具体要求，每个幼儿园都可以根据儿童个人、群体和当地社区的兴趣自由调整学习领域。但是每个幼儿园都需要制订年度计划，概述学习领域适应教育活动的方式，年度计划包括儿童参与的目标、如何实现这些目标以及如何评估工作。另外，教育部还发布了由专家编写的指导手册，以帮助指导幼儿园教学工作和解决更广泛的问题。[5]

---

[1] 杨敏. 独具特色的法国母育学校[J]. 天津市教科院学报, 2006（5）: 23-25.
[2] 杨欢, 张胜. 加拿大不列颠哥伦比亚省基于大概念的幼小衔接课程框架及启示: 以数学课程框架为例[J]. 陕西学前师范学院学报, 2022, 38（2）: 65-71.
[3] 张燕. 瑞典幼小衔接的"桥梁": 学前班[J]. 早期教育, 2021（40）: 20-21.
[4] 肖静. 丹麦实施幼小衔接的目的、举措及启示[J]. 教育导刊（下半月）, 2021（4）: 91-96.
[5] 郝健健, 殷玉新. 挪威幼小衔接教育政策的实施路径及启示[J]. 教育导刊（下半月）, 2021（2）: 86-91.

综上所述，在实施幼小衔接课程时，每个国家根据自己国情与文化的不同采取了适合自己国家的课程实施方式，包括游戏、个性化教学、混龄教育、融合教育等。这些课程实施范式的共同目的在于帮助幼儿熟悉小学环境，避免幼儿在过渡中出现不适。因此，大部分国家都会在小学低年级中使用与幼儿园相似的课程实施手段以达到顺利幼小衔接的目的。

4. 课程时长

芬兰的幼小衔接课堂将幼儿园与小学的在校时间统一，学前班与一、二年级都在 12 点左右放学。芬兰国家规定，学前班孩子日均上课时间为 4 小时，下午的时候孩子可以自由选择回家或是留在幼儿园。一、二年级规定每周 19 课时，平均每天 4 节课，与幼儿园情况相同，小学可以自主决定学生下午留校与否。[①]

法国的母育学校没有硬性的时间规定。[②]课程时长是根据相应的教学计划进行调整的，要确保每一门课都能在不同的班级顺利教授。为了把不同的学习和活动方式结合起来，学校会尽可能地优化时间表，使某些学习活动在更有利的时间开展。[③]此外，在教学时数的安排上，幼儿园大班的集体活动时间与小学每周上课时数都在 26 小时左右。[④]母育学校与小学一样有具体但不具有强制性的教学计划和时间安排，因为它以游戏为主要教学手段，而儿童的游戏时间具有弹性。[⑤]

在加拿大，不同地区的幼儿园课程教学时间相似，具体的课程时长要取决于课程的性质。幼儿园课程以大约 13 小时/周的半日制课程或大约 25 小时/周的全日制课程的形式存在。在加拿大的一个学年中，孩子们每年大约有 37 周的时间在半日制幼儿园或全日制幼儿园学习。在大多数地区中，同全日制幼儿园一样，一年级的教学时长每周约为 25 小时，每年约 37 周。[⑥]

由此可见，各国在衔接课程时长方面具有灵活性和适应性。一方面，学校尽可能合理地安排时间表，把不同的活动形式和学习方式搭配起来，优化时间段，使某些学习活动在更有利的时间开展。另一方面，学前班与一、二年级的每周教学时长相似，从而有效解决了儿童刚进入小学上课时"坐不住"的问题。

[①] 钱文丹. 我在芬兰幼小衔接课堂[J]. 教学管理与教育研究，2018（6）：116-119.
[②] 杨敏. 法国：借"教学阶段"解决幼小衔接[J]. 上海教育，2006（6）：38-39.
[③] 杨敏. 独具特色的法国母育学校[J]. 天津市教科院学报，2006（5）：23-25.
[④] 胡春光，陈洪. 法国幼小衔接教育制度的内涵与启示[J]. 学前教育研究，2011（9）：23-27.
[⑤] 陈元. 法国基础教育[M]. 广州：广东教育出版社，2004.
[⑥] 李小峰，张建强. 幼小衔接：加拿大经验及启示[J]. 现代中小学教育，2022，38（6）：74-80.

（四）评估幼儿能力，确保幼儿达到入学标准

在德国，幼儿园结束阶段，会对当年即将入学的幼儿进行专门的幼升小测试，由政府健康部门的专业老师在镇上的健康中心对孩子们进行测试。其内容包含身体检查、语言测试、能力测试，但这些测试大多设置得比较简单，不只是为了甄别儿童对传统学科知识的掌握情况以达到筛选入学的目的，更是为了确保儿童做好充足的入学准备。[1]

加拿大各地区拥有多样化的幼小衔接测评工具，常见的检测方法包括两种：第一种是由一份结合了103个项目的问卷所组成的幼儿早期发展测评工具，涉及幼儿五大领域的发展指标，它被用来衡量教育工作者对幼儿发展能力的期望，测量时间通常在一年级之前；第二种是个人教育计划或全纳干预计划，它们是以作品集、报告或评估的形式出现的，由家庭、医院和学校合作开发测量工具，其中详细记录了每位幼儿的学习缺点与优势，并为家庭提供幼儿的衔接计划。[2]

英国政府规定，学校在早期基础阶段的前后都需要对幼儿的能力做出评价。《早期基础阶段法定框架》规定，教师和父母在早期基础阶段开始前要共同商量好最佳的评价时间段，并且要对孩子当下的发展进行书面评价。评价者要和父母指出孩子的不足之处，并相互讨论、提出解决方案，心理治疗师、健康专家等其他专业人士也会参与其中。最后，教师要向父母提供关于育儿知识、儿童的能力、发展情况以及一年级的入学准备等方面的方案。[3]《早期基础阶段法定框架》要求幼儿园必须为所有即将进入小学的儿童建立专属"档案袋"，内容包括儿童在早期基础阶段结束时的发展水平与学习状况，以及评价儿童发展是否达到预期水平，这可以帮助小学一年级的教师判断儿童的发展需要，帮助儿童进行低年级的发展规划，顺利完成幼小过渡。[4]

澳大利亚同样借助测量评估的手段来评判幼儿是否做好入学准备。例如，通过使用《小学性能指标》（"Performance Indicators in Primary Schools"）和《基线评估》（"Baseline Assessment"）等指标性工具对幼儿入学能力进行测查。澳大利亚研究者还通过调查，形成了《澳大利亚早期发展指数》（"Australian Early Development Index"），由教师测查幼儿的身体健康与幸福感、社会性能力、情

---

[1] 张思懔. 德国教育中的幼小衔接[J]. 上海教育，2018（20）：60-61.
[2] 李小峰，张建强. 幼小衔接：加拿大经验及启示[J]. 现代中小学教育，2022，38（6）：74-80.
[3] 耿薇. 英国早期儿童基础教育指南（EYFS）（2017）述评[J]. 科教文汇（中旬刊），2018（5）：114-117.
[4] 赵紫君. 英国《早期基础阶段法定框架》儿童学习与发展领域研究[D]. 武汉：中南民族大学，2020.

感成熟度、语言和认知能力、交流能力与常识等是否达标。此外，处于弱势地位的幼儿入学前的发展状况也是澳大利亚政府特别关注的。①

美国非常重视儿童的入学准备，各州在政府的支持下普遍实施了学前班入学准备评估。美国通过"力争上游——早期学习挑战"计划系统性推进学前班入学准备评估，以标准化、数据化的方式提升儿童早期教育质量。该计划要求各州建立分层质量评价与改进体系，整合课堂互动评估、环境评分系统等工具，从健康、社会情感和认知发展等多维度测评儿童能力，重点缩小弱势儿童与同龄人的学业差距。同时，各州修订或制定覆盖0—5岁儿童的早期学习与发展标准，明确入学准备的核心领域（如早期阅读、数学能力），确保标准与教师专业能力框架及课程内容衔接，增强评估的科学性。②

美国及其各州还会根据入学准备评估数据设立多层次、多类型的入学准备干预项目。例如，美国的"开端计划"（Head Start Program）及其下属的乔治亚州的"彩票基金入学准备项目"（Lottery-founded School Readiness Program）、北卡罗来纳州的"聪明起点项目"（Smart Start Program）等。实施干预的主体包括研究机构、社区、政府、小学以及早教中心。干预的内容与儿童入学所需要的知识与技能息息相关，如健康知识、运动技能、言语能力、情感与社会性发展、认知与通识知识、学习方式等。这些项目干预的对象不仅包括儿童个体，还包括儿童的发展环境。各项目的实施无疑会对美国的幼小衔接工作做出贡献。③

由此可见，各国进行儿童入学准备评估具有以下三个特点：一是评估的内容较为完整，除了最基本的身体健康情况外，多数国家还会就健康与运动技能、言语发展、情感与社会性发展、学习方式、认知与一般知识等展开评估；二是实施评估的主体多元，实施评估的主体包括政府、研究机构、社区、小学以及早教中心，家长也参与其中；三是评估的目的不是甄别儿童对传统学科知识的掌握情况，而是了解儿童现有水平及发展情况，以帮助儿童更好地做好入学准备，同时也有助于教师识别处境不利儿童的入学准备状况，进而精准提供支持，缩小与优势同伴的学业成就差距，促进教育公平。

---

① 刘焱，宋妍萍. 澳大利亚儿童入学研究评析[J]. 外国教育研究，2014，41（1）：77-83.
② 吴雅倩. 美国幼儿入学准备评估研究[D]. 南昌：江西师范大学，2024.
③ 陈紫薇. 美国解决幼小衔接断层问题的经验及其对我国幼小衔接工作的启示[J]. 兰州教育学院学报，2015，31（9）：167-168.

（五）重视教师队伍建设，培养幼小衔接专业教育人才

教师是幼小衔接事业最重要的利益相关者之一，各国都十分重视教师在幼小衔接过程中所发挥的重要作用，并致力于通过不同方式培养幼小衔接专业教育人才。

1. 更新教师职业标准，增添幼小衔接方面的要求

在英国，《早期教育工作者资格标准》规定，所有早期教育教师（early years educator，EYE）必须具备促进幼儿发展并为其进入小学做好准备的能力。英国还规定早期教育教师除掌握学前保教知识，还应充分理解并掌握幼小衔接的相关知识，并能将关键阶段Ⅰ和关键阶段Ⅱ与学前教育阶段的教学有效整合，灵活地开展教学。另外在早期阅读教学中，教师还需要着重采取有效策略去进行自然拼读法和学前数学的教学，以帮助儿童从学前教育阶段顺利过渡到小学教育阶段。[1]

美国对于幼儿园与小学的师资采取共同培养的方式，师范生在大学毕业后所取得的教师资格证书涵盖幼儿园与小学低年级（K-2）两个学段。因此，幼儿园教师与小学低年级教师能互相了解两个阶段儿童的身心发展水平，也能互相熟悉两个阶段的课程设计方案、教学方法等，因此能根据不同学段儿童的特点因材施教。[2]

法国国民教育部规定，法国的幼儿园与小学教师必须接受相同的教育和培训，这使得幼儿园教师与小学教师能够同时适应幼儿园与小学的教学需要并根据需要互换，这对幼小衔接的顺利进行有着极大的帮助。[3]

2. 拓宽教师培训渠道，提升教师专业能力

日本2016年修改的《教育公务员特例法》，要求对在职教师进行幼小衔接课程培训，即教师可以通过在职培训的方式学习幼小衔接相关的知识与技能。随着日本《教育职员许可法》的再次修订，幼师的课程结构也有所调整，学习分科课程转变为学习五个领域的课程内容，这样做有利于纠正幼儿园教育"小学化"、知识化的错误理念。[4]

日本幼儿园教师与小学教师还会进行职场体验，即幼儿教师与小学教师角色互换，体验对方的教师生活，期望互换的老师能够发现衔接过程中的问题并提出建议。幼儿园教师与小学教师职场体验时间长、实操环节多，使得交换双方能更具体深入地了解对方学段的特点，从而更好地推动幼小衔接工作的顺利进行。[5]

---

[1] 王诗尧. 中英幼儿教师标准及其执行比较研究[D]. 南昌：南昌大学，2019.
[2] 张林玲. 当代美国幼小衔接政策的研究[D]. 上海：上海师范大学，2012.
[3] 李娅菲. 法国幼小衔接教育制度研究[D]. 重庆：四川外国语大学，2013.
[4] 樊圆圆. 新世纪日本幼儿教育振兴策略研究[D]. 保定：河北大学，2020.
[5] 韩书亚. 21世纪以来日本幼小衔接研究[D]. 上海：华中师范大学，2020.

丹麦重视教师在幼小衔接中的引领作用，由国内 8 所学院统一负责丹麦师资的职前培养，其中包括教养员和教师的培养。教养员（服务于 0—5 岁幼儿）的专业课程和教师（服务于 6—18 岁儿童和青年）的专业课程，在内容上存在较多的交叉融合之处，这充分体现出丹麦师资培训对于幼小衔接知识的重视。[①]

加拿大教师通过职前培训的方式学习幼小衔接知识的机会并不多，主要在其职后阶段开展，包括与学校领导会面，参加由心理学家和幼儿发展机构发起的研讨会，以及通过书籍、手册、网站等其他交流途径。在加拿大，幼儿教师之间关于幼儿发展的信息交流、访问、分享等变得频繁。加拿大多数地区已经注意到共享幼儿发展信息、了解幼儿发展状况在幼小衔接中占有举足轻重的地位。因此，校长和幼儿园负责人通常通过会议的形式为教师提供幼小衔接的信息并提供帮助。[②]

挪威政府于 2012 年出台《幼儿园教师课程的国家法规》（"National Regulations on Curriculum for Kindergarten Teacher"），其中明确指出，要在幼儿教师教育课程体系中穿插 20 周的实践教学，在实践期间，幼儿教师除了要在幼儿园进行实习，还要到小学低年级参加为期 2—3 周的实习。[③]此外，该法规规定，学前教师在第一学年和第二学年要学习儿童发展、游戏和学习，社会、哲学、道德、语言、书写与数学，艺术、文化与创造力，自然、健康和运动等方面的课程知识；小学教师的课程内容包括教育理论、伦理知识、挪威语、数学、基础读写能力和数理能力。对比两者的课程内容，可见挪威在学前和小学教师师范教育阶段的课程设计上具有交叉性，挪威师资培养具有幼儿园教师与小学教师培养一体化的特点。[④]

综上所述，一方面，上述国家聚焦职前教育，通过整合学前和小学两个学段的教师教育课程来提高师范生的幼小衔接专业素养；另一方面，加强职后培训，通过教师之间的教研活动、由专家或专门机构牵头的研讨会，以及书籍、手册、网站，甚至是参与相互职场体验的方式来提高在职教师的幼小衔接实践能力。

3. 出台教师行动指南，提供衔接专业指导

澳大利亚在《早期学习框架》中提出了一系列教学方法为教师提供参考，并规定教师要确保儿童平稳地实现幼小过渡，提出教师要在儿童已有经验的基础上，帮助所有儿童建立安全感、自信心以及学会学习和生存。澳大利亚政府还出台了对应的辅助资料《早期学习框架教师实践指南》来帮助教师顺利开展幼小衔接工

---

① 肖静. 丹麦实施幼小衔接的目的、举措及启示[J]. 教育导刊（下半月），2021（4）：91-96.
② 李小峰，张建强. 幼小衔接：加拿大经验及启示[J]. 现代中小学教育，2022，38（6）：74-80.
③ 黎晓君. 挪威学前教育师资培养经验及启示[J]. 教师教育论坛，2021，34（11）：70-75.
④ 郝健健，殷玉新. 挪威幼小衔接教育政策的实施路径及启示[J]. 教育导刊（下半月），2021（2）：86-91.

作，实现幼小衔接顺利过渡的目标。[1]

为加强幼儿园教师与小学教师之间的合作，丹麦评估研究所（Danish Evaluation Institute，EVA）开发了一套名为"合作开创良好开端"的教师对话工具，希望日托机构、课后服务中心和教师能够通过该工具更多地沟通对话。换句话说，学前阶段和小学阶段的教师可以互相讨论儿童观、教育观等，用科学的教育理念开发出适宜的教学活动以促使幼小衔接顺利过渡。[2]

4. 鼓励幼儿园与小学双向交流互动，帮助幼儿快速熟悉小学生活

（1）幼儿与小学生互动交流，消除陌生焦虑

在澳大利亚政府委员会所制定的国家幼儿发展战略中，学前教育机构与小学两个部门的专业人员在过渡时期的密切合作已被列为重要内容。具体做法包括幼儿与小学生互相寄送书信，帮助幼儿与小学生建立联系、了解彼此。[3][4]

日本的幼儿园和小学每年还会专门为其组织交流活动，让两个年龄段的孩子进行互动，从而帮助幼儿更好地适应入学生活。行事交流活动、日常交流活动、学校授课活动为其主要的幼小衔接活动。[5]

加拿大幼儿园的最后一年，幼儿园和小学会在父母的帮助下举办各种活动，让幼儿与小学生去体验。常见的活动包括：开放日（小学或幼儿园开放，允许参观体验）、交换日（幼儿与小学生交换，体验对方生活）、品尝日（幼儿与小学生分享或共同制作美食）。[6]

（2）幼儿园教师与小学教师沟通合作，推进科学衔接

在日本，幼儿园教师与小学教师合作交流的途径多样、内容全面。首先，日本幼儿园和小学老师会针对幼小衔接工作开展紧密的合作，包括幼儿与小学生交流活动前后的讨论、幼儿园教师与小学教师跨学段互相学习，讨论如何改进幼小衔接课程、创设环境等；幼儿园教师与小学教师间还会分享幼儿学习情况、共享教学教案、设计活动计划、撰写学校校刊等。[7][8]

在芬兰连续性的 K-2 课程中，幼儿园教师与小学教师会合作构建教学设计和

---

[1] 员春蕊. 澳大利亚联邦政府学前教育质量保障发展研究（1983—2014）[D]. 长春：东北师范大学，2015.
[2] 肖静. 丹麦实施幼小衔接的目的、举措及启示[J]. 教育导刊（下半月），2021（4）：91-96.
[3] 刘磊. 澳大利亚幼小衔接中多元合作的实施策略[J]. 学前教育研究，2015（6）：26-30.
[4] Sumsion J, Barnes S, Cheeseman S, et al. Insider perspectives on developing belonging, being & becoming: The early years learning framework for Australia[J]. Australasian Journal of Early Childhood, 2009, 34(4): 4-13.
[5] 韩书亚. 21 世纪以来日本幼小衔接研究[D]. 武汉：华中师范大学，2020.
[6] 李小峰，张建强. 幼小衔接：加拿大经验及启示[J]. 现代中小学教育，2022，38（6）：74-80.
[7] 韩书亚. 21 世纪以来日本幼小衔接研究[D]. 武汉：华中师范大学，2020.
[8] 谢欢. 发达国家促进幼小衔接的经验及启示[J]. 科教文汇（下旬刊），2019（24）：119-120.

评价体系，并且共享有关孩子的评价信息。[1]

冰岛幼儿园教师和小学教师最常见的做法有：幼儿园教师带领儿童在开学前访问参观小学；幼儿园教师和小学教师组织会议以讨论儿童教育的连续性；幼儿园教师访问小学，观察教育实践情况。[2]

（3）幼儿园和小学信息共享互通，增进彼此了解

澳大利亚的小学会将低年级课程的信息提供给幼儿园，帮助幼儿园组织专项活动。在小学低年级继续保留基于游戏的学习方式，帮助幼儿减轻学习新的学习内容的压力等。[3][4]

芬兰的幼儿园教师和小学教师会通过分享对儿童评价的相关信息，加强幼儿园与小学的双向沟通，这也有利于教师对儿童进行有针对性的指导。[5]

爱尔兰专家委员会和一些学校合作研发了"我的故事：幼小衔接模板"，目的是通过记录儿童学习和发展情况，使家长收集关于儿童的具体信息，并在经他们同意后与小学共享信息。值得注意的是，在填写模板时，教师需要关注以下几点注意事项。第一，教师需要采用优势取向方法（strengths-based approach），但不仅仅是关注儿童的发展优势，幼儿发展所遇到的难题、面临的挑战也是记录的重点。第二，要关注关键信息，避免过分关注细节。第三，避免对幼儿贴标签。第四，语言要易于理解。第五，手写的字迹需清晰好认。第六，所填信息要有科学的证据，用图片、观察和笔记作为辅助更佳。第七，内容要与幼儿及其父母或监护人收到的信息一致。[6]

（4）幼儿园和小学环境要融合共建，促进幼儿适应

法国的母育学校区别于我国的托儿机构和幼儿园，它设置在小学当中，跟小学有着类似的教学计划和时间安排；母育学校以游戏为主要教学手段，这有利于促进幼儿从学前阶段到小学阶段的过渡。[7]

加拿大的幼儿园包含在小学当中，如幼儿园和一年级在同一栋建筑中，这有助于孩子们顺利进行幼小过渡。幼儿教育和小学教育之间的环境共享最大限度地

---

[1] 钱文丹. 我在芬兰幼小衔接课堂[J]. 教学管理与教育研究，2018（6）：116-119.

[2] Einarsdottir J, Perry B, Dockett S. Transition to school practices: Comparisons from Iceland and Australia[J]. Early Years, 2008, 28(1): 47-60.

[3] 刘磊. 澳大利亚幼小衔接中多元合作的实施策略[J]. 学前教育研究，2015（6）：26-30.

[4] Sumsion J, Barnes S, Cheeseman S, et al. Insider perspectives on developing belonging, being &becoming: The early years learning framework for Australia[J]. Australasian Journal of Early Childhood, 2009, 34(4): 4-13.

[5] 钱文丹. 我在芬兰幼小衔接课堂[J]. 教学管理与教育研究，2018（6）：116-119.

[6] 王敏，王彦丽. 爱尔兰幼小衔接的政策、实践与启示[J]. 教育观察，2020，9（16）：87-90，139.

[7] 陈元. 法国基础教育 [M]. 广州：广东教育出版社，2004.

降低了过渡对幼儿的不利影响。[①]

芬兰的幼儿园同样与小学共同设置在校园内,其学前班有的设置在小学教学楼中,有的在幼儿园中,还有的将学前班独立为毗邻小学的一栋楼。将幼儿园和小学安排在同一校园环境内可以让孩子们提前熟悉小学的校园环境,对环境产生认同,从而减轻入学恐惧。[②]

5. 充分利用家庭、社区资源帮助幼儿做好入学准备

(1)重视家庭参与,提供专业支持

2017年,英国再次修订《早期基础阶段法定框架》。《早期基础阶段法定框架》强调家庭在儿童成长过程中重要的教育作用,要求家长和教师形成坚实的合作关系。教师会对幼儿能力与发展情况进行评估并撰写报告,根据评估结果与家长共同讨论儿童后期的发展计划。为了让家长更好地了解正确的早期教育方法,《早期基础阶段法定框架》还为家长提供了教育指导手册。[③④]

澳大利亚对幼小衔接过程中家庭的参与十分重视,政府会通过颁布官方指导文件的形式为家庭教育幼儿提供指导,如《入学衔接的家长计划》("Transition to Primary School Parent Program")、《三P:积极的教养计划》("Triple P—Positive Parenting Program")、《一起准备:入学衔接计划》("Ready Together—Transition to School Program"),强调了学校、家庭、孩子之间的交流合作,此外,所有这些文件都提供了一系列可供家长参考的幼小衔接措施。[⑤]澳大利亚还专门针对弱势群体父母提供家庭教育活动指导,包括向其免费提供托管、有关育儿知识的资料、外语服务等,这些举措有力地促进了儿童的入学适应。[⑥]

在日本,家庭普遍参与面对面的幼小交流活动,如幼儿园和小学共同举办的家长恳谈会、交流会、研修会等,还有邀请家长参加公开课、小学开放日以及邀请有经验的家长做育儿经验分享等。对于有教育困难的家长,日本还安排"课后儿童教师",通过免费传授课后幼儿教育知识来帮助家长提升育儿能力。[⑦⑧]

---

① 李小峰,张建强. 幼小衔接:加拿大经验及启示[J]. 现代中小学教育,2022,38(6):74-80.
② 钱文丹. 我在芬兰幼小衔接课堂[J]. 教学管理与教育研究,2018(6):116-119.
③ Faulkner D, Coates E A. Early childhood policy and practice in England: Twenty years of change[J]. International Journal of Early Years Education, 2013, 21(2/3): 244-263.
④ 贾茹. 英国早期基础阶段教育政策的特点及启示:以《早期基础阶段实施纲要》为例[D]. 长春:东北师范大学,2018.
⑤ 刘焱,宋妍萍. 澳大利亚儿童入学研究评析[J]. 外国教育研究,2014,41(1):77-83.
⑥ 刘柃采.《强势开端V:幼小衔接》的研究[D]. 昆明:云南师范大学,2019.
⑦ 韩书亚. 21世纪以来日本幼小衔接研究[D]. 武汉:华中师范大学,2020.
⑧ 谢欢. 发达国家促进幼小衔接的经验及启示[J]. 科教文汇(下旬刊),2019(24):119-120.

2005年，法国出版的《费雍法案》明确指出，教师、家长、社区人员等必须全员性参与儿童基础阶段课程内容规划、设置。法国母育学校的管理为半开放式，规定教师通过蓝色的笔记本与家庭沟通，教师记录的内容要包括儿童的作业以及日常的行为表现，还会通过不同的方式，如圆桌会议、俱乐部、沙龙和家长委员会等定期组织教师与家长会面，双方交流、分享、沟通儿童近期表现。[1]另外，对于儿童成长过程中产生重要作用的托幼机构，学校会积极与其保持联系，双方共同关注、推进儿童的持续发展。[2]

芬兰家长参与幼小衔接的形式多样：家长们共享育儿经验；家长参加小学开放日以体验小学生活；家长给孩子准备幼小衔接读物；家长邀请小学老师来家里做客；家长向专业人士咨询、寻求指导、学习幼小衔接知识等。[3]

丹麦政府会为家园、家校合作提供心理咨询服务和卫生保健服务等。家长之间也会开展合作，形式包括家长入学访谈、学校间的联席会议、成立家长委员会等。其中，儿童入学前举办的家校联席会议，主要围绕着向家长提供入学的相关信息，且特别关注弱势儿童及其家庭并给予帮助。[4]

挪威的幼儿园会采用档案袋的形式记录幼儿生活与成长的轨迹，记录的内容包含孩子的照片、图画和故事，这些档案袋有力地促进教师与家长的沟通交流，是儿童顺利从幼儿园过渡到小学的重要工具。[5]

综上所述，上述国家会开展丰富的活动使家长充分地参与幼小衔接，非面对面的交流活动集中于家园联系手册和儿童成长档案，面对面的交流活动形式更是多样，包括成立家长委员会、教师家访、家长开放日、家长入学访谈、家长交流会、圆桌会议、俱乐部、沙龙等，还会对特殊家庭的家长给予有针对性的帮助。

（2）形成社区合力，统筹有效资源

在澳大利亚，社区是幼小衔接过程中的核心一员，在幼小衔接工作中发挥重要作用。社区会组织形式多样的幼小衔接活动。例如，邀请新生参加读书周游行；邻居们积极与儿童对话，来鼓励幼儿入学；市政委员会为新生组织野餐、举办入学庆祝会。[6][7]

---

[1] 胡春光，陈洪. 法国幼小衔接教育制度的内涵与启示[J]. 学前教育研究，2011（9）：23-27.
[2] 李娅菲. 法国幼小衔接教育制度研究[D]. 重庆：四川外国语大学，2013.
[3] 钱文丹. 我在芬兰幼小衔接课堂[J]. 教学管理与教育研究，2018（6）：116-119.
[4] 肖静. 丹麦实施幼小衔接的目的、举措及启示[J]. 教育导刊（下半月），2021（4）：91-96.
[5] 李敏谊，郭寰欢，陈肖琪. 北欧国家幼儿教育和保育政策话语的新变迁[J]. 比较教育研究，2018，40（5）：89-97.
[6] 刘磊. 澳大利亚幼小衔接中多元合作的实施策略[J]. 学前教育研究，2015（6）：26-30.
[7] Sumsion J, Barnes S, Cheeseman S, et al. Insider perspectives on developing belonging, being & becoming: The early years learning framework for Australia[J]. Australasian Journal of Early Childhood, 2009, 34(4): 4-13.

日本重视社区在幼小衔接中所发挥的作用，政府或民间自发组织各种机构牵头为需要的家长与儿童提供帮助，甚至会有针对性地为特殊儿童提供帮助。[1][2]

美国综合幼儿保教系统在公共教育政策驱使下得到了良好的发展，该系统支持学校、私人和社区儿童保育中心与家庭儿童保育机构提供服务，并将多种资金资源，如美国国家教育资金、州教育资金和私人资金等用于此。[3]

2005年，美国伊利诺伊州儿童行动组织（Illinois Action for Children，IAFC）创建了社区联系学前计划模式，这一模式将传统的公立幼儿园教育和额外的育儿计划结合起来，在学校内部或校外创建一个"学校社区平台"，向儿童提供学前教育与保育的支持。该平台上有许多教师和早期护理师，可以在早期知识学习的基础上，为家庭提供育儿信息、健康指导等方面的直接服务。除此之外，社区还会共享公共以及部分私人资源；帮助制定儿童保教的社区合作计划；为学校提供多样的综合服务，如健康促进、社会服务等。[4]

丹麦政府重视儿童在幼小衔接阶段的心理建设，为了保障儿童在过渡时期拥有健康的心理和生理。政府会为所有儿童提供无偿医疗服务，并且对于存在精神障碍的儿童和家庭提供免费的教育心理咨询服务以及其他帮助。[5]

6. 专业人员引领各方，共同促进幼小衔接项目的发展

英国的专家在幼小衔接这一问题上发挥了重要作用。英国的许多教育政策的制定都得益于专业人士研究中所收集的信息。例如，2010年，克莱尔·蒂克尔（Clare Tickell）领衔评估儿童发展最新证据的项目，以确定儿童获得最好开端的条件；2012年修订后的《早期基础阶段法定框架》颁布，其目的就是更好地帮助幼儿进行入学准备。[6]

在澳大利亚，社会中不同职业的专业人员（心理诊疗师、外语老师等）都会参与到幼小衔接工作中，他们会为儿童创造适宜的环境，对于有特殊需要的儿童，他们还会制定个性化的教育策略，以及协助学校组织相关活动等。[7]

在日本，政府会建立专门的幼小衔接组织，并且招募专业人员针对幼小衔接

---

[1] 韩书亚. 21世纪以来日本幼小衔接研究[D]. 武汉：华中师范大学，2020.
[2] 谢欢. 发达国家促进幼小衔接的经验及启示[J]. 科教文汇（下旬刊），2019（24）：119-120.
[3] Haskins R, Barnett W S. Investing in Young Children: New Directions in Federal Preschool and Early Childhood Policy[M]. Washington: Brookings Institution, 2010.
[4] 白茜. 美国幼儿早期教育、保育和社区合作的经验探究：以伊利诺伊州为例[J] 文教资料，2020（9）：139-142.
[5] 肖静. 丹麦实施幼小衔接的目的、举措及启示[J]. 教育导刊（下半月），2021（4）：91-96.
[6] Faulkner D, Coates E A. Early childhood policy and practice in England: Twenty years of change[J]. International Journal of Early Years Education, 2013, 21(2/3): 244-263.
[7] 刘磊. 澳大利亚幼小衔接中多元合作的实施策略[J]. 学前教育研究，2015（6）：26-30.

问题进行研究，并根据调研结果调整幼小衔接政策。在中央，幼小衔接工作由日本文部省直接负责，地方则会根据当地实际情况建立各种不同的幼小衔接组织（如学校的教研会、社区团体等）。[1]例如，为了解决"小一问题"，日本文部科学省指定"研究开发学校"和"地区教育委员会"着手幼小衔接研究，并获取了大量关于推动幼小衔接举措的一手资料，最终为幼小衔接政策制定提供了数据、资料上的参考。随着政策的改进与推广，除了政府指定的学校外，一般的公立学校和幼儿园也开始尝试采取措施推进幼小衔接，"小一问题"得到了有效解决。此外日本的教育部和各级学校还会编写幼小衔接指南、举办幼小衔接讲座，通过多种渠道传播幼小衔接相关知识。[2]

美国建立了"儿童早期教育发展国家研究所"并开展儿童早期教育追踪研究，它为儿童早期发展和指导教育方式、方法的研究及评价提供帮助，为儿童教育发展和儿童早期教育从业人员的职业教育提供支持；由教育部组织儿童早期教育追踪研究者、政策制定者以及父母开展活动，并提供了有关幼小衔接的政策和方法等详细信息。[3]

挪威在教育和研究部及其附属教育和培训局的领导下，对整个幼儿教育和保育系统甚至学校教育负有综合管理责任。这有助于儿童在不同教育阶段之间更顺利地过渡，并有助于教育部门更连贯地治理，在这一过程中，同时也确保了利益相关者的有力参与。[4]

二、对我国的启示

近年来，良好的入学准备对幼儿日后终身发展的重要性越来越被肯定，国际社会对幼小衔接愈发重视。许多国家根据实际国情，建立了具有自己本国特色的幼小衔接策略。面对国际幼小衔接的研究与实践成果，我们有必要借鉴，学习其先进的经验，为我国幼小衔接的推进提供新的活力。

（一）与时俱进，从终身教育的角度理解幼小衔接

在我国，自《指导意见》发布以来，幼小衔接的重要性逐渐深入社会各界，

---

[1] 刘静. 幼小外语课程衔接中日比较研究[J]. 佳木斯职业学院学报，2017（1）：338-339.
[2] 韩书亚. 21世纪以来日本幼小衔接研究[D]. 武汉：华中师范大学，2020.
[3] 陶涛. 20世纪90年代后美国联邦政府学前教育政策研究[D]. 重庆：西南大学，2009.
[4] 郝健健，殷玉新. 挪威幼小衔接教育政策的实施路径及启示[J]. 教育导刊（下半月），2021（2）：86-91.

然而当下我国的幼小衔接往往在幼儿园与小学一年级之间进行,[1]带有一定的局限性。幼儿的发展是具有连续性的,从大班到小学一年级的衔接,向前看是以幼儿0—6岁的一切经验为基础的,向后看则影响到幼儿的终身发展。从国际视角来看,越来越多的国家开始强调教育的连续性、一致性,用终身教育的理念去看待幼小衔接。比如,日本推行的"幼小一贯课程",以及英国制定的《早期基础阶段实施纲要》都属于此类。因此,我们不能用孤立的眼光去看待幼小衔接,而是要把幼儿整个0—6岁阶段的教育都视作入学准备的年段。在幼儿园的具体实践中,应当系统地实施三年一贯(3—6岁)幼小衔接策略。

(二)推进幼儿园和小学课程衔接,并提供具体的实施策略

当下,我国的小学与幼儿园在学习内容、方式、活动场所方面仍然存在着较大差异。小学以学科课程为主,在教室内进行集体教学,学习学科知识是小学最主要的学习形式。而幼儿园以活动课程为主,围绕着五大领域,在不同环境中开展体验、探索、学习活动,重视幼儿经验的积累。幼儿进入小学后,面对学习方式的较大差异往往会产生焦虑、注意力不集中、厌学等问题。[2]尽管《指导意见》要求幼儿园和小学间要设立衔接课程,但是对于如何开发衔接课程以及怎样实施都未做出具体说明。

在幼小课程衔接方面,国外有一些优秀的措施可供我们参照。第一,制定全方面发展的课程目标,确保幼儿园与小学课程目标的连续性和一致性。比如"语言、数学、健康、艺术"这些方面的发展目标通常会是学前儿童和一年级儿童共同涵盖的目标。第二,幼儿园与小学低年级的课程在内容上涵盖多个层面,包括认知、动作技能、情感态度等,并突出语言、数学、社会能力等有利于衔接课程内容的学习。第三,课程实施方式趋向灵活多变,如在小学组织幼儿园中常见的游戏活动,以及进行幼小同堂授课、平板教学等,有趣、具体的课程实施方式对于激发幼儿的学习兴趣起到了重要作用。第四,确定衔接阶段幼儿园和小学课程具体的课时数与上课时间以符合幼儿的学习心理,如法国规定大班幼儿与小学生每周集体活动(授课)的时间平均为26小时,芬兰则统一幼儿和小学生在校时间,学前班与一、二年级都在12点左右放学。第五,教研组、专家联手开发专门的幼小衔接课程供教师使用,如日本的专家和老师合力研发的"幼小一贯课程"就属于此类。

---

[1] 陈景凡. 浅析我国幼小衔接中的问题与策略[J]. 当代教育论坛(校长教育研究), 2008(11): 54-55.
[2] 鲍婷婷. 美国入学准备特点及对我国的启示[D]. 长春: 东北师范大学, 2013.

（三）重视幼儿入学准备评估，依据评估结果制定衔接策略

入学准备指 4—6 岁的儿童为了能够从学校教育中得到良好发展所需要具备的各种能力。当幼儿准备进入小学却没有做好入学准备时，往往会难以适应小学生活，导致出现逃学、避学、厌学等一系列问题。[1]做好幼儿的入学准备评估，了解幼儿发展情况，对于判断幼儿是否适合进入小学学习，并为幼儿制定个性化的衔接策略具有重要意义。

几年前，我国儿童进入小学时，有些地方有入学测试，对幼儿进行筛选，如计算、识字测试。但是这种测试过于注重对幼儿智力的考查，忽视了儿童的多元智能。这种唯智主义的测试引发了儿童和家长的入学焦虑，从而衍生出幼儿补习班等一些违反儿童身心发展规律的产物，严重的则导致幼儿园"小学化"的问题。[2]因此，我国出台政策严禁在幼儿园教授小学内容，以及对幼儿进行入学测验，按成绩评价幼儿好坏的行为，以解决幼儿园"小学化"的问题。

国外基于科学评估工具、多主体卷入、重在入学准备干预的行为值得我们借鉴：第一，教师为幼儿建立档案袋，记录幼儿发展轨迹，评估幼儿发展水平，并与小学老师、家长共享，对幼儿存在的问题共同改进。第二，借助多种测量手段，如量表、指标，科学而高效地评估幼儿入学准备情况。第三，国家收集幼儿入学准备评估数据，并建立统一的入学准备评估数据库，通过大数据分析为幼小衔接政策的制定提供科学支持。

（四）更新教师观念、加强专业教师培训

教师作为幼小衔接的主力军，参加专业培训对于幼小衔接的顺利开展来说尤为重要。当前，我国对于幼小衔接中的教师培训工作仍存在一些不足，如我国开展的专门性培训还不多，教师对于如何开展幼小衔接工作不够了解，教师的专业素养有待提高；幼儿园教师工作内容多且繁杂，时间分配上存在困难，教师难以在幼小衔接的教育教学工作中了解更为科学的教育理念[3]；小学与幼儿园老师的交流不够深入，互相参观、联合教研的活动不够多，且往往只停留于表面等。

对此，结合我国现有的问题和国外有益经验，可以从以下三方面落实：第一，要求幼儿教师与小学教师接受具有交集的培训和教育，使得幼小教师能够同时适应幼儿园与小学低年级的教学，充分了解两个年龄段儿童的发展水平并根据需要

---

[1] 鲍婷婷. 美国入学准备特点及对我国的启示[D]. 长春：东北师范大学，2013.
[2] 张蕾. 幼小衔接家庭指导工作的新思考[J]. 幼儿100（教师版），2022（6）：25-27.
[3] 李小峰，张建强. 幼小衔接：加拿大经验及启示[J]. 现代中小学教育，2022，38（6）：74-80.

互换。第二，定期进行职场体验，即幼儿教师与小学教师在合适的时间内进行角色互换，体验对方的教师生活，了解对方教学活动中存在的不足后，进一步反思解决自身教育阶段存在的问题，从实际出发去解决幼小衔接中的问题。第三，有关部门出台教师行动指南，聘请专家定期进入幼儿园与小学进行教学观摩，并提供衔接专业指导。

（五）多方协同，合力促进科学幼小衔接

在幼小衔接生态系统中，儿童是幼小衔接教育的最终服务主体，家长、教师、幼儿园、小学、专家或机构是主要且直接的参与者。

借鉴世界各国所采取的措施，我国可以从以下几个方面去促进多方协同，合力推进科学幼小衔接：第一，幼儿园和小学举办针对家长的学习活动，帮助家长树立科学的幼小衔接观念，如幼儿园和小学联合举办家长交流会、恳谈会、研修会等，邀请家长参加公开课、开放日以及邀请有经验的家长做育儿经验分享等。另外，开展针对弱势群体父母的家庭教育活动，包括向遇到问题的家长提供有关育儿知识的资料，免费提供托管服务，进行资金补助等。第二，社区牵头开展入学活动，邀请新生参加庆祝会，提升新入学儿童的自豪感和期待感；社区邻居们积极与儿童对话，来鼓励幼儿入学。同时为需要的家长与儿童提供帮助，以及有针对性地为特殊儿童提供帮助。第三，专业人员引领各方工作，共同促进幼小衔接项目的顺利开展。教育部门设置专门的幼小衔接组织，招募专业人员针对幼小衔接问题进行研究，并调整幼小衔接政策；聘请专家定期到幼儿园和小学进行观摩，及时发现不利于幼小衔接的行为并加以改正，推进科学幼小衔接。

第二节 促进科学幼小衔接的国际实证干预

幼小衔接得到了多国政府的关注，各国研究者开展了诸多研究，涉及到底如何培训教师、如何培训家长才能更有利于儿童的幼小衔接等。本节通过查阅2012—2022年国外相关文献，尝试梳理这些实证干预研究带给我们的启发。

一、幼小衔接中关于"家长参与"的国际经验

在幼小衔接的过程中，家庭作为微观系统之一，发挥着重要作用。《幼儿园教育指导纲要（试行）》明确提出："幼儿园应与家庭、社区密切合作，与小学

相互衔接，利用各种教育资源，共同为幼儿的发展创造良好的条件。""家长参与"是一个多角度、多维度的概念，本节基于美国学者爱泼斯坦（Epstein）提出的"家长参与"概念，将家长参与划分为家庭教养、家校交流、志愿工作、家庭学习、决策决定和社区合作六个维度，[①]还梳理了国外近十年在幼小衔接、入学准备方面促进家长参与的相关研究，以期为我国幼小衔接工作中如何促进家长参与提供参照。

（一）家庭教养

家长的温暖、高反应性、敏感性的教养态度对儿童的入学准备有积极影响，而控制、低反应性的教养态度会对儿童产生消极影响。[②]若家长能及时关注孩子发出的交流信号并给予回应，在家庭游戏中关注孩子的游戏兴趣，能促进他们在语言、专注力和社会交往等方面的发展。[③]此外，家长在家庭中建立生活常规[④]，在孩子面前示范自己期望的行为，这对儿童的入学适应同样具有重要作用。因此，改善家长的教养态度有利于儿童做好入学准备，促进幼小科学衔接。

（二）家校交流

家校交流是促进幼小衔接中家园合作的重要方式，既能帮助教师了解家长对幼小衔接的看法及所做的入学准备，又能为家长提供科学指导和帮助，可通过提高家长的沟通技巧[⑤]、设计与幼儿园课程相一致的家庭活动[⑥]、家访、设置专门的家长资源老师或家长资源室[⑦]等途径来促进家园有效交流，以实现家园教育的一致性。家访、家长资源老师或家长资源室等形式，可以帮助家长学会使用家庭学

---

① Epstein J L. School, Family, and Community Partnerships: Preparing Educators and Improving Schools[M]. 2nd. Boulder: Westview Press, 2011.
② Joo Y S, Magnuson K, Duncan G J, et al. What works in early childhood education programs?: A meta-analysis of preschool enhancement programs[J]. Early Education & Development, 2020, 31(1): 1-26.
③ Landry S H, Zucker T A, Montroy J J, et al. Replication of combined school readiness interventions for teachers and parents of head start pre-kindergarteners using remote delivery[J]. Early Childhood Research Quarterly, 2021, 56: 149-166.
④ Hoffman J A, Uretsky M C, Patterson L B, et al. Effects of a school readiness intervention on family engagement during the kindergarten transition[J]. Early Childhood Research Quarterly, 2020, 53: 86-96.
⑤ Hoffman J A, Uretsky M C, Patterson L B, et al. Effects of a school readiness intervention on family engagement during the kindergarten transition[J]. Early Childhood Research Quarterly, 2020, 53: 86-96.
⑥ Marti M, Merz E C, Repka K R, et al. Parent involvement in the getting ready for school intervention is associated with changes in school readiness skills[J]. Frontiers in Psychology, 2018, 9: 759.
⑦ Hayakawa M, Englund M M, Candee A, et al. Effective partnerships in school reform: Lessons learned from the midwest child-parent center expansion[J]. Journal of Education for Students Placed at Risk, 2015, 20(4): 263-280.

习材料，制订有针对性的入学准备计划，从而增强家长参与家校交流的动力。

（三）志愿工作

志愿工作能向家长普及幼小衔接方面的知识，还能根据家长的特殊需求提供有针对性的咨询、帮助等服务。在幼儿园志愿活动中，常见的是为家长提供支持入学准备教育的工作坊，工作坊的内容各不相同，并与幼儿园课程匹配起来，[1]教师与家长共同探讨在哪些时间段为幼儿提供哪些具体的支持。还有一些志愿活动以小组形式展开，旨在改善亲子关系，激励家长更多地参与幼小衔接实践，进而提高儿童的入学准备程度。[2]此外，利用现代技术，为家长提供数字视频或远程辅导，能够为处境不利的家庭提供家长参与的机会。如家长通过观看良好教养行为和家庭幼小衔接活动等视频，[3]也可以由经过专门培训的家庭指导员（入学准备项目的研究人员或社区工作者）针对家长上传的实践视频进行一对一电话辅导。[4]

（四）家庭学习

家庭学习指家长参与家庭亲子活动、学习目标制定等与幼儿园课程相关的活动。比如，利用家庭日常材料，将入学准备融入家庭生活：在数学准备方面，家长与儿童一起把家里的东西按照不同的标准分类；在自我管理方面，家长与儿童一起玩"定格"游戏，当家长暂停音乐时，儿童需要保持不动，当家长播放音乐时，儿童可以继续刚才的活动；在语言准备方面，家长通过家庭游戏增加儿童接触书写的机会，促进他们在语言方面的入学准备。[5]

（五）决策决定

决策决定指家长对幼儿园的重要决策或事关幼儿切身利益的事项提出建

---

[1] Marti M, Merz E C, Repka K R, et al. Parent involvement in the getting ready for school intervention is associated with changes in school readiness skills[J]. Frontiers in Psychology, 2018, 9: 759.

[2] Graziano P A, Slavec J, Hart K, et al. Improving school readiness in preschoolers with behavior problems: Results from a summer treatment program[J]. Journal of Psychopathology & Behavioral Assessment, 2014, 36(4): 555-569.

[3] Marti M, Merz E C, Repka K R, et al. Parent involvement in the getting ready for school intervention is associated with changes in school readiness skills[J]. Frontiers in Psychology, 2018, 9: 759.

[4] Landry S H, Zucker T A, Montroy J J, et al. Replication of combined school readiness interventions for teachers and parents of head start pre-kindergarteners using remote delivery[J]. Early Childhood Research Quarterly, 2021, 56: 149-166.

[5] Hayakawa M, Englund M M, Candee A, et al. Effective partnerships in school reform: Lessons learned from the midwest child-parent center expansion[J]. Journal of Education for Students Placed at Risk, 2015, 20(4): 263-280.

议，发挥家长对幼儿园科学民主决策、提高管理效能等方面的作用，同时帮助其他家长了解幼儿园工作。一方面，以家长在决策中的发言权为切入点，家长们就如何参与学校教育进行讨论，在发挥决策权的过程中获得了入学准备的相关信息，提升了家长在儿童入学准备方面的参与程度。[1]另一方面，招募社区中的家长接受年龄与发育进度问卷（Ages and Stages Questionnaires，ASQ）评估培训，和幼小衔接项目研究人员一起对移民家庭儿童的入学准备情况进行评估，调查被评估儿童的家长关于入学准备的想法并提供具体的策略和更多的入学准备资源。[2]

（六）社区合作

社区作为家园合作的外部支持系统之一，能够提供丰富的资源，确保所有儿童在更广阔的社会环境中获得所需要的经验和支持。因此，家庭、幼儿园和社区之间建立合作伙伴关系，有着共同的目标，才能为儿童的入学准备提供良好的环境支持。研究显示，办园形式（全日制、半日制）和儿童的出勤率会影响儿童的入学准备情况，因此可以有针对性地设立专门的社区组织来加强家庭和社区之间的联系，进而提高儿童的出勤率。[3]此外，家长领导者和社区工作人员可以共同合作，发动其他家长参与社区活动，普及科学育儿的知识，拓宽获取入学准备信息的渠道。[4]

二、对幼小衔接工作的启示

（一）重视家长参与，开展多样化的活动

家长参与是一个双向的、互动的、对话性的过程。在幼小衔接中，学校可以开展形式多样的家长参与活动，关注活动之间的异质性，激发家长的主动性，避免因活动内容重复而降低家长参与的兴趣。

---

[1] Peterson J W, Huffman L C, Bruce J, et al. A clinic-based school readiness coaching intervention for low-income latino children: An intervention study[J]. Clinical Pediatrics, 2020, 59(14): 1240-1251.

[2] Hoffman J A, Uretsky M C, Patterson L B, et al. Effects of a school readiness intervention on family engagement during the kindergarten transition[J]. Early Childhood Research Quarterly, 2020, 53: 86-96.

[3] Douglass A L, Maroney M R, Coonan M, et al. "You have a status": A case study of parent leadership in a U. S. school readiness initiative[J]. International Journal of Child Care and Education Policy, 2019, 13(1): 1-21.

[4] Ernest L B. The basic school: The community of learning[EB/OL]. (2022-12-14)[2024-06-07].http://www.jmu.edu/basic school/ speech. Shtml.

1. "不仅是讲座"：重复利用工作坊

首先，可以在家长工作坊中增加案例的讨论和分析。案例教学法是指教师在教学过程中以案例为基本素材，把学习者带入特定的教学情境中分析问题和解决问题，培养学习者运用理论知识解决实际问题的能力并使其提高技能、技巧的一种方法。幼小教师通力合作，将生动典型的案例与教育理论相结合，指导家长运用教育理论对具体事件或问题进行分析，如播放幼儿在园参与探索学习活动的视频供家长讨论，帮助家长认识到3—6岁幼儿的主要学习方式是探索，而不是端坐静听。也可以呈现一些反面案例，如一味地要求孩子提前学习一年级的算术和拼音，导致孩子上一年级后对学习的兴趣不高。家长们观看并讨论幼小衔接的反面案例，探讨如何预防此类问题的发生。

其次，在家长工作坊中为家长提供角色扮演和体验学习的机会。情境学习理论将知识看成个人与情境互动的产物，把学习看作参与实践的过程。幼儿园可创设相应的情境，如邀请一位小学教师模拟课堂教学，家长扮演一年级新生并完成新入学的几项挑战，自己收拾学习用品和书包、按照课表取放书籍、听铃声做好上课准备等，从而真实感受孩子入学后面临的挑战可能与自己设想的不同。与抽象的知识相比，家长需要掌握更多的实践性知识，通过体验式学习对孩子的入学准备形成新的认识，从而更好地在家庭中做好幼小衔接全方位准备。

最后，家长工作坊应丰富培训内容，增加家长自主选择的机会，满足个性化需求。工作坊既可以包括语言、数学、社会和儿童自我管理等工作坊，也可以包括家庭教育、家园交流和家庭学习等方面的工作坊。每种类型的工作坊都会从特定方向让家长进一步了解儿童在此类活动中的学习规律、入学准备的需要和特定的教育策略。

2. "我不是一个人在焦虑"：组织家庭互助小组和家长义工

相较于幼儿园和小学，家长对幼小科学衔接的信息获取较少，容易在衔接过程中产生焦虑情绪。一方面，应建构家长学习共同体，为家长创设沟通和分享幼小衔接信息资源的场域，以缓解其焦虑情绪。美国教育学家博耶尔指出，要想建立真正意义上的学习共同体，全体成员必须有一个明确的目标，且成员在公正、平等的氛围中充分交往。[1]处于学习共同体中的家长有着共同目标，他们可以交流、讨论、分享经验，进而转变教育观念。另一方面，为家长提供志愿服务的机会，如每天安排几位家长志愿者参与幼儿园游戏活动，家长在志愿服务工作中将看到、

---

[1] Douglass A L, Maroney M R, Coonan M, et al. "You have a status": A case study of parent leadership in a U. S. school readiness initiative[J]. International Journal of Child Care and Education Policy, 2019, 13(1): 1-21.

听到的幼儿园所做的衔接工作迁移至家庭中，合理安排孩子在家的一日生活。

（二）"互联网+"时代的选择：搭建线上家长教育平台

《中华人民共和国家庭教育促进法》指出，要"统筹建设家庭教育信息化共享服务平台，开设公益性网上家长学校和网络课程，开通服务热线，提供线上家庭教育指导服务"。应充分利用国家教育资源公共服务平台、自媒体、学前教育宣传月等途径，向家长传递科学做好入学准备的相关信息，助力家长参与幼小衔接工作。如开设线上家长互动课堂，向家长普及科学幼小衔接的理念和切实可行的做法，指导家长关注儿童身心的全面准备情况，重视家庭教育准备。线上家长互动课堂可以上传专家的讲座及相关案例分析，建立线上学习监测机制，记录家长的学习进度并按时进行学习提示，保证家长的线上学习时间；还可以健全家庭教育评价机制，由专家针对家长的需求进行在线评估，并给予个性化的诊断和反馈，助力家长科学实施幼小衔接。研究表明，经济条件较差的家庭，家长较少投入到儿童的教育活动中。[1]线上家长互动课堂使得家长的学习时间较为灵活，可以获得来自专家、幼儿园的个性化指导，学习幼小科学衔接的方法策略，这对于经济条件较差的家庭来说尤为有效。

（三）发挥家长领导者与社区合作的优势

家长领导者作为连接幼儿园、社区与全体家长之间的桥梁，具有较强的沟通能力和移情能力。他们通过树立科学的幼小衔接观念，掌握有效促进幼小衔接的方法，在家长群体中发挥着榜样示范性的作用。目前，我国家庭、幼儿园、社区之间的合作实践缺乏互动性和平等性，很多活动仍以幼儿园为中心。爱泼斯坦提出的交叠影响域理论提倡，在学校、家庭和社区之间建立一种以儿童为中心的新型伙伴关系。[2]我们应关注社区的重要作用，鼓励社会工作者、志愿者加入家访队伍，参与宣传科学的幼小衔接理念，支持和指导家长制订幼小衔接策略，缓解其焦虑情绪；利用社区资源，筹备各种家庭友好型活动项目和服务项目，如社区发放图书馆借书卡，增加儿童接触书籍的机会；[3]图书馆开展故事时间（storytime）

---

[1] Ho E S. Social disparity of family involvement in Hong Kong: Effect of family resources and family network[J]. The School Community Journal, 2006(2): 7-26.
[2] Epstein J L. School, Family, and Community Partnerships: Preparing Educators and Improving Schools[M]. 2nd. Boulder: Westview Press, 2011.
[3] Peterson J W, Huffman L C, Bruce J, et al. A clinic-based school readiness coaching intervention for low-income latino children: An intervention study[J]. Clinical Pediatrics, 2020, 59(14): 1240-1251.

活动，由儿童和照料者一起选择故事主题，图书管理员将故事内容与幼儿园的学习内容相联系，提供相应的阅读指导以促进儿童的入学准备。[1]

（四）为不同类型的家庭提供个性化支持

通过梳理国外文献我们发现，由于语言和文化的不同，移民家庭中常出现家长不愿意与教师有过多接触的现象，家长与教师的关系不够紧密、对学校评价较低[2]，进而增加了家长培训的难度。因此，国外在开展家长参与的研究时，会针对不同家庭的语言、文化适应性、照料者特点等因素提供个性化活动。

我国地大物博，各个地区的差异较大。幼儿园需要根据家长的具体情况提供有针对性的帮助。比如，一些高校附属幼儿园的家长大多是高校老师，一些城中村幼儿园的家长大多是外来务工人员，一些民族家庭有着不同的民族风俗习惯，一些农村幼儿园隔代教养者居多。因此，幼儿园可针对具体情况进行个性化培训，如对于高校附属幼儿园来说，幼儿园可着重发挥家长的职业优势，鼓励家长主动积极宣传科学幼小衔接的观念，在家长群体中示范良好的育儿行为，并在有关幼小衔接的决策中积极建言献策。对于城中村幼儿园来说，需要考虑家长繁忙的工作时间，合理利用信息化平台，保证其能够参与幼小衔接的各项活动。对于民族家庭而言，要考虑其家庭文化与学校文化的差异，格外关注少数民族儿童由文化不适应导致的入学适应困难，应鼓励这些家长更多地参与幼小衔接活动。对于农村幼儿园来说，照料者大多是年长的祖辈，他们缺乏对儿童身心发展规律的基本认识，需要专门的指导者为其提供示范，因此可以发挥社区工作者的力量，按时进行家访，了解家庭教育情况，并为其筛选适宜投放在家庭中的幼小衔接相关书籍或材料。

三、幼小衔接中关于"教师培训"的国际经验

有研究者指出，当前幼小衔接的问题主要在于家庭与学校间对于各阶段的教育目标、自身的角色等缺乏共识。[3]因此，教师作为幼儿发展的重要他人，在科学衔接中要发挥桥梁作用，应主动积极协调各个方面，向家长积极宣传科学幼小衔接，在教学实践中帮助幼儿做好衔接准备。然而，目前幼小衔接或者入学准备方面关于教师的研究，大多聚焦在调查教师幼小衔接观或者入学准备观现状，并基

---

[1] Cahill M, Hoffman H, Ingram E, et al. Supporting school readiness through librarian-child interactions in public library storytimes: An analysis of assessment scores and influential factors[J]. Early Childhood Education Journal, 2020: 1-9.

[2] 李敏谊, 刘丽伟. 幼小衔接与家长参与：国外研究的新进展[J]. 比较教育研究, 2014, 36（9）：83-88.

[3] 吴婷婷. 幼小衔接中儿童人际交往能力培养的问题及对策研究[D]. 长春：东北师范大学, 2010.

于此提出一些建议。尽管我们从前人的研究中发现了一些幼小衔接方面教师存在的问题，但是我们需要关注的不仅是"现状"，更应该是"能够做些什么"！因为有研究者指出"过去的研究充满了思辨式、价值判断式的东西，现在谁都明白'应该'，但更多的人需要我们的研究将'应该'变为'为什么''怎么样'"[1]。

（一）培训内容

1. 对师幼互动的培训

（1）高质量师幼互动可以促进科学幼小衔接

大量研究表明，高质量的学前教育机构可以通过高质量的师幼互动提升儿童的学业水平，例如，Hamre 和 Pianta 以美国 900 多名儿童为样本，考察了师幼互动质量与有多重问题行为儿童的学业之间的关系。[2]结果发现，如果 5—6 岁的问题儿童在上一年级时得到教师强有力的教学支持和情感支持，就可以减少问题行为以及缩小与同龄儿童之间的学业水平的差距，高质量的师幼互动可以减少父母对儿童入学准备的"轻视"。其他研究也表明，良好的师幼关系可以减少非父母照顾儿童在上小学时表现出来的行为问题，如注意力不集中、多动和攻击行为。[3]此外有研究者对 269 名教师和 1179 名儿童的师幼互动质量进行研究，结果发现教师的高质量教学支持对儿童的识字量产生了积极影响。[4]

（2）如何干预教师提升师幼互动质量

国外的研究越来越重视师幼互动对儿童的学业成绩影响，认为高质量的课堂环境可以营造积极的学习氛围，进而促进儿童的入学准备。[5]对教师的师幼互动的干预主要包括以下两个方面。

第一，指导教师为儿童提供高质量、个性化的教学支持和反馈。有研究者聚焦语言领域中儿童的口语和读写能力，假设教师的高质量、个性化的教学支持和反馈可以促进儿童在此方面做好入学准备。[6]随后他们开展了细致调查：他们对 1403

---

[1] 皮军功，崔红英. 幼教百年沉思录（四）[J]. 学前教育研究，2003（7/8）：63-64.

[2] Hamre B K, Pianta R C. Can instructional and emotional support in the first-grade classroom make a difference for children at risk of school failure[J]. Child Development, 2005, 76(5): 949-967.

[3] Lipscomb S T, Schmitt S A, Pratt M, et al. Living in non-parental care moderates effects of prekindergarten experiences on externalizing behavior problems in school[J]. Children and Youth Services Review, 2014, 40: 41-50.

[4] Goble P, Sandilos L E, Pianta R C. Gains in teacher-child interaction quality and children's school readiness skills: Does it matter where teachers start?[J]. Journal of School Psychology, 2019, 73: 101-113.

[5] Pianta R, Bridget H, Downer J, et al. Early childhood professional development: Coaching and coursework effects on indicators of children's school readiness[J]. Early Education and Development, 2017, 28(8): 956-975.

[6] Mashburn A J, Downer J T, Hamre B K, et al. Consultation for teachers and children's language and literacy development during pre-kindergarten[J]. Applied Developmental Science, 2010, 14(4): 179-196.

名儿童的语言能力和教师的课堂质量进行测试，发现如果教师每周上网学习有关改进师幼互动的方法以及观看高质量的语言教学活动视频达到 1.5 小时，那么这就有助于教师在儿童互动中使用丰富的词汇并及时回应儿童，进而有助于提升课堂质量。因为对教师进行某一特定领域活动（不一定是语言领域）的干预、增强教师回应的敏感性有助于儿童口语和读写能力的提升，也就是帮助儿童在语言方面更充分地做好入学准备。[1]因此，通过为教师提供有关提高师幼互动的网络学习资源，动态监控教师学习时长、提供教学实践问题的反馈，并且查看教师每周撰写的教学日志和反思，来帮助教师识别儿童的不同需求，进而增强教师在师幼互动时使用词汇的丰富性和回应的及时性，促进儿童在多个方面做好入学准备。

第二，指导教师为儿童提供高质量的情感支持。有研究者对受创伤儿童的学业准备情况进行研究，他们帮助教师从创伤认知角度出发，解读儿童的不良行为。教师在识别儿童的特殊需要之后，对儿童的回应表现出了给予更多的温暖和有效的支持，这样就增强了孩子的心理复原能力、心理韧性，减少了问题行为，进而提高了其数学和读写能力，对学业准备产生积极的影响。[2]

2. 培训教师关注儿童的心理健康

（1）儿童的心理健康对科学幼小衔接的重要性

随着以人为本的教育改革理念被广泛接受，越来越多的幼小衔接研究开始关注幼小衔接中的儿童的情感和心理问题。[3]幼小衔接的实质就是处理好儿童发展阶段性与连续性的问题，大班幼儿的思维以具体形象思维为主，抽象思维逐渐发展，从幼儿园到小学对孩子来说是一个重大转折，对他们的生理和心理都构成了巨大的挑战，我们必须注意缓解儿童的心理压力，减缓衔接的坡度。[4]《幼儿园入学准备教育指导要点》中也明确指出，幼儿应该保持良好的情绪状态，具备一定的情绪调控能力，这有助于幼儿积极适应小学新的环境和学会处理人际关系。[5]

（2）如何指导教师关注儿童的心理健康

国际研究关注到科学幼小衔接中儿童的情绪情感状况，以教师为"中介"，围绕儿童的人际关系、课堂行为遵守等方面对教师进行干预，指导教师关注儿童的心理健康，促进儿童的社会性发展入学准备，指导教师对幼儿的心理干预主要

---

[1] Mashburn A J, Downer J T, Hamre B K, et al. Consultation for teachers and children's language and literacy development during pre-kindergarten[J]. Applied Developmental Science, 2010, 14(4): 179-196.
[2] Lipscomb S T, Hatfield B, Goka-Dubose E, et al. Impacts of roots of resilience professional development for early childhood teachers on young children's protective factors[J]. Early Childhood Research Quarterly, 2021, 56: 1-14.
[3] 王小英, 刘洁红. 幼小衔接中大班幼儿心理压力分析：基于儿童视角的研究[J]. 学前教育研究, 2018（2）: 3-11.
[4] 郭宗莉. 减缓幼儿心理坡度 科学实现幼小衔接[J]. 思想理论教育, 2013（18）: 70-72.
[5] 教育部基础教育司组织. 《幼儿园教育指导纲要（试行）》解读[M]. 南京：江苏教育出版社, 2002.

包含以下两个方面。

首先，指导教师关注儿童的共情能力。幼小衔接阶段是幼儿情绪情感发展的关键期，如果缺少共情能力、移情能力以及不能形成良好的情绪情感，那么儿童的人际交往会面临挑战，对小学的生活将无法适应。[1]有研究者对以色列中部的6位教师进行干预[2]，指导教师帮助儿童学会移情，利用讲故事（选择与幼儿相似情境的绘本故事，例如《我上幼儿园》）、在日常活动中及时讨论儿童发生冲突的情况和传授如何控制情绪的方式（如塔克乌龟法[3]）引导儿童学会观点采择，学会从他人角度看问题，从而帮助儿童解决情绪问题以及人际矛盾。因此，我们首先要让教师认识到儿童共情能力会极大影响儿童的社会交往，进而影响到他们入学之后与同伴和教师之间的人际交往。在认识到儿童共情能力重要性的基础上，我们还要指导教师如何促进儿童的共情，如教师要抓住具体情境（同伴冲突）及时地与全班儿童讨论事件发生的原因及解决措施、讨论中教师要给予儿童解释的机会、鼓励儿童真实地回忆情境，并实事求是地描述。[4]

其次，指导教师关注儿童的心理问题。儿童心理健康与行为问题存在一定关系。[5]内心的不安情绪常常在儿童入学后的课堂中表现出来，这样的儿童常常表现出不听教师指令、随心所欲。有研究者对低收入地区的5位教师进行两天现场培训，让教师学习具体的教学策略，如当儿童在玩积木游戏时，研究者首先引导教师对儿童的建构水平进行观察，确定儿童的现有水平，在儿童坚持不下去时，引导教师对儿童进行活动指导。比如，对一些简单问题（基于儿童已有经验）的提问、在原有想法上针对一些细节问题的提问（儿童在搭车库时可以将主题延伸到马路等）来帮助儿童达到最近发展区，感受到搭建成功的喜悦。这让儿童懂得了坚持的意义，进而提高了儿童自我控制的能力。结果发现，通过培训教师关注儿童的心理问题，可以使得儿童在课堂上表现的行为问题减少、自我调控能力提升，可以帮助大班幼儿减少以后在一年级的课堂上的不良行为，使其自觉遵守课堂纪律，赢得教师和同

---

[1] Aloe A M, Amo L C, Shanahan M E. Classroom management self-efficacy and burnout: A multivariate meta-analysis[J]. Educational Psychology Review, 2014, 26(1): 101-126.
[2] Kats G I, Kopelman-Rubin D, Mufson L, et al. I can succeed for preschools: A randomized control trial of a new social-emotional learning program[J]. Early Education and Development, 2021, 32(3): 343-359.
[3] 塔克乌龟法是一种帮助儿童调节情绪的方法，一共包括四个步骤：第一步，认识到自己的情绪；第二步，注意"停止"，不去想让自己生气或者难过的事情；第三步，缩进"壳"中做三个深呼吸；第四步，冷静下来，直到想到解决办法后再出来。
[4] 赵南. 理解儿童的关键条件：教师的"一识四力"[J]. 学前教育研究，2020（7）：3-13.
[5] Distefano R, Schubert E C, Finsaas M C, et al. Ready?Set. Go! A school readiness programme designed to boost executive function skills in preschoolers experiencing homelessness and high mobility[J]. European Journal of Developmental Psychology, 2020, 17(6): 877-894.

伴认可，较快融入新集体，进而对社会性发展方面的入学准备产生积极影响。[1]

3. 培训教师对幼儿的问题行为进行干预

（1）幼儿问题行为管理对提升科学幼小衔接的重要性

有效的课堂管理行为是促进课堂教学活动顺利进行的重要前提，课堂积极氛围管理有助于儿童自我管理能力的提升，从而减少行为问题的出现。[2]如果儿童自我管理能力较差，那么他们就难以遵守课堂秩序，在课堂中就会表现出较多的行为问题，从而影响他们一年级的学习适应性。[3]因为儿童在幼儿园阶段的课堂参与度可以预测他们一年级的课堂表现：[4]自我控制能力较强的学前儿童在一年级课堂中的问题行为较少，同时数学认知水平也较高。[5]因此我们需要关注并提升教师的课堂管理能力。

（2）如何指导教师干预儿童的问题行为

为了进一步了解到底哪些方面的课堂管理（比如注意力，听从指令等）可以帮助幼儿减少行为问题，有研究者向48位教师提供并培训他们正确使用课堂管理的五种策略，以考察教师使用这些课堂管理策略到底能对儿童产生什么样的积极影响。这五种策略包括：利用表扬和鼓励促进积极行为、减少教师对不良行为的过分管理、做到温柔地提醒、培养教师与儿童之间的积极关系、鼓励儿童利用语言来解决问题。研究结果显示，教师对策略的积极使用可以减少儿童的问题行为：通过强化积极行为可以降低儿童打人的频率；减少教师对不良行为的过分管理可以缓解师幼之间的紧张关系；做到温柔地提醒能够引起儿童的注意，将儿童的注意力重新吸引到教师身上，从而听清楚教师的指令；培养教师与儿童之间的积极关系可以在教师与儿童之间营造安全、信任的氛围；鼓励儿童利用语言来解决问题可以提高儿童表达能力、协商解决问题的能力，这样可以减小幼小衔接的坡度，且儿童与教师、同伴相处融洽，可以减少人际关系困扰。[6]

---

[1] Li-Grining C P, Raver C C, Jones-Lewis D, et al. Targeting classrooms' emotional climate and preschoolers' socioemotional adjustment: Implementation of the Chicago School Readiness Project[J]. Journal of Prevention & Intervention in the Community, 2014, 42(4): 264-281.

[2] Bernier A, Carlson S M, Whipple N. From external regulation to self-regulation: Early parenting precursors of young children's executive functioning[J]. Child Development, 2010, 81(1): 326-339.

[3] Kloo D, Perner J. Training transfer between card sorting and false belief understanding: Helping children apply conflicting descriptions[J]. Child Development, 2003, 74(6): 1823-1839.

[4] 张玮. 小学一年级学生入学适应现状及影响因素研究[D]. 西安：陕西师范大学，2009.

[5] Brock L L, Rimm-Kaufman S E, Nathanson L, et al. The contributions of 'hot' and 'cool' executive function to children's academic achievement, learning-related behaviors, and engagement in kindergarten[J]. Early Childhood Research Quarterly, 2009, 24(3): 337-349.

[6] Li-Grining C P, Raver C C, Jones-Lewis D, et al. Targeting classrooms' emotional climate and preschoolers' socioemotional adjustment: Implementation of the Chicago school readiness project[J]. Journal of Prevention & Intervention in the Community, 2014, 42(4): 264-281.

还有研究者为教师提供课程之外的游戏补充活动,来提高教师的课堂管理水平,进而提升儿童的自我控制能力。[1]例如,"熊还是龙"的游戏。教师需要准备两个大型木偶:熊和龙,游戏规则是儿童只能听从一个动物的指令,要么是龙要么是熊,如果教师要求儿童遵从龙发出的指令并做出相应的动作,那么儿童就必须忽略熊发出的指令。如果有儿童没有做出正确的动作,教师需要口头提醒儿童正确的指令是什么。又如"捉迷藏的动物游戏"。教师需要准备埃里克·卡尔(Eric Carle)的动物插画书《棕熊,棕熊你看到了什么?》,书中每一页纸上有一扇窗户,动物的某个部位会被窗户挡住,教师在向全班儿童讲述时,请儿童依据动物关键特征猜测动物名称。最终研究结果发现,通过这些游戏的开展,儿童的自我控制能力得到了提升,而且在干预后一个月儿童自我控制测试得分比立即测试的分数有了明显的提高。

(二)培训形式

由前文可知,干预教师的师幼互动水平、干预教师儿童心理健康指导水平、儿童问题行为管理水平能够进一步促进儿童做好入学准备。但是各种填鸭式培训以及忽视情感层面的机制不利于教师教育质量的提升[2],我们需要多样化的教师干预形式。

1. 线下形式

(1)聚焦式集中理论培训

这是以增强教师理论知识为目标、围绕某个固定主题开展的集中式培训形式,这种培训一般由拥有丰富培训经验的教师教育者主持,时间一般在非工作日,地点在幼儿园或者当地大学。[3]培训开始前,培训团队会提前了解教师的情况,通过发放问卷了解教师是否感兴趣、是否适合此次培训。[4]筛选出的适合参加培训的教师,会在固定时间与培训者见面,领取一份培训手册(手册内包含培训的 PPT 与

---

[1] Distefano R, Schubert E C, Finsaas M C, et al. Ready? Set. Go! A school readiness programme designed to boost executive function skills in preschoolers experiencing homelessness and high mobility[J]. European Journal of Developmental Psychology, 2020, 17(6): 877-894.

[2] 冯婉桢,洪潇楠. 美国三种师幼关系改进模式比较与借鉴[J]. 中国教育学刊, 2019(4): 84-88.

[3] Li-Grining C P, Raver C C, Jones-Lewis D, et al. Targeting classrooms' emotional climate and preschoolers' socioemotional adjustment: Implementation of the Chicago School Readiness Project[J]. Journal of Prevention & Intervention in the Community, 2014, 42(4): 264-281.

[4] Diamond A, Lee C, Senften P, et al. Randomized control trial of tools of the mind: Marked benefits to kindergarten children and their teachers[J]. PLoS One, 2019, 14(9): e0222447.

相关资源介绍）[1]，培训开展过程中，接受培训的教师与其他教师一起观看视频并完成相应的书面任务。每次培训结束后，培训者还会进行每周一次的电话访谈，询问教师对培训内容的掌握程度和满意度。整个培训项目结束后，教师会获得教师专业发展的证书以及酬金。从以上介绍中可以看出，这种聚焦式集中理论培训跟我国传统的讲座形式有些不同：他们培训前通过问卷和访谈对教师加强了解，培训中针对教师感兴趣的内容给予支持，培训后每周一次电话访谈，这些都拉近了培训者与教师的距离，使得我们期望教师掌握的理论知识能够与教师"个体"更加匹配，这些因素进一步激发了教师的学习积极性，让教师觉得工作得到了有效支持，保证了教师是学习中心者的地位。[2]

（2）改进实践中的一对一辅导

这是一种聚焦教师教学实践的培训形式。在这种培训中，项目组会为每位教师配备一名辅导者，与教师结成伙伴关系。[3]辅导者每周都会进入教师的课堂，时间一般持续一学年。[4]辅导者基于对教师实践的观察，会和教师一起讨论他的教育实践，之后辅导者会为教师提供可操作的改进实践的策略，帮助教师在实践中运用所学到的知识。[5]有研究证明，这种培训形式可以提升教师参与辅导的频率并提升辅导的质量。[6]有研究对 444 名教师的教学实践进行干预辅导，辅导者对教师一学年进行了 7 次指导，每次指导前对教师教学实践活动观察一小时，随后辅导者在结合教师反思以及观察的基础上为教师提供有效的教学指导策略。例如，积极的课堂管理策略（使用一致的奖励）、在早期识字教学中侧重教学方法（游戏与教学融合）而不是侧重识字内容，通过循环往复地多次实践指导—实践—再实践的辅导过程，儿童的语言、数学能力以及社会情感技能都有所提升，这说明，教师支持性教学过程可以提升儿童的入学准备水平。[7]

---

[1] Pianta R, Hamre B, Downer J, et al. Early childhood professional development: Coaching and coursework effects on indicators of children's school readiness[J]. Early Education and Development, 2017, 28(8): 956-975.
[2] 吕耀坚, 赵亚飞. 建构有效的幼儿教师职后培训策略：基于学习维度论的视角[J]. 学前教育研究, 2008（2）: 22-24, 47.
[3] Mashburn A J, Downer J T, Hamre B K, et al. Consultation for teachers and children's language and literacy development during pre-kindergarten[J]. Applied Developmental Science, 2010, 14(4): 179-196.
[4] 冯婉桢, 洪潇楠. 美国三种师幼关系改进模式比较与借鉴[J]. 中国教育学刊, 2019（4）: 84-88.
[5] Landry S H, Swank P R, Smith K E, et al. Enhancing early literacy skills for preschool children: Bringing a professional development model to scale[J]. Journal of Learning Disabilities, 2006, 39(4): 306-324.
[6] Landry S H, Swank P R, Smith K E, et al. Enhancing early literacy skills for preschool children: Bringing a professional development model to scale[J]. Journal of Learning Disabilities, 2006, 39(4): 306-324.
[7] Wolf S, Aber J L, Behrman J R, et al. Experimental impacts of the "quality preschool for Ghana" interventions on teacher professional well-being, classroom quality, and children's school readiness[J]. Journal of Research on Educational Effectiveness, 2019, 12(1): 10-37.

（3）工作坊促使教师形成学习共同体

工作坊为教师与教师的讨论提供了时空条件。这种形式的培训一般安排在幼儿园内，时间为工作日，主题由教师自由选择，既可以来源于实践的困惑也可以来源于自己擅长的领域。[1]比如一项研究中，教师通过投票决定，围绕"不一样的数学教学方式"进行讨论，在宽松自由的讨论氛围中教师们的思维互相碰撞擦出创造的火花，更加了解了幼儿数学学习方式，为儿童提供丰富的数学游戏材料，如跳数字毯子（投掷骰子投到几就走几步）以及在角色游戏中加入运算（使用钱币购物），此外还有专门为数学游戏设置的"参与者和监督者"角色，如在数学游戏中当儿童遇到问题无法解决时，可以向监督者申请"裁决"，监督者是擅长数学且为人公正的"儿童"，进而教师在数学教学时会创设更多情境、提供给儿童具体的实物支持。这些教学策略更加符合儿童的具体形象思维，体现出因材施教、个性化的支持，让数学学习具有情境性和趣味性，最终儿童的数数能力和加减运算能力有了明显的提升，进而促进了其数学领域的入学准备。[2]

还有一些工作坊的主题来自研究者，研究者认为，围绕某个主题与教师开展工作坊活动将促进儿童的入学准备。比如减压工作坊中，教师可以围绕压力问题与同事讨论减压策略，可以与配班教师协调休息时间。[3]教师以分享、合作的态度对自己的教育实践进行阐述，分享经验与知识。教师通过参加这一工作坊，缓解了自己的工作压力，教师给予儿童更加温暖的情感支持，教师与儿童的这种积极互动带给儿童关于教师形象的正面影响，从而促进儿童对一年级生活的向往。[4]

2. 线上形式

随着信息化的发展，互联网的出现为教师培训带来新的机会，教师不仅可以通过互联网获得高质量的专业发展课程，还可以与远在异地的教师交流切磋，开展合作、共享经验；超越传统学习模式的网络学习，会激发成员新思想、拓宽教师学习的广度和深度。[5]有研究者对 88 名教师进行随机对照试验，分别采用线上

---

[1] Diamond A, Lee C, Senften P, et al. Randomized control trial of tools of the mind: Marked benefits to kindergarten children and their teachers[J]. PLoS One, 2019, 14(9): e0222447.

[2] Li-Grining C P, Raver C C, Jones-Lewis D, et al. Targeting classrooms' emotional climate and preschoolers' socioemotional adjustment: Implementation of the Chicago school readiness project[J]. Journal of Prevention & Intervention in the Community, 2014, 42(4): 264-281.

[3] Li-Grining C P, Raver C C, Jones-Lewis D, et al. Targeting classrooms' emotional climate and preschoolers' socioemotional adjustment: Implementation of the Chicago school readiness project[J]. Journal of prevention & intervention in the community, 2014, 42(4): 264-281.

[4] Diamond A, Lee C, Senften P, et al. Randomized control trial of tools of the mind: Marked benefits to kindergarten children and their teachers[J]. PLoS one, 2019, 14(9): e0222447.

[5] 冯婉桢，洪潇楠. 美国三种师幼关系改进模式比较与借鉴[J]. 中国教育学刊，2019（4）：84-88.

和线下的模式对教师专业发展情况进行干预。结果发现,远程信息技术允许教师反复观看自然状态下的教学实践视频,帮助教师观察到课堂细节,促使教师对教学认真反思和琢磨,使得教师对教学中的语言引导更加细致和多元。[1]因此,视频的指导和反馈,有利于改进教师在早期教育环境中的实践。[2]

在某项远程网络培训中,培训者给教师配备了一名辅导者,为教师提供了一学年持续性的个性化反馈与指导,每两周,辅导者与教师共同完成 4 个环节的活动:首先,教师需要对自己的教学实践录制视频(一份视频不少于 30 分钟)并上传到网站;其次,辅导者对教师上传的视频进行剪辑,对视频内容进行评价,在互动区给出详细的建议或者提出问题,在开始讨论的前 30 分钟,辅导者将剪辑好的视频发送给教师,教师进行 30 分钟的自我反思,并在互动区做出相应回答;再次,教师与辅导者通过视频会议共同观看剪辑的视频,讨论视频中的问题和辅导者给出的建议,双方交换意见,选择需要改进的方面;最后,辅导者和教师共同确定下一步的行动方案,辅导者整理之后,将目标和实践清单以邮件形式发送给教师。该形式通过网络视频分析和网络互动的方法来完成对教师的实践观察和评估,大大提升了反馈的效率,扩大了干预的作用范围,从而对教师的专业发展和儿童学习产生积极影响。

(三)对我国的启示

通过对国外近些年有关幼小衔接文献的梳理,发现国外在干预教师专业能力,进而促进儿童入学准备方面有些值得我们借鉴的做法。

1. 基于儿童"全面的准备"开展教师培训

入学准备是教育研究的热点之一,入学准备对儿童的一生影响重大。[3]许多研究发现,幼儿早期的学业成绩、注意力与今后的学习成绩存在关联。儿童早期认知能力和非认知能力的提升为今后发展奠定了重要基础。[4]

美国国家教育目标小组(National Education Goals Panel,NEGP)1995 年的

---

[1] Powell D R, Diamond K E, Burchinal M R, et al. Effects of an early literacy professional development intervention on head start teachers and children[J]. Journal of Educational Psychology, 2010, 102(2): 299-312.

[2] Landry S H, Zucker T A, Montroy J J, et al. Replication of combined school readiness interventions for teachers and parents of head start pre-kindergarteners using remote delivery[J]. Early Childhood Research Quarterly, 2021, 56: 149-166.

[3] Duncan G J, Dowsett C J, Claessens A, et al. School readiness and later achievement[J]. Developmental Psychology, 2007, 43(6): 1428-1446.

[4] Cunha F, Heckman J. The technology of skill formation[J]. The American Economic Review, 2007, 97(2), 31-47.

报告作为许多研究人员的指导框架，提出了儿童入学准备就绪的五个领域：身体健康和运动发展、社会和情感发展、学习品质、语言发展、认知和一般知识。[1]我国 2021 年发布的《指导意见》中提出，我们应该关注儿童的身心准备、生活准备、社会准备和学习准备四个方面。不管是美国教育目标小组还是我国教育部提出的指导框架，都不同于单纯学业驱动下的"计算和读写能力"的准备，基于全人发展的观点，我们现在所倡导的入学准备的几个方面是相互联系的整体，儿童在这几个方面的整体准备会自然促进儿童计算能力和读写能力的发展。[2]例如，如果注重儿童在社会性方面的准备，我们会注重提升儿童识别、理解和表达情感的能力，[3]那么儿童与周围人就会形成更加积极的情感，而这反过来会促使儿童积极参与集体活动，如果儿童有不明白的学业问题会愿意向同伴和老师请教，慢慢会促进儿童在学业方面的准备与适应。[4][5]

因此，我们发现国外幼小衔接方面的研究聚焦儿童"全面的准备"，而不仅仅是"数学、语言"等学业上的准备，这些项目培训教师为解决儿童入学准备中的问题行为、心理健康、情绪情感、执行能力等方面的问题给予了更好的指导。例如，教会教师如何鼓励儿童利用语言来解决同伴矛盾，提倡教师减少对儿童的厉声斥责，而改用温柔的提醒等策略来解决儿童的情绪和行为问题，教给教师锻炼儿童自我控制能力的游戏，教给教师如何根据儿童游戏水平指导其进行问题解决，向教师传授实用的控制情绪的方法（塔克乌龟法），在儿童发生情绪问题时及时使用，这些策略可以使马上进入一年级儿童更快地交到新朋友，更快地融入新集体，有更加明确的任务意识和执行能力，进而也促进儿童学业方面的准备和适应。

2. 基于实践问题开展教师培训

有研究通过问卷调查和访谈发现，职后培训中 33.5%的教师反馈"理论太多，实践内容太少"[6]。教师在理论学习中常常处于被动地位，即使通过一定途径获得了教育理论知识，认知层面虽然得到了提升，但是教育技能方面却没有得到本质

---

[1] National Education Goals Panel. National education goals report executive summary: Improving education through family-school-community partnerships[R]. Washington: National Education Goals Panel, 1995.
[2] Xie S, Li H. Development and validation of the Chinese preschool readiness scale[J]. Early Education and Development, 2019, 30(4): 522-539.
[3] Izard C, Stark K, Trentacosta C. Beyond emotion regulation: Emotion utilization and adaptive functioning[J]. Child Development Perspectives, 2008, 2(3): 156-163.
[4] Denham S A, Bassett H H, Wyatt T. The socialization of emotional competence[C]//Grusec J E, Hastings P D. Handbook of Socialization: Theory and Research. 2nd ed. New York: The Guilford Press, 2015: 590-613.
[5] Garner P W, Waajid B. The associations of emotion knowledge and teacher–child relationships to preschool children's school-related developmental competence[J]. Journal of Applied Developmental Psychology, 2008, 29(2): 89-100.
[6] 李艳荣. 基于专业发展的幼儿教师职后培训研究[D]. 重庆：西南大学，2008.

提升。①教育理论和实践思维这"两张皮"的割裂已经成为教师专业化发展的瓶颈。建构主义理论告诉我们，知识不是简单地储存在记忆系统中的，而是基于一定情境下主动建构的。而实践共同体为我们解决当前难题开辟了新路径，这是一种以教师实践问题为导向、致力于培养教师合作文化、解决教师当前实践问题的方法。②当教育理论在具体情境中进行多维度推导时，教师的理念和行为便统一起来。③行动是实践知识落地的主线，我们永远都不要希望不下水就能学会游泳，只有在实践—反思—实践的循环过程中才能真正促进教师的专业化发展。④因此针对幼小衔接教师培训，我们认为有必要为教师搭建沟通的桥梁。例如，在入学准备中最让教师头疼的是对幼儿的行为管理，很多教师对此束手无策，针对幼儿的行为问题，可以请专门的辅导者定期进入幼儿园观察教师与行为问题儿童的互动，为教师提供具体的解决策略。因此，我们应该在教师培训中关注真实的教学实践活动，突破原有层面的培训方式，为教师提供支持的环境，给予教师一定的自由空间以凝聚合作的力量。

3. 为教师制订个性化、持续性、针对性的培训计划

有研究者对教师职后培训进行问卷和访谈调查，发现 44.3%的教师对培训活动内容的评价有明显的分歧，认为"针对性不强、内容重复、分散"，访谈中教师希望可以提供针对性强的教师培训，以解决专门问题。⑤以学习者为中心的教学理论告诉我们，教育中要以学习者为中心，尊重学习者的个体意见，努力创造适宜的学习环境，教师培训也同样适用。人本主义认为，要想把学习者放在中心位置，那么就必须以学习者的需要、兴趣和个性特性来确定内容。因此如何为教师打造私人订制的教师培训、如何为教师提供持续性的指导，以及如何让培训内容变得更具针对性，来促进科学幼小衔接，我们可以从国际经验中获得一些启示。例如，首先，在开展有关幼小衔接集中式理论培训前，培训团队提前了解教师的基本情况，通过发放调查问卷了解教师是否感兴趣；其次，为每位教师配备一名辅导者，与教师结成伙伴关系，每周辅导者须进入教师的课堂，持续一学年对教师教学实践进行观察，每周与教师交流培训的情况，同时为参与培训教师提供具体、可操作的改进实践策略。

---

① 朱志娟. 浅析促进幼儿教师专业发展的两类知识[J]. 学前教育研究，2005（3）：52-54.
② 张平，朱鹏. 教师实践共同体：教师专业发展的新视角[J]. 教师教育研究，2009，21（2）：56-60.
③ 张思，刘清堂，熊久明. 认知学徒制视域下教师工作坊研修模式研究[J]. 中国电化教育，2015（2）：84-89.
④ 马兆兴. 对重构教师培训实践课程的思考[J]. 教育理论与实践，2005（4）：25-28.
⑤ 李艳荣. 基于专业发展的幼儿教师职后培训研究[D]. 重庆：西南大学，2008.

4. 教师培训中融入信息化手段

随着社会信息技术的快速发展，现代信息技术的发展加快了网络环境下的教师学习共同体的诞生，为教师专业发展开辟了又一新的途径。[①]信息技术被应用于教育，弥补了传统教育的众多不足，改变了传统的知识储存、传播和提取方式，给现代教育带来了生机和活力，个性化学习更容易实现。

首先，信息化手段为教师培训提供真实情境。认知发展理论强调学习情境的重要性，这一理论认为学习者的知识结构来自参与社会情境的实践活动，特定情境下获得的知识更加牢固和深刻。借助信息化手段可以为教师的培训带来真实的情境的体验，如在教师培训中利用录像设备将教师的教学过程进行录像，教师可以对教学过程反复观看、讨论。[②]

其次，信息手段可以为教师提供丰富的学习资源。人本主义理论认为，人天生就有对知识的好奇心，具有追求知识、探索真理的欲望，有自主学习的倾向。而信息技术可以给教师培训带来资源丰富的内容，如在一项远程教育研究中，研究者不仅为教师培训开设了14节在线课程，还提供100多个课堂补充活动资源，其中包含幼儿全方位入学准备领域的内容。[③]

最后，信息化手段可以增强互动。社会建构主义理论认为，知识的建构是在社会文化背景之下发生的，在人和他人的相互作用中，由认识主体建构自己的认知和知识。而信息平台可以为指导者和教师提供沟通交流与互动的空间，利用信息平台，辅导者可以对教师上传的教学片段活动进行有针对性的点评，并提供可操作化的实施策略，同时教师之间也可以进行互评。例如，在一项研究中，教师上传一段30分钟的教学活动后，辅导者对有效的师幼互动进行剪辑并做出点评，教师需要回应，必要时与辅导者进行电话会议讨论。[④]

综上，为教师提供网上信息资源、对教师教学实践进行录像、利用远程信息技术拓宽教师参与培训的路径，都能促进科学幼小衔接的教师培训。

[①] 周遂. 网络环境下教师学习共同体对教师专业发展的支持[J]. 电化教育研究，2007（6）：45-48.

[②] Li-Grining C P, Raver C C, Jones-Lewis D, et al. Targeting classrooms' emotional climate and preschoolers' socioemotional adjustment: Implementation of the Chicago school readiness project[J]. Journal of Prevention & Intervention in the Community, 2014, 42(4): 264-281.

[③] Landry S H, Zucker T A, Montroy J J, et al. Replication of combined school readiness interventions for teachers and parents of head start pre-kindergarteners using remote delivery[J]. Early Childhood Research Quarterly, 2021, 56: 149-166.

[④] Mashburn A J, Downer J T, Hamre B K, et al. Consultation for teachers and children's language and literacy development during pre-kindergarten[J]. Applied Developmental Science, 2010, 14(4): 179-196.

第六章　广角：各地幼小衔接的实践探索

教育政策是"一种有目的、有组织的动态发展过程，是政党、政府等政治实体在一定历史时期，为了实现一定的教育目标和任务而协调教育的内外关系所规定的行为依据和准则"[①]。教育政策是指导教育实践的行动指南，本章首先对我国不同省份治理"小学化"、科学幼小衔接政策进行文本分析，旨在帮助我们明确政策文件精神的要领，准确把握幼小衔接政策的演变历程，以期为今后相关政策的合理化制定提供参考。随后我们对各地区实施科学幼小衔接政策的具体措施进行深入分析，目的在于探究自政策发布以来，各地区所采取的实际行动与策略。我们又结合政策执行理论与生态系统理论对各地的具体举措进行了分析，寻找具有推广价值或借鉴意义的举措，为各地持续推进落实科学幼小衔接提供参考依据。

第一节　政策先行：各地幼小衔接政策文本分析

近年来，我国高度重视幼小衔接工作，着力推进在基础教育中构建良好的教育生态。2008年，上海市最先出台了《上海市幼儿园幼小衔接活动的指导意见（征求意见稿）》，2011年和2018年我国教育部分别印发《教育部关于规范幼儿园保育教育工作 防止和纠正"小学化"现象的通知》和《关于开展幼儿园"小学化"专项治理工作的通知》，这是教育部连续两次部署"小学化"专项治理行动。2021年3月，教育部为深入贯彻党的十九届五中全会"建设高质量教育体系"的要求，发布《指导意见》，政策从幼小衔接的主要利益相关者角度出发布置重点任务与工作，各利益主体形成合力，旨在推动科学幼小衔接。

系列政策的出台有利于社会问题的解决，为了明确政策文件精神的要领、准确把握幼小衔接政策的演变历程，以期为今后相关政策的合理化制定提供参考，

---

① 孙绵涛. 教育政策学[M]. 武汉：武汉工业大学出版社，1997.

我们对相关政策文本进行了内容分析。本节选取 2011 年 1 月至 2021 年 3 月所有的专门性治理"小学化"和幼小衔接方面的政策文本，采用教育政策系统视角分类，进行了政策主体—政策客体—政策环境的分析。

一、研究设计

（一）研究方法

本节主要采用内容分析法，以 48 篇政策文本为对象，从"出台背景""主要举措""开展路径"3 个维度，形成编码表并归类政策文本的具体内容，利用 NVivo12 Plus 质性分析软件对 48 篇政策文本进行处理，进而探究我国目前幼小衔接政策的内容、特点与走向。

（二）文本的选取

本节以"小学化""幼小衔接"为关键词在互联网搜索教育部、各省颁布的相关政策文本，搜索到国家级政策文件 3 篇，[1]地方政府政策文件 45 篇。[2]我们发现，每当教育部发布一个政策文件之后，地方政府会出台相应的政策。

（三）分析框架

认识活动和实践活动是主体与客体之间相互作用的过程。本节从教育政策主体、教育政策客体、教育政策环境三个方面对政策文件进行编码分析。

教育政策主体：教育政策的制定者和执行者，包括决策主体、辅助决策主体、参与主体。[3]决策主体是国家公共法权的主体，辅助决策主体是社会政治法权的主体，主要有国家教育研究发展中心、地方政府教育政策研究室、各种形式的智囊团及咨询机构等。参与主体包括教育政策的执行者和实施者、社会舆论、利益团体三部分。[4]在本书中，决策主体是指教育部办公厅；辅助决策主体是指教育研究培训院、教科院、技装中心、评估院、教育督导室、高校、社会管理相关部门等；参与主体是指幼儿园、小学、培训机构。

教育政策客体：教育政策所作用的对象，指教育政策所直接作用与影响、制

---

[1] 分别是：《教育部关于规范幼儿园保育教育工作 防止和纠正"小学化"现象的通知》《关于开展幼儿园"小学化"专项治理工作的通知》《指导意见》。
[2] 本书所称"地方政府"，主要是指各省（自治区、直辖市）政府。
[3] 高峰，杨晓明. 从我国教育政策主体看政策模型的选择[J]. 教育探索，2004（4）：48-50.
[4] 王素荣. 教育政策评估指标体系研究[J]. 教育理论与实践，2006（6）：8-10.

约的社会人群。在本书中，客体指的是幼儿、家长、教师。

教育政策环境：教育政策环境是由社会经济状况、政治文化与国际环境等构成的。这些因素共同影响教育政策的制定和执行。社会经济状况是教育资源分配和人才培养需求的决定性因素，政治文化对教育政策的导向和教育目标的设定具有深远影响，国际环境则引入了全球教育趋势和合作机遇，这些因素共同作用于教育政策的框架构建和实施效果。

（四）资料整理与分析

第一步，查阅幼小衔接教育政策原始文本。本节通过查找相关教育政策法规文献汇编资料、中华人民共和国教育部官网和各省（自治区、直辖市）教育行政部门官网，查到有关幼小衔接的代表性教育政策，共计48份。

第二步，阅读文本。认真阅读导入 NVivo 12 Plus 中的政策文本，以熟悉政策内容并初步形成意向编码内容。

第三步，编码和分析。自下而上地对政策文本进行整理、归纳，探索反映研究对象本质的核心概念，寻找政策文本中突出的主题。正式编码之前，我们进行了信度检验：三位研究者一起阅读10份政策文件，讨论政策文件中包含的内容，初步归纳出其中的类别，三位研究者对编码出的类别达成初步共识。然后由其中的两位研究者独立编码所有文本材料，确保编码的一致性。

二、研究结果

（一）高频词云图分析

将48篇幼小衔接政策文本导入 NVivo12 Plus 软件，制作词云图（图6-1）进行词频分析。按照字体大小，高频词依次是"教育""幼儿园""小学""活动""培训""幼儿""衔接""工作""教师""治理""教学""科学"等。

从教育政策执行主体部分来看，辅助决策主体有教育行政部门，参与主体有幼儿园、小学、机构。从频次上来看，首先"幼儿园"和"小学"是频率最高的，这两个词频率最高是毋庸置疑的，因为政策颁布的目的就是促进幼儿顺利地从幼儿园向小学过渡；其次是"机构"，虽然机构会导致幼小衔接问题，而图6-1中"机构"的使用频率较低，虽然从对政策文本的编码中可以看出，政府对校外培训机构提出了相关要求，如2021年教育部颁布《关于进一步减轻义务教育阶段学生作业负担和校外培训负担的意见》，旨在全面规范培训机构培训行为，消除学科类校外培训各种乱象，由此可见培训机构的问题已经受到关注，并且国家正在想办法解决这一问题。另外，幼小衔接政策本身最主要是为了解决幼儿园与小学之间的衔接问题，因此"机构"的使用频率比较低是可以理解；使用频率最低的是"行政部门"，但行政部门在政策落地实施过程中发挥着重要作用，但是政策文本中对行政部门提及的要求和规定是最少的。

图 6-1　政策文本高频词云图（彩图）

从教育政策执行客体部分来看，客体有幼儿、教师、家长。从使用频率上看，"幼儿"和"教师"的使用频率是最高的，幼小衔接的目的就是帮助幼儿顺利地从幼儿园过渡到小学，基层执行者（教师）是教育政策的最终"执行者"。[1]他们对政策问题的认知、态度及行动策略等都会影响执行过程，也影响着政策落实效果。因此，"幼儿""教师"的使用频率最高是可想而知的。"家长"的使用频率是比较低的，提及的内容主要涉及转变观念、听讲座、家园沟通等方面。

从教育政策执行环境部分来看，为了实现科学幼小衔接，推动政策落实的社会环境体现在"治理、纠正、督导、宣传、制度、机制、严禁、强化、身心引导、整改、坚决、推进"这些词中。由这些词可以看出，政策的执行是非常强有力的，并带有强制性的意味。

---

[1] Ball S J, Maguire M, Braun A. How schools do policy: Policy enactments in secondary schools[J]. Reis, 2012, 1(148): 1-174.

（二）节点内容分析

通过对 48 篇幼小衔接政策文本进行编码分析，笔者认为幼小衔接政策主要由出台背景、主要举措、开展路径 3 个方面构成。各部分又包含若干子节点。本节将对各部分及其关键节点进行分析。

1. 出台背景

幼小衔接政策文本的出台背景包括发文机构、发文时间、责任单位、出台原因、出台目的 5 个子节点。

（1）发文机构

发文机构指的是政策发布方，其中，中央发布的政策占 5.56%，地方政府发布的政策占 94.44%。中央政策的发文机构是中华人民共和国教育部，地方政策的发文机构有地方教育委员会，省、自治区教育厅，市人民政府教育督导室，高校工作委员会，教学研究室等，发文机构具有多样化的特征，但是主要发文机构是省（自治区）教育厅，占比为 74.07%。表 6-1 显示了发文机构的情况。

表 6-1 发文机构编码表

一级子节点	二级子节点	参考点/个	占比/%
发文机构	中华人民共和国教育部	3	5.56
	教育委员会	3	5.56
	省、自治区教育厅	40	74.07
	市人民政府教育督导室	4	7.4
	高校工作委员会	3	5.56
	教学研究室	1	1.85

（2）发文时间

2011 年，教育部发布了《关于规范幼儿园保育教育工作 防止和纠正"小学化"现象的通知》。调查显示，约 91%的政策是在教育部发布该文件后发布的，只有广东省教育厅的政策是在教育部发布这一文件之前发布的。

2018 年 7 月，教育部印发《关于开展幼儿园"小学化"专项治理工作的通知》，随后地方陆续发布了相关政策。可见，国家教育部门率先认识到幼儿园"小学化"现象的危害，并着力引导各地方教育行为和教育活动的发展方向；各地方教育部门也全面响应和支持国家对于幼儿园"小学化"现象进行治理的工作要求。

2021 年 3 月，教育部印发了《指导意见》，但是约有 40%关于幼小衔接的地方政策都是在此国家政策之前就发文了,这些地方包括上海市、浙江省、天津市、河北省、山东省、陕西省。可见,这些地方政府在 2018 年发布"小学化"治理政策之后,就开始思考如何在政策上推进科学幼小衔接了。

（3）责任单位

责任单位是指在推进科学幼小衔接工作的过程中的工作完成方或工作任务承担方。在 48 份科学幼小衔接政策文件中的 46 份文件包含责任单位,这些责任单位由教育局、幼儿园、小学、培训机构、教育相关单位和社会管理相关单位组成（有 2 份政策没有指明责任单位）。其中,以各市、县（区）教育局和各省（自治区、直辖市）教育厅（教委）为责任单位的占比最高,占比为 55.88%,这说明相关政策非常强调当地教育行政部门应该承担治理"小学化"和科学幼小衔接的主要责任,全面提高幼儿园保教质量,推动学前教育普及普惠安全优质发展。表 6-2 显示了责任单位的情况。

表 6-2 责任单位的情况

责任单位		参考点/个	总参考点/个	占比/%
教育局	各市、县（区）教育局	35	38	55.88
	各省（自治区、直辖市）教育厅（教委）、新疆生产建设兵团教育局	3		
教育相关单位	教育委员会	3	11	16.18
	教科院	1		
	技装中心	1		
	评估院	1		
	教育督导室	3		
	教育行政部门	1		
	教育研究培训院	1		
幼儿园	省属幼儿园	2	4	5.88
	省实验幼儿园	1		
	各幼儿园（含私立）	1		
小学	区辖小学	1	2	2.94
	省实验小学	1		
培训机构	校外培训机构	1	1	1.47
高校	大学、学院、师范院校	2	2	2.94
社会管理相关单位	社会事务管理局	1	10	14.71
	社会事业与后方基地管理局	1		

续表

责任单位		参考点/个	总参考点/个	占比/%
社会管理相关单位	社会发展局	2		
	管理委员会公共服务局	2		
	省直机关事务管理局幼教管理中心	1		
	服务事业部	1		
	社会事务局	1		
	实验区管委会办公室	1		

（4）出台原因

通过编码我们发现，科学幼小衔接政策出台的原因主要有 3 个，具体内容及所占比例，如表 6-3 所示。

表 6-3 政策出台原因

二级子节点	三级子节点	具体内容	占比/%
出台原因	提升学前教育质量	近年来，各地通过实施"三期学前教育行动计划"，坚持发展与质量并重，积极推进幼儿园教育改革，学前教育的主要矛盾从入园难、入园贵转变为对高质量学前教育的期待	63.0
	"小学化"阻碍高质量学前教育的发展	一些幼儿园和校外培训机构为了迎合家长的心理，提前向幼儿教授小学内容	78.9
		学前教育机构办学思想和办学理念不正确	
		办园行为不规范	
	"小学化"危害儿童发展	超越身心发展水平，违背认知规律和以游戏为基本活动的原则，易使儿童形成不良的学习习惯，产生厌学、畏惧等不良情绪，影响身心健康发展，影响小学正常的教学秩序，误导了家长，影响了学前教育的健康发展	63.2

由此可见，面对主要矛盾的转换，即幼儿园"小学化"这一现象及其危害，我国要求各地幼儿园推进科学保教，加大幼儿园"小学化"专项治理力度，严禁幼儿园提前教授小学教育内容，推进幼儿园和小学科学衔接。

（5）出台目的

我们对 48 份科学幼小衔接政策中提出的"出台目的"进行了编码，结果如表 6-4 所示。

表 6-4　出台目的

二级子节点	三级子节点	占比/%
出台目的	1. 规范保育教育工作、办园行为，提高保育教育质量	47.8
	2. 防止和纠正"小学化"现象	41.3
	3. 提升儿童的综合素养	30.4
	4. 建立幼小协同生态机制	21.7
	5. 转变教师和家长的观念	23.9
	6. 减缓衔接坡度	17.4

由表 6-4 可知，此类政策出台的目的最主要的是"规范保育教育工作、办园行为，提高保育教育质量"（47.8%），占比较低的 3 个目的都聚焦于幼小衔接，即"建立幼小协同生态机制""转变教师和家长的观念""减缓衔接坡度"。

2. 主要举措

主要举措是幼小衔接政策的核心内容，共有 455 个参考点，主要包括组织领导、建立机制、具体措施、宣传引导四个一级子节点。表 6-5 为主要举措情况。

表 6-5　主要举措情况　　　　　　　　单位：个

父节点	一级子节点	文件来源	参考点
主要举措	组织领导	26	28
	建立机制	36	42
	具体措施	48	349
	宣传引导	35	36

（1）组织领导

组织领导主要由教育行政部门来承担，在总政策文件数量中共有 25 份政策文件提到了这一点。

表 6-6　组织领导

一级子节点	二级子节点	三级子节点
组织领导	教育行政部门（25 份）	成立专项治理小组，制订（整改、幼小衔接）工作方案（20 份）
		落实工作责任，明确工作目标（18 份）
		加强对保教工作、幼小衔接工作的指导（2 份）

其中，20 份政策指出教育行政部门要"成立专项治理小组，制订（整改、幼小衔接）工作方案"。因为先确定主体责任人和工作方案是开展工作的前提条件。18 份文件指出要"落实工作责任，明确工作目标"。只有明确了工作责任和工作目标政策才能按部就班地实施。但是，只有 2 份文件指出，教育行政部门应"加强对保教工作、幼小衔接工作的指导"。比如，成立省级专家组，遴选具有儿童发展研究基础、幼儿园教育改革和义务教育课程教学改革经验的专家，为试点幼儿园和小学提供专业指导。我们认为，幼儿园和小学进行幼小衔接实践时，会遇到很多困难和挑战，教育行政部门的相关指导是很重要的。所以，在政策文本中，应该考虑到这一点，明确提出对教育行政部门在"指导"方面的要求。

（2）建立机制

"机制"一词，特指教育现象中各组成部分的运作模式及其相互间的关联性。对于一个政策来说，科学合理的教育机制对于教育政策的贯彻与实施起着至关重要的作用。[①]因此我们对 48 份政策文本中提及的"建立机制"进行了编码。编码结果如表 6-7 所示。

表 6-7 建立机制

一级子节点	二级子节点	文件来源/个	参考点/个	占比/%
建立机制	挂牌责任督学机制	34	36	42.35
	教研机制	20	22	25.88
	家园校共育机制	8	8	9.42
	保育教育质量监测评估机制	5	5	5.88
	建立动态监管机制	5	5	5.88
	健全评价机制	5	5	5.88
	幼儿园资格准入机制	2	2	2.35
	保教工作对口帮扶机制	1	1	1.18
	教学计划公开机制	1	1	1.18

从表 6-7 可见，所有政策文件一共提出要建立 9 个机制。首先，参考点最多的是"挂牌责任督学机制"，共有 36 个参考点，占比 42.35%。可见我国各地都非常重视建立挂牌责任督学机制。其具体表现是把纠正"小学化"问题作为督导

[①] 张玫瑰，刘燕. 有质量的教育政策与教育机制研究[J]. 公民与法（法学版），2014（2）：30-33.

和省优质幼儿园评估的重要内容，建立定期督导与报告制度；对存在违规行为的幼儿园、小学及社会培训机构要责令限期整改，并严肃追究责任，最后通过设置专门举报监督电话和信箱等方式接受家长与社会监督。其中，新疆维吾尔自治区还指出要建立家长公开信制度，山东省提出要以微信、微博等方式收集反馈信息。其次，建立"教研机制"，共有 22 个参考点，占比 25.88%。这里的教研机制有两重含义。第一，进行学前教育教研，充分发挥教研机构和教研人员的作用，通过对各类幼儿园进行业务指导，形成覆盖城乡的学前教育教研指导网络。第二，自 2021 年发布《指导意见》起，地方政策文件中都提出"建立联合教研制度""推进幼儿园与小学科学有效衔接"。

（3）具体措施

措施指针对问题的解决办法，是保障政策落地的关键。通过编码，我们把 48 份文件政策中提及的具体措施分为政府的红线、倡导的方向、实际做法 3 个二级子节点，其中政府的红线有 83 个参考点，占比 25.46%；实际做法有 189 个参考点，占比 57.98%；提倡的方向共有 54 个参考点，占比 16.56%。

1）政府的红线。政府的红线指不可逾矩的界限。我们之所以对"政府的红线"编码，是因为这代表了政府部门在治理"小学化"和促进科学幼小衔接方面的坚决态度。我们根据"严禁""不准""不得""坚决纠正"等关键词对文件进行编码，不可触碰的"政府的红线"主要是针对幼儿园、小学、校外培训机构三个对象提出的。表 6-8 显示了具体措施情况。

表 6-8　具体措施：政府的红线

父节点	一级子节点	二级子节点	文件来源/个	参考点/个	占比/%
具体措施	政府的红线	幼儿园	24	30	36.14
		小学	18	43	51.81
		校外培训机构	9	10	12.05

A. 对幼儿园来说，不可触碰的红线

政策文件中，对幼儿园提出的不可触碰的红线，占总数量的 36.14%，主要涉及教育内容、教育方式和教育环境三个方面。具体情况见表 6-9。

表 6-9　政府的红线：幼儿园

二级子节点	三级子节点	具体内容
幼儿园	教育内容	严禁幼儿园教授"小学化"教育内容（1 条）
		幼儿园不得要求家长统一购买各种幼儿教材、幼儿读物和幼儿教辅材料（5 条）

续表

二级子节点	三级子节点	具体内容
幼儿园	教育方式	纠正"小学化"教育方式（4条）
		严禁以举办兴趣班、特长班、实验班和幼小衔接班等为名进行各种提前学习和强化训练活动（6条）
		严禁给幼儿布置家庭作业（7条）
		严禁虐待、体罚幼儿（2条）
	教育环境	整治"小学化"教育环境（5条）

B. 对小学来说，不可触碰的红线

政策文件中，对小学的要求最多，占总数量的51.81%，主要涉及入学、教育内容、教育方式、教师四个部分。具体内容与数量，如表6-10所示。

表6-10 政府的红线：小学

二级子节点	三级子节点	具体内容
小学	入学	坚持免试入学制度（8条）
		严禁各种形式的招生选拔考试（9条）
		严禁招收不足入学年龄的幼儿接受义务教育（7条）
		严禁以未在本校幼儿园入园为由拒收学区内儿童入学（2条）
	教育内容	严禁超纲、超前教学（6条）
		小学起始年级实施"零起点"教学（4条）
		严禁组织订购任何教辅材料（1条）
	教育方式	对一、二年级学生不得布置书面作业（1条）
		严禁随意增减课程和课时（1条）
		改变忽视儿童身心特点和接受能力的现象（3条）
	教师	严禁小学和幼儿园在职教职工参与任何形式的幼小衔接班的教学管理（1条）

C. 对校外培训机构来说，不可触碰的红线

对校外培训机构提出的不可触碰的红线占总数量的12.05%，主要涉及"教育内容""教育方式"两个方面。具体情况，如表6-11所示。

表6-11 政府的红线：校外培训机构

二级子节点	三级子节点	具体内容
校外培训机构	教学内容	不得以学前班、幼小衔接等名义提前教授小学内容（汉语拼音、读写训练、数字运算、小学学科教育）（6条）

续表

二级子节点	三级子节点	具体内容
校外培训机构	教育方式	培训机构不得设置学前班、幼小衔接班（3条）
		校外培训机构不得组织与小学入学挂钩的考试（1条）

2）倡导的方向。方向是政策的走向。我们发现文件中会针对小学、幼儿园和教育行政部门提出总体发展方向。我们根据"坚持""树立衔接意识""强化衔接意识"等关键词，把相关语句进行编码，如表6-12所示。

表6-12　具体措施：倡导的方向

一级节点	二级子节点	三级子节点	具体内容	文件来源/个	参考点/个	占比/%
具体措施	倡导的方向	小学	坚持实施小学零起点教学	20	23	42.59
		幼儿园	树立正确的教育观和儿童观	13	22	40.74
		教育行政部门	充分认识坚持科学保教，以及防止和改变"小学化"现象的重要意义，自觉做到令行禁止	9	9	16.67

总的来说，国家对三个主体倡导的方向是一致的，都是要树立起双向幼小衔接的意识。其中，针对小学，提到最多的是坚持实施小学零起点教学。针对幼儿园，12个省（自治区、直辖市）以《幼儿园工作规程》《3—6岁学习与发展指南》为指导，明确提出要树立正确的教育观和儿童观。针对教育行政部门，占比16.67%，9个省（自治区、直辖市）指出教育行政部门应充分认识坚持科学保教，以及防止和纠正"小学化"现象的重要意义，自觉做到令行禁止。

3）实际做法。

A. 实际做法的主体

把实际做法按照教育政策所指向的主体，可以分为幼儿园、小学、校外培训机构、教育行政部门、教科研部门、家长。编码情况详见表6-13。

表6-13　具体措施：实际做法的主体

父节点	一级子节点	二级子节点	文件来源/个	参考点/个	占比/%
具体措施	实际做法	教育行政部门	35	77	40.74
		幼儿园	38	50	26.46

续表

父节点	一级子节点	二级子节点	文件来源/个	参考点/个	占比/%
具体措施	实际做法	小学	21	35	18.52
		教科研部门	14	21	11.10
		校外培训机构	4	4	2.12
		家长	2	2	1.06

B. 具体做法

下面详细呈现政策中要求不同主体的具体做法。

a. 针对教育行政部门的做法

针对教育行政部门的做法最多，共有 77 个参考点。而教育行政部门的这些做法所针对的客体为教师、幼儿园、校外培训机构和小学，分别有 36 个、20 个、14 个、7 个参考点，具体情况如表 6-14 所示。

表 6-14 具体做法：教育行政部门编码   单位：个

二级子节点	三级子节点	具体内容	参考点
教育行政部门	教师	加强对园长、教师、保育人员的培训	36
		严格准入制度，解决教师资质不合格问题	
		建立幼儿园教师指导用书制度	
		对职前师范生的培训	
		成立专家指导组，研发幼小科学衔接系列指导手册	
		修订幼儿园教师职称评审条件和办法	
		推行师德考负面清单制度	
		实行承诺制度（签订去"小学化"教学承诺书）	
	幼儿园	做好幼儿园"小学化"现象普查和整改工作	20
		指导幼儿园	
		规范小学附属幼儿园办园行为	
		规范幼儿园保育教育工作	
	校外培训机构	对各类校外培训机构开设的学前班、幼小衔接班等进行重点排查整治	14
		明确校外培训机构接受检查的内容	
		加大综合治理力度	
		加强对社会培训机构的规范管理	
		规范校外培训机构招生和办学行为	

续表

二级子节点	三级子节点	具体内容	参考点
教育行政部门	小学	加大对小学起始年级教学进度的监管力度	7
		指导小学幼小衔接工作	

要求教育行政部门对教师进行规范的提法最多（36个参考点），包括"加强对园长、教师、保育人员培训""严格准入制度，解决教师资质不合格问题""建立幼儿园教师指导用书制度""对职前师范生的培训""成立专家指导组，研发幼小科学衔接系列指导手册""修订幼儿园教师职称评审条件和办法"等。值得一提的是，江苏省和福建省除了对在职教师予以规范外，还对如何培养职前师范生提出了自己的看法。比如，江苏省指出，师范生院校应普遍开设儿童行为观察与分析、课程设计与实施等专业课程；福建省指出，要把科学幼小衔接的理念和内容纳入课程教学中去。

从表6-14可知，不管是针对教师、幼儿园、小学还是针对校外培训机构，政策中提及的教育行政部门的做法多聚焦在"监管""普查""治理""排查""规范"，而针对"指导"较少提及。

b. 针对幼儿园的做法

针对幼儿园的做法共有50个参考点，主要要求幼儿园在"整治'小学化'环境""教育方式""教师培训""家园互动"四个方面进行改进，如表6-15所示。

表6-15 具体做法：幼儿园编码表　　　　　　　　　单位：个

二级子节点	三级子节点	具体内容	参考点
幼儿园	整治"小学化"环境	创设开放、多样的区域活动空间	22
		按规定配齐、配足教玩具和游戏活动材料	
		充分利用本土生活和自然资源开展适宜的游戏活动	
	教育方式	以游戏为基本活动	11
		运用集体、小组和个别活动等形式进行教学	
		保证儿童每天不少于2小时的户外活动	
		适当调整幼儿的作息安排	
	教师培训	强化教师、园长培训	10
		解决教师资质不合格问题，开展岗位适应性规范培训	
	家园互动	加强家园互动，共同为幼儿创造一种良好的成长环境	7
		宣传育儿保教理念，缓解家长升学焦虑情绪	

从表6-15可知,关于整治"小学化"环境的数量最多;其次是教育方式和教师培训,数量最少的是家园互动。

c. 针对小学的做法

政策中提到"小学"应该如何做的共有35个参考点,主要针对教育内容、家园共育、教育方式、教育环境、教师培训五个方面,如表6-16所示。

表 6-16　具体做法:小学编码　　　　　　　　　　单位:个

二级子节点	三级子节点	具体内容	参考点
小学	教育内容	从身心、生活、社会和学习四个方面实施一年级新生入学适应教育	18
		开展"新生入学""幼小衔接月"主题活动	
	教育环境	户外活动区域提供适宜的体育器材等	4
		根据活动需要调整空间布局	
	教师培训	建立幼小衔接教研机制	3
		加强幼儿园和小学低段教师的专项培训	
		推行师德考评负面清单制度	
		实行承诺制度	
	教育方式	适当借鉴幼儿园教育方式	5
		不加重学生学业负担	
		合理配备一年级教师	
		小学教师沿用幼儿园教师的教学语言和肢体语言	
		放缓入学初始阶段的教学进度	
		倡导课程整合教学	
	家园共育	搭建家校沟通平台	5

由表6-16可知,小学做法中数量最多的是教育内容,要求小学要"从身心、生活、社会和学习四个方面实施一年级新生入学适应教育""开展'新生入学''幼小衔接月'主题活动"等。其他方面涉及的数量较少。

d. 针对教科研部门的做法

48份政策文件中,共有21个参考点提到了教科研部门应该怎么做,主要涉及完善制度、搭建平台、进行实际科研指导三个方面,如表6-17所示。

表 6-17　具体做法:教科研部门编码　　　　　　单位:个

二级子节点	三级子节点	具体内容	参考点
教科研部门	完善制度	完善区域教研和园本教研制度	5
	搭建平台	搭建幼小联合教研平台	2

续表

二级子节点	三级子节点	具体内容	参考点
教科研部门	进行实际科研指导	加强教研培训，开展专题教研活动	14
		强化园校联合教研	

由表 6-17 可知，文件中对教科研部门最主要的要求集中在"进行实际科研指导"上，如"加强教研培训，开展专题教研活动""强化园校联合教研"等。

e. 针对校外培训机构的做法

48 份政策文件中共有 4 个参考点提到了校外培训机构应该怎么做，主要涉及"校外培训机构开展学科类培训的班次内容等要向所在教育行政部门审核备案""校外培训机构要按照审批项目范围开设培训内容"，如表 6-18 所示。

表 6-18　具体做法：校外培训机构编码　　　　　　　单位：个

二级子节点	三级子节点	参考点
校外培训机构	校外培训机构开展学科类培训的班次内容等要向所在教育行政部门审核备案	4
	校外培训机构要按照审批项目范围开设培训内容	

f. 针对家长的做法

所有文件中，只有 2 个参考点针对家长提出了要求，"家长要创设良好的家庭学习环境，发挥家长的榜样作用"。其中，河北省从生活常规、学习品质、社会交往等方面提出了 8 条具体要求。总的来说，所有文件中对家长提出的要求并不太多。

（4）宣传引导

首先，宣传引导是通过控制社会舆论趋向，创造特定的舆论环境来引导、劝说、规范人们的思想和行为，为政策的顺利执行提供保证的。[1]编码时，我们以"宣传""引导"为关键词，发现 50 个参考点提出宣传引导工作主要由教育行政部门来负责，分别是向社会宣传、向家长宣传、向教师宣传。具体情况如表 6-19 所示。

表 6-19　宣传引导：教育行政部门编码　　　　　　　单位：个

二级子节点	三级子节点	具体内容	参考点
教育行政部门	向社会宣传	开展规范幼小衔接工作专项治理行动宣传教育，普及科学育儿知识	27

---

[1] 于志强. 关于政策宣传教育问题的几点思考[J]. 南京政治学院学报，1991（3）：74-76.

续表

二级子节点	三级子节点	具体内容	参考点
教育行政部门	向家长宣传	形成良好的育人观念	19
	向教师宣传	加大对广大幼儿教师和保育人员的宣传教育力度，增强防止和纠正"小学化"现象的责任感和自觉性	4

其次，文件中提出幼儿园也应该担负起宣传的责任来（10 个参考点，占比 27%），强调幼儿园应该通过各种宣传手段，转变、更新家长教育观念。但是只有 2 个参考点（5%）指出，小学应该肩负起宣传责任。

3. 开展路径

如果一个政策想要落地实施，一定要有具体的路径。通过编码我们发现，幼儿园"小学化"专项治理工作的开展路径包括 4 个阶段，科学幼小衔接的开展路径包括 3 个阶段。

（1）幼儿园"小学化"专项治理工作的开展路径

48 份文件中，有 14 份文件提出了幼儿园"小学化"专项治理工作的开展路径，包括全面部署、自查与排摸、全面整改和专项督查四步：第一步，全面部署：各县（市）教育行政部门制订专项治理方案，安排部署相关工作；第二步，自查与排摸：幼儿园、小学、培训机构按要求逐条逐项开展自查工作，县级教育行政部门全面摸排，边查边改，市级教育行政部门抽查；第三步，全面整改：根据抽查和摸排情况全面整改，巩固成效，形成常态化管理和规范化制度；第四步，专项督查：省人民政府督导委员会办公室、省教育厅开展专项督查工作。

（2）科学幼小衔接的开展路径

《指导意见》指出，科学幼小衔接的进度安排包括"精心部署，试点先行""总结经验，全面铺开""完善政策，健全机制"三步，具体情况如表 6-20 所示。

表 6-20 《指导意见》进度安排　　　　　　单位：个

父节点	一级子节点	材料来源	参考点
开展路径	精心部署，试点先行	8	12
	总结经验，全面铺开	8	8
	完善政策，健全机制	7	7

第一步，精心部署，试点先行：建立幼小衔接省级实验区，制订适合本地的幼儿园与小学科学衔接的整体实施方案。组织开展幼小科学衔接专题培训，教研

部门把幼小衔接纳入年度教研计划，撰写幼小衔接工作研究专题报告。第二步，总结经验，全面铺开，即梳理总结幼小衔接实验区的教育成效和工作经验后，再在全省全面推动入学准备教育和入学适应教育工作。第三步，完善政策，健全机制，即完善幼小科学衔接政策举措，健全工作机制。

三、讨论

（一）从治理"小学化"到科学幼小衔接

不同的历史时期和社会环境下，政策要解决的主要矛盾和问题也不同。李孔珍和李鑫指出，随着中国社会主要矛盾的转化，新时代教育政策执行要坚持以下两个要点：一是要坚持以人民为中心的发展思路；二是追求公平和质量。[1]当前，学前教育的主要矛盾从"入园难""入园贵"转化为推动学前教育普及普惠安全优质发展，即学前教育质量提升，让优质学前教育惠及更多家庭。

近年来，学前教育中出现了一些不顾幼儿身心发展特点、违背幼儿教育规律、提前教授小学内容、强化知识技能训练等"小学化"现象。幼儿园小学化偏离了幼儿园实施科学的保育和教育、促进幼儿身心全面和谐发展的目标，忽略了幼儿学习品质的养成，削减了幼儿的好奇心、学习兴趣和探索欲望，引发了幼儿对学习的恐惧和厌学情绪，不仅剥夺了幼儿童年的快乐，更引起了社会和家长对孩子"不输在起跑线上"的盲目竞争，对幼儿成长环境造成严重危害，是学前教育质量提升过程中的"拦路虎"。因此，国家在2021年3月之前的工作重心在于治理与整治"小学化"现象。

随着工作的开展，"小学化"治理取得了一定成效，为推动幼儿园与小学的双向衔接，帮助儿童顺利实现幼儿园与小学的过渡阶段。学前教育质量提升的重心至此转变为科学幼小衔接，注重儿童成长，强化衔接意识，整合多方资源，推进儿童在幼儿园与小学阶段科学有效衔接。

（二）幼小衔接向小幼衔接翻转

从三部国家专门性幼小衔接政策来看，2011年12月和2018年7月教育部分别印发的《关于开展幼儿园"小学化"专项治理工作的通知》，从课程内容、教育方式、教育环境、教师资质等方面单方面对幼儿园提出了要求。而2021年颁布

---

[1] 李孔珍，李鑫. 新时代教育政策执行研究新思考[J]. 河北大学学报（哲学社会科学版），2021，46（4）：99-106.

的《指导意见》强调了小学在科学衔接中的主体地位，指出幼小衔接是幼儿园与小学共同完成的，而不是幼儿园单方面完成的。其实"幼儿园与小学双向衔接"的理念早在1989年发布的《幼儿园工作规程（试行）》（已经废止）就提出过。《幼儿园工作规程（试行）》指出，"幼儿园和小学应密切联系，互相配合，注意两个阶段教育的相互衔接"，但那时并未对小学如何落实做出明确具体的规范。而《指导意见》明确规定了小学要在儿童观、教育观、课程观上有所转变，并切实开展入学适应教育。

从前文编码结果得知：首先，各地在制定本土政策时，有些地区会参照与小学相关的政策文本。比如，浙江省教育厅教研室印发的《小学低年级语文和数学教学要求的调整意见》中提出的小学低年级语文和数学教学要求的调整意见，为浙江省幼小衔接政策的制定提供了依据；其次，政策明确提出，小学要通过实施入学适应教育、营造充满童趣的环境、借鉴幼儿园的教育方式等途径减缓衔接坡度；最后，双向衔接的落实，需要转变小学教师的教育观念与教育行为，所以在编码中倡导小学作出调整的做法是最多的。总而言之，科学幼小衔接方面的各项政策非常突出小学在衔接工作中的重要作用和责任。

（三）更加注重建构生态系统

幼儿的成长环境是一个多因素相互交织影响的生态系统。在对48篇相关政策进行通篇阅读和系统编码后发现，当前科学幼小衔接更加注重生态系统。首先，地方政策的内容与中央颁布的内容高度一致的同时，部分地区会有意识地将《3—6岁儿童学习与发展指南》《幼儿园教育指导纲要（试行）》的要求与本地实际情况相结合，在内容上细化了地方科学幼小衔接政策的具体内容。其次，政策中提及的主体明显增多。具体来讲，2018年的中央政策主体中提到校外培训机构，2021年的政策中突出强调小学、教育科研和家长的主体作用，这与刘源和张志勇将"我国幼小衔接政策发展划分为以下三个时期，即幼儿园单向责任主体时期（1949—1988年）、幼儿园和小学双向责任主体时期（1989—2009年）和多元利益相关者责任主体时期（2010年至今）"相契合[1]。最后，在《指导意见》中着重强调整合多方教育资源，建立行政推动、教科研支持、幼儿园与小学协作、教育机构和家长共同参与的生态机制，以实现科学幼小衔接。根据布朗芬布伦纳的生态系统理论，最新的科学幼小衔接政策把教育行政部门、教育科研、小学、幼儿园、培训机构和家长都作为政策中指向的主体。

---

[1] 刘源，张志勇. 我国幼小衔接政策的历史演进与展望[J]. 教育科学，2021，37（1）：83-89.

四、建议

（一）要突出教育行政部门这一主体的指导功能

从上文内容可以看出，政策针对不同主体提出较多的是"监管""治理""要求"，而忽视了对科学幼小衔接工作的相关支持与服务。政策制定出来是用来执行的，而政策执行的效果往往取决于政策工具的使用[①]，政策工具是政府赖以推行政策的手段，是政府在部署和贯彻政策时拥有的实际手段。[②]政策工具可以分为权威工具、激励工具和能力建设工具。权威工具主要是指政府采取强制性手段，使目标群体配合、服从，使用这一工具的手段包括强制举措、监管治理、执法督导等。激励工具指的是政府给目标群体一定的激励或奖励来引导目标群体遵从政策，这一工具包括经费支持、典型宣传推广、经验共享等。能力建设工具指的是，政府以政策为媒介进行持续性的帮扶和推动，包括专项培训、教研联动、教育共建、课程衔接和环境创设。

从48份文件的内容来看，政府使用的最主要的政策工具是权威工具，而能力建设工具的使用较为缺乏。政府应该站在专业的角度去思考，如何建立幼小衔接机制、指导幼小联合教研、建立家园校共育机制、指导建构幼小衔接课程等。各地区可以相互学习、取长补短。比如，辽宁省强调科研引领，以课题为抓手，组织带动实验区、实验校工作的开展。浙江省温州市通过建立研训联盟、召开幼小衔接工作推进会，借助高校工作者的专业力量，指导各实验区开展幼小衔接工作。

（二）幼小衔接质量评估系统需要完善

中央和各地政策主要从指导思想、重点任务、主要举措、进度安排、组织实施等几个方面做出了规定。但是，幼小衔接工作到底做得如何，需要评估来说话。教育政策评估是保证教育政策有效实施并实现教育政策目标的关键环节。[③]因此，除了政策的实施之外，质量评估也是很重要的一环，质量评估可以促进幼小衔接工作的顺利开展。通过编码可以看出，教育部提出，一定要建立幼小衔接保育教育质量监测评估机制，但是政策中并没有提出具体评估哪些方面，如对谁进行评

[①] 吕志奎. 公共政策工具的选择：政策执行研究的新视角[J]. 太平洋学报，2006（5）：7-16.
[②] 迈克尔·豪利特，M. 拉米什. 公共政策研究：政策循环与政策子系统[M]. 庞诗，等译. 北京：生活·读书·新知三联书店，2006.
[③] 彭虹斌，李吟霁. 美国教育政策评估二十年的发展与回顾：基于美国《教育政策》2000—2020 年载文分析[J]. 外国教育研究，2021，48（12）：3-19.

估、如何评估。比如，幼儿园和小学要分别设置入学准备课程和入学适应课程，那么到底高质量的幼小衔接课程具备哪些特点，课程目标、课程内容、课程实施方面应该达到什么标准呢？再如，政策提倡建立完善家园校共育机制，那么怎样的家园校协同沟通机制是有效的、怎样的家园校活动是有效的呢？而这些方面的评估主体应该是谁，评估的方式有哪些？这些方面都需要进一步建立系统有效的评估机制，给实践者明确的方向引领。

第二节　落地行动：各地幼小衔接的实际行动

2021年3月，国家正式出台《指导意见》，这是我国教育部首次以正式文件的形式提出将幼儿园和小学阶段相结合，以实现幼儿园与小学之间的双向衔接，建立起系统的幼小协同合作机制，就幼小衔接问题提出科学指导意见与实施要求。《关于开展幼儿园"小学化"专项治理工作的通知》《指导意见》发布后，各地纷纷响应，自主探究政策落实路径。本节旨在梳理各省（自治区、直辖市）自政策发布之日至今在幼小衔接工作中的实际举措与做法，结合政策执行理论与生态系统理论对各地的具体举措进行分析，寻找具有推广价值或借鉴意义的举措，为全国各地持续推进落实科学幼小衔接提供依据。

一、研究过程

我们首先以"幼小衔接"为关键词到各省（自治区、直辖市）教育厅（局）网站上搜索各地的政府通告、新闻报道等，导入到NVivo11软件；然后仔细阅读，对文本进行标注和编码，形成子节点，进一步对父子节点进行分析，了解各省（自治区、直辖市）在落实《指导意见》的情况和幼小衔接措施的实施现状。

通过线上方式查阅各省（自治区、直辖市）教育厅（局）网站收集各省（自治区、直辖市）"幼小衔接"相关文本资料（包括政府通告、新闻报道等），将搜集到的原始资料仔细筛选，剔除不适合的文本后（比如，有一些报道并未写清楚具体的内容和实施过程，无法编码），最终资料涵盖19个省（自治区、直辖市），具体文本共46篇。

二、研究结果

对幼小衔接相关原始资料进行三级编码后，共得到11个子节点，具体包括征集优秀案例、课程改革建设、多渠道宣传、帮扶工作、督查整治、家长联合活动、教师培训、设立试点、联合教研、双向交流10项举措，均为各地为落实政策、促进幼小衔接的具体做法，具体情况如表6-21所示。

表6-21 幼小衔接举措三级编码　　　　　　　　　　单位：个

一级编码	二级编码	三级编码	参考点
实际举措	征集优秀案例	幼小衔接活动方案征集	1
		幼小衔接征文比赛	2
	课程改革建设	幼儿园三年分阶段培养课程	1
		统一课程资源	2
		设置一年级适应期	3
		设置特色课程	6
	多渠道宣传	政务网专栏宣传	1
		专题宣传片	2
		公众号宣传	3
	帮扶工作	送教下乡	3
		资金补贴	4
	督查整治	小学招生管理	1
		群众监督	1
		"三常"管理法	1
		治理违规办学	4
	双向交流	建立双向交流模式	1
		小学参观交流	5
	教师培训	名师示范课	1
		专家讲座	3
		教师培训班	4
	设立试点	设立幼小衔接实验区	8
		设立试点园（校）	8
	联合教研	研训联盟	5
		联合教研活动	12
	家长联合活动	亲子工作坊	2
		调查问卷	2
		家长指导手册	4
		家园校共育	10

（一）征集优秀案例：以竞赛促科学幼小衔接

征集优秀案例的主要内容包括幼小衔接活动方案征集（1个）、幼小衔接征文比赛（2个）。比如，广东省开展幼小衔接活动方案征集比赛明确要求以《指导意见》《广东省推进幼儿园与小学科学衔接攻坚行动方案》为指导，需要体现出科学的教育理念、科学组织幼儿入学准备教育、科学组织一年级儿童入学适应教育；浙江省温州市2022年开展中小学（幼儿园）教师优秀教育教学论文评选活动，旨在促进教师及时总结教育教学经验和分享优秀成果，推进中小学课堂教与学方式变革和学科核心素养培育，提高教育教学质量。此措施是希望能够通过征集优秀幼小衔接案例，总结推广各地幼儿园教育改革的实践成果，强化示范引领作用，带动幼儿园提升幼小衔接活动组织水平，提升教师教育教学水平，提升保教质量，并通过建立逐年征集积累机制，建立省级幼儿园优秀案例库和方案资源库。

（二）课程改革建设：以入学准备为三年培养目标，统一课程，保证衔接质量

课程改革建设的主要内容包括幼儿园三年分阶段培养课程、统一课程资源、设置一年级适应期、设置特色课程。

江苏省泰州市的幼儿园实施以入学准备为目标的三年分阶段培养课程，积极与小学入学适应教育衔接，围绕儿童入学关键素质进行培养，把幼小衔接实施的时间跨度拉大，不再局限于大班过渡到小学的时间段，以循序渐进的方式提高幼儿入学适应的能力。

湖北省武汉市江汉区教育局和江西省赣州市兴国县则编制出地区统一使用的幼小衔接课程读本。例如，江汉区分学段编制了《我要上小学：幼儿园"幼小衔接"主题活动指导手册》《我上小学啦："幼小衔接"启程课程读本》，将入学准备教育和入学适应教育以课程体系的形式进行科学衔接，引导幼儿园、小学逐步形成完整的儿童理念，进而形成完整的教育理念。一年级适应期是以小学为主体，小学为刚升入一年级的幼儿所划分的过渡时期。例如，安徽省阜阳市将一年级上学期设置为入学适应期，适度调整作息安排，让学生由30分钟的课堂学习时间向40分钟逐步过渡，实施入学适应教育，侧重于身心、社会、生活三个方面，强化儿童的探究性、体验式学习，帮助学生适应从以游戏活动为主向课堂教学为主的转变。

在设置特色课程方面，有以幼儿园为主体创设的幼小衔接课程，如组织特色的军营体验活动，让孩子们在模拟的军营中生活，学会一些进入小学所需的生活技能，还有幼儿园与小学合作共同创设的幼小衔接特色课程。例如，福建省晋江

第三实验幼儿园、晋江第二实验小学共同建构了着眼于良好学习品质和关键素养培养的"方圆融合幼小衔接课程"[①]。江西省九江市湖滨幼儿园深化园本课程改革，构建"微成长"园本课程，将幼小衔接融入幼儿一日生活之中。

（三）多渠道宣传：聚焦线上宣传形式

多渠道宣传主要包括政务网专栏宣传、专题宣传片、公众号宣传（表6-22）。

表 6-22　多渠道宣传子节点参考点统计　　　　　　　　　　单位：个

多渠道宣传	参考点数	参考点举例
政务网专栏宣传	1	在湖南教育政务网开辟了"幼小衔接，我们在行动"专栏，对幼小衔接政策、典型案例、优秀视频和各地经验做法进行宣传
专题宣传片	2	通过莆田市电视台《壶兰教育》栏目"幼小衔接"专题宣传片，展示莆田市第二实验小学和莆田市荔城区第二实验幼儿园作为省级幼小衔接试点校（园）的实践经验
公众号宣传	3	通过"天津东丽教育"微信公众号开设幼小衔接教育访谈专栏，大力宣传东丽区公立、私立幼儿园幼小衔接工作成效，引导广大家长树立科学教育观念，消除过度知识储备焦虑，为广大幼儿身心健康发展营造良好的环境

幼小衔接的宣传方式多样，但由于线上宣传具有时效性长且覆盖率较广的特点，各地多选择线上宣传的形式来加强对幼小衔接的宣传。例如，湖南省教育政务网开辟了"幼小衔接，我们在行动"专栏，对幼小衔接政策、典型案例、优秀视频和各地经验做法进行宣传；河南省安阳市教育局则通过"安阳市教育局"微信公众号、新浪微博，开展了近3周的《我市知名幼儿园园长、小学校长谈"幼小衔接"》系列微视频宣传活动，组织本地知名幼儿园园长、小学校长，从家长关心的"幼小衔接，衔接什么""小学一年级怎么教，难不难"等话题开谈，帮助家长正确认识、科学应对幼小衔接，分析"小学化"倾向、超前教学等行为给孩子带来的危害，从而扭转部分家长的过度认识偏差，纠正提前学习小学课程的错误倾向；莆田市第二实验小学和莆田市荔城区第二实验幼儿园通过莆田市电视台《壶兰教育》栏目"幼小衔接"专题宣传片，宣传省级幼小衔接试点校（园）的实践经验。

（四）帮扶工作：名师、资金共帮扶

帮扶工作主要内容包括送教下乡、资金补贴，如表6-23所示。

---

① 本身为文件名，也可作为课程名，本书取后者。

表 6-23　帮扶工作子节点参考点统计　　　　　　　　单位：个

帮扶工作	参考点数	参考点举例
送教下乡	3	领衔人李丽玲老师带着工作室团队到南靖县和溪镇中心幼儿园举行送培送教活动。工作室成员、漳州市长泰区第四实验幼儿园园长林海英组织开展了彩墨画《春如线》的欣赏活动，为幼儿创造了一次从感受具象的自然美到理解抽象的作品美的机会……
资金补贴	4	为省级试点园下拨了 95 万元启动资金，支持园所开展试点工作

送教下乡的主要形式为名师工作室领导，主要活动包括讲授公开课、政策解读以及教师培训等。例如，在福建水头镇中心幼儿园举行的杨凯红学前教育名师工作室送教下乡活动中，工作室成员围绕《"双减"背景下的幼小衔接》组织专题讲座。市教师进修学校学前教研室老师则组织了大班主题区域活动：《我要上小学啦》，帮助班级创设了"我的小书包""我的作息时间""我的课余活动""我的好朋友""我心目中的小学"等活动区，帮助在幼小衔接方面较薄弱的乡镇幼儿园教师提升教学技能及意识。在资金补贴方面，河北省、湖南省、陕西省划拨资金，对教师培训以及试点园（校）进行补贴，以期扩大培训辐射面和加快试点园（校）建设。

（五）督查整治：多以强硬手段管理幼小衔接

督查整治的主要内容包括小学招生管理（1 个）、群众监督（1 个）、"三常"管理法（1 个）、治理违规办学（4 个）。

在督查整治方面，多为政府或教育部门依据出台的幼小衔接标准进行检查或由专门人员组成幼小衔接的专门组进行检查。例如，河北省督导部门将幼小衔接相关工作纳入教育督导范畴，严格落实挂牌责任督学制度，定期进行督导检查。

结合当前的"双减"政策，湖南省、浙江省等省份也开展了针对校外违规早教机构的督查整治活动，湖南省在 2022 年来共查处利用幼小衔接、思维训练、早教等名义违规开展学科类培训的机构 60 家，查处无证无照或证照不全机构 611 家，下达整改通知书 592 份，开出罚单 15 560 元，关停取缔 98 家培训机构，公布黑名单机构 211 家，拆除相关违规广告 555 块，湖南省政府教育督导办公室组建 3 个督导组对衡阳、岳阳、邵阳市的 9 个县（市、区）20 所幼儿园办园教学行为进行了实地抽查。[①]河南省则向社会公布幼儿园"'去小学化'十不准"监督电话、信箱，接受全社会的监督。江苏省连云港市东海县成立幼小衔接工作督查组，结

---

① 中共湖南省委教育工作委员会，湖南省教育厅. 湖南多措并举推进幼小科学衔接[EB/OL]. 2022-09-16 [2024-09-20]. https://jyt.hunan.gov.cn/jyt/sjyt/xxgk/jykx/jykx_1/202209/t20220926_1078985.html#.

合"双减"工作、课后服务工作，通过"飞行检查"、专项检查等形式开展督导检查，检查发现问题立行立改，发现亮点宣传表扬。

（六）双向交流：小学生活体验促幼小衔接

双向交流具体包括建立双向交流模式（1个）、小学参观交流（5个）。

幼儿园孩子"去小学"进行实地参观这一措施被提到的最多，如四川省的聚贤幼儿园的大班幼儿在幼儿园老师和小学老师的共同引领下，参观聚贤小学优美的校园环境和整洁的学生宿舍、食堂，观摩小学生升旗仪式，零距离感受了各功能室的神秘，让小学低年级学生牵手大班孩子，体验高效课堂下的合作探究式学习方法，提前感受小学教育教学特点与模式，促使大班孩子对小学生活充满好奇与期待。在双向交流模式方面的探讨中，山东省济南市市中区将以往的"单一衔接"转变为"多样衔接"，探索出三种不同类型的共同体模式，并因地制宜、逐步推广。一是"同一校园"模式。纬二路幼儿园和纬二路小学同处一个校园，全面消除空间壁垒，让幼儿常年浸润在小学校园内，降低了陌生感、提高了熟识度；二是"一墙之隔"模式。山东省第二实验幼儿园和育秀小学仅有一墙之隔，打通院墙，开辟"时光之门"，建立"联学机制"，常态化开展"隔壁院子"主题系列活动，使幼小衔接路径更加畅通；三是"片区就近"模式。经五路幼儿园和经五路小学既非同一校园，又非一墙之隔，但同属一个招生片区。园校共同体通过联合教研、联合授课等方式，共享教育教学资源，提高教师观察识别儿童发展潜力的能力，帮助幼儿了解幼儿园和小学不同的教学内容、教育方法、组织形式。

（七）教师培训：通过教师培训提高园所幼小衔接能力

教师培训的主要内容包括名师示范课、专家讲座、教师培训班（表6-24）。

表6-24 教师培训子节点参考点统计　　　　　　　单位：个

教师培训	参考点数	参考点举例
名师示范课	1	课后研讨中，在场园长、教师积极踊跃发言，充分表达自己的想法，相互取长补短，反思成长。大家一致认为，两节示范课均形式多样，内容"有料"，真正实现了教师在教学中成长，达到了教者有所得、学者有所学、听者有所悟的活动效果
专家讲座	3	石家庄幼儿师范高等专科学校、抚州幼儿师范高等专科学校联合组织2022"幼小衔接 我们在行动"线上公益讲堂。6位国内外学前教育知名专家应邀出席并做专题学术报告
教师培训班	4	长沙市幼小衔接专题幼儿园骨干教师培训班在长沙幼儿师范高等专科学校举行，50位长沙市各级试点园的骨干教师参加此次培训。本次培训为期3天，邀请到省内外高校教授、教研员、园长、校长，从不同视角由理论到实践全面解读幼小科学衔接

利用示范课、讲座、培训班多种途径对教师进行指导培训，是提升幼小衔接质量最直接的方式。例如，石家庄幼儿师范高等专科学校、抚州幼儿师范高等专科学校联合组织2022"幼小衔接 我们在行动"线上公益讲堂。

在教师培训班方面，湖南省长沙市开设了幼小衔接专题幼儿园骨干教师培训班，邀请到省内外高校教授、教研员、园长、校长，从不同视角由理论到实践全面解读幼小科学衔接。浙江省、河南省、贵州省也在积极开设相应的教师培训班。

（八）设立试点：依照《指导意见》有序进行

设立试点包括设立幼小衔接实验区（8个）、设立试点园（校）（8个）。《指导意见》明确要求，各省（自治区、直辖市）要以县（区）为单位确立一批幼小衔接实验区，遴选确定一批试点小学和幼儿园，先行试点，分层推进。从所收集到的文本材料来看，各地均在落实《指导意见》中的要求，有序选择、设立幼小衔接实验区以及相对应的试点园（校）。例如，山东省济南市市中区根据文件要求，考虑地理位置、招生划片、园校实力等因素，将全区194所幼儿园和69所小学划分为N个幼小衔接实验区，将先行先试的经验逐步推广至各片区，逐渐实现全区幼儿园、小学全覆盖。再如，浙江省要求每个市推荐设立一个省级幼小衔接试点区，有些市还自发设立了市级和区级的试点区（比如温州），在每年两次的幼小衔接推进会上，手拉手的试点园（校）要展示自己学校的衔接改革落实成果，对于试点单位来说，是一个自我督促的过程，对于其他园校来说，是一个模仿学习的过程。

（九）联合教研：改变单向衔接，实现双向衔接

联合教研主要包括研训联盟、联合教研活动（表6-25）。

表6-25 联合教研子节点参考点统计　　　　　　　　　　单位：个

联合教研	参考点数	参考点举例
研训联盟	5	浙江省温州市各县（市、区）成立由1名学前教研员和1名小学教研员共同负责的联合教研小组，专门负责区域内幼小衔接教研工作。成立由1名学前师训员和1名小学师训员共同负责的联合师训小组，通过常规培训、专题培训等，提升教师实施幼小衔接的专业能力。通过建立"1+1"研训联盟机制，从师资力量上支持教师减缓幼小衔接坡度
联合教研活动	12	乐平市幼儿园积极和小学展开对话，就幼小科学衔接举办了《幼小共话衔接，结对助力成长》的联合交流座谈会。围绕孩子生活习惯、劳动技能、学习习惯、注意力养成、"双减"下幼儿园与小学教学模式等维度展开交流，切切实实地把衔接的"陡坡"变成"缓坡"，"高速"变成"续速"。同时高质量开展一系列有效衔接活动，带领孩子们踏上了小学的探秘之旅，激发孩子对小学生活的美好憧憬与向往

通过收集到的材料可以发现，各地在《指导意见》的引导下，积极开展联合教研活动以及组建当地的研训联盟。浙江省温州市各县（市、区）成立由 1 名学前教研员和 1 名小学教研员共同负责的联合教研小组，专门负责区域内幼小衔接教研工作。成立由 1 名学前师训员和 1 名小学师训员共同负责的联合师训小组，通过常规培训、专题培训等，提升教师实施幼小衔接的专业能力，通过建立 "1+1" 研训联盟机制，从师资力量上支持教师减缓幼小衔接坡度。天津市则成立了由教研员、幼儿园园长和骨干教师、小学校长和骨干教师组成的联合研究团队，积极开展幼小衔接工作。通过课题研究，力图找准幼小衔接的契合点，把工作落到实处，真正实现小学入学阶段零起点教学，保护每一个孩子的学习兴趣，创造适于孩子学习发展的教育环境。

在联合教研活动方面，福建省儿童保育院与福州市鼓楼区实验小学开展联合教研活动，鼓楼实验小学语文、数学两位老师将一年级上册的《比尾巴》和《认识图形》两个内容做了调整，带到了幼儿园；在湖北省武汉市青山区教育局教科研中心教研室的指导下，区属小学一年级语文教师、区属幼儿园教师联合承办《你好汉字：关于"汉字学习"的幼小联合教研》活动，通过课堂互动、经验交流、思维拓展、策略梳理等方式，为教师们后续实施"汉字学习"提供更多有效的方法和途径，为幼儿园、小学有效而科学地衔接提供共商共议、共同促进的平台。

（十）家长联合活动：提高幼小衔接质量的重点

家长联合活动主要包括家长工作坊、联动调查、家长指导手册。具体内容如表 6-26 所示。

表 6-26　家长联合活动子节点参考点统计　　　　　　　　　单位：个

家长联合活动	参考点数	参考点举例
家长工作坊	16	引导家长转变"重知识、轻能力、提前学"等观念，指导家长做好幼儿小学入学前准备工作。宝山区心理和家庭教育德育中心还特别开设了幼小衔接适应性团辅亲子工作坊，通过专家讲座和亲子互动游戏的方式，引导家长做好入学前的心理准备。工作坊里，陆女士和孩子一起在心理教师的指导下通过"撕贴画"的方式描绘心中美好校园的场景
联动调查	2	福州台江第三实验幼儿园充分发挥集团化办学优势，开展家长调研。在调研中，老师们发现孩子们存在任务意识不强、时间观念薄弱、物品保管能力较弱、新环境中不懂交友等突出问题，通过与小学老师开展联合教研，交流幼儿园与小学在教育方式、课程内容、作息时间等方面的不同，确定重点衔接内容与活动
家长指导手册	4	镇江扬中市教育局组织全市小学骨干力量精心编制《欢迎来到一年级：幼小衔接暑期家庭教育指导手册》，小学主动上前"接一站"，形成幼升小暑期"无缝对接"的科学衔接的教育生态

在家长工作坊方面，温州市与温州城市大学成立了幼小衔接家长工作坊，未来将举办家园校联动公益活动，及时宣传国家和地方的有关政策，实现家园校携手共育。安阳市教育局发布的一篇篇用语亲切、通俗易懂的科普文章，将自己"化身"家长，设身处地为幼儿、家长考虑，引导家长转变观念、摒弃"小学化"，科学做好入学准备；上海市宝山区心理和家庭教育德育中心还特别开设了幼小衔接适应性团辅亲子工作坊，引导家长做好入学前的心理准备。

在联动调查方面，江西省向家长发放调查问卷，了解家长的困惑及建议。各省（自治区、直辖市）也发布了各类家长指导手册，山东省济南市市中区则发布《幼小衔接 70 问》《零起点入学指导手册（家长篇）》等家园共育系列指导手册，引导家长转变角色观念，积极开展幼小衔接家庭教育；湖南省长沙市发布《幼小衔接家长操作手册》；江苏省镇江扬中市教育局则组织全市小学骨干力量精心编制《欢迎来到一年级：幼小衔接暑期家庭教育指导手册》。

三、讨论与分析

（一）利用多种政策工具，政策落实切实推进

政策执行理论在内涵上有广义与狭义之分。广义上，政策执行是指在一个议案成为一项政策之后的一系列过程；狭义上，政策执行是指政策目标得以落实的具体过程，包括政府通过计划、宣传、组织、实施、协调、监督等环节，将政策作用于政策执行者以及政策执行者对于政策的执行或反抗。在此基础之上，政策执行理论可分为政策执行行动论与政策执行组织论。[①]

政策执行行动论是由其代表人物琼斯提出的，该理论重视政策执行的执行力，认为政策执行过程中最重要的三个环节是宣传、组织和实施。一项政策的有效执行，需要通过宣传使大众接受与理解、通过执行机构拟定执行办法、通过执行主体正确执行行动；政策执行组织论的主要代表人物为佛瑞斯特，该理论则强调组织机构在政策执行中的作用，政策规划者、执行机构以及机构人员对于事件的预判能力、舆情能力与应对能力在政策执行过程中起重要作用。[②]

而幼小衔接政策旨在助力儿童顺利适应小学教育生活，从而为儿童后继学习和终身发展奠定坚实基础。幼小衔接政策的执行有赖于政策执行主体对于政策目标的正确理解与落实并依赖其强大的执行力。通过上文，我们可以发现，在落实

[①] 赵琪. 上海市松江区"零起点"教育政策执行研究[D]. 上海：华东政法大学，2018.
[②] 赵琪. 上海市松江区"零起点"教育政策执行研究[D]. 上海：华东政法大学，2018.

《指导意见》及实施幼小衔接的各类措施中，涉及计划、宣传、组织、实施、协调、监督等政策执行环节。在计划方面，各地制订了当地的实施方案；通过公众号、微视频等多个渠道进行宣传；开展对幼儿园、小学、校外机构的督查整治；组织开展联合教研，并开设教师培训班、建立研训联盟；协调家园校共育工作，开展家长联合活动。各环节循序渐进地推动落实幼小衔接工作。由此可见，各地在《关于开展幼儿园"小学化"专项治理工作的通知》与《指导意见》发布之后，纷纷采取各种措施，多方通力合作执行政策，执行过程中运用多种政策工具协助政策目标更好地实现。

但是，政策执行落地过程中，值得我们注意的是，大多数地区使用的是监督、治理等手段。专项督查整改的具体措施主要集中在检查和处分上，是一种从上至下、手段强硬的监督方式，此类监督方式，在短期内可能有一定效果，但由于其具有强烈的结果导向性，从而出现政策执行主体不能正确理解政策目标等情况，因此可能会存在政策执行主体对于政策的理解表面化、政策执行敷衍等问题，于是无法科学、有效地执行政策。

（二）各项举措注重"生态系统性"

从生态学视角出发，各地幼小衔接举措涉及多元利益主体视角，较为全面地涵盖了幼儿发展的环境系统。

1. 重视家长在幼小衔接过程中的作用

在幼小衔接过程中，家庭、幼儿园、小学都是幼小衔接过程中实施教育的主体，三者的关系应该是相互尊重、相互协商、相互平等的。家长作为对幼儿发展产生直接影响的微观系统之一，需要建立科学的家园校合作机制以促进幼小衔接的顺利进行。同时，家长作为幼小衔接工作的发起者、支持者与合作者，各地都非常重视在家长之间进行幼小衔接的宣传与教育。在多渠道宣传方面，宣传的对象主要为家长，向家长宣传本地的幼小衔接成果、幼小衔接的重要性以及幼小衔接的相关知识，以期获得家长的支持。2022年1月1日，我国正式实施《中华人民共和国家庭教育促进法》，其中规定"中小学校、幼儿园应当将家庭教育指导服务纳入工作计划，作为教师业务培训的内容。中小学校、幼儿园可以采取建立家长学校等方式，针对不同年龄段未成年人的特点，定期组织公益性家庭教育指导服务和实践活动"。这一规定明确了我国的家庭、学校、社会要紧密结合实施协同教育。各地积极响应，纷纷开设"家长课堂""家长成长学院""家长沙龙"，定期开展线上线下培训、亲子活动等，开发面向不同年龄段家长的"家庭教育课程"，并依托新媒体平台定期推送。

2. 单向衔接逐渐转向双向衔接

除家长与幼儿园之外，与幼儿发展密切相关的微观系统也包括小学，自 2021 年 3 月教育部出台《指导意见》后，与幼小双向衔接相关的政策密集发布，小学阶段对幼小衔接的重视程度不断提高，不再局限于幼儿园单方面向小学靠拢。幼小衔接逐渐从以往的单向衔接转向双向衔接，具有双向协同特征的幼小衔接工作进入快速推进时期。比如，上文提及的江西省、湖北省等则设立小学适应期，小学主动向幼儿园回望，设置"缓坡度"，以学定教，让幼儿自然顺利地适应小学生活；晋江第三实验幼儿园和晋江第二实验小学共同建构了着眼于良好学习品质和关键素养培养的"方圆融合幼小衔接课程"。联合教研活动的开展，进一步加强了幼儿园和小学之间的交流，互相了解衔接工作中存在的盲点，共同审议入学准备期与入学适应期的课程安排，积极探索适宜的衔接思路与方法。

可见，各地教育部门逐渐开始注重与幼儿相关的各个微观系统，增强小学在幼小衔接过程的主动性，从幼儿园向小学靠拢的单向衔接转向幼儿园与小学的双向衔接，同样突出体现了各地教育部门对于生态系统性的理解。

3. 多渠道形成教育合力

除了关注与幼儿相关的各个微观系统之外，各类举措同样注重各个微观系统之间的联系与合作，主要体现在各地在幼小衔接过程中形成的教育合力。不同微观系统相互作用的次数越多，且沟通越有效，所形成的教育观念越一致时，对儿童的发展越有益。本节中，笔者在对资料进行分析之后发现，在幼小衔接措施中，联合教研和家长联合活动的占比分别达到了 17.2% 和 18.3%，双向交流达到 8.0%，幼儿园、小学与家庭之间正在开展积极有效的沟通，以促进幼小衔接的顺利开展。

除此之外，随着互联网与媒体技术的发展，当今时代信息交流的渠道呈现百花齐放的局面。在这一进程之中，各地积极把握信息时代发展的特性，同多方一起借助线上平台与媒体形成教育合力。在教师培训举措中，除了传统的线下课程与培训，一些地区借助线上平台与媒体，采用线上或自媒体链接推送的形式进行教师培训，形式新颖；家长联合活动举措中，也出现了建立线上家长服务平台的形式，以帮助家长了解"小学化"的危害并提供一定的育儿指导。

综上所述，各地在促进幼小衔接的过程中，能够在关注各个微观系统的同时，注重各微观系统之间的合作，体现了各项举措对于生态系统性的关注。

（三）以儿童为本，建构游戏化课程

幼小衔接中出现的问题不仅仅来源于幼儿园与小学这两个学段本身，同时也与课程改革中存在的顽疾息息相关，因此从课程改革与教学的角度着手构建幼小衔接的路径不仅有其必要性，也正在成为一种国际化趋势。[①]而幼儿的身心发展都有其阶段性，以及具有自身的规律，因此幼小衔接阶段的课程衔接应从幼儿身心发展规律出发，保持课程的连续性、教学的连贯性。[②]我们通过上文可以发现，现有各省（自治区、直辖市）有关幼小衔接的举措中都关注到了课程改革，并尝试从幼儿出发、以儿童为本进行游戏化课程的建构。

《3—6岁儿童学习与发展指南》中指出，游戏是幼儿学习的主要方式。在"小学化"治理过程中，各地逐步加深对于幼儿身心发展规律与学习方式的认识，逐渐认识到游戏对于幼儿学习的重要性，从而以游戏化课程为突破口，构建本土化、系统化的游戏课程，突破幼儿园"小学化"治理瓶颈。从上文可以看出，各地都在规范办园的基础上全面实施课程游戏化建设，坚决杜绝幼儿园"小学化"现象。

游戏化课程作为突破"小学化"治理瓶颈的重要路径，主要原因包括：首先，它适应幼儿发展规律、规范了幼儿园教学方式，幼儿园"小学化"现象中存在幼儿园教学方式"小学化"、模仿小学课堂模式、违反幼儿学习规律的问题；而游戏化课程以游戏的形式开展教学活动，能够让幼儿在自主、轻松、积极的环境中进行有效的学习，激发幼儿对于知识探索的兴趣与欲望。其次，其教学内容贴近生活，幼儿园"小学化"现象中最突出的便是过于抽象、不恰当的教学内容，此类的教学内容既不符合幼儿的认知规律，也容易导致幼儿产生学习焦虑甚至厌恶情绪，是科学、循序渐进地为幼儿做好学前准备的巨大障碍。在游戏化课程实施过程中，幼儿园结合地区实际改造园所环境与改进课程内容，使得教学内容贴近幼儿生活，能够激发幼儿对知识、对环境进行探索的兴趣与欲望。

（四）帮扶措施体现教育共富理念

2021年，《中共中央 国务院关于全面推进乡村振兴加快农业农村现代化的意见》提出"支持建设城乡学校共同体"，将教共体建设上升为国家行动。教共体不仅是支援校与受援校结对形成的办学共同体，以强带弱、共同发展，提升城乡义务教育优质均衡水平的学校发展模式，还是教育领域"先富带后富"的生动

---

① 徐晨盈，胡惠闵. 幼小衔接：从课程与教学入手[J]. 全球教育展望，2022，51（7）：34-44.
② 赵艳杰，吕晓. 幼小课程衔接的理论基础[J]. 学前教育研究，2008（2）：57-60.

实践。[1]如前文提及的很多地区通过结对指导的方式，主要包括以老带新、优质园帮扶薄弱园，在园所经验交流的过程中提升教师发展水平与规范园所办园质量。还有一些地区通过名师工作室送教下乡活动，帮助在幼小衔接方面较薄弱的乡镇幼儿园教师提升教学技能及意识。

习近平总书记多次强调"抓好教育是扶贫开发的根本大计"[2]，并逐渐形成了一系列关于教育扶贫的重要论述。[3]不论是美国的"开端计划"还是我国教育扶贫的实践，均在一定程度上佐证了"教育能够阻断贫困代际传递"这一命题。[4]幼小衔接过程中的教育帮扶、教育共富工作即通过资源输送、新老帮扶等途径共享教育资源，从而提高幼儿教育质量以及转变教师和家长的教育理念，促进幼儿的全面发展，为阻断贫困代际传递奠定基础。因此，教共体建设与教育共富思想的实践在短期内能够使得教育质量与环境得到直观改善，而从长远来看，是实现教育公平、乡村振兴的重要一步。

四、展望与建议

（一）双向衔接机制需进一步探索

机制，是指各要素的结构关系和运行方式。[5]双向衔接机制是引导和促进双向衔接的内在机能及其运行方式。在机制构建过程中，有诸多因素需要考量和设计，其中的目标机制、内容机制和协同机制是重中之重。[6]

由前文可知，各地在构建双向衔接机制的过程中都建立了明确的目标机制，但在内容与协同两大机制的落实方面则较为欠缺。双向衔接的内容较为单一化，儿童以幼儿园参观小学的活动为主，教师以同课异构为主。这些活动一定程度上推动了幼小衔接，但是目前这些活动较为随意和零散，缺乏对身心、生活、社会、学习方面衔接内容及其关系的深入思考，参观小学浅层次地指向儿童的身心准备，同课异构大部分也仅局限于儿童的学习准备。在协同机制方面，工作开展得不够

---

[1] 刘佳. 以教共体建设推进共同富裕[N]. 浙江教育报, 2022-04-22（05）.
[2] 以人为本，全力以赴，助力洱源县基础教育事业发展：上海交通大学定点帮扶洱源县工作汇报[EB/OL].（2018-10-17）[2024-04-16].http://www.moe.gov.cn/jyb_xwfb/xw_zt/moe_357/jyzt_2018n/2018_zt20/fpr_zsgx/201810/t20181017_351797.html.
[3] 王学男, 吴霓. 教育是阻断贫困代际传递的治本之策：习近平总书记关于教育的重要论述学习研究之二[J]. 教育研究, 2022, 43（2）: 4-12.
[4] 谢治菊. 教育五层级阻断贫困代际传递：理论建构、中国实践与政策设计[J]. 湖南师范大学教育科学学报, 2020, 19（1）: 91-102.
[5] 闫佳伟. 中学立德树人落实机制研究：以F中学为个案[D]. 长春: 东北师范大学, 2021.
[6] 闫佳伟. 中学立德树人落实机制研究：以F中学为个案[D]. 长春: 东北师范大学, 2021.

深入，比如小学和幼儿园的联合教研，基本上还停留在同课异构的层面，较少实行顶岗、情景模拟、工作坊等协同教研模式。

在内容方面，应该认真梳理身心、生活、社会和学习四个方面的准备（适应）的具体内容、四者之间的关系，明晰哪些方面的内容是实现科学幼小衔接的关键点，只有这样才好对症下药。比如，有研究指出幼儿社会入学准备作为一种非认知方面的准备，不仅能够预测儿童入学后的问题行为，[①]并且与其学业成绩呈显著关系。[②]还有研究指出，儿童的心理健康是入学准备的重要方面，我们必须注意缓解儿童的心理压力，减缓衔接的坡度。[③]还有人指出，儿童的自我管理能力是影响顺利衔接的重要因素，自我控制能力较强的学前儿童在一年级课堂中的问题行为发生得较少，同时数学学业水平也较高。[④]所以，我们在推进落实《指导意见》的时候，内容层面不应该仅仅局限于参观小学指向的身心准备和同课异构指向的学习准备。另外，每个活动指向的入学准备层面应该再做细致划分。比如，同课异构指向儿童的学习准备，可以是某些知识经验的准备，也可以是好奇、探究、思辨等某个学习品质的准备，不管怎样，都应该明确清晰。

在协同方面，《指导意见》中指出，要"改变衔接意识薄弱，小学和幼儿园教育分离的状况，建立幼小协同合作机制"，要求各地"健全联合教研制度，加强业务指导，及时研究解决教师在幼小衔接实践中的困惑问题"。所以教育行政部门应该思考：有哪些促进幼小联合的制度和措施？如何最大限度地发挥试点园校的作用？幼小联合教研的形式除了同课异构，还可以有哪些？有研究指出，深入实践、有针对性的具体教研形式更加有效。[⑤]那么各地的教研员和师训员，如何跟进式地深入幼儿园和小学的教育现场，抓住目前阻碍科学幼小衔接的关键要素，与小学和幼儿园教师共同深入探讨，寻找改进策略就变得非常关键。与单纯的同课异构相比，这种方式让一线教师感觉到教研员和师训员是跟自己一起战斗的战友，而不是监督自己的"官员"。另外，对问题的探讨应更加深入，以提高教师

[①] Hunter L J, Bierman K L, Hall C M. Assessing noncognitive aspects of school readiness: The predictive validity of brief teacher rating scales of social-emotional competence and approaches to learning[J]. Early Education and Development, 2018, 29(8): 1081-1094.

[②] Davies S, Janus M, Duku E, et al. Using the early development instrument to examine cognitive and non-cognitive school readiness and elementary student achievement[J]. Early Childhood Research Quarterly, 2016, 35: 63-75.

[③] 郭宗莉. 减缓幼儿心理坡度 科学实现幼小衔接[J]. 思想理论教育，2013（18）：70-72.

[④] Brock L L, Rimm-Kaufman S E, Nathanson L, et al. The contributions of 'hot' and 'cool' executive function to children's academic achievement, learning-related behaviors, and engagement in kindergarten[J]. Early Childhood Research Quarterly, 2009, 24(3): 337-349.

[⑤] 刘裕权，林伟. 国内外中小学教研组活动有效性研究文献综述[J]. 成都师范学院学报，2010，26（10）：103-105.

参与教研活动的积极性，提高教研质量。[1]另外，工作坊越来越受到教师的欢迎，因为它鼓励参与、创新以找出解决对策。[2]那么在幼小教师联合教研方面可以应用此种形式，工作坊的主题可以来自教研员的倡议，也可以是一线教师头脑风暴的结果。大家围绕一些热点问题，共同探讨，寻找解决的方案。最后，当今时代背景下，我们还要思考如何运用好信息技术。小学教师和幼儿园教师分别在不同的工作单位，时空上的错位导致协同的困难，那么信息技术的灵活性在一定程度上能解决这一问题。因此，应利用相关平台提供培训资料，一线老师观看学习之后，可以留言、讨论、完成作业，专家、教研员可以有针对性的反馈。

（二）评价体系需要进一步加强

各地在去"小学化"和落实幼小衔接工作的过程中，以政府督查为把握质量的主要途径，而当下世界各国愈发关注学前教育质量，并纷纷建立科学的学前教育质量评价体系。[3]幼小衔接的质量到底如何，需要评价体系来监控，所以建立并进一步完善幼小衔接评价体系是大势所趋。

幼小衔接评价体系的建立对强化政府对教育质量的重视和监管无疑起到重要作用。评价体系能使我们清楚地了解各地幼小衔接实施的现状以及它与发展目标之间的距离。这将为寻找有效的应对策略提供重要依据，从而有利于逐步减小地区、城乡间教育质量的差距，也有利于政府更为公平、透明地分配教育资源。同时，幼小衔接评价体系能够对各地不同学前教育机构的运行和教师的教育行为起到一种强有力的引领和规范作用。[4]

首先，评价指标的引导性。《幼儿园教育指导纲要（试行）》中明确指出了"幼儿园的教育内容是全面的、启蒙性的，可以相对划分为健康、语言、社会、科学、艺术等五个领域，也可作其他不同的划分。各领域的内容相互渗透，从不同的角度促进幼儿情感、态度、能力、知识、技能等方面的发展"。正是基于《指南》的要求，幼小衔接的评价体系可能会涉及较多的指标数量。而过多的指标可能会造成评价负担，降低评价的质量。因此，评价指标如何设定，具体到什么程度都应该认真思考。

---

[1] Landry S H, Swank P R, Smith K E, et al. Enhancing early literacy skills for preschool children: Bringing a professional development model to scale[J]. Journal of Learning Disabilities, 2006, 39(4): 306-324.
[2] 葛桦. "实践教学工作坊"的设计与应用[J]. 教育理论与实践，2011，31（18）：45-47.
[3] 杨莉君，张娟，郭念舟. 基于过程性质量的幼儿园生活活动评价指标体系的构建[J]. 学前教育研究，2022（1）：10-21.
[4] 周欣. 建立全国性学前教育质量监测体系的意义与思路[J]. 学前教育研究，2012（1）：23-27.

其次，促进评价体系与社会发展实际结合。由于各地发展基础不同，不同的幼儿园和小学所设置的目标不同，在评价上就会出现一定的地区差异性与困难。一方面，注意评价指标与现实考核目标的结合，不可只停留在理论层面，而忽视与实际幼小衔接工作情况的紧密联系；另一方面，注重城乡地区的差异，适当调整对农村地区幼小衔接质量的要求。

最后，构建科学的评价工具。为了保证评价的公平性，评价工具应有较高的效度和信度。仅仅依赖于幼教机构的自我评价来对质量进行监测是不够客观的，所以这项工作应该充分发挥高校研究者的作用，评价过程应该包括建立科学的收集客观数据的方法。[1]

（三）家园校共育模式的深化探索

各地在家园校共育方面的措施，大多聚焦通过访谈、问卷、观察的形式收集家长在幼小衔接过程中存在的问题或是举办传统的专家讲座、开设家长观摩课等。有针对性的家长参与的干预项目较为欠缺。国外在家长参与幼小衔接方面的研究成果较为丰富，能在一定程度上促进国内家园校共育模式的深化。

一是重视家长的教养态度。家长温暖、敏感的教养态度能对幼儿的入学准备产生积极的影响，家长对孩子的过度控制则对幼儿的衔接产生消极影响。[2]Hoffman 等[3]开展的"过渡到学校的孩子"（the Kids in Transition to School，KITS）项目以及干预措施集合（combination of interventions）的研究[4]，结果均显示，家长在家庭教养方面的参与，能提高学前儿童的自我调节能力，使其形成良好的社会行为，促进学前儿童的入学适应。

二是设置专门的家长资源师来推动家园交流。在 Bierman 等的研究中，家长资源师对家长的育儿行为进行指导，可以帮助其实施有针对性的支持策略。实验结果显示，利用这种形式，家长能够学会使用家庭学习材料，激发了家长参与家

---

[1] Atksinson Centre for Society and Child Development[EB/OL]. （2011-08-18）[2024-05-17]. http://www.oise. utoronto. ca/atkinson.

[2] Joo Y S, Magnuson K, Duncan G J, et al. What works in early childhood education programs?: A meta-analysis of preschool enhancement programs[J]. Early Education and Development, 2020, 31(1): 1-26.

[3] Hoffman J A, Uretsky M C, Patterson L B, et al. Effects of a school readiness intervention on family engagement during the kindergarten transition[J]. Early Childhood Research Quarterly, 2020, 53: 86-96.

[4] Landry S H, Zucker T A, Montroy J J, et al. Replication of combined school readiness interventions for teachers and parents of head start pre-kindergarteners using remote delivery[J]. Early Childhood Research Quarterly, 2021, 56: 149-166.

庭学习活动的动机，从而为学前儿童提供了认知方面入学准备的支持[①]。

三是家长参与幼儿园决策。有的研究者以家长在决策中的发言权为切入点，促使家长参与儿童的入学准备。例如 KITS 项目，聚焦家长在学校政策和活动等方面的决策发言权，他们让家长讨论自己如何参与学校教育、家庭参与学校决策的重要性。在讨论和决策的过程中，家长便能够获得入学准备的相关信息。[②]

（四）加大信息技术在落实幼小衔接中运用的力度

在落实幼小衔接的过程中，国内各省份注意到了信息技术的优势，并予以利用，比如通过微信公众号来传递正确的教育理念、通过线上进行教师培训等。这些措施能在一定程度上促进幼小衔接的优化，信息技术具有竞争力强大、应用空间广袤、时效性强、覆盖范围大、发展潜力无限的特点，我们还可以通过以下方式更大限度地促进幼小衔接。

一是通过电脑、电视等播放幼小衔接相关的影视作品，以简单、愉快的方式缓解儿童的入学压力，如《爱冒险的朵拉》《查理与罗拉》等教育启蒙类动画片，帮助孩子养成好习惯、掌握启蒙生活常识，这一过程产生的影响是持续的、跨文化、跨国度的。[③]

二是搭建幼小衔接在线数据库。例如在美国北卡罗来纳州，教师可将记录儿童学习和发展证据的工作样本、照片、视频、录音、轶事记录等上传到教学策略有限责任公司开发的电子平台，该平台就是为了存储儿童入学准备情况的数据而建立的。[④]然后，平台会对证据进行解释，并解析出儿童的入学准备状况，教师则使用这些数据指导教学决策，满足儿童独特的学习需求。在线数据库可以帮助教师科学、有效地评估幼儿在幼小衔接时的状态。

三是进行线上教师培训。除利用钉钉、腾讯会议等平台实时开展教师培训活动外，相关小学、幼儿园可与高校结对创建线上教师培训课程，并将之投放到相关平台，方便教师随时进行线上学习。

---

① Bierman K L, Welsh J A, Heinrichs B S, et al. Helping head start parents promote their children's kindergarten adjustment: The research-based developmentally informed parent program[J]. Child Development, 2015, 86(6): 1877-1891.

② Hoffman J A, Uretsky M C, Patterson L B, et al. Effects of a school readiness intervention on family engagement during the kindergarten transition[J]. Early Childhood Research Quarterly, 2020, 53: 86-96.

③ Fisch S M, Truglio R T, Cole C F. The impact of sesame street on preschool children: A review and synthesis of 30 years' research[J]. Media Psychology, 1999, 1(2): 165-190.

④ 单文顶, 王小英. 美国学前班入学准备评估：逻辑动因、制度设计与效果审视[J]. 外国教育研究, 2021, 48(9): 83-97.

（五）关注城乡差异，促进科学幼小衔接均衡发展

已有研究发现，农村儿童在学习方式、认知发展和一般知识基础等方面明显落后于城市儿童[1]，而作为一个人口庞大的发展中国家，我国农村学前教育在园儿童占到全国学前教育在园儿童的62%。[2]当前，在农村幼儿园教育去"小学化"与落实科学幼小衔接实践中出现的问题主要表现为：经济相对落后导致专任教师不足；农村地区幼儿园与小学在教育衔接上失恰；检查组良莠不齐弱化农村幼儿园反思能力。[3]因此，应将目光转向农村地区，逐渐缩小城乡在去"小学化"与落实科学幼小衔接之间的差距。

首先，加强对农村幼儿园教师的培训。幼儿园教育去"小学化"，倡导科学保教，对幼儿园教师的专业水平有着较高的要求。教师培训活动，作为一种关键性要素，能通过传递相关知识、技能，对教师起着直接、自主的形塑作用。对于资金和资源都相对薄弱的农村幼儿园来说，培训活动需要政府买单和做出相对具体的规划。最好是以专项的形式发起，用固定的专项资金，邀请相关领域的专家、实践名师等有针对性地解决特定农村区域在科学幼小衔接方面所遇到的问题。

其次，加大对乡村幼儿园的资金投入。农村幼教事业发展经费较少，幼儿园的收入也不稳定，使得学前儿童较难获得一种良好的受教育环境。政府应积极采取措施发展农村幼教事业，创设一种有利于早期教育的准备环境，对稳定农村家庭与社会、建设新农村都有十分重要的意义。[4]教育质量的提升离不开教育投入，通过资金投入提升乡村幼儿园的办园质量，如活动场地、设施、教师培训等；增加财政支出，提高乡村幼儿教师的福利待遇，以保证农村幼儿园教师队伍稳定；较好的福利待遇也起到吸引优秀师资的作用，从而有利于提升教师队伍的整体实力，对提升乡村幼儿园课程的科学性起到重要作用。

最后，帮助农村幼儿园设置适宜的可行课程。教育部发布的《关于规范幼儿园保育教育工作防止和纠正"小学化"现象的通知》中指出"严禁教育行政部门推荐和组织征订各种幼儿教材和教辅材料"。"取消教材"政策的实行，

---

[1] "城乡儿童入学准备状况比较研究"课题组，盖笑松. 起点上的差距：城乡幼儿入学准备水平的对比研究[J]. 学前教育研究，2008（7）：22-25，33.
[2] 中华人民共和国教育部. 中国教育概况：2018年全国教育事业发展情况[EB/OL]. （2019-09-29）[2020-03-05]. http://www.moe.gov.cn/jyb_sjzl/s5990/201909/t20190929_401639.html.
[3] 曾丽橞. 乡村幼儿园教育去"小学化"实践研究：基于一所黔北地区乡村幼儿园的个案考察[D]. 重庆：西南大学，2020.
[4] 王丽娟. 中等发达地区农村儿童入学准备教育之研究[D]. 重庆：西南大学，2007.

鼓励幼儿园根据本园、本地区的实际和幼儿身心发展特点开发园本课程、开展教育教学活动。但这对幼儿园和教师的教学设计能力、课程开发能力提出了更高要求。因此，拥有较好师资、经济条件的城市幼儿园应帮助农村幼儿园创设系统、适宜的课程。比如，可针对农村幼儿园容易在数学领域和语言领域出现"小学化"的情况，开展教研活动，可带领农村幼儿园利用乡土资源，建构接近儿童生活经验的适宜性课程，还可带领农村幼儿园开发游戏化课程，避免说教式的"小学化"课程。

第七章 长焦：浙江幼小衔接的经验样本

第一节 幼儿园去"小学化"的基础：幼儿表现性评价项目介绍

当下，多个国家将早期儿童评价视为提高早期教育质量的有效手段之一，因为基于对儿童的准确评价，能够防止"小学化"教育，并进一步提高他们的教学质量、支持儿童的发展、与家长深度交流等。而随着"为学习的评价"的兴起，教育评价领域出现了新的"评价文化"，它强调评价任务或情境的真实性，注重学生在评价中的主体作用，要求评价能真正促进学生的学习。这种表现性评价能够将课程、教学、评价三者相整合，一致指向高阶复杂的学习目标，促进儿童核心素养的发展，还能够为教师观察、解读和支持幼儿提供有力抓手，因此笔者与温州市乐清市教育研究培训院合作一起开展了"幼儿表现性评价促进园所质量提升"的行动研究。

截至2024年，此项研究已经开展了近三年，我们基于儿童核心素养，结合12所幼儿园的实际情况和园本课程，开发了幼儿学习品质、问题解决能力、阅读素养、社会性发展、科学素养、生活素养六个幼儿核心素养发展里程碑工具，并基于这些工具，撰写了基于表现性评价目标、表现性评价任务和表现性评价工具的表现性评价案例；教师通过对幼儿实施表现性评价，强化了评价意识和评价能力，加深了对幼儿的认识，增强了运用评价数据开展园本课程审议和家园共育的能力。

一、研究设计

（一）研究小组

本研究采用行动研究的范式，研究小组由乐清市教育研究培训院、温州大学和12所幼儿表现性评价联盟园（以下简称"12所联盟园"）组成，一起实施指向幼儿核心素养的表现性评价，并尝试利用评价数据提升园本课程质量、促进教师专业发展和家园共育（表 7-1）。

表 7-1　行动小组成员及分工

单位	人员特点	擅长领域	分工
温州大学	教授、研究生	教育评价	进行研究项目设计、理论框架指导和教研指导；树立儿童发展里程碑
乐清市教育研究培训院	教研员	政策研究、教研开展	组织 12 所联盟园开展教研活动
12 所联盟园	园长	领导调研、实践探索	组织本园教师开展研究，参与幼儿表现性评价实践
	骨干教师	实践探索	参与幼儿表现性评价实践，梳理案例

（二）研究目标

本研究在梳理了幼儿表现性评价的价值和困境之后，对其进行突围和赋能，尝试建构利用表现性评价促进园所质量提升的理论框架，并在行动研究中验证这一框架的有效性，为其他园所开展类似的实践探索提供参照。

（三）研究内容及阶段重点

本研究遵循"实是—应是—能是"的思维路线展开研究。

研究一，实是研究：教师在评价儿童时，存在哪些困惑和问题？

通过问卷调查法、访谈法和内容分析法，了解教师平时在评价儿童的过程中存在的困惑和问题，并进行问题归因。

研究二，应是研究：哪种儿童评价，能够改进实践？

构建行动研究小组，由温州大学学前教育系专家团队、乐清市教育研究培训院幼教干部、12 所联盟园组成研究行动小组，一起探索幼儿表现性评价的方式。

研究三，能是研究：确立幼儿核心素养发展里程碑，尝试链接评价结果。

1. 行动研究初始阶段：关注实际需求，明确核心素养

实施表现性评价的首要任务是思考我们到底要评价儿童哪些方面，表现性评价注重评价儿童的认知思维和推理能力以及运用知识去解决真实、有意义的问题的能力等核心素养。本研究结合 12 所联盟园的园本课程，确立幼儿表现性评价的开展领域，最终确定六个研究小组，分别围绕社会性发展、科学素养、阅读素养、学习品质、生活素养和问题解决能力开展后续研究（表 7-2）。

表 7-2　聚焦六大核心素养，并结成小组

核心素养	小组
社会性发展	蒲岐镇幼儿园、虹桥镇仙垟幼儿园、城东街道云海幼儿园、翁垟幼儿园
科学素养	乐清市清江镇北港幼儿园、大荆镇第一幼儿园
阅读素养	南岳镇幼儿园、石帆幼儿园
学习品质	象东幼儿园
生活素养	乐清市柳市镇第三幼儿园、乐清市旭阳幼儿园
问题解决能力	虹桥妇联幼儿园

2. 行动研究主体阶段：建立评价体系，实施具体路径

第一，行动研究小组依据《3—6岁儿童学习与发展指南》、幼儿核心素养专业书籍和前沿研究，确立幼儿在这六个方面的发展里程碑，并将之作为表现性评价工具的来源，在一定程度上解决了一线教师评价随意、感性、不深入的问题，实现理论与实践的双向建构。第二，行动研究小组依据核心素养发展里程碑，设定表现性评价目标。表现性评价的目标一方面与课程标准一致，体现幼儿园课程的内容和理念；另一方面聚焦儿童的高阶思维，比如交流沟通、情绪调节、问题解决、学习品质等。第三，要在真实情景中执行表现性任务。一方面，表现性任务要尽可能呈现儿童发展水平，且具有公正性，即适合所有儿童而不是特定儿童；另一方面，表现性评价任务应该能支持学习目标的达成。第四，表现性评价工具清晰、具有可操作性、能够区分不同的表现水平，且要与评价目标一致。第五，行动研究小组开展实际评价，收集幼儿活动的素材，定期汇报幼儿表现性评价结果，并深入讨论评价案例，优化幼儿支持策略，并对表现性评价任务提出合理建议。

3. 行动研究提升阶段：检验理论框架，提升园所质量

通过多轮行动研究，一线教师探索实施表现性评价，基于儿童评价结果提炼个性化支持策略，调整和完善园本课程内容，深化家园合作，促进园所质量提升（图 7-1）。

二、研究成果

（一）成果一：研创了六大核心素养的评价工具

通过"内涵梳理—系统构架—多番调适"，研创了六大核心素养的评价工具，

使其成为教师评价儿童的抓手。

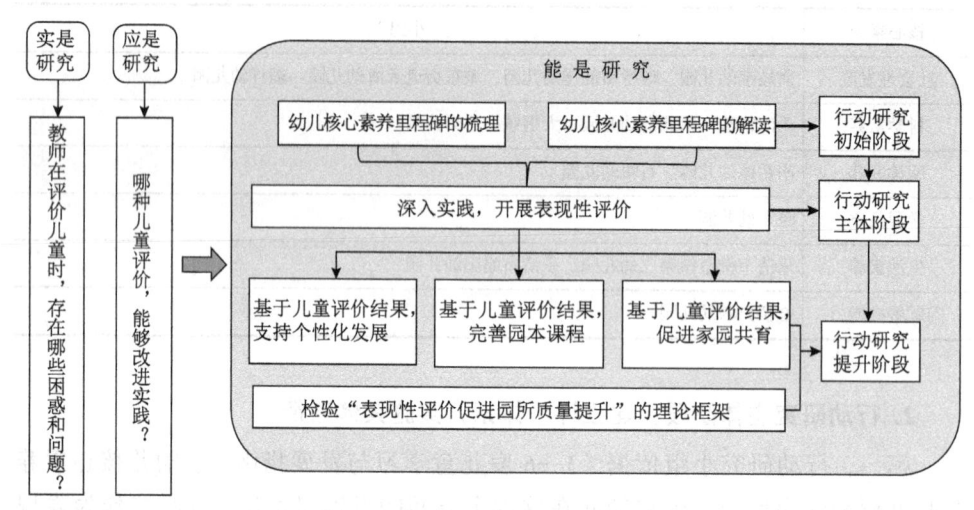

图 7-1　研究内容及阶段重点分解

1. 内涵梳理，明晰某个素养的结构维度

本研究结合了 12 所联盟园的园本课程，确立幼儿表现性评价的开展领域。比如，虹桥妇联幼儿园的园本课程非常注重幼儿的问题解决能力，所以他们主要聚焦评价幼儿的问题解决能力。因此，研究行动小组基于大量文献的梳理，最终确定问题解决的能力包括"面对问题的态度"、"处理问题的方式"和"问题解决的品质"三个方面，具体又包括积极性、求助、发现问题、问题理解、问题推理、问题表达、交流解决方案等方面。

2. 系统构架：形成评价工具雏形

在梳理六大核心素养内涵的基础上，依据《3—6 岁儿童学习与发展指南》、幼儿核心素养专业书籍和前沿研究，研究行动小组进一步确定幼儿在这六个方面的发展里程碑。首先，以核心素养的结构要素为维度，不同维度之间互相独立不交叉，并且均指向所评价的素养目标。其次，结合本园幼儿的年龄特点，在每个维度下划分不同的表现水平。最后，根据已有的实证研究、政策文件和专业书籍，将各水平的详细描述进行填充（表 7-3）。

3. 多番调适，确定评价工具最终版

核心素养评价工具的科学性和可操作性会影响评价的准确性以及后续评价数据的运用。因此，研究行动小组对评价工具进行了多番调适。实践工作者会在实际评价活动中去验证初版的评价工具，提出意见，行动研究小组共同讨论这些问题，对其进行打磨与调整，多次调整后形成最终版（表7-4）。

表7-3 幼儿学习品质评价工具雏形（部分）

学习品质的结构要素	水平1	水平3	水平5
主动性	不愿参加活动或者保持沉默；对活动无明确目标、无计划	愿意参加活动，能听研究者讲解要求后按照要求开始活动，没有特别的积极情绪；知道活动的目标，但没有明确的计划	非常愿意参加活动，如在研究者布置任务的时候就注视材料，或动手拿材料，或问一些有关活动的问题，开始后迅速兴奋地投入活动；知道活动目标，并且有明确计划
好奇心与兴趣	幼儿在任务情境中不提问或提出与任务无关的问题，不参与其他幼儿的讨论，对新事物没有进行探究	幼儿在任务情境中较少提问，简单参与其他幼儿的讨论，对新事物表现出一般的探究欲望	幼儿在任务情境中能积极提出问题并与同伴开展讨论，对新事物表现出较强的探究欲望

表7-4 幼儿学习品质评价工具最终版（部分）

结构要素	内涵	解读重点	水平1	水平3	水平5
主动性	幼儿个体（不依赖他人时）面对活动时表现出来的积极态度以及设立目标、确定计划和实施计划的能力	侧重活动开始时幼儿的表现。发展趋势：幼儿从没有特别的积极情绪到非常愿意参加活动，从无明确目标到知道活动目标，从无计划到有明确的计划	能在教师引导下参与活动，但没有特别的积极情绪。对活动无明确目标、无计划	愿意参加活动，能听教师讲解要求并给出回应，能按照要求开始活动。知道活动的目标，但没有明确的计划	1. 非常愿意参加活动，如在教师布置任务的时候就注视材料，或动手拿材料，或主动问一些与活动有关的问题，之后迅速并兴奋地投入活动 2. 知道活动目标，并且有明确的计划
好奇心与兴趣	幼儿由新异刺激所引起的一种注视、接近、探索的心理与行为活动，以及积极的情绪反应	侧重活动过程中幼儿的表现。发展趋势：幼儿从较少提问或是提出与任务无关的问题到能积极提出问题并与同伴开展讨论，对于新事物的表现从简单摆弄到主动探索并乐在其中	幼儿在任务情境中较少提问或是提出与任务无关的问题。对新事物进行简单的摆弄后就停止探究	幼儿在任务情境中问一些与新事物有关的问题，简单参与其他幼儿的讨论。动手动脑探索物体和材料，并乐在其中	幼儿在任务情境中能积极提出问题并与同伴进行讨论。对新事物表现出较强的探究欲望，探索中有所发现时，感到兴奋和满足

（二）成果二：探索了表现性评价的使用流程

在研究的过程中，我们逐步探索出了一套更符合一线教育实践的"五步"表现性评价使用流程。

第一步，目标具体化：确定与核心素养匹配的目标

表现性评价指向的是复杂的核心素养目标，而不是简单的知识或技能。而指向核心素养的目标需要进一步具体化和层级化，即在教育目的与幼儿学习结果之间设置一定的水平级，并对每一水平级的目标作出可理解、可实施、可评价的陈述。以野趣游戏《一起"趣"溜溜》为例，呈现表现性评价目标的制定过程（表7-5）。

表7-5 野趣游戏中表现性目标的制定过程

游戏阶段	游戏目标	游戏形式
自由游戏	1. 专注游戏，能够制订计划并贯彻实施，在面对挑战和新任务时能够合理冒险 2. 工作时间中，有较长时间用在实施最初的计划上	集体游戏
反思问题	1. 能用丰富的语言和动作对发生过的情节进行描述和说明，并能分析游戏情节的细节问题 2. 在活动中，主动和同伴或老师进行游戏讨论，归纳讨论经验，总结活动成功和失败的原因	集体讨论
寻求方法	1. 探索、组合并比较多种材料 2. 组合并合作使用多种材料 3. 试图回答自己的问题（如哪种胶带能够提起不同重量的物体）	小组活动
实践解决	1. 在活动过程中，能发现问题或者预判存在的困难，并自发地思考和分析问题 2. 能用多种方式（制订计划、合作、搜集资料等）来解决问题	小组游戏

第二步，设计表现性任务：激发幼儿提升核心素养

一是表现性评价强调关注幼儿的真实表现，所以表现性任务需要在真实情景中完成；二是表现性评价的任务要尽可能激发儿童提升发展水平；三是表现性评价任务应该具有公正性，即适合所有儿童而不是特定儿童；四是表现性评价任务应该能支持学习目标的达成。例如，虹桥镇翁垟幼儿园利用集市游戏提升幼儿的社会性核心素养。幼儿在参与家乡的一些集市活动后，对家乡的集市有了很大的兴趣，幼儿园又进一步将集市活动引入到幼儿园的区域活动中。在两种集市活动中，幼儿的"交往""合作""解决冲突""对家乡的归属感"等核心素养得到了较为充分的体现，因此该园就把集市研学和集市游戏作为表现性评价任务。

第三步，开发评分规则：基于幼儿核心素养进阶

在设计表现性任务之后，还需要开发能够对幼儿表现做出判断和解释的评分规则，旨在为幼儿提供反馈以及自我调节学习的支架。如果评价目标是"创造性地解决爬双绳的困难",那么评价工具就应该围绕此目标分解为问题解决的积极性、灵活性、反思与解释、交流解决方案等,并将每一个维度划分为不同的发展水平。如果评价目标是"通过本次搭建活动,提升合作交往能力,在活动中不气馁,积极尝试不同的方法,分工合作",那么表现性评价工具就要围绕交往、合作等维度,划分不同的发展水平。

第四步,开展评价活动:观察记录与表现性分析

幼儿在真实的情境中、在"做"的过程中提升能力。每一次活动都以表现性目标为导向,借助表现性评价工具,准确解读幼儿的发展过程。

> 案例:旁边的两个男孩子快速地用木板搭建了一个滑梯。小朱选择的工具是垫子,他一直在努力将垫子拉到爬网的最上面。当小朱发现垫子总是会滑下去之后,他选择用其他工具材料进行组合,搭建出一个滑梯。在玩了几次滑梯游戏后,小朱发现最上面的那块木板会掉下来。于是他用其他木板扩大了自己的滑梯面积,他一边滑一边说:"哇!这也太刺激了!"
>
> 根据表现评价工具,对想象与创造的评价:在游戏开始前,小朱和同伴有一样的滑梯主题,但是他却有和同伴不一样的思考。在同伴选择了木板作为材料时,小朱选择用垫子做滑梯。在游戏中发现垫子不太容易搭建时,他选择尝试用单面梯、木板、垫子来搭建一个特别的滑梯。聚焦表现性评价指标中的"想象与创造",小朱达到了"水平 3":与同伴主题一致,但有独创的内容或表现形式。

第五步,反馈与指导:驱动幼儿活动的探究点

在幼儿表现性评价中,教师还需要给予幼儿适宜的后续支持。比如在上述案例中,我们发现教师在爬网区提供了垫子、木板等低结构材料,为幼儿开展搭建屋子、制作滑梯的游戏活动提供了条件,这都是非常好的做法。但是,如果教师能提供更多的低结构材料,如泡沫板、滚筒、泡沫砖等,也许小朱会把泡沫砖放到下面支撑木板,或者把滚筒斜放到攀爬网上,把木板插进滚筒里,然后从里面滑下来……所以,教师在后续活动中可以提供更多的不同材料来激发幼儿产生更多的想法。另外,小朱虽然在跟其他幼儿一起搭建滑梯,但是他们并没有太多关于问题的"头脑风暴",而小组合作探究的方式,对幼儿的创造性有更好的激发作用。[1]所以教师应后续适时地组织幼儿进行小组讨论。

---

[1] 庞维国. 创造性心理学视野下的创造性培养:目标、原则与策略[J]. 华东师范大学学报(教育科学版),2022,11:25-40.

（三）成果三：构建了区域联盟共同体研修范式

本研究建构了圈层式研修方式，通过"联盟圈引领""小组圈探索""辐射圈共享"，逐步实现区域联盟园研修整体转型，推动一线教师的内驱发展。

1. 联盟圈引领：宏观设计，确保深度

本研究采用行动研究范式。在温州大学学前教育系专家团队的引领下，乐清市12所公立和私立幼儿园组成研究联盟共同体，紧紧围绕幼儿表现性评价展开研究（图7-2）。

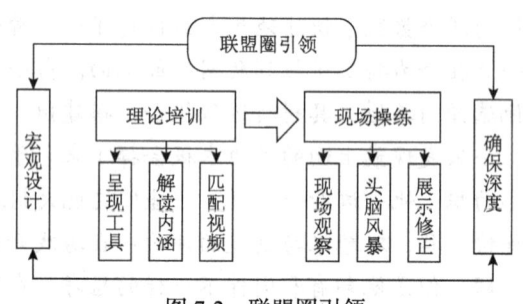

图7-2 联盟圈引领

（1）理论培训

在理论培训开始时，首先，研究团队向教师们发放由研究者初步设计的评价工具，让教师们熟悉幼儿核心素养的内涵、各个指标，并理解每个指标水平所涵盖的内容。其次，进一步为教师们详细解读该评价工具，帮助教师们更深入地理解和感知幼儿核心素养以及各指标水平的差异性。在解读后，向教师们提供案例视频，并配合量表工具对其进行分析。这一步骤的目的是加深教师们对评价工具的理解并提高掌握程度。

（2）现场操练

每次教研活动都以某一种核心素养为主题，承担教研的园所设计幼儿核心素养表现性评价的方案（可以由教师设计，也可以由教师提供场地，幼儿自发生成），项目组教师分成若干小组，参照幼儿核心素养评价工具，进入教育实地对幼儿的核心素养进行评价。之后，小组充分讨论，并汇报本小组的观点。其他小组对展示小组的观点进行点评，给出建议。

2. 小组圈探索：自主内发，点对点指导

如前文所述，研究行动小组根据12所联盟园的实际情况和园本课程特点，分别围绕社会性发展、科学素养、阅读素养、学习品质、生活素养和问题解决能力，确定了六个研究小组。在联盟圈引领性教研的基础上，小组圈聚焦特定领域开展互助性教研。

每一组核心素养的结对园所都会配有温州大学学前教育系研究生团队成员进行持续跟踪，每周采用线上或线下的形式，了解园所表现性评价的实施情况，双方交流讨论，帮助老师们在场景白描、分析幼儿游戏行为及支持策略方面提出更专业、更全面的建议（图7-3）。

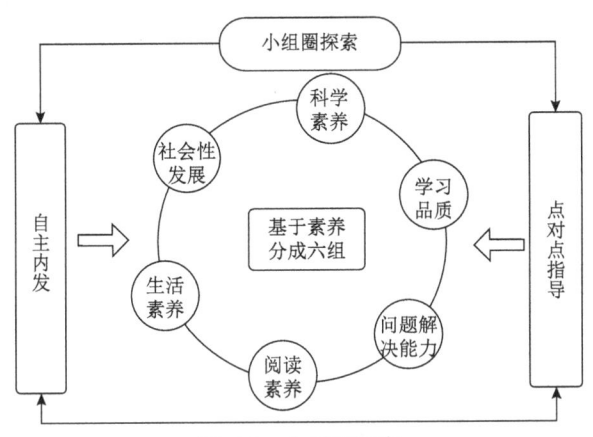

图 7-3 小组圈探索

3. 辐射圈共享：跨区交流，教育共富

教育共富，是指通过教育资源共享、教育理念交流、教育方法创新等方式，实现教育公平和质量提升，让不同地区都能享受到高质量的教育资源。这一概念强调的是一种教育的普惠性，旨在缩小教育差距，促进教育均衡发展，实现教育的公平与效率的统一。在这一理念的指引下，研究行动小组成员积极将研究成果与全国、浙江省各县（市、区）的幼教同仁进行分享。截至2024年9月，研究行动小组成员在全国范围内分享1次，在浙江省范围内分享3次，在市级范围分享7次（温州市级4次，宁波市级3次），县区级范围分享10次（温州鹿城区1次，温州平阳县4次，湖州安吉县1次，温州永嘉县4次）。

这种分享带来的辐射作用是显著的。通过交流，不同地区的教育工作者能够相互启发，共同探索更符合儿童发展需求的教育模式。它还加强了教育工作者之间的联系和合作，形成了一个互助互学的社区，共同面对教育中的挑战和问题。通过分享，研究行动小组的研究成果得到了广泛认可和应用，为推动其他地区幼教发展做出了贡献。

三、研究成效

（一）育"根"培元，提升幼儿素养

1. 幼儿六大核心素养的提升

在项目开展之前，我们统一对幼儿的发展进行了前测，项目结束后，又进行了后测。由于篇幅限制，我们以幼儿某方面的前后测为例来呈现幼儿的发展情况。DJZDY 幼儿园聚焦科学素养展开幼儿表现性评价，下面呈现 96 名大班幼儿记录水平的前后测数据及其变化情况（图 7-4 和图 7-5）。

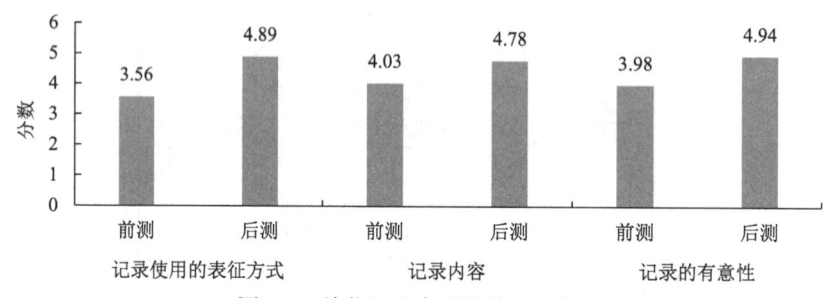

图 7-4 幼儿记录水平的前后测数据

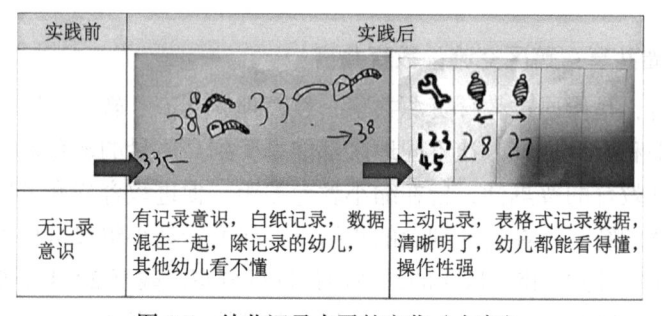

	实践前	实践后
	无记录意识	有记录意识，白纸记录，数据混在一起，除记录的幼儿，其他幼儿看不懂	主动记录，表格式记录数据，清晰明了，幼儿都能看得懂，操作性强

图 7-5 幼儿记录水平的变化（个案）

由上面两个图可知，在"记录使用的表征方式""记录内容""记录的有意性"方面，儿童都有了较为明显的变化。

2. 幼儿其他方面的发展

在表现性评价的过程中，幼儿作为积极的学习者，借助视频回看、表征分析、幼儿自评表和幼儿会议等形式，参与到评价与反思当中，这无疑会助推幼儿自主学习、社会建构性学习的行为发生，进而增强幼儿自我意识、反思能力、参与感和归属感、自信心等。

（二）聚"核"蓄力，驱动教师发展

1. 教师对幼儿核心素养学习轨迹的掌握能力有所提高

在共同体研修过程中，我们采用了诺瓦克（Novak）博士提出的"概念图"以检验共同体研修的直接效果。作为评价教师知识的较为可靠的工具，它能深化教师的认知结构，并能将该教师关于某概念的知识进行外化，反映他们对该概念的理解，以便教师本人或研究者进行观察和分享。通过对幼儿园教师所绘制的概念图进行结构分析（structural analysis）和内容分析（content analysis），可以考查他们对幼儿核心素养学习轨迹的掌握情况。

以学习品质这一核心素养为例，在项目培训开始之前，研究行动小组的35名教师参与这项研究，他们需要在15分钟内，根据他们个人的知识，绘制幼儿学习品质的学习轨迹。然后，由两位评分者一同按照上述分析框架对这些概念图进行评分，以确保评价的科学性。

经过一段时间的研修培训，再次邀请这35名教师在15分钟内绘制有关幼儿学习品质的学习轨迹的概念图。因一位教师的概念图未绘制完成，各项分数皆为0，故删除该位教师前后测的数据。我们将34位教师在培训前和培训后绘制的概念图进行了比较，结果如表7-6所示。

表7-6 "幼儿学习品质"概念图得分前后测比较（$N=34$）

名称	前测/分	后测/分	差值/分	T	p
概念总数	13.97±6.26	17.62±5.95	-3.65	-2.830	0.008
连接线总数	13.35±6.64	16.62±5.95	-3.26	-2.379	0.023
复杂度	11.18±4.67	13.65±4.95	-2.47	-2.338	0.026
概念块	3.18±2.41	4.09±1.75	-0.91	-1.856	0.072
完整性	1.18±0.39	2.29±0.91	-1.12	-7.718	0.000
准确性	1.79±0.73	2.71±0.58	-0.91	-5.182	0.000

从表7-6中数据可知，在概念总数、连接线总数、复杂度、完整性和准确性这几个方面，教师们的概念图前后测分数呈现出显著差异（$p<0.05$）。其中，概念总数和连接线总数的前后测分数之间呈现出显著差异，说明教师们对幼儿学习品质所包含的维度更加了解。培训前，教师们只了解学习品质中的"坚持性与注意"等维度，而培训后教师们则对学习品质所包含的维度了解得更加全面，所以概念图中概念的数量和连接线的数量才会增加。完整性和准确性的前后测分数之

间呈现出极显著的差异，说明教师们对幼儿学习品质的了解更加有深度和宽度。其中，准确性的前后测分数之间存在极显著差异，这一数据说明，教师们对幼儿学习品质的学习轨迹的了解更加准确。

2. 教师掌握了评价与支持儿童的有效策略

随着项目的开展，我们实施了"进三阶"策略，以对儿童进行观察解读与适宜支持。"三阶"指"观察和记录"、"评价和分析"和"反馈和指导"三阶段。

（1）阶段一，观察和记录："看、听、记"

从"看"入手：使用"定点看""定人看"策略，对表现性评价的观察与记录过程进行跟踪式观察。从"听"细化：实施"媒介听""一对一倾听"的策略，听清听懂幼儿语言。从"记"落实：实施客观记、细节记策略，还原真实的表现性任务现场。

（2）阶段二，评价和分析："定、研、读"

聚焦六大核心素养，研究团队首先"定"指标，借助乐清教育共同体与温州大学专家团队力量，制定出全面科学的幼儿核心素养表现性评价量规，然后"研"工具，让教师完全理解评价量规的含义和使用方式，最后"读"儿童，准确解读、分析儿童的发展情况（表7-7）。

表7-7 "定—研—读"策略的实施要点

策略点	定义
"定"指标	借助乐清教育共同体与温州大学专家团队力量，制定出全面科学的幼儿核心素养表现性评价量规
"研"工具	以配合儿童行为实例，让教师完全理解评价量规的含义和使用方式
"读"儿童	准确解读、分析儿童的发展情况

（3）阶段三：反馈和指导："恒、趣、准"

在项目开展过程中，我们实施了"恒跟进""趣形式""准支持"三个策略，并对幼儿予以反馈和指导。"恒跟进"策略，强调表现性评价的持续和迭代。"趣形式"策略，强调教师设计和实施多样化的教育支持活动。"准支持"是指教师提供有针对性的支持。以蒲岐镇幼儿园开展的"古镇课程"中的积木搭建游戏为例来说明。在这个游戏中，教师进行了为期三周的"恒跟进"观察。通过持续三周的观察，进行了三次任务设计，在三次任务的推进过程中运用了材料多样化提供、幼儿小组头脑风暴等"趣形式"。教师基于儿童的生长点，从情感氛围、活动组织和教育支持三个方面思考"准支持"（图7-6和图7-7）。

第七章 长焦：浙江幼小衔接的经验样本 | 245

评价重点：同伴交往与解决问题，并重点关注西门组、南门组幼儿在搭建过程中的沟通合作行为；北门组、东门组幼儿是否能用新增的材料对搭建主题有进一步的创新

第二次任务设计——明确分工、丰富材料

第一次任务设计——分组合作搭建城门洞

第三次任务设计——丰富四大城门，增加特色建筑物

评价内容：
同伴交往、解决问题、游戏规则、情绪表达

借助在地资源图，丰富四大城门，增加特色建筑

图 7-6　三次任务的观察与推进（彩图）

当出现冲突时，教师也会提供一些建议让幼儿自己选择，第二次的搭建成果较第一次取得了很大的进步

情感氛围
积极氛围
消极氛围
教师敏感性
关注幼儿观念

活动组织
行为管理
活动安排效率
教学指导方式

教育支持
认知发展
反馈质量
语言示范

在第二次游戏，教师同样是让幼儿在自由、宽松的氛围里进行搭建，此外，教师会更加积极地关注孩子的情绪情感，与孩子的喜悦产生共鸣，给予微笑和认可

认知发展1：教师想办法把孩子生活中的实际经验（对城门的感知）融入这次建构活动中
认知发展2：教师鼓励孩子们讨论、分析和推理，给予孩子很多机会去表达自己的想法

图 7-7　基于幼儿评价的"准支持"（彩图）

3. 在行动中反思，提升了教科研水平

行动研究范式强调研究与实践的紧密结合。这种范式的核心在于"为行动而研究"，在这样的研究范式下，表现性评价实践不断推进，为提升一线幼儿园教师的科研素养提供了一个宝贵的"蓄力池"。教师们积极参与到科研活动中，他们在行动中不断反思，通过撰写课题论文、教学案例、课程故事等形式，记录和分享自己的教学经验与研究成果。这些成果不仅丰富了教育科研的内涵，还促进

了教师们的专业成长和提升了其科研能力。

截至 2024 年 9 月 3 日，研究行动小组成员发表论文 14 篇，论文获奖 16 篇，课题获奖 8 个，微调研获奖 2 篇，家校社案例获奖 1 篇，体现了教师们在教学实践中的创新和探索及其科研工作的质量和影响力。同时，教师们还积极参与讲座分享 71 次，进一步扩大了科研成果的影响力。

（三）用"评"赋能，优化教育实践

1. 基于儿童发展，精准课程审议

园本课程是幼儿园提升教育质量、走向内生和特色发展的重要手段。12 所联盟园将幼儿表现性评价的数据深入运用到园本课程审议中，实现了教育决策的科学化和精准化，从而去除那些与幼儿认知发展水平、兴趣不相匹配的课程内容和课程实施手段。另外，教师们能够基于幼儿的具体表现，制订更具个性化和有针对性的教育计划。通过这种方式，园本课程不再是一成不变的教条，而是成为一个动态的、不断优化的过程。教师们可以根据幼儿的反馈和评价数据，及时调整教学内容和方法，使之更加符合幼儿的兴趣和发展规律。在这一理念的指引下，生成了一批优质的研究成果。其中，截至 2024 年 9 月 3 日，研究行动小组发表游戏和课程方面的论文 10 篇，论文评比获奖 11 项，微调研 1 项，课题立项 5 项，经验交流 38 次。在课程研究中，各个园所夯基提质，撬动了园本课程的整体发展。

2. 巧用信息平台，实现家园共育

去"小学化"还需要把家长"卷入"到行动中来，家长参与教育是幼儿技能发展、学业成绩提高的一个重要影响因素。因此，研究行动组成员除了把儿童表现性评价的数据运用于园本课程审议，还尝试将评价数据运用于家园共育。

那么如何利用幼儿表现性评价数据促进家园共育呢？通过表现性评价，我们引导家长更加深入地聚焦儿童各核心素养的提升，而不只是算术、识字等知识内容。比如，通过表现性评价，教师发现某幼儿存在"任务意识不强、不敢发表自己的意见"的问题，向家长阐释此方面发展的重要性，并协商问题所在，为家长提供相应的指导策略（如何提升任务意识、小组合作能力），尤其是如何在家庭中与幼儿进行亲子互动，以促进儿童的"社会入学准备"。家长还可以把孩子在家这些方面的行为拍摄下来上传至家园联系 APP 或者发微信给教师，教师进一步跟踪评价儿童的发展情况，然后再与家长讨论儿童的后续发展和共育策略。

四、研究创新

一是探索了聚焦核心素养的表现性评价工具。研究行动小组共同构建系统化的评价体系，提高了一线幼儿园教师的观察解读能力，让一线教师"有枝可依"，深入了解幼儿的发展水平，这是非"小学化"教育的前提。

二是构建了区域联盟+专业引领的研修范式。各园所不再是"孤立无援"，而是形成积极的学习共同体，不仅奠定了区域教育改革的"底盘"，更发挥了辐射示范作用。

三是尝试了评价数据运用于教育实践的路径。12所联盟园将儿童表现性评价结果运用于园本课程建设和家园共育之中，发挥评价促进发展的作用。

第二节 去"小学化"教育策略研究：以数运算教育为例

"小学化"的幼儿园数运算教育，导致儿童在心算过程中缺乏问题情境的设置以及实物操作的实践，过分强调运算的准确性和速度。从教育策略的角度，我们可以做哪些努力去"小学化"呢？《中国教育现代化2035》中明确指出，要"利用现代技术加快推动人才培养模式改革"。大力发展智慧教育，成为推动教育教学模式转变和创新人才培养的重要战略。浙江温州近年来致力于创建国家级"智慧教育示范区"，多年来温州创建了越来越多的智慧教育应用场景，校园变"聪明"，管理更科学，教育模式发生深刻变革。在此背景之下，笔者探索了借助信息技术去"小学化"的数运算教育策略：借助《小猪佩奇》动画片，让儿童在具体数学问题解决情境中，与电子书互动，儿童不会运算的时候，可以点击按钮，查看运算的具体演示过程，从而为幼儿园数学教育去"小学化"提供参照。

一、研究背景

过去几十年来，专注于将新策略和技术融入学习的研究取得了丰硕成果。[1]例如，《学校数学的原则和标准》为在数学课堂上使用信息技术提供了积极而有力的论点：技术通过支持有效的教学帮助学生学习和教师教学。Al-Mashaqbeh认为，鉴于平板电脑在幼儿教育中的使用频次日益增多，交互式技术可能是补充早期数

---

[1] Kozma R B. Learning with media[J]. Review of Educational Research, 1991, 61(2): 179-211.

学教育的一种特别有效的方式。①

目前，电子书广泛用于儿童识字学习，被发现对儿童识字成绩有积极影响。②③然而，专注于在数学中使用电子书的研究较少。④而数运算教学中，很多"小学化"幼儿园容易让儿童抽象思考、快速心算，从而造成儿童学习的困惑。所以本章，我们尝试基于情境学习理论设计了一本儿童电子书。我们以孩子们熟悉的动画片《小猪佩奇》为线索，将加法、减法、乘法和除法的概念融入诸如小猪佩奇一家去超市等场景中，以帮助孩子们较为容易地理解抽象数量之间的关系。

二、情景式互动电子书的结构

在这项研究中，情景式互动电子书系统是通过 SimMagic 实现的，SimMagic 是由哈玛星（Hama Star）公司开发的。学前教育专业、教育技术专业的研究者一起共同开发了此系统。图 7-8 呈现了情景式互动电子书的结构，它包括一个儿童界面和一个编辑界面、一个动画片数据库、一个学习任务数据库、一个演示材料库和几个交互模块。当孩子们尝试阅读电子书的图片时，电子书会向他们展示一些卡通场景，包括"运动""趣味跑步""集市""购物"等。任务互动模块提供两种学习任务，包括多项选择题和单项选择题。当孩子无法完成任务并按下问号寻求帮助时，将启用演示视频互动模块，以动画的形式向儿童展示运算的具体过程。

图 7-9 显示了深受儿童欢迎的《小猪佩奇》的卡通背景。在这个界面中，他们听到小猪佩奇自我介绍，并邀请他们完成一些任务。例如，在"运动"这一动画背景下，小猪佩奇将鼓励幼儿成为裁判来评判运动员的分数。例如，在跳远比赛中，"Jorge 跳 1 米，Richard 跳 2 米，Richard 跳得比 Jorge 多跳了多少米"？

图 7-10 呈现了学习任务界面，当他们选择正确答案后，会得到 10 个金币作为奖励，这将激励他们继续学习。

---

① Al-Mashaqbeh I F. IPad in elementary school math learning setting[J]. International Journal of Emerging Technologies in Learning (iJET), 2016, 11(2): 48-52.
② Bates C C, Klein A, Schubert B, et al. E-books and E-book apps: Considerations for beginning readers[J]. The Reading Teacher, 2017, 70(4): 401-411.
③ Dore R A, Hassinger-Das B, Brezack N, et al. The parent advantage in fostering children's e-book comprehension[J]. Early Childhood Research Quarterly, 2018, 44: 4-33.
④ Evans M A, Nowak S, Burek B, et al. The effect of alphabet eBooks and paper books on preschoolers' behavior: An analysis over repeated readings[J]. Early Childhood Research Quarterly, 2017, 40: 1-12.

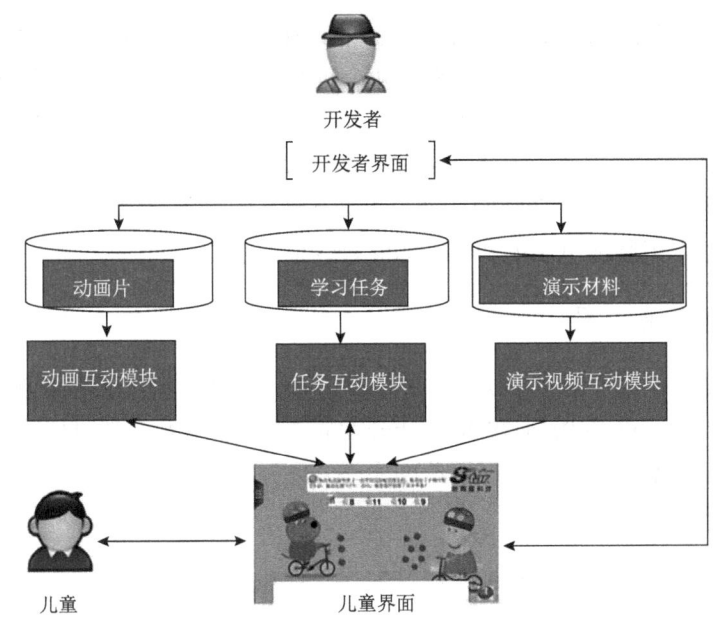

图 7-8　情景式互动电子书系统（彩图）

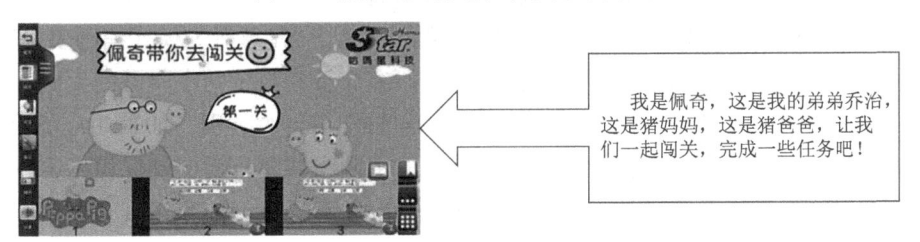

图 7-9　动画片界面（彩图）

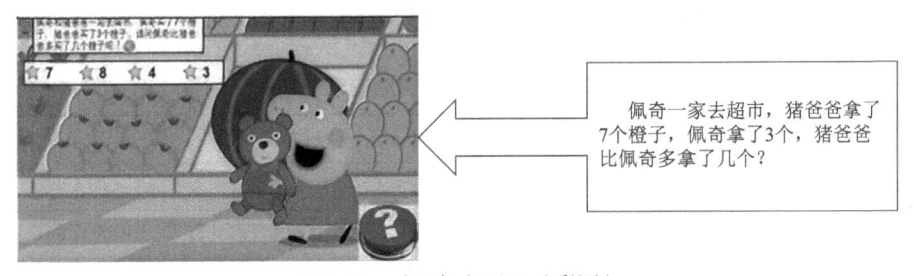

我是佩奇，这是我的弟弟乔治，这是猪妈妈，这是猪爸爸，让我们一起闯关，完成一些任务吧！

图 7-10　学习任务界面（彩图）

佩奇一家去超市，猪爸爸拿了7个橙子，佩奇拿了3个，猪爸爸比佩奇多拿了几个？

三、研究设计与过程

（一）研究对象

被试来自 1 所幼儿园的 4 个大班，所有被试的平均年龄为 5.9 岁。实验组平均年龄为 5.8 岁，对照组平均年龄为 5.9 岁。在实验之前，他们没有在幼儿园使用数字电脑游戏作为学习方法的经验。两个班级有 71 名幼儿（30 名女孩子和 41 名男孩子）被分配使用电子书学习数字运算，而另外两个班级则有 59 名学生（32 名女孩子和 27 名男孩子）使用传统的操作材料学习数运算。在实验期间（每天 30 分钟，持续 2 周），老师们不会与孩子互动，以确保是电子书提高了孩子们的成绩，而不是老师或电子书和老师的混合效果。

（二）测查工具

利用金斯伯格开发的 TEAM-3 进行数运算的前后测。学习品质的测查使用的是 McDermott、Leigh 和 Perry 在 2012 年开发的《早期儿童数学学习品质量表》，[1]我们对数学学习品质的测查进行了信度测查，评分者之间的信度 Kappa 值为 0.85，显示信度良好。[2]

（三）编码系统

本研究不仅要对儿童的数运算能力进行前后测，还要对实验组和对照组儿童数运算过程中的行为模式进行探究，所以我们开发了"儿童行为模式编码表格"。为了确保本研究中行为分析的可靠性，两名研究人员参与了两个阶段的编码。在第一阶段，研究人员参考相关文献[3]定义了 14 种学习行为类别，如表 7-8 所示。其中，3 个行为类别是实验组独有的，其余的由两组共享。为了确保编码方案的有效性，要求两位在教育技术和行为模式分析方面有经验的专家检查并确认编码表格的适用性。在第二阶段，研究人员根据确定好的编码表格对视频上记录的所有的儿童学习行为进行编码。编码结果的评分者间信度 Kappa 值为 1。

表 7-8　儿童学习行为编码系统

码号	定义	举例
L1	倾听学习任务要求	孩子按下扬声器按钮，听学习任务
L2	按下问号按钮并观看视频	当孩子没有完成任务时，例如"小猪爸爸拿了 7 个橙子，小猪佩奇拿了 3 个橙子，爸爸比小猪佩奇多拿了多少橙子"？他/她按下问号按钮并观看讲解视频，视频显示了具体运算过程

---

[1] McDermott P A, Leigh N M, Perry M A. Development and validation of the preschool learning behaviors scale[J]. Psychology in the Schools, 2002, 39(4): 353-365.

[2] Fleiss J L. Statistical Methods for Rates and Proportions[M]. 2nd ed. Hoboken: Wiley-Interscience, 1981.

[3] Hwang G J, Hsu T C, Lai C L, et al. Interaction of problem-based gaming and learning anxiety in language students' English listening performance and progressive behavioral patterns[J]. Computers & Education, 2017, 106: 26-42.

续表

码号	定义	举例
L3	没有思考,胡乱点按	当孩子面临诸如"Jorge 跳了 1 米,Richard 跳了 2 米,Richard 比 Jorge 多跳了多少米?"这样的问题时,他/她会不假思索地一个接一个地快速点击每一项,直到平板电脑显示"干得好!"
L4	操作实物或者使用手指头	当孩子面对一项学习任务,如"4+5=?"时,他/她先伸出 4 根手指,然后逐一伸出 5 根手指,同时数"5、6、7、8、9"
L5	心算	孩子不使用物体、图片或手指进行运算
L6	以友好的方式与同伴交流	与同伴交流答案或炫耀完成任务时获得的金币
L7	以不友好的方式与同伴交流	幼儿拒绝与同伴交流或者与同伴争抢玩具
L8	没有专注在学习任务上	孩子被其他事物吸引,或表现出与学习活动无关的行为
L9	表达对学习任务的喜爱	孩子明确表达对学习活动的热爱。例如,他/她说:"我想再玩一次。"
L10	表示不喜欢学习活动	孩子明确表示不喜欢学习活动。例如,他/她说:"我不想再玩了"或"太难了",或者他/她放弃了

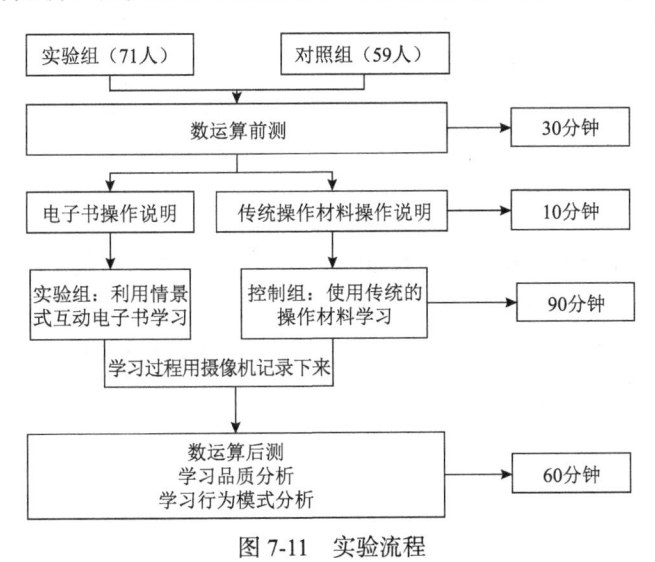

(四)实验过程

在第一周,幼儿参加了数运算前测。在第二周和第三周,实验组使用情景式互动电子书学习,而对照组使用传统的操作材料学习,每名幼儿分别 90 分钟。在两组中,幼儿都在区域学习,没有成人的指导。两组的学习内容相同,即与数运算有关,包括加法、减法、平分和倍数。学习活动结束后,所有幼儿都参加了数运算后测,并分析了他们的学习品质和学习行为模式,如图 7-11 所示。

图 7-11 实验流程

四、实验结果

（一）数运算学业成绩

实验之前，我们对两组幼儿进行了数运算测试，以了解两组之间的差异。表 7-9 呈现了前测的描述性统计结果。实验组前测的平均值和标准差分别为 9.22 和 3.69，对照组为 8.14 和 3.99。t 检验结果（$t=0.614$，$p>0.05$）表明，两组之间无显著差异。

表 7-9　数运算前测

组别	N	M	SD	t
实验组	71	9.22	3.69	0.614
对照组	59	8.14	3.99	

实验结束后，我们对两组孩子进行了后测。实验组的测试后平均值为 10.61，对照组为 9.32。根据结果（$F=7.894$，$p<0.001$），两组之间存在显著差异，这意味着情景式互动电子书在数运算学习方面对实验组儿童的学习成绩有显著的积极影响，如表 7-10 所示。

表 7-10　后测的描述性统计分析和 ANCOVA 分析

组别	N	M	SD	调节后 M	SE	F
实验组	71	10.61	4.61	10.61	0.31	7.894
对照组	59	9.32	3.71	9.32	0.34	

注：ANCOVA 指协方差分析（analysis of covariance）。

（二）学习品质对比

表 7-11 显示了两组学习品质方面的 t 检验结果。实验组的平均值和标准差分别为 11.59 和 0.98，对照组为 10.76 和 1.36。t 检验结果（$t=3.92$，$p<0.001$）表明，两组之间存在显著差异，这意味着使用情景式互动电子书学习的儿童比使用传统操作材料学习的儿童表现出更好的学习品质。

表 7-11　学习品质 t 检验

组别	N	M	SD	t
实验组	71	11.59	0.98	3.92***
对照组	59	10.76	1.36	

（三）学习行为序列分析

我们从 4 个参与班级中随机选择了一个实验班和一个对照班，对幼儿的学习行为模式进行了分析。表 7-12 显示了两组个体编码行为的频率和百分比。对于实验组，发现"倾听学习任务的陈述"（L1）是最频繁的行为（40.4%），而"表达对学习活动的厌恶"（L10）是最不频繁的（0%）。同样，对于对照组，"以友好的方式与同伴交流"（L6）是最频繁的行为（43.3%），而"表达对学习活动的厌恶"（L10）是最不频繁的（0.5%）。

表 7-12　两组儿童各类行为频率和百分比（$N=68$）

幼儿人数	比较项	L1	L2	L3	L4	L5	L6	L7	L8	L9	L10
实验组	n/人	513	165	6	246	179	30	7	83	40	0
	占比/%	40.4	13.0	0.5	19.4	14.1	2.4	0.6	6.5	3.2	0
对照组	n/人	0	0	0	290	184	656	102	176	100	8
	占比/%	0	0	0	19.1	12.1	43.3	6.7	11.6	6.6	0.5

通过计算编码行为的 Z 值，可以获得每个学习序列模式的显著性水平，并在调整后的残差表中表示。[①]表 7-13 呈现了实验组的调整残差。每一行表示起始行为，每一列表示一组后续行为。如果 Z 值大于 1.96，则表明学习序列达到显著性水平（$p<0.05$）。基于调整后的残差表，可以获得学习行为转变图。如图 7-12 所示，研究发现，对于实验组的幼儿，当他们使用情景式互动电子书学习时，出现了以下几种学习行为模式。

表 7-13　实验组调整后残差

	L1	L2	L3	L4	L5	L6	L7	L8	L9	L10
L1	−15.52	5.76*	2.11*	2.19*	14.23*	−1.87	0.10	1.95	−3.64	0.00

---

① Bakeman R, Gottman J M. Observing Interaction: An Introduction to Sequential Analysis[M]. 2nd ed. Cambridge: Cambridge University Press, 1997.

续表

	L1	L2	L3	L4	L5	L6	L7	L8	L9	L10
L2	−2.06	0.37	−0.95	8.93*	−5.34	−0.61	−1.02	−1.92	−0.51	0.00
L3	−1.11	2.63*	−0.17	−0.20	−1.01	−0.40	−0.19	0.99	−0.44	0.00
L4	5.80*	−0.23	−1.18	−2.02	−6.53	0.92	−1.27	−0.40	2.79*	0.00
L5	15.14*	−5.63	−1.00	−6.92	−5.88	−0.28	−1.08	−2.50	1.15	0.00
L6	2.99*	−2.22	−0.39	−1.90	−1.81	2.51*	−0.43	−0.04	2.10*	0.00
L7	−0.55	−1.05	−0.19	0.57	−1.09	−0.43	4.85*	2.34*	−0.48	0.00
L8	−1.41	−1.27	−0.65	−0.85	1.11	0.67	2.38*	3.10*	0.31	0.00
L9	4.50*	−1.99	1.93	−2.30	−2.58	2.09*	1.72	−1.67	0.75	0.00
L10	0.00	0.00	0.00	0.00	0.00	0.00	0.00	0.00	0.00	0.00

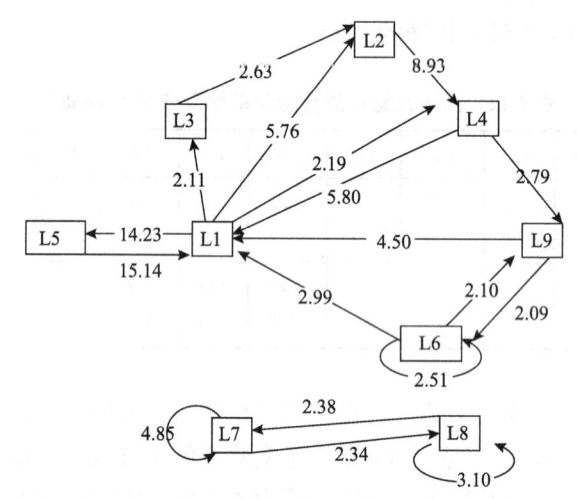

图 7-12 实验组儿童的行为模式

类似可导出对照组的调整残差，如表 7-14 所示，我们获得了几个重要序列，即 L4—L4、L5—L5、L6—L6、L7—L7、L8—L8、L9—L6 和 L10—L10（图 7-13）。

表 7-14 对照组调整后残差

	L4	L5	L6	L7	L8	L9	L10
L4	12.09*	−0.92	−7.11	−1.89	0.61	−2.34	−0.30
L5	1.50	12.32*	−8.96	−2.91	2.66*	−0.63	−0.97
L6	−8.48	−6.88	12.95*	0.58	−5.30	2.43*	0.71

续表

	L4	L5	L6	L7	L8	L9	L10
L7	-2.39	-3.83	2.40*	9.21*	-3.16	-1.21	-0.72
L8	1.13	2.55*	-6.52	-3.14	8.99*	-0.19	-0.95
L9	-3.07	-0.54	3.13*	0.44	-1.80	1.33	-0.71
L10	0.46	1.16	-1.06	-0.78	-1.03	-0.77	10.12*

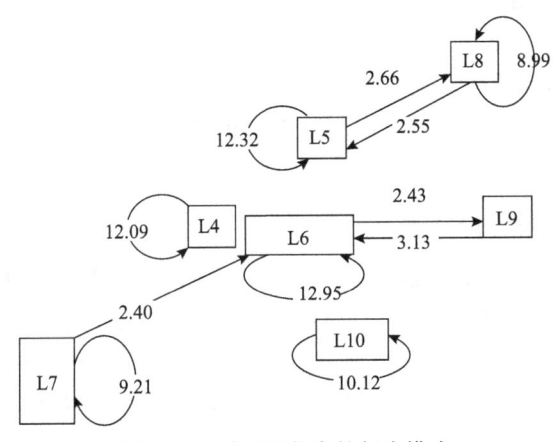

图 7-13 对照组儿童的行为模式

五、讨论

前人研究证实，信息技术的运用能够使儿童获得更好的学习成绩。电子书也因为其便携性，被迅速普及。电子书广泛用于儿童识字学习，并对儿童的表现产生积极影响。[1][2]然而，聚焦数学领域，电子书的研究还较少[3]，更不用说分析他们使用电子书学习数学时的行为模式了。本研究中提出了情景式互动电子书来帮助儿童的数运算学习，这一方法能够在一定程度上改变"小学化"的教育方式。我们通过实验的方法，验证了这一教学策略能够有效促进儿童数运算的发展。这一

---

[1] Dore R A, Hassinger-Das B, Brezack N, et al. The parent advantage in fostering children's e-book comprehension[J]. Early Childhood Research Quarterly, 2018, 44: 24-33.

[2] Bates C C, Klein A, Schubert B, et al. E-books and e-book apps: Considerations for beginning readers[J]. The Reading Teacher, 2017, 70(4): 401-411.

[3] Evans M A, Nowak S, Burek B, et al. The effect of alphabet ebooks and paper books on preschoolers' behavior: An analysis over repeated readings[J]. Early Childhood Research Quarterly, 2017, 40: 1-12.

发现与 Shamir 以及 Wilson 等的报告一致，[1][2]即使用电子书和其他设备学习可以深化学习者的工作记忆和元认知。实验结果还表明，使用电子书还能培养幼儿的学习品质，这些发现与 Yien 等[3]以及 Huang 等[4]的研究一致，他们发现教育技术可以激发幼儿的学习兴趣，也可以增强他们的学习动机。本研究使用的这一教育策略之所以有效，可由于两个原因。

1. 卡通的情境

我们以幼儿熟悉的动画片《小猪佩奇》为线索，将"加法""减法""倍数""平分"的概念融入"运动""趣味跑步""集市""购物"等情境中，帮助幼儿理解抽象数量之间的关系。动画片《小猪佩奇》的情节与幼儿的现实生活密切相关，这培养了他们在现实世界中运用所学知识的能力，因为它可以将课堂上可能的学习转化为现实场景，并将幼儿置于特定情境中。[5]

2. 视频形式的操作流程演示

由于思维和学习行为的复杂性以及数学相对抽象的性质，儿童学习数学具有挑战性。[6]本研究设计的情景式互动电子书提供了许多演示操作过程的视频。数量间的关系是抽象的，视频的演示能够让这些抽象的关系变得具有可视性。这跟"小学化"教育方式中，让幼儿脱离情景、脱离实物的心算形成鲜明对比。

此外，在学前阶段，幼儿需要获得满足其多样化教育需求的学习机会。[7]情景式互动电子书让幼儿能够根据自己的节奏学习。幼儿如果可以进行心算，可以直接选择答案。幼儿如果在完成任务时遇到困难，可以按下问号按钮观看操作过程的演示视频。

---

[1] Shamir A, Lifshitz I. E-Books for supporting the emergent literacy and emergent math of children at risk for learning disabilities: Can metacognitive guidance make a difference?[J]. European Journal of Special Needs Education, 2013, 28(1): 33-48.

[2] Wilson A J, Dehaene S, Dubois O, et al. Effects of an adaptive game intervention on accessing number sense in low-socioeconomic-status kindergarten children[J]. Mind, Brain, and Education, 2009, 3(4): 224-234.

[3] Yien J M, Hung C M, Hwang G J, et al. A game-based learning approach to improving students' learning achievements in a nutrition course[J]. Turkish Online Journal of Educational Technology, 2011, 10(2): 1-10.

[4] Huang W H, Huang W Y, Tschopp J. Sustaining iterative game playing processes in DGBL: The relationship between motivational processing and outcome processing[J]. Computers & Education, 2010, 55(2): 789-797.

[5] Anderson J R, Reder L M, Simon H A. Situated learning and education[J]. Educational Researcher, 1996, 25(4), 5-11.

[6] Lowrie T, Jorgensen R. Gender differences in students' mathematics game playing[J]. Computers & Education, 2011, 57(4): 2244-2248.

[7] Gasteiger H. Early mathematics in play situations: Continuity of learning[C]//Perry B, MacDonald A, Gervasoni A. Mathematics and Transition to School. Singapore: Springer, 2015：255-271.

第三节　浙江省小学一年级入学季活动

入学适应是指儿童从幼儿园升学进入小学后面对环境变化的适应状况。较好的入学适应，能够帮助孩子顺利实现幼小衔接，入学适应措施的有力会提升幼儿的学业成绩，[1]并且对儿童的身份建构、幸福感的形成有着长期的影响。[2][3]

从入学开始，一年级新生才真正步入小学阶段，积极的入学体验有助于儿童顺利开启小学生活，[4]入学季决定着一年级新生对自己小学的印象与感受，入学季中小学所组织的各种友好活动，一定程度上可以帮助儿童放松，产生积极向上的情绪。因此本节搜集了浙江省排名靠前的小学（在百度中搜索2022年浙江省各市小学排名榜，并从前20名中随机挑选），在入学季发布的入学适应相关推文，然后借助质性分析软件Nvivo11，探究他们在入学季开展入学活动的目的、内容以及作用路径。

一、研究过程与方法

（一）研究对象与工具

本研究以"入学适应"为主题，随机从浙江省11个城市中优质小学的微信公众号中抽取微信公众号推文为研究对象。公众号发文的时间在2021年8—9月份和2022年8—9月份，每个市抽取20篇推文，考虑到杭州市作为省会，教育水平在浙江省中较高，优秀的小学更多，因此从杭州市抽取了40篇推文，最后总共抽取240篇推文作为原始分析材料，剔除无效文章（与主题无关、时间错误），剩余共235篇。

之后采用质性研究辅助工具Nvivo11帮助整理研究资料，同时运用SPSS26进行数据分析与绘图，采用质性与量化结合的方式对研究资料进行分析和解释。

（二）资料分析过程

首先，建立自由节点。我们通过反复阅读原始的微信推文，逐句将文章内容

---

[1] 耿向红. 小学生学习适应性研究[J]. 长春教育学院学报，2003（2）：5-10.
[2] Alexander K L, Entwisle D R, Dauber S L. First-grade classroom behavior: Its short-and long-term consequences for school performance[J]. Child Development, 1993, 64(3): 801-814.
[3] 徐晨盈，胡惠闵. 幼小衔接：从课程与教学入手[J]. 全球教育展望，2022，51（7）：34-44.
[4] 小学入学适应教育指导要点[EB/OL]. [2024-05-17]. http://xxgk.changbaishan.gov.cn/zcbm/kfqglwyhjyj/xxgkml/202105/P020210524350295424558.pdf.

简化、凝练，共得到429个自由节点。

其次，建立树状节点。树状节点就是在自由节点的基础上比对、汇总，找出自由节点中的类属关系，从而将自由节点进行进一步归纳。以入学适应活动的目的与内容为依据进行编码，共得到29个树状节点。以入学适应活动的主体路径为依据进行编码，共得到23个树状节点。

最后，建立核心节点。核心节点是对树状节点的进一步归纳与总结，在整个编码体系中占据重要地位。具体步骤是在树状节点的基础上，进一步聚焦、概括，从而将初始资料的内容高度凝练。

二、研究结果

（一）在入学季，小学一年级入学适应活动的目的指向

浙江省各小学期望在多领域帮助儿童适应小学生活，包括学习适应（参考点93个，占比为12.11%）、人际适应（参考点202个，占比为26.29%）、生活适应（参考点163个，占比为21.22%）、环境适应（参考点165个，占比为21.48%）、心理适应（参考点145个，占比为18.88%）这5个主要方面，此外在这些措施中还包括间接、综合的适应措施（参考点143个，占比为18.62%）。[①]可见当下浙江省小学的入学适应措施综合指向儿童在学业、身心、生活、社会性等方面的适应。

1. 帮助孩子环境适应

此方面主要包括帮助孩子适应校园的物质环境与文化环境两个方面。

（1）帮助孩子适应校园的物质环境

物质环境是儿童在学校中一切活动的承载者，对于物质环境的适应有利于儿童更快地适应校园生活。这方面的参考点为135个，占核心节点的81.82%，主要包括对物质环境的介绍、美化校园环境以及参观校园这三类措施。

1）对物质环境的介绍，主要帮助孩子对学校教学楼、操场、食堂、洗手间有初步的认识。比如，丽水市实验小学建议家长在孩子即将进入小学之前，可以向孩子介绍新校园的情况，如学校名称、位置、离家距离、校训、知名校友等。

2）美化校园环境，主要是设置吉祥物、布置校门环境、美化班级环境以及美化校园内各处环境。比如，嘉兴市友谊小学在学校中设置了本校的吉祥物"羽娃"；

---

① "间接、综合的适应措施"包含两层含义：间接指不是由发起者直接对儿童产生影响，而是通过相关主体间接作用于儿童的措施；综合指在文本中提及的一些大型活动，其包含入学适应的许多方面，不能简单归为一类入学适应内容的措施。符合其中一种定义的措施即为"间接、综合的适应措施"。

衢州市礼贤小学、金华市环城小学、温州市建设小学等小学将校门用气球或是鲜花装饰，等待一年级新生的入学；金华市宾红小学在教室中准备了创意墙报以及神秘的礼物迎接孩子们的到来。

3）参观校园，主要是孩子在学校内通过游戏或其他方式，参观学校内的各处环境与设施。比如，舟山小学的新生们参观了宽阔的操场、整洁的教学楼、气派的升旗台等，并留下了班级第一张合影；杭州市天长小学举办观潮伢儿游园会，孩子们积极探索校园，寻找到游园卡上的每一个地点，并完成相应的任务挑战，获得小印章。

（2）帮助孩子适应校园的文化环境

校园的文化环境包括学校历史、校风校训、课程理念等，了解校园优秀的文化历史可以增强儿童对小学的归属感，让孩子为成为一名小学生而骄傲。此方面的参考点为 30 个，占核心节点的 18.18%。主要做法是向新生们介绍学校的办学历史、办学理念以及学校的特色课程。比如，湖州市东风小学校长在新生开学典礼中为大家倾情介绍了该校悠久的人文历史底蕴，向家长解读了学校的办学理念和课程特色；嘉兴市艺术小学校长详细地介绍了学校的办学愿景、办学理念、校园文化、师资力量以及课程建设等情况；宾王小学教育集团总校长为大家做了以"扬帆起航，快乐成长"为主题的报告，校长从办学历史、学校文化、办学理念、师资队伍四个方面对学校进行了全面的介绍；温州市墨池小学入学手册中介绍了其 140 多年的悠悠墨缘，鼓励孩子们践行"临池博学·见贤思齐"的校训，逐步建构"童蒙养正""经典诵读""书画教育"三项并行的传统文化育人课程。

2. 帮助孩子人际适应

小学帮助孩子人际适应的措施包括帮助孩子建立人际关系与指导孩子交往技巧两个方面。

（1）帮助孩子建立人际关系

该参考点为 198 个，占核心节点的 98.01%。主要做法是为新生们提供与同学、教师交往的机会以建立起人际关系。比如，湖州市仁皇山小学的老师们通过"送你一朵博雅小花"，与孩子们问候、拥抱、握手拉近距离；杭州学军小学、台州市育才小学、舟山第一小学组织孩子们拍摄集体照，帮助孩子们互相熟悉。

（2）指导孩子交往技巧

指导孩子人际交往技巧可以帮助幼儿更高效、更有质量地建立起良好的人际关系。此方面的参考点为 4 个，占核心节点的 1.99%。主要做法为在游戏情景中指导以及向家长提供指导建议。比如，丽水市实验小学向家长建议：

许多家长都以为孩子之间只要一起玩就能成为朋友，其实不然，有的孩子不知道在新环境中该先和哪些同学交往；有的孩子性格内向，不知道如何向同学表达交往意愿；有的孩子脾气急躁，一不小心导致交往中发生不愉快的事情，影响继续交往。在人际交往方面，家长要给予孩子具体可行的指导。

3. 帮助孩子生活适应

浙江省小学帮助孩子生活适应的措施包括帮助孩子准备生活用品、养成生活习惯与熟悉校园生活常规三个方面。

（1）帮助孩子准备生活用品

生活用品是儿童过好小学生活的物质基础，准备充足的生活用品可以提高儿童的生活质量，让儿童保持身心愉悦，从而积极投入到校园生活。该参考点为 30 个，占核心节点的 18.40%，主要做法为在返校通知中提醒家长帮忙做好生活物品准备。比如，嘉兴市嘉善县逸夫小学在返校通知中提到：

> 物品准备，如必备的学习用品、非玻璃水杯一个、口罩等要每天上下学携带（建议书包里再备一个）；此外，还要准备餐巾纸和消毒纸巾、雨披（不建议带雨伞）等。

（2）帮助孩子养成生活习惯

该参考节点为 92 个，占核心节点的 56.45%。主要做法为学校为家长提供培养良好生活习惯的建议与指导。比如，嘉兴市嘉善县逸夫小学一年级新生开学指南中提到：

> 养成规律作息习惯，早睡早起，以最饱满的状态迎接小学生活。树立时间观念，可以给孩子买个小闹钟，告诉他（她）这个任务需要几分钟完成，经过多次练习，慢慢形成时间观念。

宁波市育才小学建议家长挑选一些孩子喜欢的运动，让孩子保持充沛的体力，以最好的精神状态迎接新学期。台州市人民小学在入学手册中让小朋友们在家里学会扫地、拖地、清洗简单的物品，养成勤喝水、洗手的好习惯，主动将垃圾扔进垃圾桶。另外，还要提醒孩子们每天洗澡，要及时更换衣服、内裤、袜子。

（3）帮助孩子熟悉校园生活常规

该参考节点为 41 个，占核心节点的 25.15%。主要做法为以上课的方式教导新生学校的生活常规。比如，宁波市育才小学的老师在课堂中，进行了礼仪教育、课堂常规教育、学习习惯教育、行为习惯教育、安全教育、纪律教育等；宁波市海曙中心小学的老师们，对上下课常规、行为规范、课间休息、文明如厕、课间训练、礼仪习惯等进行耐心地教授，帮助孩子养成良好的习惯；衢州市礼贤小学的孩子们跟着老师进行了习惯养成常规训练，如举手、发言、排队，都以小学生的标准要求自己。

校园生活与家庭生活既有差别又有联系：一方面，幼儿在家庭中养成的基本习惯在校园生活中是通用的，因此生活习惯良好的幼儿可以更快地适应小学生活；另一方面，校园生活中的一日生活又不同于家庭，有着校园独特的规章制度，涉及早操、升旗、集会、请假等方面，对校园一日生活的适应同样是入学适应中的重要一环。

4. 帮助孩子心理适应

浙江省小学帮助孩子心理适应的措施包括帮助孩子减少焦虑、培养良好的心理品质与接受小学生的心理定位三个方面。

（1）帮助孩子减少焦虑

面对即将进入的新环境，许多孩子难免产生焦虑与不安，对孩子进行鼓励、支持、劝导，消除孩子的心理不适，有利于让孩子以健康的心理状态迎接小学生活。该参考点为13个，占核心节点的8.97%。主要做法为促进家长与孩子的沟通，从而减少焦虑。比如，嘉善县逸夫小学建议家长应正确做好沟通和引导工作，理解孩子产生的抵触情绪，分析原因，给予鼓励和支持，并及时与班主任沟通，以便开学后让孩子顺利进入学习状态。杭州市学军小学呼吁家长召开一次家庭会议，开展一次亲子交流畅想活动，与孩子一起规划未来的小学生活。

（2）培养良好的心理品质

与生活习惯一样，自信、勇敢、集体意识与规则意识等良好的心理品质同样是孩子适应小学生活的关键能力之一。该参考点为16个，占核心节点的11.03%。主要内容包括注重培养孩子的成就感、独立、合作意识、自信心、专注力等进入小学所需要的心理品质。比如，温州市广场路小学提及：

> 家长要有意识地培养幼儿以下品质：独立、合作、好奇心、自我约束、关心他人、挑战挫折。

杭州市学军小学希望家长能帮助孩子积累自信心，设计一些能够实现的入学小任务，让孩子充分享受成功的喜悦；台州市路南小学希望家长能在有客人来家做客时，让孩子在大家面前表演一些拿手的节目，培养他的自我表现欲望，并从中获得成就感。

（3）接受小学生的心理定位

该参考点为116个，占核心节点的80%。主要措施包括给孩子们发放入学手册、邀请新生代表发言、举行入学仪式等。比如，金华市丹溪小学校长带领校级班子成员为新生"点红启智",祝愿孩子们在小学学习生活顺利、心情愉快,"痣"通"智",意为开启智慧,以寄托美好的愿望,从此眼明心亮,好读书、读好书,迈出人生知书达理第一步;杭州市西子湖小学九溪校区的新同学在老师的带领下开启了一个韵味十足的入学礼,参加了"洗手净心""朱砂启智""开笔启蒙""击鼓明志"等传统入学仪式。

5. 帮助孩子学习适应

浙江省小学帮助孩子学习适应的内容包括帮助孩子熟悉学科内容(知识)、学习行为规范、创造良好的学习氛围、为孩子准备学习用品与培养孩子学习能力5个方面(图7-14)。

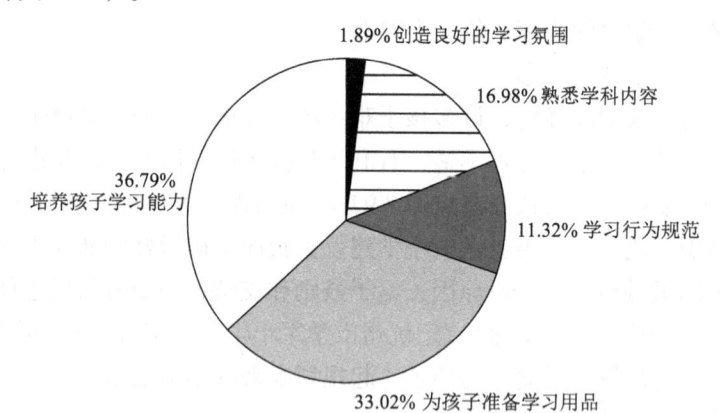

图 7-14 学习适应措施

(1)为孩子准备学习用品

学习用品是儿童进行学习的物质前提,提前准备、熟练使用学习用品有利于儿童尽早适应学习生活。参考点为 34 个,占核心节点的 36.56%。主要做法为通过入学手册通知学生和家长准备哪些学习用品。比如,杭州市采荷二小在微信推送中提及:

> 必备学习用品:简洁大方、实用性强且大小适宜的铅笔袋(不建议使用铅笔盒)、书包(无拉杆箱式,不要太大)。5—8 支 2H 的木质铅笔并贴好标签贴、1 块 4B 的绘图橡皮、1 把尺子(一边平,另一边波浪形)。水彩笔或油画棒、拼音卡片、口算卡片若干。卷笔刀不能带到学校,铅笔必须前一天都削好。

(2)帮助孩子熟悉学科内容(知识)

参考点为 15 个,占核心节点的 16.13%。主要举措为围绕思政、艺术、科学、语文、体育、数学这类小学必修课提前熟悉。比如，衢州市礼贤小学建议家长培养孩子发现问题的能力，让孩子们尝试用数学的眼光来观察和思考；温州市广场路小学则建议家长通过亲子游戏来引导孩子发现生活中的数学细节。

（3）培养孩子学习行为规范

参考点为8个，占核心节点的8.60%。主要内容为端正孩子的学习坐姿以及了解学习课堂规则。比如，衢州市实验学校教育集团在每年的一年级家长第一课上，都要向家长普及如何做好书写"双姿"和铅笔书写的基础性训练；绍兴市明阳小学在入学通告中提到注重孩子坐、立、行、读、写等正确姿势的养成，培养孩子按要求行事的习惯；在宁波市海曙中心小学一年级的教室里，老师们从一点一滴的细节教起，对上下课常规、行为规范、课间休息、文明如厕、课间训练、礼仪习惯等方面进行耐心教授，帮助孩子养成良好的习惯。

（4）培养孩子学习能力

参考点为34个，占核心节点的36.56%。主要内容以培养书写能力、想象力、表达力、专注力、注意力、阅读能力为目标提出各类措施。比如，金华市银湖小学提出家长要减少孩子们看电视、手机等电子产品的时间，有意引导孩子参与一些看书、绘画、下棋等能帮助其静下心来的活动，以提高孩子的专注力；衢州市礼贤小学在"入学锦囊"中提到："培养阅读习惯"。

（5）帮助孩子创造良好的学习氛围

在入小学前对学科知识的预习、学习规范的训练、学习能力的培养、学习氛围的创造以及学习用品的准备可以很好地帮助幼儿适应这种巨大转变。

此部分的参考点只有2个，占核心节点的2.15%。主要内容为建议在家中为孩子营造类似于小学的学习环境。比如，温州市墨池小学建议家长给孩子一个安静、稳定、相对独立的空间以便于家庭学习。在开学后一段时间内，孩子在做作业的时候，家长一定要给孩子创造一种安静的环境，一边自我学习，一边提醒孩子认真、静心完成家庭作业。从幼儿园过渡到小学，儿童面对的学习环境发生了巨大的变化：学科知识变得更加抽象综合、减少了活动式课程，更多的是集体授课制，学习氛围较幼儿园更加严肃安静，因科目增加变成由不同老师教授。

（二）在开学季，入学适应活动的实施主体

1. 实施主体的整体分析

依据布郎芬布伦纳的生态系统理论，生态环境按照与个体的密切程度与交互的频率，由内到外依次分为 4 个层次分明、似同心圆结构的层级：微观系统、中观系统、外部系统和宏观系统，如图 7-15 所示。

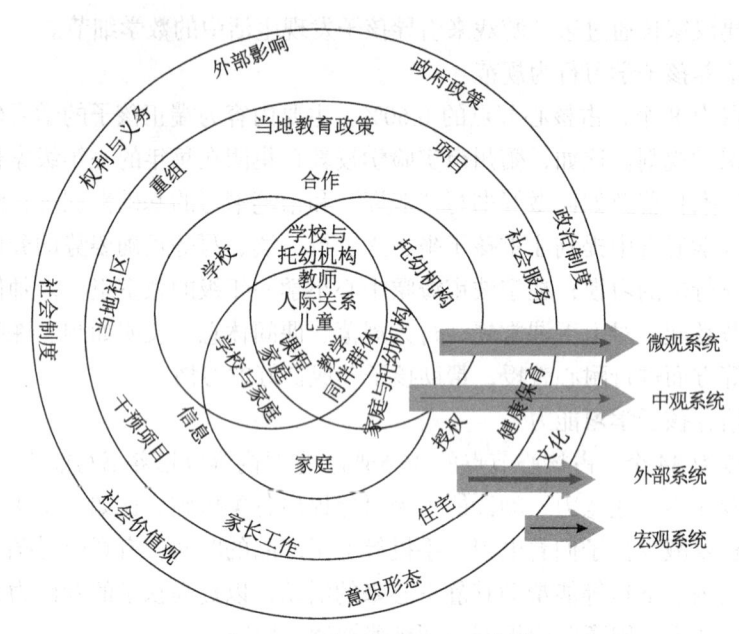

图 7-15　幼小衔接生态系统图

资料来源：Dunlop A W, Fabian H. Conclusions: Debating transitions, continuity and progression in the early years[C]// Dunlop A W, Fabian H. Transitions in the Early Years. London: Routledge, 2002: 170-178.

幼儿从幼儿园过渡到小学，所处生态环境中的幼儿园、小学和家庭等微观系统之间所产生的联系，构成了幼小衔接中相应的中观系统。在中观系统中，不同微观系统环境相互作用的频次越多，且沟通越有效，所达成的教育观念越一致时，对儿童的发展越有益。

从公众号文章的分析结果来看，在小学入学适应措施中的主体主要包括家长、老师、学校、高年级学生，这些主体通过不同的方式帮助儿童进行入学适应。从各主体采取措施的参考点数量可以看出，各主体在入学前帮助儿童入学适应的参与程度，如图 7-16 所示。

由图 7-16 可知，学校参与的参考点为 332 个，占 38.12%；老师参与的参考点为 249 个，占 28.59%；家长参与的参考点为 209 个，占总措施的 24.00%；高年级学生参与的参考点为 81 个，占 9.30%。

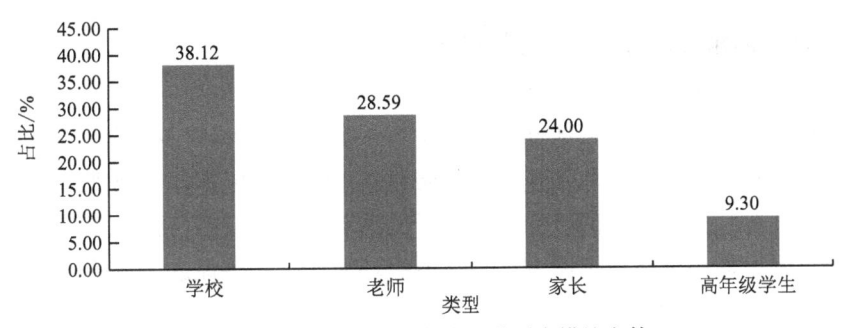

图 7-16 浙江省小学实施入学适应措施主体

结合布朗分布伦纳的生态系统理论以及综合上文基于入学适应目的与内容分析的架构，我们得到了浙江省小学实施入学适应措施的完整路径（图 7-17）。

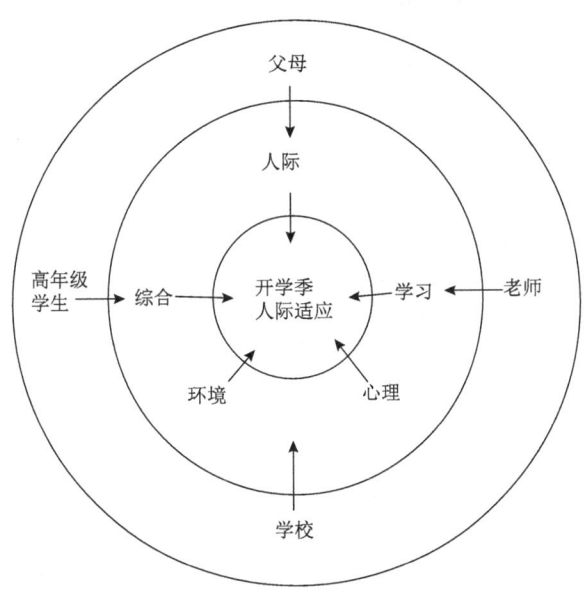

图 7-17 浙江省小学实施入学适应措施的完整路径

从宏观上看，各主体实施入学适应措施的路径包括两类：一是直接路径，指不需要经由其他中介主体直接作用于儿童，促进儿童入学适应的措施。二是间接路径，指需要通过其他中介主体帮助儿童进行入学适应的措施，如学校通过公众号向家长提供入学适应的建议，这些建议要由家长执行，并最终作用于儿童，对于学校这个主体来说，这个措施就是间接的。具体到各主体中，它们采取的入学适应措施则各有不同，下文将分析各主体帮助儿童入学适应的具体途径。

2. 从主体角度，对措施进行具体分析

（1）以教师为主体的入学季活动

以教师为主体的入学季活动包括两类：一类是直接作用于孩子的活动，即直接与孩子互动，包括教师和新生互动、带领新生学习校园常规、教师带领新生体验学科课程等；另一类是间接作用于孩子的活动，即不直接与孩子互动，而是通过为家长开设幼小衔接线上课堂、美化班级环境等，间接促进儿童的入学适应。具体路径如表7-15所示。

表 7-15　以教师为主体的入学季活动

路径及占比	活动	N/人	占比/%
直接路径	教师和新生互动	64	45.39
	教师迎接新生，带他们参观，熟悉校园环境	37	26.25
	教师带领新生学习校园常规	28	19.85
	教师开展暑期家访活动	7	4.96
	教师带领新生体验学科课程	5	3.55
间接路径	在家长会上和家长互相熟悉，并提供教育建议	39	36.11
	一年级教师进行交流，接受培训	32	29.63
	美化班级环境	20	18.52
	为家长开设幼小衔接线上课堂	17	15.74

1）直接路径。在入学季，教师帮助孩子入学适应的直接路径，参考点为141个，占总措施的56.63%。

第一，旨在促进教师和新生互动。参考点为64个，占直接路径的45.39%，排名第一。比如在舟山市定海小学，一年级班主任在教室中讲述着她们对孩子们的期许，希望他们在未来的日子里，收获快乐与成长，做最好的自己；在杭州市学军小学，一年级的孩子们将自己的照片贴在了教室的展板上，老师们也为学生贴上专属的姓名贴。这里的老师和一年级新生的互动更多地指向一些老师较随心、随意的和新生的互动。比如，老师和学生打招呼、自我介绍、拥抱、祝贺等一些拉近师生关系的行为。对一些较内向、自卑、害羞的新生在面对陌生的小学环境、老师、同学时可能会比较拘谨而无法融入新环境中，老师暖心的互动可以帮助孩子快速融入班集体中。

第二，教师迎接新生，带他们参观，熟悉校园环境。参考点为37个，占直接路径的26.25%，排名第二。比如，温州市瓯海实验小学校领导和老师在校门口迎

接新同学，为一年级新生戴上印有校徽的红花。宁波市海曙中心小学的新生们在老师带领下开启了"我们的宝藏学校"之旅，他们聆听学校五位院士的故事、在星荫门合照打卡，感受学校独特的百年校园文化。带领新生参观校园时，老师会介绍学校的重要建筑及其功能和需要遵守的规则等，如在图书馆可以看书但要保持安静、在食堂可以吃饭但要排队等。此外部分学校老师还会组织新生参观校史馆或在参观校园的路上向新生介绍校园历史与文化，让孩子了解自己的学校，并为其历史感到骄傲，增强对学校的归属感。

第三，教师带领新生学习校园常规。参考点为 28 个，占直接路径的 19.85%，排名第三。如舟山小学，各班正副班主任带领孩子们进行了常规训练。老师们仔细地讲解如何排队、如何摆放水杯、如何文明如厕等，帮助孩子们能够更好、更快地适应小学的校园生活；在杭州市天长小学，小朋友们在老师的带领下练习排队、学习遵守纪律、保持安静。老师带领新生学习的常规包括上课、课间休息、上厕所、吃饭、午睡、集会等。对这些常规的熟练掌握可以在一定程度上帮助儿童适应校园生活的节奏。

第四，教师开展暑期家访活动。参考点为 7 个，占直接路径的 4.96%，排名第四。如丽水市秀山小学一年级的老师为了促进家校沟通，更好地了解一年级孩子的具体情况，消除学生和家长的适应期焦虑，开启了家访之旅；衢州市实验学校教育集团悦溪校区一年级的老师们开展了一场面向全体学生的入户家访活动。老师在入学前对新生进行家访是常采用的入学适应措施，在家访过程中，老师会向家长和儿童介绍学校环境、校园生活和以后的学习情况，并了解儿童的相关信息以便于在日后的教学中因材施教，还可以帮助幼儿、家长和老师相互熟悉，促进家校合作。

第五，教师带领新生体验学科课程。参考点为 5 个，占直接路径的 3.55%，排名第五。在舟山市定海小学，综合学科的老师们准备了精彩的表演，如科学小实验、创意画、韵律操，展示了科学、美术、体育、音乐等学科课程。老师通过趣味游戏的方式开设一些非正式的小学课程让新生体验，一方面激发了儿童对学习的兴趣，另一方面用孩子熟悉的方式开展教学。可以帮助儿童消除由课程差异带来的不适。

2）间接路径。入学季，教师帮助孩子入学适应的间接路径。参考点为 108 个，占总措施的 43.37%。

第一，在家长会上和家长互相熟悉，并提供教育建议。参考点为 39 个，占间接路径的 36.11%，排名第一。比如，湖州市东风小学以"孩子与东风小学""孩子与语文""孩子与数学""孩子与健康"为主题，开设了面向一年级新生家长的家长学校，以期促进家庭教育工作的深入开展，有效搭建家校沟通的桥梁；台州市人民小学举办家长座谈会，发放"入学手册"，以及防疫工作方案、家校合作承诺书等资料，各位班主任结合班级实际情况向家长们进行细致讲解。家长会是最传统的家校沟通渠道，在家长会上，老师就儿童教育的诸多事宜和家长进行沟通交流：新生入学的注意事项，所需要准备的学习、生活用品，入学报到程序；孩子会遇到的入学适应问题以及解决办法；优秀的教育观念、学科教育建议、家校沟通策略。老师通过为家长提建议，帮助家长了解如何科学地帮助儿童适应小学生活。

第二，一年级教师进行交流，接受培训。参考点为32个，占间接路径的29.63%，排名第二。在这方面，主要形式为一年级教师参加交流、培训、研讨会议。比如，绍兴市塔山小学教育集团与鲁迅幼儿教育集团在塔小成章校区会议厅开展幼小科学衔接研讨活动；衢州市礼贤小学学校大队部则为一年级班主任送上了《贤士有礼》手册，手册中的"礼贤十礼"囊括了新生入学第一个月需要养成的行为习惯和生活习惯。培训、交流会议的内容一般会涉及班级管理、新生心理、家校沟通、学习策略等。对于一年级教师来说，往往对刚进入小学的儿童还不了解，面对儿童入学适应困难的问题往往难以下手，由老教师或教研员牵头组织的教师培训、经验分享及调研活动可以给任教教师很好的支持。

第三，美化班级环境。参考点为20个，占间接路径的18.52%，排名第三。如嘉兴市艺术小学各班的老师们都积极投入到班级环境、卫生、文化建设活动中；金华市宾虹小学的班主任收拾好了地面、摆放好了桌椅、准备了创意的墙报和神秘的礼物。刚升入小学的儿童面对陌生的教室难免不适应，老师们布置的干净、整洁的、富有童趣的教室，可以让儿童快速喜欢上新的班级环境。

第四，老师为家长开设幼小衔接线上课堂。参考点为17个，占间接措施的15.74%，排名第四。比如，杭州市采荷二小在微信公众号的推送中，老师向一年级的新生们推荐了好看的绘本和有趣的运动。教师通过线上文章推送或会议的方式为家长提供一些教育建议，线上衔接课堂的作用与家长会类似，但是往往内容更多聚焦幼小衔接这一专题，提供更多可操作性的建议。

（2）以家长为主体的入学季活动

以家长为主体的入学季活动同样包括两类：一是直接作用于孩子的活动，即家长直接与孩子互动，家长带孩子进入学校，完成入学所需；二是间接作用于孩子的活动，即不直接与孩子互动，而是通过家长与老师一起打扫教室、家长向老师学习教育方法以及家长通过公众号学习入学适应的策略等，间接促进儿童的入学适应。具体分布，如表7-16所示。

表 7-16　以家长为主体的入学季活动

路径	活动	N/人	占比/%
直接路径	家长带孩子进入学校，完成入学所需	36	100
间接路径	家长通过公众号学习入学适应的策略	130	75.14
	家长向老师学习教育方法	41	23.70
	家长和老师一起打扫教室	2	1.16

1）直接路径。在入学季，父母帮助孩子入学适应的直接路径参考点为 36 个，占总措施的 17.22%。主要措施为家长带孩子进入学校，完成入学所需。比如在嘉兴艺术小学的开学日上，家长们牵着孩子们的小手，一同走进盼望已久的校园，家长们和孩子们纷纷合影留念；绍兴市阳明小学的 133 名一年级新生和爸爸妈妈一起参加了阳明小学 2022 年新生入学仪式。爸爸妈妈陪伴孩子进入校园，基本发生在学校开学的第一天。孩子第一次进入校园的时候，他们会带着孩子熟悉校园、认识老师、完成入学手续或共同参加入学仪式。面对眼前陌生的环境、老师、同学，孩子难免会感到恐惧、胆怯，这时爸爸妈妈往往就成为孩子最渴望依靠的人，因此父母在开学第一天对孩子的陪伴尤为重要。

2）间接路径。入学季，父母帮助孩子入学适应的间接路径参考点为 173 个，占总措施的 82.77%。

第一，家长通过公众号学习入学适应的策略。参考点为 130 个，占间接路径的 75.14%，排名第一。比如，金华市银湖小学通过公众号推送向父母建议在暑期要培养好孩子的入学习惯，包括作息时间、劳动、整理习惯、阅读习惯、与人交往等方面；温州市龙湾实验小学的公众号向家长提供在暑期培养孩子学习习惯的建议。

> 让孩子拥有自己独立的学习小空间，养成安静、整洁且良好的学习习惯；学会管理时间，早睡早起，保证每天 10 个小时的睡眠时间；爱阅读、爱看书，坚持阅读课外书，注意读书姿势和用眼卫生。

公众号会以视频或图文的方式向家长传送儿童进入小学要注意的相关事项以及教育建议，具体内容包括生活习惯、学习习惯、心理适应等多方面。家长可以以便捷、高效、低费的方式获取关于入学适应的教育知识，从而科学地帮助孩子适应小学生活。

第二，家长向老师学习教育方法。参考点为 41 个，占间接路径的 23.70%，排名第二。比如，丽水市高湖中心小学组织家长深入班级，与孩子的两位任课老师就班级文化以及家校合作、入学注意事项等相关问题进行细致交流。一方面，让家长了解孩子的在校情况，以便更好地配合教师开展教学。另一方面，为教师提供一个了解孩子的窗口，加深对孩子的认识。任课老师可以针对孩子的不同特点，因材施教。家长从老师那里获得教育知识的渠道与老师向家长提供教育知识的渠道重合，包括家长会、暑期家访、幼小衔接线上课堂三种路径，上文中已有介绍，这里就不再重复赘述。

第三，家长和老师一起打扫教室。参考点为2个，占间接路径的1.16%，排名第三。比如，舟山小学在临近开学时，开展卫生大扫除活动，由各班班主任做现场指导，热心家长们积极参与了卫生打扫活动。家长们手持扫把、抹布和拖把，端着水盆，对地面、课桌椅、玻璃窗、电器等进行无死角彻底的清扫。家长和老师互动促进了家校联系，对教室的整理也有利于儿童的环境适应。

（3）以高年级学生为主体的入学季活动

以高年级学生为主体的入学季活动都直接作用于新生，包括高年级学生与新生结伴组队，通过录制视频介绍学校生活，与老师一起家访并传授小学经验，为新生准备线上祝福、寄语与赠送礼物，并带领新生参观熟悉校园，如表7-17所示。

表7-17 以高年级学生为主体的入学季活动

路径	活动	N/人	占比/%
直接路径	迎接新生，并带领新生参观、熟悉校园	59	74.68
	为新生送上入学祝福、开学寄语与赠送礼物	9	11.39
	通过录制视频向新生介绍校园生活	6	7.59
	和新生结伴组队	4	5.06
	和老师一起家访，给新生传授校园生活经验	1	1.27

在入学季，高年级的哥哥姐姐们帮助新生入学适应的活动主要包括五类：一是迎接新生，并带领新生参观、熟悉校园；二是为新生送上入学祝福、开学寄语与赠送礼物；三是通过录制视频向新生介绍校园生活；四是和新生结伴组队；五是和老师一起家访，给新生传授校园生活经验。

第一，迎接新生，并带领新生参观、熟悉校园。参考点为59个，占直接路径的74.68%，排名第一。在这方面，主要是以"手拉手"的形式，高年级哥哥、姐姐带领低年级小朋友参观校园，向他们介绍校园（温州市瓯海区实验小学），"让一年级新生感受到满满的热情,对小学生活充满期待和憧憬"(杭州市学军小学)。

第二,为新生送上入学祝福、开学寄语与赠送礼物。参考点为9个,占直接路径的11.39%,排名第二。在这方面,主要活动是以高年级大哥哥、大姐姐为一年级新生戴上大红花(杭州市学军小学)、为一年级的孩子们送上学校定制的纪念书签(温州市建设小学)。这样的活动,一方面帮助新生和高年级学生建立了良好的人际关系,另一方面也有利于新生在心理上接受"小学生"这一角色。

第三,通过录制视频向新生介绍校园生活。参考点为6个,占直接路径的7.59%,排名第三。高年级的学长们会在老师的指导下拍摄一系列与入学相关的视频,包括介绍校园环境、日常规范、文明礼仪等。和老师相比,年龄相近的哥哥、姐姐们提出的建议更容易被新生接受。视频的形式也更有趣,更受到新生喜爱,并且可以帮助新生在暑期提前准备入学相关事宜。

第四,和新生结伴组队。参考点为4个,占直接路径的5.06%,排名第四。比如,金华市宾虹小学以"校友甜甜圈"游戏模式,让低年级与高年级的学生进行联谊;宁波市蛟川双语小学则利用"混龄生态群"概念,并将之渗透到孩子们的日常生活与学习之中。部分小学会组织高年级学生和新生们结成较为固定长久的伙伴关系,组队的双方会在接下来的学业与生活中相互帮助、互动,如一同参与社区活动、校园活动、游戏体验等或是组队学习(通常是高年级学生帮助新生),双方在结对关系中共同成长、进步。

第五,和老师一起家访,给新生传授校园生活经验。参考点为1个,占直接路径的1.27%,排名第五。比如,衢州市实验学校教育集团的老师在暑期带着学长一起家访。高年级的孩子们作为示范,为一年级新生们示范正确坐姿与书写姿势,并为他们讲解学校的常规。高年级学生都经历过幼升小的过程,他们以不同视角的讲解,会给幼儿带来不同的体验。

(4)以学校为主体的入学季活动

学校这个主体与前面所讲到的教师、家长和高年级学生不同,它不是某个具体的人,而是一个整体。因为许多入学适应活动并非以上单一主体能够完成的,而是通过学校这一载体才能够实现。所以,我们也把学校作为一个主体进行统计分析,具体情况如表7-18所示。

表7-18 以学校为主体的入学季活动

路径	活动	N/人	占比/%
直接路径	让新生参加入学仪式	62	75.61
	开展入学适应系列体验活动	20	24.39

在入学季，以学校为主体帮助新生入学适应的活动包括两类：一是让新生参加入学仪式；二是开展入学适应系列体验活动。

第一，让新生参加入学仪式。此部分的参考点为 62 个，占 75.61%，排名第一。当下小学举办的入学仪式大致可以分为两类：第一类是效仿古代的入学礼的入学仪式，包括"朱砂启智、洗手净心、明礼立志、开笔启蒙、击鼓明智"等一系列活动。金华市丹溪小学为新生"点红启智"，祝愿孩子们在小学学习生活顺利、愉快。温州市建设小学的小萌娃们举行"开笔礼"仪式，用毛笔端端正正地写下了"人"字，希望孩子们在人生的启蒙阶段学会做人，要像"人"字那样顶天立地。这类仪式特色鲜明、古韵十足，非常吸引小朋友。第二类则是现代的入学仪式，包括"在签名板上签名、按手印、走红毯、宣誓打卡拍照"等活动。上海世外教育附属丽水市实验学校把"新生入学礼"营造成一种独特的仪式，精心设置了新生入学"惊喜五重天"，为孩子们精心准备了入学背景墙与签名墙。小学多姿多彩的入学仪式给了儿童一种身份认同，让孩子明白在仪式之后自己就真的成为小学生啦。

第二，开展入学适应系列体验活动。参考节点为 20 个，占 24.39%，排名第二。为了帮助儿童适应小学生活，在接受正式教育前，学校会专门组织一系列体验活动。这些活动大多涉及内容广泛、时间持久、目的明确。温州市广场路小学沧河校区开设幼小衔接特色课程，如小粟米"种子"课程，帮助孩子们尽快适应小学生活；温州市瓯海区实验小学推出了新生适应性课程，分为三个部分：一是"我是小学生"，通过认识校园、认识老师等课程，初步了解校园和班级的基本情况；二是"小学生的一天"，通过讲解进校门、晨读、课前准备、课后整理、放学等一系列活动，让孩子们深入了解小学生的一天应该怎样度过；三是"我还会这些""君子和淑女""我是学习小能手"等课程对学生提出进一步的要求，要求加强学生的常规训练，为成为一名合格的小学生打下良好的基础。这些精心设计的、系统的、科学的活动有效地帮助了孩子快速适应小学生活。

三、讨论

（一）各小学高度重视入学季活动

从上文结果看，浙江省各小学十分重视通过开学季的活动促进儿童入学适应，在一年级孩子入学前的暑期，便开始帮助孩子提前准备入学所需，并在孩子正式跨入小学校门之后开展一系列活动。

近年来，政府越来越重视幼小衔接在儿童终身发展过程中的重要性。早先政府发布的《3—6岁儿童学习与发展指南》与《幼儿园教育指导纲要（试行）》中就提及幼小衔接的重要性，然而那时社会各界对幼小衔接并没有达成一致的、充分的、科学的意见，导致幼儿园出现单向服从小学、幼儿园教育"小学化"等问题。[1]然而，幼儿园和小学对儿童的幼小衔接应负有同等责任，幼小衔接的主体不单是幼儿园，小学也是重要的主体。在2021年政府发布的《指导意见》中指出，"坚持双向衔接"是幼小衔接的原则之一。幼小衔接的目标是"全面推进幼儿园和小学实施入学准备和入学适应教育，减缓衔接坡度，帮助儿童顺利实现从幼儿园到小学的过渡"。同时，此文件也提出了小学可采取的幼小衔接的举措，即小学要实施入学适应教育，将一年级上学期视为入学适应期，重点实施入学适应教育，足以看出国家对小学作为幼小衔接主体之一的重视。因为儿童在从幼儿园毕业到小学第一年的过渡方式会对他们未来的学校适应、学习与发展产生影响。[2]而在幼小衔接过程中，家长和幼儿园老师都表示需要得到小学的支持与帮助。[3]小学开展的入学季的系列活动，表明小学已经越来越意识到自己在幼小衔接中所扮演的重要角色，希望通过系列活动能够给新生留下美好的印象，让他们尽快建立与认同小学生这一身份。

（二）活动丰富，指向儿童全面入学适应

由上文可知，各校开展了有利于儿童在环境、人际、生活、心理、学习多个方面适应的活动。在环境适应措施中，注意到培养新生对物质环境和文化环境的适应；在人际交往适应方面，向新生进行人际交往技巧的指导同时，还为新生提供了与老师、哥哥姐姐交往的机会；在生活适应方面，则在培养良好的生活习惯、生活常规和准备生活用品方面实施了具体措施；在新生心理适应上，实施了减少新生焦虑、培养独立感和自信心等心理品质的措施，同时不忘帮助新生接受他们小学生的角色定位；通过培养学习能力、熟悉学科内容等措施帮助新生完成对小学学习的适应。

相较于以往在衔接过程中过于重视孩子学习适应的情况，各校采取的入学适应措施注意到了新生在认知、情感、社会性等方面的全方面发展，体现出了全面性与具体性。这表明，各小学对入学适应的科学认识正在不断加深。

---

[1] 刘正言. 积极·慎重：我区幼、小衔接问题浅谈[J]. 教育科研情况交流，1982（5）：32.
[2] Alexander K L, Entwisle D R. Achievement in the first 2 years of school: Patterns and processes[J]. Monographs of the Society for Research in Child Development, 1988, 53(2): 1-157.
[3] Correia K, Marques-Pinto A. Adaptation in the transition to school: Perspectives of parents, preschool and primary school teachers[J]. Educational Research, 2016, 58(3): 247-264.

在各种措施中，我们注意到各校非常重视儿童的小学生身份认同的建立。各小学通过举办一些特别的入学仪式、宣誓活动或赠送象征性的礼物来培养小学生身份认同感。认同感、归属感使得个体感到自己成为这个团队中的一部分。[1]在入学适应期，培养孩子对小学的认同感、归属感可以帮助孩子更快地适应校园生活、融入班集体，帮助孩子从心理上跨过幼儿园与小学间的"断层"。

各校特别重视孩子一日生活的培养。在新生入学之前，家长在学校建议下对其作息规律、自理能力、时间观念、文明习惯、安全意识等方面进行培养，帮助新生提前适应小学的生活，减缓衔接坡度，在一定程度上有利于孩子未来的发展。"良好的开端是成功的一半。"在各方努力下，小学生能养成良好的生活习惯，这对孩子整个人生的发展都具有重要意义。[2]

（三）活动丰富有趣，较为吸引新生

各校推出了形式新颖、有趣的活动，受到了广大家长和儿童的好评。比如，开展校园游园会活动；在校外、校内设置学校吉祥物；高年级学生与新生开展"大手牵小手"活动；举行具有中国传统文化特色的入学仪式；聆听学校办学历史故事；开展特色军训活动；等等。在活动的过程中，孩子们表现出了较大的兴趣，欢声笑语在小学校园中环绕，家长们也在愉快的氛围中消除了对孩子们入学的担忧，并表达了对学校活动的肯定。多种多样的活动结合地方与学校的特色吸引着一年级的新生与家长，以较为轻松的方式，帮助孩子们从各方面减缓衔接的坡度，让孩子与家长们以积极的心态面对即将到来的小学生活。

（四）参与主体较为多元

布郎芬布伦纳的生态系统理论认为，儿童的转变是在由不同部分组成的生态系统中进行的[3]，邓禄普基于布郎芬布伦纳的生态系统理论模型创建了幼小衔接的生态系统模型。从该模型可以看出，家庭环境、师幼关系、同辈群体对孩子幼小衔接的影响最为直接，其次是学校，它也是非常重要的影响因素。[4]从前文的分析结果来看，在浙江省各小学实施入学适应措施有多位主体，如家长、老师、学校

---

[1] Hagerty B M K, Lynch-Sauer J, Patusky K L, et al. Sense of belonging: A vital mental health concept[J]. Archives of Psychiatric Nursing, 1992, 6(3): 172-177.
[2] 孔平. 小学中年段：孩子成长的关键期[J]. 辽宁教育，2017（15）：17-18.
[3] Bronfenbrenner U. The Ecology of Human Development: Experiments by Nature and Design[M]. Cambridge: Harvard University Press, 1979.
[4] 李敏谊，刘颖，崔淑婧. 国外近10年幼小衔接理论研究综述[J]. 比较教育研究，2010，32（5）：86-90.

以及高年级学生。各主体不仅有着不同的帮助路径，也有其各自的优势。

教师拥有丰富的教育经验与科学的幼小衔接知识，教师在向家长传播科学的幼小衔接知识、积极联系家长、搭建家校沟通平台、在学校内帮助孩子适应学业与生活等方面起着重要作用。家长作为孩子最亲密的人，在学习科学幼小衔接知识、配合执行学校决策与建议、帮助孩子提前做好入学准备、学习科学幼小衔接知识等方面发挥了重要作用，家长积极参与幼小衔接对做好入学准备和协助教师开展教育工作十分有利。[1]高年级学生由于与新生年龄相近，在和新生接触的时候不会给孩子造成压力感，因此高年级学生在和新生分享校园生活经验、提供学习建议、构建同伴关系方面有更多优势。学校作为一个教育组织，相比以上各位主体有更多的资源与更大的权力，在组织教师研讨、培训，促进家校联系、宣传入学适应知识、组织各种适应活动方面有着独特优势。综上，在开学季，多元主体的积极参与可以更好地帮助幼儿进行入学准备。

（五）灵活融入微信、视频、线上云会议等信息技术手段

我们正处于一个数字化、信息化的时代，信息技术被证实在教师培训以及幼儿、中小学教育中都有出色的表现。[2][3]计算机对儿童的入学准备也有着独特的优势[4]，如利用计算机技术，使得教师对幼儿入学准备方面的评价更加客观、标准化且高效。

在开学季，浙江省各小学注意到了现代信息技术在帮助孩子入学准备工作中的优势，并通过微信聊天、发送微信公众号推文以及通过钉钉或者腾讯会议召开线上会议或线上课程的形式积极开展入学准备工作。在开学季，教师工作量倍增的情况下，微信等云沟通工具的优势就得到了充分的体现。在入学准备工作中，教师们利用微信能够迅速传播信息资源以及共享信息资源，家长们则可以得到来自学校的家庭教育指导，更好地帮助孩子学习。[5]在传递入学相关信息的时候，微信公众平台还拥有大受众、低成本、高效率传播等优势。此外，老师们精心组织的线上会议也彰显了其优势。线上会议不但可以同时容纳几百名家长进行学习，还支持录播、回访等功能，方便家长和孩子随时学习、复习。

---

[1] 李敏谊，刘丽伟. 幼小衔接与家长参与：国外研究的新进展[J]. 比较教育研究，2014，36（9）：83-88.
[2] 汪振海，潘秀华，张丽静. 英国中小学信息技术教育的最新发展及其对我国的启示[J]. 电化教育研究，1999（4）：86-89.
[3] 郭力平，王隽. 如何看待信息技术在幼儿教育中的应用[J]. 人民教育，2005（11）：20-21.
[4] Csapó B, Molnár G, Nagy J. Computer-based assessment of school readiness and early reasoning[J]. Journal of Educational Psychology, 2014, 106(3): 639-650.
[5] 杨伱，陈基伟. 基于微信构建小学英语家校互动平台[J]. 中国信息技术教育，2013（Z1）：108-109.

四、教育建议

(一)积极推广优秀的入学适应典型案例

由上文可知,各校都开展了丰富有趣、帮助新生入学适应的入学季活动。这些优秀的入学适应措施值得借鉴与推广。案例教学作为优秀入学适应措施推广过程中的主要形式,有着其独特的优势。案例教学法以案例的运用以及讨论为特征。案例的参与、分享,可以培养参与主体的创新精神,并提升其实际解决问题等能力和品质,也可以大大缩短理论与实际生活情境的差距。[①]各主体在推广、分享优秀案例的同时,也会对已有的优秀入学适应措施进行改进、创新与优化,从而达到各位主体共同进步的效果。

另外,优秀案例的分享,还能够辐射带动发展较为落后的地区,实现教育共富。2001年7月,《全国教育事业第十个五年计划》提出教育"均衡发展"的概念。[②]教育均衡发展是指政府要提供给每个孩子平等的学习条件、权利和机会。[③]此次关于入学准备的原始文本材料是从浙江省各市的优秀小学中挑选的,这些小学有着丰富的办学资源、优秀的师资,这些都为小学在入学准备上做出出色的成绩提供了支持。但是对于一些落后的乡镇学校而言,如何做好入学准备、科学地帮助孩子适应小学生活依然有点"无从下手"。从教育均衡发展观来看,如果把这些成熟的经验分享给其他学校,那么将辐射到幼小衔接工作。

综上,对优秀入学适应措施的分享不仅仅是一个复制、粘贴的过程,还起着推动教育均衡、优化已有措施的作用。而政府作为领导的上层机构,拥有更全面、优秀的案例资源,可以在省内或全国逐步推广这些优秀的措施、案例,或是组织优秀入学适应案例分享会并邀请家长、专家、老师广泛参与,并积极讨论。

(二)积极发掘政府、社区、专家资源

在前文中我们发现,浙江省小学在对一年级学生实施入学适应措施时,参与的主体主要包括家长、教师、高年级学生、学校四个主体,却忽视了政府、社区、专家的参与。维果斯基的社会文化历史理论认为,历史、文化和机构背景会塑造

[①] 郑金洲. 案例教学:教师专业发展的新途径[J]. 教育理论与实践, 2002 (7): 36-41.
[②] 李娟. 21世纪以来:我国城乡义务教育均衡发展的动因、历史进程与基本经验[J]. 湖州师范学院学报, 2022, 44 (9): 66-75.
[③] 何佩芳. 教育均衡发展与学前教育资源的区域共享:思明区学前教育片区管理的实践与反思[J]. 学前教育研究, 2005 (10): 13-15.

儿童的个体发展观及其世界观。政府机关、儿童成长的社区、相关领域的专家都会对儿童的成长之路产生潜在影响。[1]布郎芬布伦纳的生态系统理论同样认为，外部环境（包括政府、社区、专家）与幼儿个性特点的相互作用会影响到幼儿的发展。[2]我们希望结合国际经验[3]与本土国情，对政府、社区及专家参与开学季入学适应活动，提出如下建议。

第一，政府作为权力机关对参与幼小衔接过程的各方都有领导权。基于政府职能，政府可以通过多种途径参与到幼小衔接工作中去。首先，政府应当扮演好组织者的角色，积极促使幼儿园、小学及专家相互配合，共同参与到幼小衔接的过程中去。如日本政府会组织幼小老师交换职场环境，分别体验幼儿园和小学教育的差异。爱尔兰国家课程与评估委员会与一些幼儿园和小学合作研发了"我的故事：幼小衔接"模板，帮助汇集儿童的信息，并将之作为其是否达到入学要求的参考。其次，政府还可以充分发挥教育宣传职能，充分利用报刊、杂志、官媒等途径在入学季阶段密集宣传科学幼小衔接的相关知识。[4]

第二，社区的资源是多元化的，包括物质环境资源，如社区的设施、场地等；人际资源，包括社区的居民和居民组织；文化资源，即社区中包含的一些文化特征，如社区中的文化活动、文化组织等。[5]在孩子入学适应过程中，发挥社区力量，积极充分利用这些资源很有意义。具体来说，我们可以通过以下措施发挥社区的力量，如在社区中设立儿童服务中心，向有入学困难的儿童提供支持；鼓励幼儿园和小学在开学前的暑期进入社区，通过课程、表演、演讲等方式向家长、孩子宣传入学适应相关知识和描述小学生活的轮廓；社区可以成立儿童发展专项资金，向入学适应不良的家庭提供援助；社区还可以通过在公告栏上投放幼小衔接小贴士、在社区内发放幼小衔接手册的方式宣传幼小衔接知识。[6]

第三，包括大学教授、心理医生在内的专家资源为有入学适应问题的孩子提

---

[1] 黄瑾，田方. 论幼小衔接研究理论视域的转换：从生态系统理论到社会文化理论的研究展望[J]. 中国教育学刊，2022（4）：7-12，84.

[2] Bronfenbrenner U. The Ecology of Human Development: Experiments by Nature and Design[M]. Cambridge: Harvard University Press, 1979.

[3] 许浙川，柳海民. OECD 国家推行幼小衔接的目的与举措：基于对《强势开端V：幼小衔接》报告的考察[J]. 比较教育研究，2019，41（1）：85-91.

[4] 唐淑，张永英，杨一帆，等. 中华人民共和国学前教育 2009—2019 年大事记[J]. 学前教育研究，2019（10）：3-15.

[5] 陈兴华. 以社区为中介的幼小衔接模式探索：基于锚点理论视域的分析[J]. 绵阳师范学院学报，2012，31（12）：121-125.

[6] 陈兴华. 以社区为中介的幼小衔接模式探索：基于锚点理论视域的分析[J]. 绵阳师范学院学报，2012，31（12）：121-125.

供专业服务。例如,在德国,幼儿园结束阶段,专家会对当年即将入学的幼儿进行专门的幼升小测试,由政府健康部门的专家在镇上的健康中心对孩子们进行测试。其内容包含身体检查、语言测试、能力测试,用于甄别儿童传统学科知识的掌握情况,以达到筛选入学的目的,更是为了确保儿童做好充足的入学准备;[1]在澳大利亚,社会中不同职业的专业人员(心理诊疗师、外语老师等)都参与到幼小衔接工作中,为儿童创造适宜的环境,并协助学校组织相关活动等。对于有特殊需要的儿童,他们还会制定个性化的教育策略。[2]除了上述国外专家参与幼小衔接的经验外,专家还可以通过组建智囊团为政府制定教育政策,以及针对如何科学幼小衔接进行实证研究等途径,为我国的幼小衔接事业尽一份力。

(三)入学季的活动与后续入学适应活动要衔接

正如孩子的成长是一个连续的过程一般,入学适应也不是一项一蹴而就的工程。因此,各小学在开学季对孩子实施的入学措施不能只着眼在孩子刚入学的时期,还应当注重各类措施的延续性,帮助孩子完整地度过整个快乐的小学生活。比如,入学季活动,有的是指向孩子的人际交往技巧,比如模拟社交情景、教师上课教导等,但是孩子对人际交往技巧的学习并不是短时间通过言语教学的形式就可以达成的,还需要在以后的学习生活中通过在与同学、高年级学生、老师的交往中运用这些技巧,才能够使孩子的人际交往技巧逐渐成熟稳定;此外,各校普遍重视儿童习惯的培养,在开学季通过公众号、讲座等方式进行强调,但是习惯需要慢慢养成,各学校应该注意在这些方面给予儿童持续的支持。

要关注儿童入学适应的连续性,就必须建构连续的入学适应课程。比如,芬兰构建 K-2 学制,让入学前一年的孩子和一至三年级的孩子共同学习,并且会持续三年,以帮助孩子完全适应小学生活。我们也不能把孩子的入学适应仅仅寄希望于入学季,而是应该根据儿童入学适应的具体状况,建构系统的、持续的入学适应课程,以持续性发展的眼光与态度对待新生入学适应教育。

(四)最大化地利用信息化技术

在帮助孩子入学适应的过程中,浙江省各小学充分注意到了信息技术的优势,并予以利用,如通过微信公众号来传递正确的教育理念,高年级通过录制视频向

---

[1] 张思慊. 德国教育中的幼小衔接[J]. 上海教育, 2018(20):60-61.
[2] 刘磊. 澳大利亚幼小衔接中多元合作的实施策略[J]. 学前教育研究, 2015(6):26-30.

新生介绍校园环境等。这些措施的确能在一定程度上帮助到入学适应活动的开展。然而信息技术发展日新月异、形式多样，除了上述措施之外，我们还可以通过以下方式最大限度地发挥信息技术对儿童入学适应的促进作用。

首先，除了微信、钉钉等普遍通信工具外，相关小学与幼儿园可结对创建幼小衔接网络平台，将有关信息（如各学校情况、入学准备须知等）投放到平台上，随时供家长和老师使用。比如，宁波北仑区为了家长更好地参与到孩子的幼小衔接中，构建了"北仑区家长成长学院"平台，通过线上线下双渠道对家长展开培训。

其次，相关工作者可以利用大众传媒工具，如电脑、电视等，通过制作幼小衔接相关的影视作品吸引幼儿观看以达到帮助孩子做好入学准备的目的。比如，美国推出的一系列幼儿教育动画片（《芝麻街》《电器小英雄》《罗杰斯先生的邻居》），被证实对幼儿的入学准备有着积极影响，并且这种影响是持续的、跨文化、跨国度的。[1]

再次，可以利用线上课堂对教师进行培训。例如，澳大利亚 2010 年推行了"幼小衔接计划与实施"模式，在该模式下，在同一社区工作的幼儿园教师和小学教师，通过网络会议等形式，商讨幼小衔接的实施策略与看法。

最后，各方搭建在线数据平台是完善入学准备评估制度的有效手段，它的使用既提高了数据处理的效率，也保证了数据处理的质量。例如，在美国北卡罗来纳州，教师可以把记录儿童学习和发展证据的儿童工作样本、照片、视频、录音、轶事记录等上传到教学策略有限责任公司开发的电子平台上，该平台就是为了存储儿童入学准备情况的数据而建立的。随后，平台会对证据进行解释，并解析出儿童的入学准备状况，教师则使用这些数据指导教学决策，满足儿童独特的学习需求。又如伊利诺伊州，为确保数据处理和分析的准确性，并将评估结果有效运用于教育教学，该州教育委员会开发了在线系统，即学前班个人发展调查技术（KIDStech）。教师将收集到的评估信息输入 KIDStech 后，KIDStech 会对这些数据进行处理和分析，教师则获得儿童学习及其动态发展情况的数据分析报告。当下，中国在科学的儿童入学准备评估方面还比较薄弱，因此建立在线数据库，通过大数据个性化分析幼儿的入学准备情况是值得学习的手段。[2]

---

[1] Fisch S M, Truglio R T, Cole C F. The impact of sesame street on preschool children: A review and synthesis of 30 years' research[J]. Media Psychology, 1999, 1(2): 165-190.
[2] 单文顶, 王小英. 美国学前班入学准备评估：逻辑动因、制度设计与效果审视[J]. 外国教育研究, 2021, 48(9): 83-97.

第四节　多方协同，和谐推进"双向衔接"的实践探索

2021年8月，浙江省教育厅印发的《关于大力推进幼儿园与小学科学衔接的实施意见》中提到，"2021年5月，省教育厅已遴选公布11个省级幼儿园与小学科学衔接实验区，确认106所试点校（园）。各地要推进实验区、试点校（园）率先开展幼儿园与小学衔接工作，形成一批在入学准备与入学适应方面具有推广价值的教育范例。2021年9月底前，制定完成具体实施方案和联合教研计划，启动实验区、试点校（园）试点工作；12月底前建立区域内双向衔接机制；2022年上半年完成试点校（园）的教师培训工作。各地还可设立本地区的试点校（园），开展相关教研和教师培训工作，积极探索幼小衔接的科学路径和有效方法"。

在一系列政策指引下，各实验区和试点校（园）积极行动起来，开展了系列入学准备和入学适应教育活动。

一、政府：定政策、组班子、搭台子

（一）定政策

在浙江省教育厅政策精神指引下，各地方政府围绕幼小衔接工作出台了一系列相关政策。比如2022年3月，温州市教育局印发的《全面推进幼儿园与小学双向科学衔接的实施方案的通知》突出了四点：①教育教学双向衔接：幼儿园和小学通过相互了解和合作，建立衔接课程和评价机制，特别是在每年的4—11月重点衔接期，通过游戏化教学帮助儿童适应小学生活。②研训联盟：建立联合教研和师训制度，提升教师在幼小衔接方面的专业能力，通过定期互访和主题教研，解决衔接中的问题。③家园校共育：强化家园校沟通，通过家长工作坊和政策宣传，引导家长树立科学的教育理念，共同参与衔接工作。④违规办学行为治理：加大对违规培训行为的治理力度，规范校外培训机构和学校的教育行为，确保幼小衔接工作科学、规范进行。再如，宁波市教育局于2021年8月颁布的《关于做好幼小衔接　落实零起点教学　推广快乐晨间活动的通知》强调三点：①零起点教学：要求小学一年级严格执行国家课程标准，不超前教学，确保教学内容循序渐进。教师应根据教学进度表制订计划，不布置家庭书面作业，也不要求家长批改作业，以减轻家长和学生的负担。②弹性上学：为保证学生有充足的睡眠和早餐时间，推迟一年级学生早晨到校时间，原则上可推迟一节课时间，以促进学生健

康、快乐地适应小学生活。③快乐晨间活动：结合弹性上学，开展丰富多样的活动，如游戏、阅读等，融入学校课程体系，淡化显性知识学习，加强隐性知识获得，培养学生兴趣爱好和良好习惯。值得一提的是，有些区级教育局也进一步颁布了政策，如温州市瓯海区于2022年4月颁布《瓯海区全面推进幼儿园与小学双向科学衔接实施方案》，提出"全面推进幼儿园和小学实施入学准备和入学适应教育，强化衔接意识，减缓衔接坡度，改变小学和幼儿园教育分离、超标学习、超前学习、衔接机制不健全等状况。转变幼儿园和小学教师及家长的教育观念与教育行为，建立有效的幼小协同机制，形成我区幼小科学衔接的良好教育生态"。

（二）组班子

在制定相关政策的基础上，各县市区教育局成立幼儿园与小学双向科学衔接工作领导小组。以温州地区举例，领导小组的组长均为教育局党委书记、局长，副组长为主管副局长，成员涉及督导科、教师发展中心（师训处）、小学和学前教研处、义务教育科和学前教育科等。[①]在幼小衔接的过程中，可能会遇到各种问题和面临一些挑战，领导小组可以作为一个平台，让不同部门的代表坐下来共同讨论和解决问题。①这样跨部门组成领导小组，有效地整合了行政、教研、师训等多方资源，形成了推动幼小衔接工作的合力。例如，教研部门可以提供教学内容和方法的支持，师训部门负责教师的专业发展和培训，而行政部门则可以提供政策和经费支持。②高层领导配置有助于提高决策效率，在关键问题和重要决策上，能够迅速作出反应和决策，确保幼小衔接工作的方向和进度符合既定目标。③跨部门的合作机制避免了资源的重复投入和工作重叠，提升了工作效率。领导小组通过明确的责任分配，确保了每个环节都有明确的责任主体，每项任务都能得到有效执行。这种组织架构的建立，为幼小衔接工作的顺利进行提供了坚实的组织保障，有助于实现教育的高质量发展。

（三）搭台子

教育行政部门围绕幼小衔接搭建平台，组织开展各种幼小衔接活动。首先，政府作为公共管理的权威机构，能够得到幼儿园和小学等教育机构的广泛认可，这种权威性能够确保活动的参与度和执行力。其次，政府有能力调配和整合教育资源，包括资金、设施、人才等，为幼小衔接活动提供必要的物质和人

---

① 温州市洞头区教育局.全面推进幼儿园与小学双向科学衔接的实施方案[EB/OL]. （2022-04-19）[2024-08-09].http://www.dongtou.gov.cn/art/2022/4/19/art_1229433208_59052871.html.

力支持。最后，政府可以通过设立奖项和建立表彰机制来激励与鼓励教育机构和个人积极参与幼小衔接活动。这种正向激励可以提高参与方的积极性和活动的质量。基于上述优势，政府更易打破不同主体之间的交流壁垒，协调不同部门、学校、家庭和社区之间的合作，促进资源共享和信息互通，最终形成推动幼小衔接的合力。

政府搭建平台之后，基本会开展以下这些活动。第一，幼小衔接推进会：这类活动主要涉及幼儿园与小学之间的教学研究与合作。这些活动通常包括现场沙龙、小幼双边论坛，介绍入学准备（适应）课程理念及其实施情况、幼儿园和小学同课异构与联合教研。第二，家园共育活动：这类活动主要包括发放家长问卷、联合研修、利用身边资源办好家长学校、利用信息技术构建幼小衔接家长资源网站等，旨在帮助家长了解幼小衔接的重要性，掌握科学育儿知识，共同为幼儿顺利过渡到小学生活做好准备。

二、幼儿园与小学：聚焦内核、双向奔赴

《指导意见》要求幼儿园和小学在身心、生活、社会和学习四个方面做好入学准备与入学适应。因此，实践层面基本上是围绕这四个内核，"双向奔赴"开展各种幼小衔接活动的。

（一）环境衔接

在幼小衔接的过程中，小学和幼儿园的环境差异是一个重要因素。许多小学为了帮助儿童更好地适应从幼儿园到小学的过渡，聚焦环境衔接，对小学环境进行改造。改造的目的是让小学环境更加贴近幼儿园的环境，减少儿童的陌生感和焦虑感，帮助他们更快地适应小学生活。这包括创设一种温馨、安全、支持性的学习环境，使儿童能够在心理上感到舒适和被接纳，指向的主要是身心适应。

为了更好地改造衔接阶段的环境，很多试点校（园）手拉手，小学和幼儿园相互参观，就环境改造进行研讨。幼儿园通过创设类似于小学的环境，帮助幼儿更好地适应即将到来的小学生活。比如，幼儿园会创设模拟小学课堂的区域，供幼儿玩角色游戏，熟悉小学课堂的桌椅、黑板、上课规则等。再如，创设红领巾教育区域，幼儿在区域活动中，可以接触红领巾，了解红领巾的意义，学习如何正确佩戴红领巾。小学也会创设一些与幼儿园相似的环境。比如，创设与幼儿园相近的班级环境，包括允许儿童适当携带自己喜欢的图书、玩具，增强心理安全感，缓解入学焦虑。比如，根据需要灵活摆放课桌椅，支持教师以活动的方式开

展教育教学。再如，在一年级的户外活动区域提供适宜的体育器材和游戏材料，或者张贴温馨的图文提示，帮助儿童熟悉校园环境。

幼儿园通过创设模拟小学课堂的环境，如设置小黑板、课桌椅等，帮助孩子建立对小学生活的积极期待。这种环境设计让孩子在熟悉的环境中逐渐适应小学的学习和生活模式，减少对未知环境的恐惧感和焦虑感（图 7-18）。小学的环境改造注重情感因素，通过创设温馨、安全的班级环境，帮助孩子形成良好的情绪状态和提高社交能力（图 7-19）。

图 7-18　小学创设的环境①（彩图）

图 7-19　幼儿园创设的环境②（彩图）

（二）课程衔接

1. 根据孩子需求做出应对

在幼小衔接阶段，孩子最在意或者最困惑的是什么，可能是我们开展幼小衔接活动最应该关注的方面。基于这个思路，幼儿园和小学会调查了解孩子们的想

---

① 浙江省省级幼小衔接示范区鹿城区。
② 浙江省省级幼小衔接示范区鹿城区。

法，然后开展相应的衔接活动。下面以温州市瓯海区飞霞幼儿园和未来小学为例来阐述孩子们的困惑以及他们的应对方法。

问题1：环境不熟悉怎么办？

孩子们提出的第一个问题是：我到了小学，哪里都不认识，不熟悉怎么办？针对这个问题，飞霞幼儿园在原有的课程中，增加了《我找……》的活动，让幼儿学会快速在不熟悉的环境中找人、找地点的方法。未来小学为下一届新生组织《哥哥姐姐小导游》活动，帮助新生快速熟悉小学环境。

问题2：没有玩具怎么办？

幼儿园教室里有很多玩具，一年级的教室没有玩具，孩子们有些失落。其实未来小学很重视学生的学习体验，他们打造了丰富的学习场景：四大学科体验长廊、陶艺室、笼式足球场等，各班还根据班级特色、学生兴趣、学科需求开辟了班级体验角，只是孩子们还没发现罢了。根据幼儿园的建议，小学还新增了"光立方"户外感动训练区，里边有新的滑梯和攀爬架，孩子特别喜欢（图7-20）。

图7-20 未来学校的学习场景（彩图）
资料来源：图片由梧田飞霞幼儿园拍摄

幼儿园组织活动：《我们一起玩》，把小学内好玩的、能长知识的环境介绍给幼儿，让他们提前熟悉环境，还教幼儿用纸、绳等物品制作简单的互动玩具，并邀请朋友一起玩。这样即使幼儿园的孩子将来去的不是未来小学，他们也能自己制作玩具和朋友们一起玩（图7-21）。

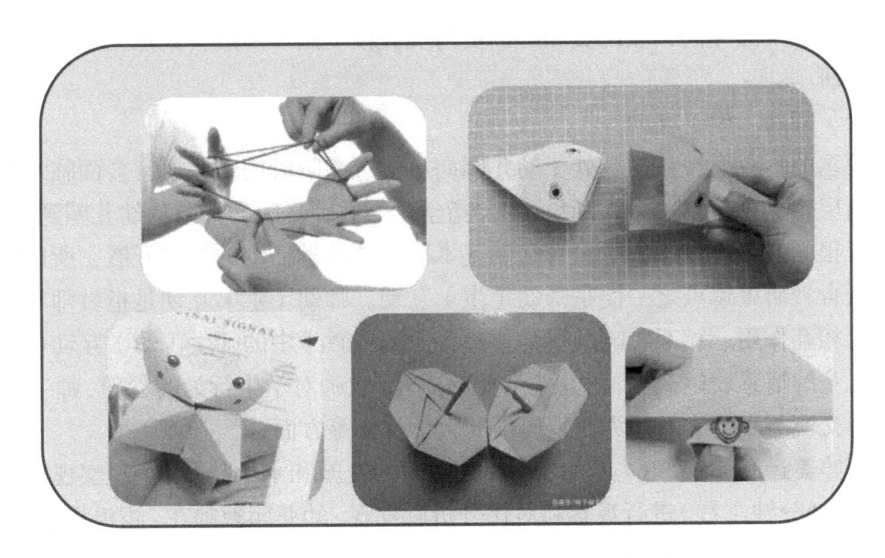

图 7-21　飞霞幼儿园的幼儿自制玩具（彩图）

问题 3：同学都不认识怎么办？

孩子们进入小学这个新的环境，面临着人际关系的断层。很多孩子提出："一年级的同学都不认识，没有自己的好朋友，该怎么办？"

针对孩子的这个困惑，飞霞幼儿园组织了大班《朋友你好》活动，即幼儿分组换班活动，让孩子们认识其隔壁班的孩子，掌握一些认识新朋友的方法，同时扩大幼儿的同龄朋友圈。比如，当与新同学目光对视时，可以先微笑、点头，或者说"你好"，橡皮、铅笔多带一份，万一小伙伴忘带了，可以帮助他解困，同时增进友谊；准备几个谜语，笑话、小玩具，它们可以让同学们迅速拉近距离。

2. 联合教研的推动

《指导意见》中强调了建立联合教研制度的重要性。这一制度指向两个方面。一是针对教研员来说的，各级教研部门应将幼小衔接作为教研工作的重要内容，并将其纳入年度教研计划；教研人员需要深入幼儿园和小学，根据实践需求确定研究专题，并指导区域教研和园（校）本教研活动。二是针对幼儿园和小学来说的，学区内的小学和幼儿园建立学习共同体，加强教师在儿童发展、课程、教学、管理等方面的研究交流。这种合作旨在及时解决入学准备和入学适应实践中的突出问题，从而使得儿童平稳过渡。

基于政策的导向，教研员和师训员与实验校（园）一般会聚焦三个方面开展联合教研。

（1）师幼（生）互动

德国的哈克教授认为，处于幼儿园向小学过渡阶段的幼儿通常会面临六个方面的断层，[1]其中包括关系人断层，主要指学生与教师之间的关系从幼儿园到小学，产生了很大变化。由于小学教育活动基本以集体教学活动的形式开展，所以同课异构联合教研聚焦点之一便是师幼（生）互动。师幼（生）互动是指教师与儿童之间的相互作用、相互影响的行为与过程。集体教学中的师生（幼）互动包括教师对儿童的情感表达、教师对儿童学业的支持、教师对学生行为的管理、师生（幼）之间的交流与表达、教师为儿童提供的教学材料等方面。

蔡婷美运用CLASS（K-3版），通过对幼儿园和小学共80个观察视频（每个视频20分钟左右）进行观察和对比分析后发现，幼儿园教师在"积极情感""灵活关注学生""学生表述""移动限制""形式和材料的多样性""创造力的挖掘""开放性的问题"等方面明显优于小学教师与学生的互动。也就是说，幼儿园教师更加关注孩子个性化的发展，给予幼儿更多自主性，关注幼儿个性化表达和创造力的发展。而小学教师在"前瞻性""清晰的行为期望""常规""准备""学习目标的澄清""融会贯通""支架""高级语言"方面明显优于幼儿园教师与幼儿的互动。也就是说，小学教师在学习学科知识、学生容易出现的错误以及帮助学生理解知识的策略等方面，会表现得更加出色。由此看来，小学老师和幼儿园老师在与孩子互动方面，有相互学习的地方。

因此，联合校研时可以聚焦这些方面进行研讨。比如，2024年10月温州市苍南教育局在幼小衔接推进会上开展的同课异构的《跑跑镇》教研活动，就师幼互动和师生互动展开了教研。幼儿园教师在活动中，鼓励幼儿积极发挥想象，大胆表述"哪两个东西碰到一起变成了……"给了儿童足够的空间、时间和鼓励去想象。但是当儿童想象不出来的时候，教师却不知道有效的"支架"是什么。而小学教师在活动中，教师注意帮助学生梳理出了可以从物体的颜色、形状、名称等方面思考两个物体的结合点，从而想象两个物体碰到一起会变成什么。比如"黑猫和白猫碰到一起，变成了熊猫"，小学老师会让学生分析为什么会变为熊猫？从而梳理出颜色可以是想象的一个依据。所以联合教研时，教师、专家、教研员着重从大班幼儿和一年级学生想象力的发展规律与学习特点出发，讨论了如何支持孩子展开想象。

---

[1] 韩蕾. 从哈克的断层理论看我国幼小衔接改革措施[J]. 当代教育实践与教学研究（电子刊），2020(10)：230-231.

（2）衔接课程内容

《指导意见》指出，国家修订义务教育课程标准，调整一年级课程安排，合理安排内容梯度，减缓教学进度。聚焦这一点，很多学校调整了一年级的进度，尤其是在前两周，基本没有教学活动，会围绕认识学校、认识朋友等内容开展读绘本、逛校园等活动。从表7-19和表7-20所示的温州市南浦小学一年级第一周和第二周的课程表可以看出，课程涵盖进校礼仪、认识老师同学、读写姿势等内容，各任课老师都积极参与其中，围绕"幼小衔接"主题进行学科整合。

表7-19　温州市南浦小学一年级第一周"我是小学生"课程表

时间	第一天 上学校	第二天 交朋友	第三天 爱祖国	第四天 识校园	第五天
上午	进校礼仪	认识老师 同学 语文	我是中国人 语文	认门牌 语文	读写姿势 语文
	校园参观	认识老师 同学 语文	数一数 数学	校园里的植物 科学	分类我最行 数学
	识班级 分新书	认识新朋友 音乐	文明就餐 如厕 地方课程	比多少 数学	看谁涂得更好看 美术
		开开心心上学去 道德与法治		你的名字叫什么 音乐	
下午		让大家认识我 美术	校园里的号令 道德与法治	快乐读书吧 语文	有序路队 体育
		学站立 体育		小动物找家家 体育	

表7-20　温州市南浦小学一年级第二周课程表

时间	第一天	第二天	第三天	第四天	第五天
上午	神奇的汉字"天地人" 语文	认识图形 数学	神奇的汉字"口耳目" 语文	奇妙的数字"比大小" 数学	对韵歌 语文
	认识位置 数学	神奇的汉字"金木水火土" 语文	奇妙的数字"认识1—5" 数学	握手舞 音乐	小小棒棒糖 美术
	我会整理 地方课程	拉钩钩 音乐	团结协作呼啦圈 体育	神奇的汉字"日月水火" 语文	找规律 数学

续表

时间	第一天	第二天	第三天	第四天	第五天
上午		上学路上 道德与法治		课间十分钟 地方课程	
	生活中的基本形状 美术	一二三木头人 体育	快乐读书吧 语文	写字真快乐 语文	学做操 体育
下午	传物接力 体育	赏析《孤独的小猪》 语文		观察一棵植物 科学	

温州市广场路小学还建构了完整的一年级衔接课程，从关注儿童入学的4个适应切入，共开发6大板块，27个主题（图7-22）。[①]

这些课程内容分为"一日课程：你好百廿广小""一周课程：加入广小大家庭""一月课程：系好第一粒小纽扣"，三个层级推进。"一日课程"即新生入学第一天安排内容丰富的仪式教育。每年创设不同的入学主题，新生从老师手中接过充满寓意、期待和祝福的"入学伴手礼"，从迈进学校的第一步就爱上校园，愿意主动亲近小学（表7-21）。

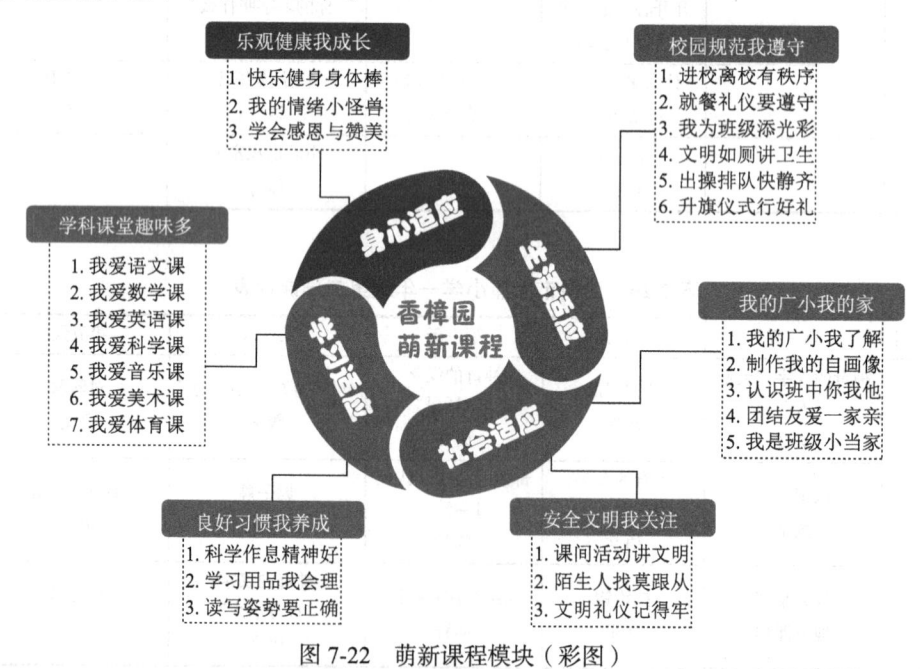

图7-22 萌新课程模块（彩图）

[①] 温州市广场路小学. 喜报|香樟园萌新课程入选省"幼小衔接"实践案例[EB/OL]. (2023-09-02) [2024-07-08]. https://mp.weixin.qq.com/s/uVfV7UfdxZ0chK7mkXtqxg.

表 7-21 一日课程内容

名称		内容	要求
萌新上学堂	我是广小人啦	1. 榜上有名 2. 朱砂启智 3. 入学手伴	入学仪式感 （穿白色或浅色上衣）
	萌新印迹	一树童年的指印，构成一个全新的集体。写下自己的名字，有你有我也有他	会写自己的名字
	香樟光年	1. 你好，新老师！你好，新同学！ 2. 我们的第一张全家福	会自我介绍
	寄住未来	1. 梦想从这里起航！ 2. 邮你，更精彩！	给6年后的自己画封信
亲子秒时光	微分享	1. 和爸爸妈妈分享入学手伴 2. 和爸爸妈妈分享自己入校第一天的所见所闻	
	悦自理	1. 我会整理自己的小书包 2. 我和爸爸妈妈一起包书皮	

一周课程暂缓分科学习，突出主题式教学。通过绘本阅读、游戏活动等学习设计，淡化学科，注重对小学生活适应的主题学习，帮助学生顺利过渡、融入小学生活（表7-22）。

表 7-22 一周课程内容

	周一	周二	周三	周四	周五
1	语文 认识班中你我他	语文 认识班中你我他	数学 科学作息精神好	数学 就餐礼仪要遵守	语文 学习用品我会理
2	数学 科学作息精神好	数学 科学作息精神好	语文 学习用品我会理	语文 学习用品我会理	数学 就餐礼仪要遵守
3	艺术（雷乐） 团结友爱一家亲	体育 进校离校有秩序	科学 文明如厕讲卫生	道德与法治 升旗仪式行好礼	体育 出操排队快静齐
4	班会与劳动 我的广小我了解	/	/	/	/
5	体育 进校离校有秩序	道德与法治 升旗仪式行好礼	自选课程 我的广小我了解	体育 出操排队快静齐	语文 学习用品我会理
6	地方课程 课间活动讲文明	悦读 认识班中你我他	艺术（美术） 制作我的自画像	艺术（音乐） 团结友爱一家亲	艺术（美术） 制作我的自画像

"一月课程"重点聚焦学生在学习、生活两方面习惯的养成。"一月课程"采用两种形式落实：一种是"融合课"，将萌新课程与学科内容融合到一起；另一

种是"长短课",将一节课分成长短课 2 个时段,长课进行学科内容的学习,短课进行萌新课程的学习(图 7-23)。

融合课		长短课	
学科教学	萌新课程	学科教学(长课)	萌新课程(短课)
语文	读写姿势要正确 我爱语文课	美术	我的情绪小怪兽
数学	我爱数学课	音乐	文明礼仪记得牢
英语	我爱英语课	道德与法治	我为班级添光彩 学会感恩与赞美
科学	我爱科学课	地方课程	陌生人我莫跟从
体育	我爱体育课 快乐健身身体棒	香樟园萌新课程	
音乐	我爱音乐课	"一月课程"安排表	
美术	我爱美术课		
班会	我是班级小当家		

图 7-23 "一月课程"内容(彩图)

(3)衔接课程实施方式

《指导意见》要求要"改革一年级教育教学方式,国家课程主要采取游戏化、生活化、综合化等方式实施,强化儿童的探究性、体验式学习"。《指导意见》之所以强调这一点,是因为小学课堂教学方式不够合理,不符合刚入学一年级学生形象具体的思维方式。所以,联合教研时,可以着重教研这方面。比如上述《跑跑镇》这个同课异构的教研活动中,双方着重研讨了活动的实施方式,比如,小学教师让孩子进行角色扮演,表演两个东西碰到一起变成了什么。小学教师还让儿童通过绘画表达内心想法。再如,另一次同课异构的教研活动中,一年级教师设置了青蛙的情景,来教授跳远测量的内容,活动中也会提供让学生亲自动手测量、同伴合作测量等操作机会。

除了实施同课异构研讨活动外,联合教研就一年级学生入学适应的痛点展开,比如拼音和识字。那么采用何种实施方式,如何融趣味性与学习性为一体,提高兴趣与效率呢?温州市永嘉县教师发展中心小学语文研训员、浙江省特级教师单志明带领教师们开发了学习很多拼音的好帮手,如拼音大转盘、拼音眼镜,在寓教于乐中让学生挑战拼读闯关,玩中学、学中乐。同时,鼓励学生用生活中的物品,如橡皮泥、积木、绳子摆一摆字母、拼一拼音节,动手动口又动脑。识字是语言学习的一个新阶段,是在"听"和"说"的基础上进入了"读"的阶段。对于想象力丰富的儿童来说,把一个个汉字摆在眼前去读,那个过程无疑是枯燥的,但是巧妙地设计一些桌游玩具,也许就能让儿童爱上识字、爱上学习。比如汉字卡牌,用生动形象的画面向儿童展示汉字,并且结合儿童识记汉字的特点与规律,促进儿童智力开发,提高识字效率。在此基础上,有些老师还将汉字卡牌分解成汉字部件,让学生利用部件卡牌拼一拼汉字,在识字的同时对汉字的组成意义以及文化常识也具有启蒙意义。

温州市瓯海区瞿溪第二小学的老师们思考的是如何在幼小衔接阶段让孩子通过他们爱玩的游戏掌握数学知识、体验学习快乐？基于这个阶段儿童的学情，他们确定将"数学微游戏"作为幼小衔接的特色项目，将一年级的一些数学知识以游戏的形式融入孩子的学习和生活，让孩子在游戏中轻松学习数学知识，尽快适应小学生活。①①发动多方参与，精心设计游戏。他们发动全校师生、家长共同关注幼小衔接阶段的儿童，共同投入到开发有趣的数学游戏中。②运用多种游戏，助力顺利过渡。首先，常规性游戏，指向孩子的习惯养成。如在《合成数宝宝》的游戏中，就是让孩子认真倾听对方发出的几次跺脚声、几次鼓掌声，再组成规定的数字10，在这个过程中培养孩子认真倾听的习惯。其次，情感性游戏，指向心理认同。在游戏中，我们还着眼于儿童的积极情感体验，通过游戏培养他们学习的热情和成就感，以获得学习心理认同的积极情感。最后，认知性游戏，指向素养形成。他们开发和征集的"数学微游戏"紧密关注数学的核心内涵和核心素养，让学生在游戏中提升了他们的数学素养。

（三）家长工作

《指导意见》提出，要"完善家园校共育机制。幼儿园和小学要把家长作为重要的合作伙伴，建立有效的家园校协同沟通机制，引导家长与幼儿园和小学积极配合，共同做好衔接工作"。

1. 家长课程

为了帮助家长正确认识幼小衔接，缓解家长入学准备的焦虑，幼儿园和小学会开设一些家长课程。下文我们介绍温州市瓯海区飞霞幼儿园的做法。飞霞幼儿园从小班开始，开设"入学准备我知道"和"入学准备我参与"两个板块的线上家长课程。课程包括网课推送、亲子互动指导等。根据年龄段的不同创设小班、中班、大班以及各年龄段通用的家长课程，各年龄段形式大致相同，但侧重点各有不同，他们为小班家长设置了课程，如"遇见小别离，收获小欢喜：缓解小班幼儿入园焦虑情绪的方法"，并设计了许多亲子互动活动，如亲子游戏《不落的气球》、绘本阅读《小熊不刷牙》等；中班是社会性发展的关键期，所以他们加强社会准备适应，安排讲座《共情陪伴，幼儿社会情感能力的培养》《学会交往：

---

① 温州市瓯海区瞿溪第二小学. 幼小衔接 游戏童行：瞿溪二小幼小衔接"数学微游戏"第④期 教师作品[EB/OL]. （2022-10-24）[2024-8-18]. https://mp.weixin.qq.com/s/l9F90pRN7vrQfW3AroT_OQ．

孩子成长路上的财富》，并发动亲子共读社会类的绘本；大班设有"教练型父母之幼小衔接""和孩子接好小学第一棒""小学招生政策解读与答疑""特需儿童入学家庭教育指导"等幼小衔接特色课程，另外还有各年龄段通用的课程作为补充，见表 7-23—表 7-26。

表 7-23　小班家长课程

课程板块	内容	四项准备	形式
入学准备我参与	遇见小别离，收获小欢喜：缓解小班幼儿入园焦虑情绪的方法	身心准备	网课推送
	做个爱"玩"的父母	身心准备	网课推送
	好习惯培养之让孩子跟"小磨蹭"say拜拜	生活准备	网课推送
	融合教育背景下特殊儿童的教育	综合准备	网课推送
	《小小美食家》	生活准备	亲子项目
	绘本《小熊不刷牙》	生活准备	亲子阅读
	手指游戏《有礼貌的小手》	学习准备	亲子游戏
	手指游戏《新冠肺炎预防诀》	身心准备	亲子游戏
	亲子健康游戏《不落的气球》	身心准备	亲子游戏
	亲子健康游戏《飞机对对碰》	身心准备	亲子游戏
	幼儿律动操《大声说出不不不》	身心准备	亲子游戏
	绘本《水龙头旅行团》	学习准备	亲子阅读
	亲子健康游戏《和爸爸一起》	身心准备	亲子游戏
	绘本《溜达鸡》	学习准备	亲子阅读
	手指游戏《红山果》	学习准备	亲子游戏
	绘本《发脾气的兔子》	学习准备	亲子阅读
	亲子健康游戏《毛毛虫》	身心准备	亲子游戏

表 7-24　中班家长课程

课程板块	内容	四项准备	形式
入学准备我清楚	如何培养幼儿的阅读兴趣	学习准备	网课推送
	会玩的童年才精彩	身心准备	网课推送
	我的情绪 我做主	身心准备	网课推送
	学会交往：孩子成长路上的财富	社会准备	网课推送
	懂得界限 真正去爱	社会准备	网课推送
	家有足球宝贝，其乐无穷：家庭教育中合理引导孩子释放压力	身心准备	网课推送
	顺木之天，以致其性：尊重孩子的天性使其优势成长	身心准备	网课推送

续表

课程板块	内容	四项准备	形式
入学准备我清楚	一起做家务吧：走向生活的劳动教育	生活准备	网课推送
	让烦恼与焦虑统统都走开	身心准备	网课推送
	怎么说孩子愿意听，怎么听孩子才肯说	综合准备	网课推送
	共情陪伴，幼儿社会情感能力的培养	社会准备	网课推送
	促进幼儿探究能力发展的另一种方式	学习准备	网课推送
入学准备我参与	飞霞小主播	综合准备	亲子项目
	我是小小影评家	综合准备	亲子项目
	绘本《病毒与小贪》	学习准备	亲子阅读
	亲子手工《比爱心》	综合准备	亲子项目
	绘本《猜猜我有多爱你》	学习准备	亲子阅读
	剪刀石头布	身心准备	亲子游戏
	绘本《皮肤国的大麻烦》	身心准备	亲子阅读
	会动的青蛙	学习准备	亲子项目
	科学小实验《水中花》	学习准备	亲子项目

表7-25 大班家长课程

课程板块	内容	四项准备	形式
入学准备我清楚	让我们的孩子赢在未来	学习准备	网课推送
	教练型父母之幼小衔接	综合准备	网课推送
	让逆商成为孩子的精神钙片：幼儿挫折教育撷谈	身心准备	网课推送
	预防和纠正幼儿园数学教育"小学化"	学习准备	网课推送
	数学入学准备课程	综合准备	网课推送
	和孩子接好小学第一棒	综合准备	专家讲座
	小学招生政策解读与答疑	综合准备	专家讲座
	特需儿童入学家庭教育指导	综合准备	个别指导
入学准备我参与	亲子STEAM[①]项目体验活动	综合准备	亲子活动
	科学小实验《水晶鸡蛋》	学习准备	亲子项目
	绘本《诸如小子》	学习准备	亲子阅读
	绘本《根本就不脏嘛》	学习准备	亲子阅读
	绘本《超级细菌王国》	学习准备	亲子阅读
	科学小实验《玩转纸杯》	学习准备	亲子项目

---

① STEAM 代表科学（science）、技术（technology）、工程（engineering）、艺术（arts）、数学（mathematics）。

续表

课程板块	内容	四项准备	形式
入学准备 我参与	绘本《地球是一颗病毒星球呀》	身心准备	亲子阅读
	绘本《你很快就会长高》	身心准备	亲子阅读
	绘本《小阿力的大学校》	社会准备	亲子阅读
	绘本《阿嚏跑了》	学习准备	亲子阅读
	幼儿律动操《金龙拍拍操》	身心准备	亲子运动
	小老鼠手工	身心准备	亲子活动
	绘本《细菌不是用来分享的》	身心准备	亲子阅读

表 7-26　各年龄段通用家长课程

课程板块	内容	四项准备	形式
入学准备 我清楚	家庭教育中幼儿行为的应对	身心准备	网课推送
	我能帮助你：幼儿能力培养策略	综合准备	网课推送
	亲子阅读，悦享幸福时光	学习准备	网课推送
	忙爸爸也能是好爸爸	综合准备	网课推送
	陪伴，最长情的爱	身心准备	网课推送
	家庭教育中"多与少"的智慧	综合准备	网课推送
	与孩子沟通的艺术与方法	综合准备	网课推送
	打开智慧之门：儿童专注力的培养	学习准备	网课推送
	手机沉迷，我有招：智慧应对手机沉迷	身心准备	网课推送
	理解儿童携手共育	身心准备	网课推送
	为幼儿注入幸福之源	综合准备	网课推送
	延迟满足收获幸福	综合准备	网课推送
	人小鬼大，幼儿园的孩子竟然也"叛逆"	身心准备	网课推送
	教练型父母之：欣赏的力量	综合准备	网课推送
	以中医之理"疗"手机瘾	身心准备	网课推送
	如何提高幼儿的语言表达能力	学习准备	网课推送
	播种习惯，收获更好的自己	综合准备	网课推送
	做一名优秀的"消防员"：孩子愤怒情绪的有效疏导	身心准备	网课推送
	教练型父母之：关系是教育的基础	综合准备	网课推送
	正面管教之：关系链接三妙招（下）	身心准备	网课推送
入学准备 我参与	防疫小卫士	学习准备	亲子课堂
	我的假期 vlog	综合准备	亲子项目
	运动小健将	身心准备	亲子项目
	寻找春天的足迹	综合准备	亲子项目

2. 家长工作坊

为了响应温州市教育局《关于印发全面推进幼儿园与小学双向科学衔接的实施方案的通知》，温州市教育局学前教育指导中心联合温州城市大学等高校及温州新闻网共同打造了温州市幼小衔接家园校工作坊。①这个工作坊的启动标志着温州市在幼小衔接工作探索中迈出了重要一步。工作坊邀请温州市优秀教师、社会教育名家等组成专家团队，围绕儿童"身心、生活、社会、学习"四方面的衔接内容，通过专家讲座、沙龙论坛、教育场景模拟等丰富多样的形式，开展家园校线上线下联动学习。这些活动旨在为家长提供专业的指导服务和实践活动，引导家长树立科学的教育理念，实现家园校携手共育，构建"家园校科学衔接"的教育生态。

除此之外，温州市学前教育指导中心主办，温州市各校（园）承办，温州城市大学和温州新闻网协办了一档节目：《画中有话：幼小衔接家园校工作坊》，这是一档为指导家长开展幼小衔接教育而拍摄的节目，目的是通过多方对话，让幼小衔接真正基于儿童，真正实现衔接科学化。此工作坊邀请了长沙市心理学博士严虎作为指导专家，帮助家长客观、理性地去判断孩子的所思所想，引导家长走进孩子的内心世界，从而在幼小衔接方面，给予幼儿最迫切所需的支持。节目中，16 名参与现场对话的家长，通过"猜画"，即找出孩子的"自画像"作品和"房树人"绘画作品。在不断地记录和观察幼儿绘画的过程中，与严虎博士进行对话，倾听严博士对幼儿绘画作品详细的解读，从而了解幼儿的性格特点、心理、行为模式等，以此在身心、生活、社会和学习方面，真正基于孩子特点，为孩子量身定制衔接方案。②

除此之外，各幼儿园和小学也会开展幼小衔接工作坊活动，一般包括专题讲座、圆桌论坛、读书沙龙、角色扮演等内容，园所学校层面的家长工作坊会更贴近自己学校、家长的需求，拉近与家长的距离。

---

① 金道汉. 温州打造幼小衔接家园校工作坊 划定 6 个幼小衔接市级实验区[EB/OL]（2022-05-13）[2024-08-20]. https://edu.66wz.com/system/2022/05/13/105468022.shtml.

② 画中有话 看画识童心温州市家园校工作坊之幼小衔接第一课[EB/OL]（2022-09-23）[2024-08-26]. https://mp.weixin.qq.com/s/yht38WKs9X_4G8uDD5jwqA.

后 记

本研究开展四年有余，其间我们翻阅了大量文献资料，深入教育实践的各个层面，访谈了众多利益相关者。今日，我们终于将这些辛勤的探索与研究凝聚成篇，这份成果的取得殊为不易。在研究过程中，我们深刻认识到幼小衔接不仅仅是教育领域的问题，还涉及家庭、学校、社会等多个层面。书中我们深入探讨了幼小衔接的理论基础、现实困境、利益相关者的诉求及国内外具有参考价值的研究及实践案例，力求为教育工作者、政策制定者以及广大家长提供一个全面而清晰的视角。

展望未来，幼小衔接的研究与实践应继续深化。我们必须关注儿童的个体差异，尊重他们的自然发展规律，推动教育理念的转变，避免超前教育的倾向，借鉴国际经验与国内典型案例。我们有理由相信，在政府、教育者、家长与社会各界的共同努力下，能够实现科学的幼小衔接。

最后，我要表达我的诸多感谢。感谢虞永平教授和黄瑾教授拨冗为本书作序，这两位教授在"幼小衔接"领域都做出了丰富而深入的研究；感谢所有为本研究提供数据收集、支持的教育行政人员、小学及幼儿园老师们，正是你们的支持，才使得我们拥有丰富的一线数据；感谢温州市学前教育指导中心每一次幼小衔接推进会的邀请，使我有机会深入到现场；感谢所有参与本研究的人员，兰若溪、马凤辗、代晓彤、王琰楠、王舒琦、张依婷、李倩倩、陆露、冯康玲、来东方、薛玉杰、瞿玉洁、缪依琳、徐华溢、蔡婷美、李妍、周晨霏、邱书婷，正是你们的努力，才使得本书得以顺利完成；感谢本书的编辑崔文燕、张春贺，你们细致的指导和专业的意见让作品更加完善，衷心感谢你们的辛勤付出；最后，还要感谢温州大学教育学院对本研究的资助。

希望本书能为广大教育工作者、政府、家长及相关人员提供启发，激发更多的思考与实践，推动科学幼小衔接工作的深入开展。若书中有考虑不周或需要进一步探讨的地方，我诚恳地期待各位读者提出宝贵的意见和建议，以便我们能够不断优化和完善这一领域的研究与实践。

李 娟

于温州大学茶山校区

2024 年 11 月 3 日